潘雨廷／著

潘雨廷著作集

典藏本

第三册

易学史丛论

上海古籍出版社

引　言

　　潘雨廷先生(1925—1991)，上海人，当代著名易学家。生前担任华东师范大学古籍研究所教授、中国《周易》研究会副会长、上海道教协会副会长。潘雨廷先生早年就读于上海圣约翰大学教育系，毕业后师从周善培、唐文治、熊十力、马一浮、杨践形、薛学潜等先生研究中西学术，专心致志于学问数十载，融会贯通，自成一家，在国内外有相当的影响。潘雨廷先生毕生研究的重点是宇宙与古今事物的变化，并有志于贯通东西方文化之间的联系，对中华学术中的《周易》和道教，有深入的体验和心得。潘雨廷先生著述丰富，其研究涉及多方面内容，具有极大的启发性。他的著作是二十世纪中国文化所取得的重要成果之一。本书由张文江根据潘雨廷夫人金德仪女士保存的遗稿整理而成。

　　《易学史丛论》收入了从上古至清的易学史论文，如果和作者的另一著作《易学史发微》合观，已然勾勒出了中华易学史的整体面貌。

目次

易学史自序

《周易》一书,内容丛杂,以易学名之,略能得其实。自汉以来,先据《汉书·艺文志》及《隋书·经籍志》言之,已见易理有其整体而散可深入各科。凡七略、四部以及道藏、佛藏中,莫不有易理之旨。得其旨者,乃谓易理确可兼及各科。时至今日,又谓易理宜通于西方各种学科,包括自然科学与社会科学。或未得其旨者,势必非之。暂不论其是非,唯未见易学之旨者,每有固执己见之失,于历代易著中不乏其人。凡有所执者,皆执后世之思想,以当易理之思想。乃后世之思想层出不穷,宜易理之思想亦层出不穷。年代愈久,思想愈丛杂。自汉迄今,易著不下三四千种,不计佚失之书目,亦超过二千余种。观其数量,在古籍中无出其右者。进而究其内容,既多创见,亦多相似,而其大别即下述二者。其一,贵能说明易学之旨,得其旨而用之,恰当著者之时代背景。此类易著殊有价值,读之可见吾国思想文化发展之迹,且对全人类思想文化有促进作用。虽今日读之,仍能有所启发。其二,根本未喻易学之理,乃以意妄测,重重附会,有执于历代以误传误之说而增益之,既无补于阐明客观存在之史迹,反有以阻碍人类思想文化之发展。在大量易著中,后者约占十之六七。虽然,二者未可截

1

然分割。属于后者之文献中,亦可能发现有与于易旨之言论。属于前者之文献中,亦难免有失实失言处。要而言之,必须了解易学之原,始可见其旨。得其旨而继承之,自然可明其发展。当历史之转变时期,亦即人类认识自然与社会变化深入之时,皆可见易旨之变。此决非一书一人之力,时代思潮有以致之。故实非以易学附会之,乃易学本有其理,以待历代有识者所取则而发挥。虽然,有违于时代之认识,亦多渗入易学,宜易学丛杂而难辨是非。迄今尚未见客观介绍易旨发展之易学史,或非偶然。

清乾嘉学派治《易》,要在恢复汉之经学易。详究清之汉易,其内容实仅及东汉。唯郑玄(127—200)、荀爽(128—190)、虞翻(170—239)三家之易尚存其整体,确可代表经学易,然易学不仅如是。清人严分汉易、宋易,未得易学之质。自废除读经后,易学始能脱离经学而存在。经学已成为历史陈迹,既不可忽视它在二千年来吾国历史上已起之作用,然而若清末之争论今古文,决不可不废。唯易书未经秦火,不应当参与今古文之争,其理更不应随经学而废,在古为今用之现实意义中,当有巨大作用。若易学能上出于汉之经学易者,宜详玩《古史辨》学派之各篇论文。此派基本能明辨古史,以见三圣作《易》之误,其考据之功未可没。然执之而未察认识之提高,时代之进步,及近年来考古所得之史实,凡治古史者何可视而不见。他日于考古再有所得,当然更将有所充实,故对传统文献之整理研究尤宜慎重。以今日言,已得早期易学之具体资料,有大影响者二。其一,发现殷周之际数字卦,以当卦象之原。其二,汉初马王堆出土帛书《周易》,除晋代发现汲冢本之记录外,此为今日所见最早之原文,内已具四百五十节《周易》全文。当汉初在长沙地区尚未分二篇,此为不可或疑之史实。若数字卦前之易学情况仍须凭推理。善于推理者,莫贵于战国时《系辞下·伏羲章》作者及宋初陈抟排列成先天图。不辨推理与史实,此易学之史迹,所以二千年来始终混淆不清。今于卦象部分,分推理与史实为二,始可称史。更由马王堆本《周易》以认识易传,可与传统观点殊多不同。何者成于西汉,非但与孔子无关,与战国时之易学亦无关。何者成于战国,然仍与孔子无关,且决非一时一地一人所作。以郑学之徒所数之十翼论,虽最后完成于西汉,实有得乎易学之旨。然十翼之实,未必同于《汉志》所谓"孔氏为之《彖》、《象》、《系辞》、《文言》、《序卦》之属十篇"。奈汉末以来之大势,误执十翼为孔子之言。且对其精邃之内容,又碍于圣人之言,不敢作正面深入之分析研究。况尚多十翼以外之易传,历代皆严斥之,是皆经学易之失。故以今日之考古所得,更读《汉志》所谓"人更三圣,世历三古"之言,视之为划三古之时代仍可取,以见易旨之发展。而"三圣"与易学之关系,必宜彻底改观。伏羲易者,可当数字卦前之情况。文王易者,数字卦当之。孔子易者,约当其时于三晋地区编成四百五十节之《周易》。孔子本人确已知学《易》,"入太庙每事问"中,当有问《易》之事。幸有近年来之考古所得,且除上述二者外,其他古物尚多,乃初步具备叙述易学史之客观条件。

再者,易学之旨殊非史,六经皆史之论,可备一说而未可绝对。或因史作鉴而以史鉴为经,亦未合汉代逐步形成之经学。经学之名起自战国,然《七略》中尚以《六艺略》名之,能本六艺,始可论经学之质。

观《六艺略》,其言曰:

> 六艺之文,《乐》以和神,仁之表也。《诗》以正言,义之用也。《礼》以明体,明者著见,故无训也。《书》以广听,知之术也。《春秋》以断事,信之符也。五者盖五常之道相须而备,而《易》为之原。故曰《易》不可见,则乾坤或几乎息矣",言与天地为终始也。至于五学,世有变改,犹五行之更用事焉。古之学者耕且养,三年而通一艺,存其大体,玩经文而已,是故用日少而畜德多,三十而五经立也。后世经传既已乖离,博学者又不思多闻阙疑之义,而务碎义逃难,便辞巧说,破坏形体。说五字之文,至于二三万言。

后进弥以驰逐,故幼童而守一艺,白首而后能言。安其所习,毁所不见,终以自蔽,此学者之大患也。

今准刘向、刘歆对六艺之认识,方可讨论"《易》为之原"之实质。是时已以五经当五行,且视易道阴阳为五行之纲。故《易经》之乾坤与天地为终始,乃当五经之原,亦即五经莫不有与于《易》。至于五经与五行之关系,以下图示之:

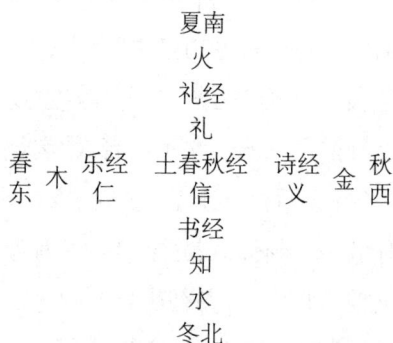

```
                夏南
                 火
                礼经
                 礼
 春    木  乐经  土春秋经  诗经  金  秋
 东        仁     信      义        西
                书经
                 知
                 水
                冬北
```

而《易》之阴阳不受五行更用事之影响,亦即无碍于"春夏秋冬"、"东南西北"时空之变而为时空之主。由是天地阴阳之易学能兼及一切,宜易理可遍及五经。此乃刘向、刘歆著《六艺略》时所谓"《易》为之原"之思想,非但与孔子及战国时易学无关,即与《史记》思想亦不同。而易学整体思想之发展又进入新阶段,二千年来之经学易,实准诸此。奈未识阴阳五行卦象数理之旨,而仅以文王二篇、孔子十篇凡《易经》十二篇之文字,欲以穷五经之理,势必穿凿附会,全与史实不合。历代易著,自认为正统之经学易者,莫不有失于此。今既从史实考得《易经》十二篇与文王孔子基本无关,而此六艺之实仍未可忽视,以阴阳五行当之者,所以明其结构。且此结构,非仅限于《六艺略》,实遍及六略。

三古的易学

一、上古易的时代背景

《汉书·艺文志》分易学史为三古,盖本诸《系辞下》。以伏羲为上古,当伏羲至文王,其时间极长。今准《系辞下》所定之史迹,分段阐明其内容。

《系辞下》有言:

> 古者庖羲氏之王天下也,仰则观象于天,俯则观法于地,观鸟兽之文,与地之宜,近取诸身,远取诸物。于是始作八卦,以通神明之德,以类万物之情。作结绳而为网罟,以佃以渔,盖取诸离。

此节之言,为卦象始作于庖羲氏的唯一原始根据。因十翼中庖羲氏之名字,仅此一见。至于讨论庖羲氏之情况,首先须了解此节文字之作者。二千年来以为孔子作,实未是。因孔子取古史,断代始自尧舜。凡孔子所代表的儒家至其孙子思,于内容已有发展变化,然未闻其上推古史。更由子思而孟子,仍为"言必称尧舜"。若此《系辞下》的

1

作者,对古代文化之认识,已由尧舜上推而及黄帝、神农,且原于庖羲氏始作八卦,故与孔孟观点有明显不同。作此段文字之时,基本可视为约与孟子同时,而对古史有新观点。这种新观点,今于文献中,尚可见赵武灵王主张胡服,人或非之,即以古史说服不从者。武灵王所认识之古史,已同此《系辞下》作者。下录《战国策》原文:

> (赵武灵)王曰:古今不同俗,何古之法。帝王不相袭,何礼之循。宓戏、神农,教而不诛。黄帝、尧、舜,诛而不怒。及至三王,观时而制法,因事而制礼。法度制令,各顺其宜。衣服器械,各便其用。故礼世不必一其道,便国不必法古。圣人之兴也,不相袭而王。夏殷之衰也,不易礼而灭。然则反古未可非,而循礼未足多也。(《战国策·赵二》)

按赵武灵王在位二十七年(前325—前299),于十九年(前307)改用胡服。其对古史的认识必早此若干年,能用宓戏、神农、黄帝、尧、舜以划时代,当然与时代略早的孟子不同。且武灵王知此古史,决非出于自撰,当时早已有此传说。于即位时尚年少未能听政,以阳文君赵豹为相,博闻师三人,左右司过三人。此对古史的认识当闻诸师,惜未详三师之姓名。及亲政,重用肥义及楼缓,于古史的观点当同。凡不从者的观点,基本执于邹鲁儒家之说。此处不论其他,仅于对古史的认识,赵与邹鲁确已不同。赵国学者尚能继承古说,与古史比较相合。孟子"言必称尧舜",不辨时代的变化,于人类漫长的进化史,一切归功于尧舜,此实大误。引原文如下:

> 当尧之时,天下犹未平,洪水横流,泛滥于天下,草木畅茂,禽兽繁殖。五谷不登,禽兽逼人,兽蹄鸟迹之道交于中国。尧独忧之,举舜而敷治焉。舜使益掌火,益烈山泽而焚之,禽兽逃匿。禹

疏九河,瀹济漯而注诸海,决汝汉,排淮泗而注之江,然后中国可得而食也。当是时也,禹八年于外,三过其门而不入,虽欲耕得乎。(《孟子·滕文公上》)

此见孟子之主尧舜,凡人类发展之史迹,不辨先后,一切托始于尧舜。其私淑孔子之说,实未得其要。宜录孔子对尧舜的认识,以见孔孟之异同:

尧曰:咨,尔舜,天之历数在尔躬,允执其中。四海困穷,天禄永终。舜亦以命禹。(《论语·尧曰》)

《论语》此章极重要,亦是删《书》的标准。所以划时代始于尧舜者,孔子已得足够的资料,可信尧舜时期已完全能掌握一年四时变化的历法象数。既得此客观世界的时间周期,始可管理世事。《论语·为政》:"子曰:为政以德,譬如北辰,居其所而众星共之。"且孔子亦未肯定历数始于尧,仅谓尧能通此历数,并能重视之,作为第一大事传于舜。故孔子之《书》始尧舜未可为非,亦未尝不可更究尧舜前之史迹。奈孔子之后学执此而不舍,孟子尤为特出。故对古史的认识,因儒家学说的流行,每为尧舜所限。如魏范雎入秦(前271)献书昭王,已在武灵王后三十余年,仍曰"虽尧舜禹汤复生,弗能改已"。此证古史始于尧舜的儒家之说,战国时已盛行,而《易》始庖羲的新观点,至迟在孟子时亦已成立。今以客观史迹考之,尧舜前决不可忽视,此有据于古史,更可纠正儒家美化尧舜之弊。

此为《系辞下》作者对古史认识的新观点。二千多年来误认十翼为孔子作的经学思想,迄今仍受正反两方面的干扰。坚信者以为非孔子之学识,不能作此《系辞》。不信者以为伏羲氏作八卦之史实全属子虚乌有,且谓春秋时之孔子尚不知,战国时《系辞下》作者如何能知。

这一观点未能详考春秋战国时之史迹,仍受经学思想束缚,把一切学问归结于孔子。不知划时代的标准当属自然科学,于自然科学的认识论有所发展,势必扩大时空的范围。由春秋而战国,吾国学者对客观世界的认识有飞跃进步,且空间既扩大,时间亦延长。此《系辞下》的作者,确有其敏锐的进化思想,或昧乎此理忽视吾国文化的进步,此实大误。

进而当考核尧舜前确已有伏羲、神农、黄帝各个不同历史时期存在的史迹,此必须以自然科学的认识方法加以证实。当春秋而战国,因生产方式的发展,既提高生产力,亦提高人的智慧,故《系辞下》的作者,可由推理得之。然自秦汉后,受大一统的整体思想束缚,未能发展利用自然科学的认识论,乃取则于阴阳理论的易学,亦无大发展。间或有人,亦如凤毛麟角,极难引起同时代人的注意,故二千余年来始终未能掀去易学的神秘感。今准历史唯物主义原理以观之,伏羲易之名系战国时代所兴起,而其八卦卦象所指之实,确在尧舜前已存在,且已被认识。故《系辞下》此节之说,宜视为记录古史,决非空论的神话。以下详述伏羲易起源和内容,及其继承发展之史迹。

写史首须注意时间标准及所处地域。在吾国史学中,编年体为重要的一类。宋司马光《资治通鉴》继承鲁史《春秋》,又属重要的一种。其重视汉扬雄的《太玄》,就是取汉代的时间标准。而扬雄《太玄》的历法,取则于孟氏卦气。更推究卦气图之原,以今日所存文献考之,盖出于《易纬稽览图》"六日八十分之七",即 365 日又四分日之一的岁实,先秦早已理解。《吕氏春秋》哲理本诸十二纪,《礼记·月令》同义,吕不韦尚名之曰"颛顼历",因"秦之先,帝颛顼之苗裔"(《史记·秦本纪》)。此十二纪与十二辟卦的联系,于二篇文字中,已有大小往来,利不利的概念可作佐证。今依卦气图中辟卦之次,录卦象卦辞于下:

☷ 复,亨,出入无疾,朋来无咎。反复其道,七日来复,利有

4

攸往。

䷒临，元亨利贞，至于八月有凶。

䷊泰，小往大来，吉亨。

䷡大壮，利贞。

䷪夬，扬于王庭，孚号有厉。告自邑，不利即戎，利有攸往。

䷀乾，元亨利贞。

䷫姤，女壮，勿用取女。

䷠遁，亨，小利贞。

䷋否之匪人，不利君子贞。大往小来。

䷓观，盥而不荐，有孚颙若。

䷖剥，不利有攸往。

䷁坤，元亨，利牝马之贞。君子有攸往，先迷后得主，利西南得朋，东北丧朋，安贞吉。

　　以上十二辟卦之象，恰见阴阳对称之消息。"泰小往大来"，"否大往小来"，正本阴阳消息而言。且《周易》首乾，有扶阳抑阴之原则，宜泰为"吉亨"，否有"不利"，且自坤而息为"君子有攸往"，由复之"利有攸往"可直至夬之"利有攸往"。若自乾而消，则由姤之"勿用取女"亦直至剥之"不利有攸往"。此以卦象表示阴阳之周流，本以示时间之循环。故复曰"七日来复"，临曰"八月有凶"，可喻系卦辞者，亦有以卦象代表时间的意义。今知周初的卦象本用数字，然以数字表示阴阳变化，亦当有周期之变。此以卦辞合观，初步可证卦气图中的辟卦消息其来甚古，本可与十二纪相通。《系辞上》曰"阴阳之义配日月"，又曰"日月运行，一寒一暑"，既是卦象所表示的基本现象，亦是造历法所依据的客观事实。故阴阳的基本意义，可视为逐步形成历法的基础。
　　推究历法的形成，与农业社会的生产方式相关。故回归年的原理当时未必理解，而回归年的事实则早已渐积经验而可认识。且一月的变化,可比一年先认识。一日之昼夜,更当比一月先认识。凡一日、一月、一年的周期变化,同为时间的单位,故阴阳学说的基本作用就是记录时间。时间有二种情况,一是客观世界的时间,一是主观生物体的时间,后者今名之曰生物钟。因生物对客观世界的适应,必须有生物钟,方能生存并发展。此二种时间有其自然的配合,由此产生史前人类最基本、最简单的认识时间方法,这就是阴阳。凡阴阳的周期有种种不同,要而言之,今所谓宏观与微观,亦就是庄子所谓大年与小年。至于大小之辨,则知识逾发展,其差距逾大。春秋战国间子思的《中庸》有言:"故君子语大,天下莫能载焉。语小,天下莫能破焉。"盖已认识大小之实质。然于莫能载莫能破之间,属能载能破之范畴,有数量存焉,此数量即与生物钟有相应之关系。生物钟周期长者,相应客观世界的时间周期亦长,庄子所谓"八千岁为春,八千岁为秋"。生物钟周期短者,相应客观世界的时间周期亦短,庄子所谓"朝菌不知晦朔,蟪蛄不知春秋"。然生物钟虽有周期的不同,其相应客观世界的关系仍同,这就形成了各种不同的时间周期。仅以人类而言,由知识的积累能理解种种周期,大而言之,能理解各个历史时期。于各个历史时期间必有所改革,此理于战国时早已认识。如上引赵武灵王分古史为三个历史时期:

一、伏羲神农时期——教而不诛。

二、黄帝尧舜时期——诛而不怒。

三、三王时期——观时而制法,因事而制礼。

而《系辞下》的作者,又分伏羲、神农为二而不论三代。因三代的情况,儒家言之已详,此处正补儒家所未及。凡每一个历史时期的形成,必有较大的改革以发展生产力而提高认识,方能掌握时代精神,革卦《大象》曰"治历明时"是其义。今据《系辞下》所叙述伏羲时代的情况,主要成就为"作结绳而为网罟,以佃以渔"。合以下神农时代观之,其时尚未进入农业社会,又可见尚未有历法。然作为易学的第一个历史时期,就是已知阴阳,已知时空。于伏羲前虽有客观的时空及人类的生物钟,然人类尚未能加以认识,伏羲氏之始作八卦,可视为人类第一次能掌握时空。自《系辞下》作者创此伏羲时代,经二千余年的流传,尚未能有比较正确地认识。今正式视之为一个历史时期,当有其时空范围,更应了解其知识及其继承与发展的情况。然当先有阴阳时空的客观标准,方可理解所谓伏羲氏王天下的实质。以下准今日的认识水平,先记录几个主要的时空数量。

用现代光学望远镜能观察及测量到的时空范围,正在逐年增加。今可达几十亿以至一二百亿光年,内有几十亿个和银河系相似或更大的星云。

以银河系论,具有直径为 8 万~9 万光年的扁平结构,中心部位的厚度为 1.6 万光年,内含 10 亿~1000 亿个恒星。太阳就是其中一个恒星。银河系由中心向外有两个相称的漩涡臂,太阳位于其中的一个漩涡臂上,离中心 2.7 万光年,太阳所处的银河系厚度为 5 千光年。

以太阳系论,日为中心,已知绕它运行的有九大行星。由内向外之次序为水星、金星、地球、火星、木星、土星、天王星、海王星、冥王星。此外约有二千颗小行星,及几百颗彗星。绕大行星运行的卫星,已发现三十六颗,其中包括地球唯一的卫星月亮。以距离言:日地之间为14950 万公里(误差约 20 万公里),视之为一个天文单位。又太阳直径为 140 万公里,地球直径为 12755.94 公里。

至于时间的标准,自公元 1972 年 1 月 1 日起,已经采用原子时变率,作为所有计时之用。定义原子时 AT(或 t_A),使它与公元 1958.0 时刻的世界时一致。故今已进入原子时代,取化学元素铯(Cs)最外层一个电子的旋转周期为标准的时间间隔。其数值如下:

原子秒 S_A＝9192631770 铯周期

授时工作提供协调世界时的方法,可置闰秒,以保持精密度在0.9秒之内。此明原子时代已进入微观空间的计时标准,则自1969年起人类登上月球,仍可有相同的计时法。然此原子时,仍须与以地绕日的宏观时间相应。当1972年前,全人类莫不取回归年的时间基本单位。有此时间基本单位,始可推测太阳系的形成时间,今知约有60亿年。地球或同时成,或略迟。当地球已凝固而以地质年代观之,约有46亿年。近年得月球岩石测之,成形年代与地球相近,然尚未定论。概而言之,所谓客观时间,就是地球绕日已转了五六十亿圈,月球绕地则同时转了六七百亿圈。以客观原子时间观之,铯外层一电子之旋转圈数,当太阳系未形成前已可存在,及太阳系已毁灭后仍可存在,则其旋转圈数可云无穷大。而铯元素本身仍有衰变,仅准今日人类的认识水平,为今日客观发展所需要,特取作原子时代时间间隔的标准。能有此二端的客观时间,方可进一步理解生物钟。

至于生命起源的时代,今得最古老的生物化石,约在34亿年前。此据生物已由大分子结构而能遵循遗传密码的规律以遗传。当时的环境,形成蛋白质、核酸、碳水化合物所必须的有机分子,已充斥着整个海洋与湖泊。且所谓生命起源于海水深处的海水,实际上是充满氨基酸、嘌呤、嘧啶、葡萄糖等等化合物分子的有机浆液。此类有机浆液,正好为第一个形成的"细胞"准备了现成的食料。今据分子生物学的原理,方能理解在34亿年前有此客观的条件,乃倏尔有了生命。此准遗传密码以遗传的原则,凡生物莫不相同,故知在地球上的生命,仅须一次起源。

当生命起源之初,尚未能形成广泛变异的细胞类型。约经过20亿年,方才遇到物种加速繁衍的时刻,亦就是达尔文式的物种进化过程。当时动植物种约在一亿种以上,其中一百多万种存活至今。自有生命起源后,即有不同的时间标准,生物钟尤为重要。下述地质年代与生物进化对照表,以清眉目。

地质年代			距今年代	生物进化		
代	纪	世		植物	动物 现代动物	人类时代
新生代	第四纪	全新世	1万年—今	现代植物	现代动物	人类时代
		更新世	300万年—1万年			
	第三纪	上新世	1200万年—300万年	被子植物	哺乳动物时代	
		中新世	2500万年—1200万年			
		渐新世	4000万年—2500万年			
		始新世	6000万年—4000万年			
		古新世	7000万年—6000万年			
中生代	白垩纪		1亿3500万年—7000万年	裸子植物	爬行动物时代	
	侏罗纪		1亿8000万年—1亿3500万年			
	三叠纪		2亿2500万年—1亿8000万年			
古生代	二叠纪		2亿7000万年—2亿2500万年	蕨类植物	两栖动物时代	
	石炭纪		3亿5000万年—2亿7000万年			
	泥盆纪		4亿—3亿5000万年	裸蕨植物	鱼类时代	
	志留纪		4亿4000万年—4亿			
	奥陶纪		5亿—4亿4000万年	真核藻类	无脊椎动物时代	
	寒武纪		6亿—5亿			
元古代	震旦纪		13亿—6亿			
			18亿—13亿			
			34亿—18亿	细菌和蓝藻时代		
太古代			46亿—34亿	地球形成与化学进化		

地质年代与生物进化对照表

由上表可见太古代与元古代的分界线,当生命起源的时刻。然此时刻,实为天文年代与地质年代的条件所决定。且产生生命的标准条件尚未了解,以分子生物学水平论,是否以 H、O、N、C、P 五元素,结合成 DNA 与 RNA 的大分子为形成生命的唯一形式,亦未能证明。可见宇宙人之存在与否,以今日人类的智慧,殊难作正确的回答。然须注意的一点,就是生命起源后,即有进化的本能,此本能就是物质变化的多样性。且有化学进化而成生物进化,以时空角度观之,又增加了与生命共存的生物钟。而生物钟的种种周期,正随人类智慧进化而增加,故周期数向二端扩展,恰见生物对客观世界了解的深入。且当生物进化之时,天文地质仍在不断变化。其间各历史时期的不同,产生各种不同的相互影响。当震旦纪晚期,有适合天文地质的变化条件,乃产生达尔文式的生物进化时期。主要的事实,生物约于 12 亿年前,动物和植物分化。约于 9 亿年前,于生殖产生两性的分化。其后志留纪起,又产生有脊椎的鱼类。脊椎骨对保存生命有重要作用,迄今仍为人类身体的主要结构。石炭纪产生两栖动物,生物始由水中上出于陆地。三叠纪产生爬行动物,又能进化而定居于陆地。第三纪产生哺乳动物,乃见世世继承之密切。故于认识本身的能力,能重视遗传,已有飞跃的进步。准此世世继承的时间,始可产生自觉的生物钟。既有自觉的生物钟,须及时保存生命的延续,又须逐步认识客观的时间。故两种时间的结合,可上推至哺乳动物的产生,距今时间为七千万年。

更由地质年代考察,地球上距今最近的一次造地运动,发生在第三纪的中新世,距今约 1900 万年,地域在亚洲,造成喜马拉雅山为世界屋脊的地位。此于东方生物,尤其是哺乳动物,有明显的影响。西藏类人猿约出现于此时,其性好动,或尚接受特殊的生物信息流。故推究东方文明之根,宜注意这一次地球上的重大变迁。

迨第三纪而第四纪,上新世而更新世,于生物进化步入现代阶段,亦即由古猿的进化而产生人类。距今的时间,原定为 300 万年。今据考古所得,且分辨古猿与原始人类的标准亦有所不同,故有向前推移的趋势。为深入了解原始人类进化的情况,于更新世须再分早中晚三期。早期仍托始于300万年前以至100万年前,中期为100万年前至20万年前,晚期为20万年前至1万年前。

当更新世早期,实与类人猿的差别不大。基本能逐步直立,为形态的最大进化。凡研究古人类学者,莫不见此客观事实。然据此事实以联想其作用,皆认为可解放双手,此亦属客观事实。更进一步推究,双手的作用在能利用外物,而以整体人身观之,双手所起的作用须经大脑指挥。而大脑之进化与直立有密切联系。此宜考察整个生物进化的历程,方可认识人类直立的重要性。

以分子生物学观之,根本无动植物之分,必经约20余亿年的进化,始有不同的进化路线。且宜以后代的明显不同,略可推原其分辨之几。今考察动植物之分道处,主要为定向问题。凡生命生存的基本定义,能不断对体外有反馈能力,有此生命起源的能力,即能遗传之、扩展之,以使生物本身进化。当由单细胞而多细胞,仍有生物整体能控制各细胞以起分工作用。而此整体的进化,就在于逐步深入对体内与体外的了解。其对体内的分工越精细,越能容纳众多的细胞而由整体所控制。其对体外的条件越了解,越能吸取体外的能力以成本身的生命力。试观动植物之异途,就在对外界认识的反应不同。当生物整体发展成相当的体积,始有认识地心吸力的能力。既感觉有地心吸力,自然有顺逆两种反应。凡植物的进化方向,对地心吸力有顺从。动物的进化方向,始终在对抗地心吸力。经亿万年的时间积累,千百次的地形变化,吾国谚语所谓"沧海桑田"。而动物的生存,皆流动于水中或地面。植物的生存,莫不定向于地心。唯定向之有无,使动植物的生存方式与内部结构各不相同。有定向的植物,于吸取外界的营养可源源不绝。无定向的动物,尚须付出对抗地心吸力的能力,故于细胞分工时,即有若干种氨基酸不能于体内合成。然于整个生物历程观之,动物的进化方式,似较优于植物的进化方式。而植物有定向的进化,仍宜为动物进化所取法。这一进化形式,约于 300 万年前的生物进化成人类时做到了。人类的直立,就起了定向作用。且人类直立的定向,恰与植物的定向颠倒。乃见生物的进化,宜逆地心吸力而上出,此亦合于整个生物的进化历程。当生命起源于海底,自然逐渐上升,由水而陆,由陆而飞。迄今太空飞行,已能上出而完全摆脱地心吸力的束缚,此不可不了解生命力的伟大。

以 300 万年与 46 亿年相比,人类于整个生物进化历程中的时间,约仅当一万五千分之一,而后来居上能为生物之主。此与宏观外形的直立密切相关,以脊椎骨定向,有合于进化目的之方向。更观生物进化历程中,当中生代侏罗纪起,目前已知只有始祖鸟一种,是脊椎动物进化的一个特殊分支。由爬行动物中另创向飞翔进化,前肢进化为翅,为鸟类的标志,亦由定向进化促使其形成。然其后发展,其体力尚不足以克服地心吸力,故部分鸟类其翅又退化。今观企鹅等基本亦能直立如人,惜前肢已成翼,何能起人类双手的作用,宜其虽直立而仍未足与人类相比。可见人类进化的方向,由直立以定向,同时亦解放双手。双手的作用,不在利用其作为上升的工具,贵能起利用外物的大作用。又为保证直立行动的稳健,骨盆的形状亦由类人猿的细窄,逐步进化成人类的短宽,此又与生殖的进化有关。凡此外形的改变,莫不本诸体内微观结构的进化。此微观结构的外形即大脑的结构,其进化的标志在脑量的增加。今知现代类人猿的脑量平均在 400—450 毫升之间,现代人类的脑量平均在 1400—1500 毫升之间,则 300 万年前的类人猿,其脑量当不及 400 毫升。最初由猿人进化成人类时,脑量的差别或亦不甚大。而脑量的增大,又与整体结构有关。故以整个生物体论,微观与宏观间实互为因果。须进一步研究者,宜了解脑中所储存的大量信息,今名之曰信息流(information flow),亦可译作信息传递。此信息流及人,始能主观认识其重要性而有意识地扩大储存量,此所以造成脑量增加。

为认识信息流的积累,不妨更观类人猿的进化情况。猿由猴进化而形成,身体已适合半直立姿势,前肢比后肢长,已无猴所有的尾、臀疣和颊囊,包括长臂猿、猩猩、黑猩猩和大猩猩。唯其于人类的关系最近,故合称为类人猿。然迄今人类生殖中,竟有返祖现象,仍可生有尾之小孩,则其信息流中所包含的,尚有属类人猿以前的遗传信息。然则人类与类人猿,当有共同的祖先。人类既非三百万年前的类人猿所进化,而今日存在的类人猿,亦不可能再进化成人类。故推究人类所保存的信息流,不难已由猿及猴。凡人与猿皆猴所进化,乃求猿猴之间的生物,今已得埃及猿,约于渐新世已生活在埃及北部的丛林中,还保留尾巴,牙齿已进化成猿牙,基本以四足行走,而后肢比前肢长。然是否仅此一种介于猿猴之间的生物,可作为人猿的共同祖先,尚未能证明。其后经中新世直至上新世初,化生出各种古猿,分布在亚洲、非洲和欧洲的广大地区。此见由猴猿进化成人类,不可不考虑有地区差别。上已提及 1900 万年前的造地运动,乃亚洲古猿所感受的信息流最复杂,至少是促进向人类进化的动力之一,此动力就是促使增加脑量以储存信息流。似宜反复观察生物进化的主客观条件,庶可理解更新世以来人类发展的情况,尤其需要研究脑量增加所储存大量信息流的实质是什么。

美国伯克利人类起源研究所在加利福尼亚州的伯克利市举行古人类展览会,展览内容为"我们的祖先,400 万年以来的人类发展"。此所谓 400 万年,指东非地区曾发现古人类化石。而美国和肯尼亚科学家,又在肯尼亚发现一块 500 万年前的古人类颚骨化石(见 1984 年 10 月 12 日《光明日报》)。此类事实必将随自然科学发展而逐步向早期推移,能了解信息流的实质,已不足为奇。因人类的祖先,与类人猿的祖先,内有不同的信息流。基于考古方法的进步,不难于似类人猿的化石中,分辨出不同于类人猿而已属于古人类的化石。传自猴类的信息实质,古人类与类人猿早已有同有异。要而言之,其所同,有四肢可变的信息。至于变的情况,须由时代的累积,在每一代的具体实践中决定。今以长臂猿为例,已变成用前肢支撑全身而解放后肢。而人类祖先由猴类进化时,基本未放弃用后肢支撑全身的信息,则与长臂猿所得四肢可变的信息中,已同中有异。然长臂猿因臂行而便于改造体内结构,以适合直立的信息,人类祖先又能吸收。可见人类所得的进化信息,既多于长臂猿,亦多于其他类人猿。先录类人猿与人类的脑量数据,以见脑量增大的信息实质。

	平均脑重量	脑重量与体重量之比
人	1360 克	1：45
类人猿 ┌黑猩猩	345 克	1：61
大猩猩	420 克	1：220
猩 猩	400 克	1：183
└长臂猿	130 克	1：75

当脑量增大而又增加体重,属猩猩进化的信息。人类祖先所得的信息,则既增加脑量,而不增加体重。此又与外形的直立与半直立有明显的关系。因直立后头部增加脑量,与支撑全身的重心无关。半直立而头部增加脑量,有关于支撑全身的重心,故不可不增加体重以保持半直立状态的平衡。及黑猩猩方能得既增加脑量而不增加体重的信息,故尤善于直立。而人类祖先得此信息,必大大早于黑猩猩。可见人科生物的成立,应大幅度上推,决不是由 300 万年上推至 500 万年的情况。今认为由埃及古猿经森林古猿分二支,一支成类人猿,一支通过腊玛古猿、纤细型南方古猿、猿人到现代人。然上已提及古猿的进化,与地域性有极大关系,时间约在中新世中期,约于二千万年前,人类祖先已得由直立以增加脑量而不增加体重的信息,且能遗传至今。

1956—1957 年,在我国云南省开远县小龙潭第三纪褐煤层里,与三棱齿象、利齿猪等化石伴生,前后二次共发现十颗古猿牙齿化石。前一次发现五颗牙齿,是属于同一个下颌的左右前臼齿和臼齿。后一次是下颌右侧的前臼齿和臼齿。于六十年代已综合研究了五十多种第三纪古猿,把腊玛古猿从森林古猿类中划分出来,明确归入人的进化系统,而开远小龙潭所发现的牙齿化石可分属于森林古猿和腊玛古猿,故为迄今为止在我国地区内最早期属于人科的人类远祖。

继之于 1975—1980 年,在我国云南省禄丰县石灰坝煤场的第三纪褐煤地层里,多次发掘出不少腊玛古猿化石。共生的哺乳动物化石三十多种,有巨爪兽、无角犀、河猪等中新世的典型种,亦有三趾马、鼬鬣狗、古猪兽、剑齿虎等上新世的典型种,还有丰富的禄丰西瓦古猿化石。凡含古猿化石的地层年代,距今约 800 万年。所得的腊玛古猿化石,包括一个大部分得到保存但破裂成数十块的头骨,还连有部分上颌骨与牙齿。尚有若干颌骨,其中有一个保存着除中门齿以外全部牙齿的完整下颌骨,以及上百颗单个牙齿。目前从下颌骨的研究,知道它的形态比开远腊玛古猿进步,比其他已知的腊玛古猿标本,更接近人类的早期类型。故我国禄丰腊玛古猿头骨,在全世界属首次发现。今后在我国西南广泛分布的第三纪褐煤矿层中,寻觅早期人类祖先的化石,定将更有所得。现在仅属开端,已可初步证实,于人类起源的地点,不可不注意我国的西南地区至少是若干起源点之一。

由腊玛古猿进化成纤细型南方古猿,在我国地区内也有发现。1970 年在湖北省建始县高坪龙骨洞,在巨猿牙齿化石中,分辨出有三颗下臼齿,与纤细型南方古猿较接近。此外于湖北省巴东县、广西省南宁市各发现一颗下臼齿,也可能属于纤细型南方古猿。此种古猿形态变异很大,情况复杂,大量发现于东非和南非地区,时代持续很长,距今约 500—100 万年。在我国的情况不一定相同,尚待考古的进一步发现,以建始、巴东言,亦可能与神农架之野人有关,惜迄今尚未能获得野人以资研究。然由古猿进化成人类的时代,在我国地区似当早

于东南非。此点尚可以血型的不同,以作证明。凡人类之大别有四,即黄种、白种、黑种、棕种等。下录不同人种的血型比例表:

人种	O 型	A 型	B 型	AB 型
棕种	87.6—100	0—12.4	0	0
黑种	48.1—58.6	37.8—51.9	0—3.6	0
白种	31.9—47.9	34.4—46.1	8.3—24.9	1.4—8.8
黄种	30.1—34.2	30.8—38.4	21.9—27.7	7.3—9.7

血型的不同,指抗原的不同。红细胞中的抗原由无而有,实由人科进化而逐步形成。初为无抗原的 O 型,进化而能具有 A 抗原的 A 型。进而于相反角度进化,又能具有 B 抗原的 B 型。且正在向 A 抗原、B 抗原结合的 AB 型进化。表中的百分比,是由实测而得的统计数,此外尚可有今未发现的其他抗原。此对维持本种(包括遗传)的生命力有极大关系,而其信息渐积已久,当古猿进化时早已具此信息,既与时间有关,亦与地域有关。更有有趣的事实,类人猿的血型,亦已具此四种类型。今于人种中分观之,不可不知黄种人本具之生命力。当第三纪第四纪之际,亦即上新世末将进入更新世时,黄种人的祖先似当在我国今日的地域中早已存在,具体的实物必将随考古的进步而逐步发现。今尚在初创之时,而陆续已有重要的发现。以下详述更新世的情况。先宜总结当时猿人的思想是什么,亦就是以脑量所存储信息流的实质是什么。

准今日的认识水平,合诸黄种人的遗传信息,反观当时将进化成猿人的思想,约可分三点明之:

一、体内结构基本已完全适合于直立行动,其思想已能明确手足的分工。双足既能完成支撑全身与行动的任务,双手就能起利用外物的新功能。

二、因直立而有上下概念的思想,此为一切走兽所无,且上能结合禽类的飞,下能结合鱼类的潜,亦就是直立人的思想,已能超过其他各种动物的思想。其后循此以进化,故人能成为万物之灵。这一思想黄种人最能继承与发展,且作为认识客观世界的方向,其后就形成天地概念在自身的认识基础。故脊椎骨于人体,认为是贯通天地的枢机。试探索顶天立地的概念当起源于有史之前,而其信息流遗传之几,理当归诸突变成直立人的思想。

三、发展感官的灵敏度,其所得大量为其他动物所没有的新信息存储于脑,故人类的脑量激增,始为万物之灵的特征。而其实质,除与其他动物相同的保持生存遗传外,又能进一步理解自身与客观世界。以人类的进化论,进一步理解自身与客观世界本属一事,与其他动物相同的保持生存与遗传亦属一事。唯能进一步理解自身,乃能改进自身的结构。由感官的发展,自然能进一步理解客观世界,此二者实互为因果。另一方面,增进对客观世界及自身的理解,又能增加保持生存与遗传的能力,此二方面又属互为因果。得此似有目的的进化方向,庶能形成万物之灵的人类。

进而观其大量存储的信息实质,与其他动物仍相同的为保持生存与遗传,此属生物的本能。究其目的无非保存本身的空间,又须经遗传而保存本种的时间。然其他动物莫不具此信息流,而其脑容量远不及人类之多,可证人类脑容量中所具有信息流的实质,超过保持生存与遗传的信息。内有大量信息的实质,是需要理解自身与客观世界。综观有史以后的人类文化,莫不属于这二方面的知识,唯其对这二方面的知识增加,故保持生存与遗传的条件与其他动物大异,而生物的本能未尝不同。且自人种托始于二三千万年之前,难免已有地域性的差别。故人种的不同,信息量的实质自然有异。除自身结构的不同外,对理解自身与客观世界,亦各有所偏重。东方黄种人的文化,似以理解自身为主而及客观世界。西方白种人的文化,似以理解客观世界为主而及自身。此二者实不可分,然各有所偏重的史实亦未可忽视。

凡理解客观世界,当知客观的时空。理解自身,当知自身的时空,是即生物钟。此二种时空的合一,方为人类的文化而为其他动物所无。原其信息之几由来实古,猿人因直立而已有条件可有此思想。以时间论,自古新世已有哺乳动物,经整个第三纪,自7000万年至300万年,生物之世世相传,约于6300万年间,积若干万代的哺乳遗传,庶有形成各种生物钟的事实。及更新世而直立猿人出现,人类的生物钟基本已固定,其周期的平均数,就是我国古传的三十年为一世。此必须理解世的事实,决非起于有文字之后,完全本诸生物体—人的发育周期,故可推至300万年之前,凡人类直立迄今,约已经10万代。初能理解二种时空的合一,亦非常简单。因地球上的生物,本地球的自转而有昼夜,促使生物有向光性与逆光性。又本地球的公转而有寒暑,动物为保持本身的热量须有冬眠,且自然可分热带动植物与寒带动植物等。凡生物有昼夜寒暑的反应,就是已初步能了解客观的时空。进化成哺乳动物,始有明确的生物钟。生物钟者,客观的昼夜寒暑仍同,而生物体本身各有其种种发育过程,且各有其周期。能以生物自体中的种种周期,合诸寒暑昼夜的周期,即为二种时空合一,而实为人类思想的基础。继述更新世的史实,凡当时的猿人,似已理解客观时空与生物钟之关系,此可视为人类的生物本能。

在云南元谋县城东南约7公里上那蚌村附近,位于元谋盆地东侧山麓的小丘上,发现猿人的左右上内侧门齿两颗,属同一青年男性个体。发现时间在1965年5月,被认为是我国首次发现的早期类型直立人的代表。其后于1967、1971—1975年多次进行发掘,在同一粘土层位里,发现了几件石器、大量炭屑和二十九种哺乳动物化石等。内有原始麀、爪蹄兽、最后枝角鹿、剑齿虎等相当数量的第三纪残存种,桑氏鬣狗、云南马、山西轴鹿是早更新世的标准化石。根据地层沉积,可确定元谋猿人生活的时代是在早更新世晚期,应用古地磁方法测出,距今为170±10万年。然据化石年代,应不早于距今73万年,两者相差甚巨,尚须进一步研究。考云南地区既已有开远人科古猿及禄丰人科腊玛古猿,则极可能有更新世的猿人,以后似将继元谋猿人另有所得。

山西芮城县西北隅中条山之阳的西侯度村背后,发现了早更新世晚期的人类文化遗存。初于 1960 年试掘,继于 1961 年和 1962 年进行正式发掘,获得文化遗存。有石制品标本三十余件,及与石器共存的二十二种哺乳动物,全无现生种。有生存于早更新世的双叉麋鹿、粗面轴鹿、山西轴鹿、古中国野牛、中国长鼻三趾马等,还有上新世晚期的古老种步氏羚羊。此可表明遗址的地质年代,属于早更新世。虽无猿人的遗体,然已有经加工的石器,可证距今一百数十万年前,我国的古老文化确已存在。

河北阳原县官亭村小长梁地点,于 1978 年在下泥河湾组顶部的中粒砂层里,发掘得石核二十五件、石片四十七件、石器十二件、废品和碎块达七百二十件。共存的哺乳动物化石有古菱齿象、三趾马、三门马等十种。然泥河湾层的时代有三层,分属于更新世的早中晚,于三层的划分尚有争议,小长梁地点的时代亦难确定。以古生物等观之,距今至少有数十万年,然亦未得猿人的化石。

陕西蓝田县城东的九间房公王岭和城西北的泄湖陈家窝村,两地相距约 29 公里。于 1964 年,在公王岭的中更新世红色土底部钙质结核中,发现猿人的头盖骨、鼻骨、右上颌骨和三颗臼齿,属于同一个三十多岁的成年猿人,可能是女性。脑量估计为 780 克,比北京人原始。在猿人地点的层位里,共发掘出石器材料二十件。在附近几公里范围内,属同时代的地层中采集到十多件石器,有零散分布的粉末状炭粒,有人推测可能与猿人用火有关。哺乳动物群有四十一种,大熊猫、东方剑齿象、巨貘、中国貘、爪兽、毛冠鹿等,有强烈的南方动物群的色彩。用古地磁方法测得剖面地层距今 85—67 万年。蓝田猿人(公王岭)距今有二个数据,其一 98 万年,其二 80—70 万年。

于 1963 年,在陈家窝村的中更新世红色土下部淡红色埋藏土层,发现一个完好的猿人下颌骨及附连十三颗牙齿,属老年女性。于同层位中,采集到石器七件,哺乳动物化石十四种,缺乏如公王岭所含南方色彩的动物。经古地磁法测定,陈家窝剖面地层距今 73—58 万年。蓝田猿人(陈家窝)距今亦有二个数据,其一 65 万年,其二 53 万年。

除公王岭、陈家窝二处外,他如蓝田涝池河沟、毛家坪、渭南北刘村、桶张村、临潼三里河直至西安附近,发现有二十多处石器地点,可属于中更新世的遗址。与地域相邻的晋南匼河文化,可能有继承关系。

山西芮城四旁,除西北隅的西侯度有早更新世晚期人类文化遗存外,于西方风陵渡匼河村一带,沿黄河东岸南北长 13.5 公里的距离内,发现十一处旧石器地点。以匼河涧左侧和独头南沟为重点,共存有十三种哺乳动物,内有一种是生于上新世而灭于中更新世的师氏剑齿象,因知其地质年代大体属于中更新世早期。此见蓝田猿人的生活区域,可能般桓在今当河南山西陕西三省之交界处,延续的时间亦有二三十万年之久。芮城东北之垣曲县南海峪洞穴遗址,亦发现二十来件较好的石器材料,当属于中更新世后期。

河南南召县云阳镇阮庄附近杏花山的中更新世红色粘土层中,获得一颗猿人右下第二前臼齿,属青年个体。共存的哺乳动物十多种,具有南北方动物群的混合特征,时代大体与北京人相当。

北京猿人的情况,因遗物较多便于研究。地点在房山县周口店村,时代属更新世中期。自 1921 年至 1966 年历次得到的实物,共有头盖骨六个、头骨碎片十四块、下颌骨十五块、股骨七段、胫骨一段、肱骨三段、锁骨一根、月骨一块,零散的和附连在颌骨上的牙齿共一百五十三颗,大约代表四十多个个体,平均脑量为 1059 克。1966 年后重新测量第三层(距今 37 万年)出土的头盖骨断片为主,脑量为 1140 克。拼用 5 号头盖骨,有明显的左右不对称现象。又从人类化石的层位推断,北京猿人从 50 多万年前开始生活于此,前后经历约 30 万年。未发现猿人化石而已有石器等文化堆积,约从距今 70 万年到 23 万年,持续达 40 多万年之久。又通过孢子花粉、动物化石性质、古土壤学等分析,植物群出现的种属,现在几乎全部仍分布于华北地区,可见气候无大变化,此有利于人类的进化。

湖北郧县梅铺龙骨洞,于 1975 年发掘,在含化石的堆积中部黄色砂质土内,发现四颗均属左侧的猿人牙齿及一件人工打击痕迹清楚的石核。伴生的二十多种哺乳动物化石性质比较古老,有第三纪的残存种嵌齿象等。今考得郧县猿人的时代要早于北京猿人。继之于 1976 年在较近的郧西县神雾岭白龙洞,又发现猿人二颗牙齿,可能同属于一中年个体,同时有二十多种共存的哺乳动物化石,其时代与郧县猿人相近。

安徽和县陶店镇汪家山龙潭洞,于 1980 年发掘出土了猿人头骨化石,为一男性青年个体。此外尚有一块左下颌骨并附连二个臼齿,四枚单个臼齿,至少可代表三个个体。时代当不晚于中更新世,相当于北京猿人遗址的中部堆积。

辽宁本溪山城子庙后山 A 点下洞的中部地层,发现一颗人牙、若干石器,伴生有众多的动物化石,此于 1978—1980 年掘得,中部的时代当早于上层,而遗址上层则延续到晚更新世。

此外尚多其他文化遗存:于辽宁营口县大石桥金牛山有旧石器文化遗存。贵州黔西县沙井观音洞亦有,且为目前长江以南地区最大的一处洞穴遗存,石制品三千多件,哺乳动物化石二十多种,时代早于并连续至相当于北京猿人之时。湖北大冶章山石龙头洞穴遗址,出土较好的石制品八十八件。时代也在中更新世,与北京猿人的时代相当或稍晚。山西垣曲南海峪洞穴遗址,时代亦相近。虽于以上各处尚未发现人类化石,然遗留的石器,亦可见当时猿人的生活情况。

总上所引述之考古发现,皆属于更新世早中期,绝对年代约当距今 300 万年至 10 万年。其间于禄丰人科腊玛古猿至元谋猿人尚有脱节,最近对元谋猿人的绝对年代有不同认识,则早期更新世的猿人情况尚难研究。而山芮城县西侯度文化遗存,已肯定其属于一百数十年前人类的文化,此似可与中更新世的蓝田猿人相联系。西侯度的文化或即发展成匼河文化。于公王岭猿人,估计脑量为 780 克,则定已较类人猿为大。陈家窝猿人惜未得头盖骨,时代既晚三十余万年,脑量必因时而增大。继之有连续居住在北京周口店的北京猿人,亦晚三十余万年,其平均脑量已达 1059 克。且北京人的遗物极多,地层亦明显。有一距今约 37 万年前的头盖骨,脑量为 1140 克。此见蓝田人进化成北京人的事实,若蓝田人于本地,由公王岭猿人至陈家窝猿人的连续情况,遗物尚不多。而与郧西郧县的猿人,南召的猿人,以至和县的猿人,皆可能有联系。合诸文化遗址论,则黔西观音洞文化,可属元谋猿人的后裔。山西垣曲等处可属公王岭猿人的后裔,亦可继往东北而定居于周口店。若大冶遗址既属黔西观音洞文化之发展,亦可能由郧西郧县和南召猿人的文化相结合。沿长江而下,乃有和县猿人的文化。于北京人的发展,有阳原小长梁文化,再往东北即有辽宁金牛山文化及本溪猿人等。凡此史迹,约经三百万年。故于十万年以前的人类文化,今在我国疆域中发现者,概况如上。然此尚属初步,以后随考古学之发展,肯定能充实。要而论之,约自更新世起,我国的人科猿人,大别有二。其一位于喜马拉雅山以南,则已由开远禄丰古猿而进化成元谋猿人,文化遗存以观音洞为代表。其二位于喜马拉雅山以北,日后势将于西藏新疆各地可能有所得,此一后裔形成蓝田人,继之有北京人。于晚更新世的发展情况,元谋、蓝田、北京三处起重要作用。以地势论,我国的文化由西向东发展,此本水流之方向。约于十万年前,已能遍及今日之全国国土。至于南北二支,因南支之西为孟加拉湾以及阿拉伯湾所隔,故非洲之猿人,亦将经喜马拉雅山以北入今日之我国领土,可见北支猿人之变化较南支为多。此一情况继续至有史以后,故总观我国文化之发展,乃属西北至东南。且既及沿海各地后,势必有逆水流向西北迁徙的猿人,亦多南北迁徙的情况。此由地势影响人类文化的发展,更新世的早中期已形成,晚期及全新世依然,唯有东南沿海而为海所限之阻力与西北源源不断而来的活力,相互交流于全国国土,此为形成中华民族文明的地理原因。由更新世中晚期之际,亦就是直立猿人进化成早期智人的阶段,今以绝对年代距今约 10 万年为准,在今日我国的国土上,发展亦不可能一致。而早期智人发现之多,在世界考古所得之中,亦属主要人种发源地之一。

在陕西大荔县解放村甜水沟,中更新世晚期的河流相砂砾层里,发现一个较完好的人类头骨化石,脑量为 1120 克。脑膜中动脉分支的印痕较丰富,已介于直立人与早期智人之间,较北京人已进步,且属于中更新世的早期智人标本,在目前世界上比较少。此见我国民族开化之早,绝对年代可能早于十万年,已与蒙古人种有类似的形态。

山西襄汾县丁村,包括附近的汾河两侧,1954 年发掘而得人牙三枚,旧石器二千多件,哺乳动物化石 28 种,1976 年又发现一块小孩的右顶骨化石。今名丁村人,与现代蒙古人种相近,又较大荔人进步,属晚更新世前期。此丁村文化可能渊源于匼河文化。

山西阳高县许家窑村梨益沟及东南近邻的河北阳原县侯家窑,是目前早期智人化石和文化遗物最为丰富规模又大的遗存。近当时水面宽阔的"大同湖",距今年代约十万年。化石有人顶骨十一块,枕骨二块,左上颌骨一块附四颗牙齿,右侧下颌枝一块单个牙齿二颗,代表十多个男女老少不同的个体,有原始性,又有接近现代人的特征。出土石器材料 14200 多件,哺乳动物化石约二十种,骨骸数以吨计,未见完整的个体。基本上是人们食肉后又砸碎的抛弃物,以野马、披毛犀、羚羊为最多。

凡大荔人、丁村人似属蓝田人的后裔,许家窑人则属北京人的后裔。且于北京周口店龙骨山东南角,于洞内又发现牙齿一枚,介于北京猿人与山顶洞人之间,今名新洞人,属早期智人,亦有大量动物碎骨,是新洞人猎获的,是时已有磨制骨质品。

于南方一支,继承黔西观音洞文化,于贵州桐梓县云峰岩灰洞内,1972 年发掘到桐梓人的二颗牙齿,还有十多件石制品及二十五种动物化石。

广东曲江县马坝狮头峰的石灰岩洞穴中,1958 年发现一个头盖骨,脑量为 1225 克,可见已相当进步。

于郧西郧县猿人的发展,又有湖北长阳县附近发现的长阳人,亦属晚更新世前期的遗存。

由直立猿人进化成早期智人,在我国今日地域中亦大分为南北二支属进化的区域,仍与直立猿人的进化情况略同,唯于七万年前华北黄土层形成,此对智人的进化有明显的影响,亦为形成我国文化的客观条件。

二、中古易的时代背景

中古易的时间,指由文王至孔子。文王约当公元前十一世纪,其子武王伐纣后,形势大变。于殷周之际开始为中古易的时代,正合我国古史上划时代的变化,亦即以周文化代替殷商文化。中古易者,指周易代替商易。上述上古易的时代背景,及天地人三才之道的起源,由易学第一个历史时期伏羲易起发展至商易为止,故商易当止于纣之亡。而中古周易之始,实在纣尚未亡之时,乃其时相同而地点不同。商易的中心已知在今之安阳,于清末得殷墟甲骨后,对商史能有进一步的认识。而周原的文化,直至 1976 年于岐山凤雏村南发现周初甲组宫殿(宗庙)基址,又于 1977 年春于该组宫殿西厢二号房间十一号窖藏中出土早周卜甲一万多片,其中带字卜甲近三百片,内有以数字作为符号的"卦象"。由此对周易的认识开始了创新的阶段,而对易学的象数必须进一步加以研究。也就是"观象系辞"的观点,并不是起于著十翼者,而是著二篇者确已有象可观,且所观之象原本是数。故以易学论,象数当在义理之前。今已发现既有数字"卦象"亦系有"卦辞"之一片甲骨,是即最初之二篇。从近三百片带字卜甲字体内容论,属于王季文王时期。又本甲组宫殿基址出土的木炭,经碳-14测定,距今为3000年,亦恰当殷周之际。故综观周原文化,可从先周直至幽王。以文献论,凡《周易》、《诗经》、《周书》、《周礼》等皆可由此以究其原。此仅以《周易》论,既得中古易的客观史迹,大可纠正后世种种附会之论,而对《易》本象数的原则,又可深信无疑。

传统所谓《周易》以二篇为中古易,指六十四卦卦象、六十四卦卦辞、三百八十四爻爻辞及用九用六。《系辞下》曰:"易之兴也,其当殷之末世周之盛德邪,当文王与纣之事邪。是故其辞危,危者使平,易者使倾,其道甚大,百物不废,惧以终始,其要无咎。此之谓易之道也。"又曰:"易之兴也,其于中古乎,作易者其有忧患乎。是故履德之基也,谦德之柄也,复德之本也,恒德之固也,损德之修也,益德之裕也,困德之辩也,井德之地也,巽德之制也。"《汉志》分三古,以文王与纣之事当中古,即据此而言。义取战国时作《系辞下》者之见,于当时上推六七百年前之史迹,虽有文献传闻可据,难免失实。如无据于古迹之重现,极难论其是非。今幸得周原文化,始可概论《周易》之实质。

最重要的问题,应先理解《周易》的象数。凡当文王之前,以数字表示阴阳变化之"卦象"早已存在,此应肯定《周礼》所谓三易之说非无稽之谈。故认识《周易》的内容,先当认识《周易》与《连山》、《归藏》的不同何在。

因于周原出土数字"卦象",由此而寻求古物上的数字"卦象",乃于殷墟中亦有,此见殷周文化之相似处。而更早于江苏海安县青墩遗址出土淞泽文化骨角器上,距今约3500—4000年,亦有数字"卦象"。乃知易学之象数,其来确古。而所谓《周易》者,指周民族利用古有之象数而系以辞,且对古之象数有进一步认识。认识的基础,由以后所成之二篇推究之,当殷周之际确在用三个数字或六个数字结合成"卦象"。且在观阴阳之变化,以当此数字"卦象"。唯其能准阴阳变化而系以辞,故辞中所及的吉凶,实来源于客观世界的阴阳变化。或能识此系辞之原则,庶见周文化与殷文化之不同,卜筮之理亦可由纯迷信推向哲理之思索。于所系之辞,西周初今仅得一句为"曰其□□既鱼"。故文王兴《易》而系辞之传说,不可不认为是事实。然《系辞下》作者,即认为二篇之辞为周初所系,乃大误。今据汲冢书考之,至迟在魏襄王二十年(前299)已存在二篇。推至《左传》之引及《周易》,最早为庄公二十二年(前672),然此条记录当为后人所加,不可信。故二篇完成为今日所传者,当在庄公二十二年后,此属《周易》的文字部分。若于"卦象"部分,主要应理解数字所表示的意义。此以数字构成的"卦象",甲骨与金石上发现者已多。而此类资料,自宋迄今皆未知其义,且不知与《周易》有关。而传说极古之易学,亦因未知"卦象"之本为数字,故决不能究及文字之原。幸今已得之,于认识《周易》亦有完全不同的意义(于数字卦之资料,另文详之)。

三、下古易的时代背景

下古易的时间,指孔子绝笔起至刘向、刘歆编定"七略"。其间可分战国、秦、西汉三个阶段的易学,实有不同的内容。

战国的时间为鲁哀公十五年至吕不韦灭东周君(前480—前249),凡二百三十二年为战国易。秦易的时间为庄襄王二年起至秦子婴降汉(前248—前207),凡四十三年。西汉易与汉易指不同的内容。西汉易者,明十翼成定本的情况。唯十翼的文献固定,庶可完成三古的易学整体。新莽后二千年的易学,十之七八不出《周易》十二篇的范围,是之谓经学易。其实尚多不同的易学,乃易学著作除经部外,不得不纳入子部。故西汉易指十翼固定,其时间与汉易不同,分段亦不同,其始同为刘邦元年(前206)。凡刘向校中秘书,自河平三年起直至建平元年卒(前26—前6),其后子歆继之。而扬雄年五十草《太玄》时,对十翼之认识,已与今本《周易》同。故下古易之西汉易止于建平四年(前3),凡二百零四年。

此三段时间当吾国文化的黄金时代,于战国易见整体思想的形成。秦易者,既得其整体思想,仍归诸卜筮,而易学赖以保存。西汉易者,完成以整体思想纳入三古易之中。而易学在吾国文化中居主导地位者,皆本西汉易。以下分段明之。

战国的时间,《资治通鉴》起于三家分晋而初为侯,时当周威烈王二十三年(前403)。今皆取周元王元年(前475)起,乃可直继《春秋》。或核实《周易》的三古,孔子盖起大作用,此决非谓孔子著十翼之事,而是孔子整理古代文化对当代及后世所起之影响。乃东周之文化,殊可因孔子而三分。凡东周者,自平王元年起,至东周君为吕不韦所废(前770—前249)。于《春秋》前之四十八年,属"《诗》亡"之时,孟子曰"《诗》亡然后《春秋》作"。《诗》亡者,退雅为风,视王风同国风,所以贬平王(前770—前723)。《春秋》者,自鲁隐公元年起至哀公十四年(前722—前481),于十有四年春西狩获麟而孔子绝笔。所以绝笔者,"夏四月齐陈恒执其君置于舒州,……六月……齐人弑其君壬于舒州"。此事之发生,孔子大为不平,《论语·宪问》记其事:"陈成子弑简公,孔子沐浴而朝,告于哀公曰:'陈恒弑其君,请讨之。'公曰:'告夫三子。'孔子曰:'以吾从大夫之后,不敢不告也。君曰告夫三子者。'之三子告,不可。孔子曰:'以吾从大夫之后,不敢不告也。'"至此已无霸,鲁更非继东周之道者,乃孔子虽尚在世,其时已非《春秋》。故于哀公十五起,孔子年七十二(前480),即可视为战国,直至以秦灭周(前480—前249)。而战国二百三十二年间,乃吾国文化高峰之一,易学亦由中古易发展成下古易。下古易的内容当包括战国易、秦易、西汉易三个阶段。战国易者,始具解释卦爻辞之各种方法及对卦爻象与卦爻辞的认识。其间各国的认识不可能全同,而易学能沟通其间,逐步完成其整体理论。最可贵的是象数学大发展。

又迄今论易者,仅注意汉易、宋易等,由汉而上即论春秋战国的情况。然易学所以能广为流传者,关键在秦。故特提出秦易,并详述其内容,乃可观其发展之迹。

秦易的时间指吕不韦灭东周君于秦庄襄王元年。故二年起已无挂名的周天子,吕不韦即视之为秦元年(前248)。由秦元年至秦子婴降汉(前207)凡四十二年。其间可分三段。当秦元年时始皇仅十二岁,于十四岁即位,二十三岁亲政,于亲政前十一年为第一段(前248—前238),其政由吕不韦出。易学的整体,于此时之秦易实通于《吕氏春秋》,归于四时之六七八九,已得齐易之精。不重卜筮而重易理之数,尚得阴阳变化之自然现象。然当始皇即位时,楚人李斯已由楚来秦。斯为荀子门人,与不韦之齐学不同,及始皇亲政而重斯,即用法家而斥齐学。以易学合诸法家言,"天下之动,贞夫一者也"。当时之势,始皇之心,不灭六国,其志不已。未久韩非虽死,斯与非其道盖同,知一而不知他,其何以见整体之易理。然韩非之言亦有其理,如《诡使》中有言:"今战胜攻取之士劳而赏不沾,而卜筮、视手理、狐蛊为顺辞于前者日赐。"奈以始皇视之,其见及偶然之事不一而足,其何能废卜筮视手之事。故法家而必本于君以定法,其法愈密,其弊愈大。观始皇之成,成于统一六国之法。而阴阳相并俱生,统一既成,其信方士卜筮又开一新阶段。故自亲政至统一六国为第二段(前237—前221),凡十七年,最后灭齐国后,(前221)即议帝号。

《史记·秦始皇本纪》:

> 丞相绾、御史大夫劫、廷尉斯等皆曰:"昔者五帝地方千里,其外侯服夷服,诸侯或朝或否,天子不能制。今陛下兴义兵,诛残

贼,平定天下,海内为郡县,法令由一统,自上古以来未尝有,五帝
所不及。臣等谨与博士议曰:古有天皇,有地皇,有泰皇,泰皇最
贵。臣等昧死上尊号,王为泰皇,命曰制,令曰诏,天子自称曰
朕。"王曰:"去泰著皇,采上古帝位号,号曰皇帝,他如议。"制曰:
"可。"追尊庄襄王为太上皇,制曰:"朕闻太古有号毋谥。中古有
号,死而以行为谥。如此则子议父,臣议君也,甚无谓,朕弗取焉。
自今已来,除谥法,朕为始皇帝,后世以计数,二世、三世至于万
世,传之无穷。"始皇推终始五德之传,以为周得火德,秦代周德,
从所不胜。方今水德之始,改年始朝贺,皆自十月朔。衣服旄旌
节旗皆上黑。数以六为纪,符法冠皆六寸而舆六尺,六尺为步,乘
六马。更名河曰德水,以为水德之始。刚毅戾深,事皆决于法,刻
削毋仁恩和义,然后合五德之数。……分天下以为三十六
郡。……一法度衡石丈尺,车同轨,书同文字。地东至海暨朝鲜,
西至临洮羌中,南至北向户,北据河为塞,并阴山至辽东。徙天下
豪富于咸阳十二万户。诸庙及章台上林皆在渭南。秦每破诸侯,
写放其官室,作之咸阳北阪上,南临渭,自雍门以东至泾渭,殿屋
复道周阁相属,所得诸侯美人钟鼓以充入之。

按易学之整体理论,秦始皇统一六国后自以为得其象,实即继承
邹衍、吕不韦之理。古有天皇、地皇、泰皇者,泰即易卦天地交泰之象,
此三皇即象三才之道。不取泰皇而仅取皇字,有人参天地兼及三才之
义,非限于人皇。帝取五帝之终始,明阴阳具五行生克之理。故皇帝
二字可喻当时对宇宙之认识,亦以见阴阳三才五行之象数,战国时早
已通行于六国,秦亦早在运用,及统一而用于天下。然与邹衍之说大
不相同。唯衍仅为燕昭王师,对天下尚未见其强,乃本天象而有大九
州之预见。及秦既统一,则四域虽大,已不可能更有大九州之思。故
空间既隘,于天人之应必将有所拘。以今而言,仅知春夏秋冬之五德

终始（地球公转），不知时差之五德终始（地球自转），此不可不认为因秦始皇统一而影响我国人民的豁达思想。迄今仍见汉后的思想，绝不能及先秦者，要在有地域之限。故研究我国汉后思想的发展，必须注意外来文化之刺激。刺激后仍能保持我国本有的特性，则阴阳五行与三皇五帝的象数，实有广大的概括能力，是犹易学的整体。至于始皇欲以二世三世至于万世以主此地域，实见其不自量。而生物之本能的确如此，然传家且争斗，遑论传国。今论整体之易理，始于自然科学之三才，则当以生物学角度观人。且人有合群之本能，乃又有社会组织之三才。其间之变化被认为五德终始者，盖当时早已认识所谓时间之实质。更合空间而言，由是定周为火而自定秦为水，一六水德其色黑。分天下为三十六郡者，亦取六之平方，与《吕氏春秋》之六论取义同。《老子》之言，有"上善若水"之喻，正合秦之符命。《韩非子》中有《解老》、《喻老》，可见法家极注意《老子》。老子曰："失道而后德，失德而后仁，失仁而后义……"以始皇观之，皇兼天地人三才之道，帝合刚毅庆深之水德，所以事皆决于法，刻削毋仁恩与义。孔子叹水之逝，与老子上善若水所见盖同，皆已认识时间。而孔老之反应有异者，各有得失两方面。老之失，自然可产生拔一毛以利天下不为之我。孔之得，即可以化小我为大我，社会组织中之我另有其客观的时间。又孔之失，因对社会组织之认识，永远有不同的发展，如局促于社会学之人，势必影响于生物学之人。而老之得，实能以生物学自观而观人，故中医的理论原出于老。若始皇之心，当既平六国而议此名号，其骄矜之志自不待言，此当其二十三岁亲政至三十九岁统一六国。自统一六国后直至秦亡为第三段（前220—前207），凡十四年。此一时期之思想，全出于始皇一人。唯其有踌躇满志之心，宜生不知所措之迷。乃于四十岁起，以出游为主，正欲见疆域之四极。即于第一年（前220）巡陇西北地，作信宫渭南，又更命为极庙，象天极，此正取西北乾天之象。凡八卦方位战国时早已形成，合诸地形西北高东南低，当由天而地。

故始皇出游,既作极庙后,出游以东南为主。对海有兴趣者,受邹衍学说之影响。二十八年(前219)初次东游,尚与鲁诸儒生议刻石颂秦德。又命齐人徐市发童男女数千人入海求仙人,可见其重视齐鲁之文化。且秦之灭齐,未用兵而以间胜,故齐秦两国因间而文化殊多交流。《吕氏春秋》之内容,大半属齐鲁文化。其后以法家为主而齐鲁文化被斥,然既平六国后,始皇喜颂德信方士之念大兴,故又接近齐鲁文化,此又见秦代之儒大半已与齐燕之方士合流。至于在湘山逢大风,使刑徒三千人皆伐湘山树,赭其山。始皇之愚狂,亦见其与楚有恨,"楚虽三户,亡秦必楚"之谣,实非偶然。三十二年(前215)之碣石,使燕人卢生求羡门高。卢生入海还,以鬼神事因奏录图书曰:"亡秦者胡也。"始皇乃使将军蒙恬发兵三十万人北击胡,略取河南地。此一事实可见方士图书之兴,不可不认为始皇有以启之。三十万人北击,出于一句谶语,可笑孰甚。且卢生何可不以鬼神事而自言"亡秦者胡",则见方士之所以兴,又不得不言鬼神,皆有以致之。而方士亦有其见几之能,且海上有海市蜃楼,又属客观事实。况邹衍之谈天,不乏有科学推论,故齐易因方士之知而保持其整体之说,亦未可忽视。又不死之药发展成炼丹,沿海地域最流行。然齐燕方士之妄言始皇能信之,而齐鲁儒士之正论反又引起大风波,此发生在三十四年(前213)。

《史记·秦始皇本纪》:

> 始皇置酒咸阳宫,博士七十人前为寿。仆射周青臣进颂曰:"他时秦地不过千里,赖陛下神灵明圣,平定海内,放逐蛮夷,日月所照,莫不宾服。以诸侯为郡县,人人自安乐,无战争之患,传之万世。自上古不及陛下威德。"始皇悦。博士齐人淳于越进曰:"臣闻殷周之王千余岁,封子弟功臣,自为枝辅。今陛下有海内,而子弟为匹夫,卒有田常六卿之臣,无辅拂,何以相救哉。事不师古而能长久者,非所闻也。今青臣又面谀以重陛下之过,非忠

臣。"始皇下其议。丞相李斯曰:"五帝不相复,三代不相袭,各以治。非其相反,时变异也。今陛下创大业,建万世之功,固非愚儒所知。且越言乃三代之事,何足法也。异时诸侯并争,厚招游学,今天下已定,法令出一,百姓当家则力农工,士则学习法令辟禁,今诸生不师今而学古,以非当世,惑乱黔首。丞相臣斯昧死言,古者天下散乱,莫之能一,是以诸侯并作,语皆道古以害今,饰虚言以乱实。人善其所私学,以非上之所建立。今皇帝并有天下,别黑白而定一尊,私学而相与非法教人,闻令下则各以其学议之。入则心非,出则巷议,夸主以为名,异取以为高,率群下以造谤。如此弗禁,则主势降乎上,党与成乎下,禁之便。臣请史官非秦记皆烧之,非博士官所职,天下敢有藏《诗》《书》百家语者,悉诣守尉杂烧之。有敢偶语《诗》《书》者弃市。以古非今者族。吏见知不举者与同罪。令下三十日不烧,黥为城旦。所不去者,医药卜筮种树之书。若欲有学法令,以吏为师。"制曰:"可。"

二千余年来盛传之焚书,不可不一究其实。当始皇后期,既与鲁诸儒生议刻石颂秦德,则与齐鲁之学又起联系。时经六年(前219—前213)定在发展,亦即《吕氏春秋》的认识论在兴起。以斯之言,可证民间已盛行,而秦博士中不乏有齐鲁之学者,由是淳于越即乘其势而言。至于李斯之议,实始皇本人之意。水德既定,决不会再法三代,而于方士卜筮之信,又不会因否定儒生之见而亦去之。此见方士卜筮与儒学,于秦代亦有同有异。卜筮书不焚而盛传,又不言而喻。所焚以《诗》《书》为主,可证孔子确可有删《诗》《书》之事。故《书》始尧舜,《诗》美文王,方为孔子之旨。《春秋》以断事之义,孟子已有所增益。《易》之书为太卜所掌,孔子宜见之而并不重之,且其象数在齐而不在鲁。故焚书之举,邹鲁遭大厄,齐燕次之。而对秦博士本身亦多损失,《史记》虽未言,如淳于越辈决不能再在秦博士中,则始皇所与处者除青臣等唯方士。而方士之知亦有所穷则不得不去,由是而又有坑诸生四百六十余人之惨闻。且不死药既不得,又闻祖龙死之谶,其心理之恍惚,可笑亦复可悲。最后乃卜卦得游徙吉而死于途,卜之吉凶其可凭乎。

二世于三年(前207)亦占梦问卜,盖当穷途末路,自然丛生不祥之幻境,斋于望夷宫而祠泾沈马,更属自速其死。总观始皇二世之崇信卜筮,必已上行下效。且书虽焚而卜筮之易书尚在,方士之妄言虽不可,以问卜而自避秦法之残暴,未闻有禁。故我国民间盛传卜筮,不可不认为秦时已然。至于秦时之卜,是否已用大衍之数,则文献不足,暂可阙疑。惟以其文化观之,其数已相当复杂,已知大衍筮法,亦未尝不可能。

上古三代易简论

一、伏羲易——畜牧时代
　　所认识的文化

《周易·下系》第二章曰：

> 古者庖牺氏之王天下也，仰则观象于天，俯则观法于地，观鸟兽之文，与地之宜，近取诸身，远取诸物。于是始作八卦，以通神明之德，以类万物之情。作结绳而为网罟，以佃以渔，盖取诸离。

此章文字约作于公元前三百年，作者可能是赵人。其时情况，齐稷下派已成《周礼》，《周易》的卦象亦已由数字卦变成阴阳符号卦。由是认识阴阳之三次组合，其数为八。唯有此"始作八卦"之文字，方有重卦成六十四卦的问题。今据考古所得，凡三代的易象同为数字卦，自战国后基本出于鲁齐燕赵的阴阳符号卦卦象实属后起。然迄今存在的八卦及六十四卦的卦象，虽仅二千三百年左右，而对中国思想文化的影响无出其右。所以有此观象者，就在于深信八卦是伏羲氏所作,尚在神农氏前,故每有视易象为中国文化之源的观点。笔者数十年来久为伏羲氏始作八卦寻事实,惜未能有得,直至近年来认识数字卦后,方能明确八卦形象的来源。故今得出结论:凡八卦及六十四卦的符号形象,不论以何种方式、何种次序,皆为文王、孔子所未见,文王、孔子所见之易象皆为数字卦。阴阳符号卦由数字卦变化而来,文王、孔子尚且不知阴阳符号卦,何况远在其前的伏羲。这一结论,与二千年来所认识的易学,有原则的不同。最早认识伏羲氏始作八卦者,约在距今二千三百年前,能认识伏羲氏的时代在尚未进入农业社会前的畜牧时代。惜推究约二千三百年前的遗迹中,迄今未得八卦及六十四卦的符号形象,故知此仅为作者之思想意识,并非畜牧时代确存在八卦及六十四卦的卦象。

今据此节文字而言,所谓"王天下"的"王"字,在战国时早有"一贯三曰王"的概念,就是贯通天地人。且已知人属生物,宜分植物与动物,当进化成人,特别重视"近取诸身"与"远取诸物"。此分类学极正确,与今日自然科学之分类相似。此处的重要观点,应了解作者所认识的伏羲氏的形象。这一形象就是伏羲氏已能取诸离卦(其实是作者所认识的离卦形象),以作成网罟。用网罟以佃以渔,就是已能结网,以网入水可捕鱼,以网入山可捕兽。这一情况以喻当时所能掌握之生产力,故知伏羲氏属畜牧时代。进而可研究当畜牧时代是否能理解八卦,这一问题涉及对八卦、对易学如何认识。在中国哲学中最可贵的思想就是能理解整体,这一整体观念决不是形成于战国时代,老子、孔子等莫不知之。或分析这一整体,就是天地人三个方面。《左传》记述刘康公已理解"民受天地之中以生,所谓命也"(时当成公十三年,公元前 578 年),也就是一切事物必可包括天地人三方面。此三方面又可合天地为一方面属自然界,人当一方面属生物界。而此二方面就是阴阳,阴阳就是"易"。表示阴阳的方法是用阴阳的符号,而阴阳的符号经天地人三方面的变化就有八种,这就是八卦。故八卦的符号在二千三百年前方才形成,而八种以天地人分阴阳而得到的形象,畜牧时代的人何尝不可理解。

于天的阴阳——如白天、晚上;阴天、晴天。

于地的阴阳——如高山、平地;又平地为阳,则河水为阴;草原面南者为阳,面北者为阴。

于生物的阴阳——植物为阴,动物为阳;又动植物为阴,人为阳;于人则男为阳,女为阴;动植物本身亦各有阴阳。

以上此类认识,畜牧时代的人在其生存斗争中自然会根据其经验而形成,本三才分阴阳而得八种分别,在畜牧时代确已可能,然不必有卦象。此外如时间、方向的分辨阴阳,亦能逐步加以明确的认识。

二、神农易——农业社会开始

《周易·下系》第二章继之曰:

> 庖羲氏没,神农氏作,斲木为耜,揉木为耒,耒耨之利以教天下,盖取诸益。日中为市,致天下之民,聚天下之货,交易而退,各得其所,盖取诸噬嗑。

由庖羲氏没至神农氏作,已经过若干岁月,二人可视为二个历史时期之划时代人物,可知其确合古史的史实。当人类之进化,火食已久,究其主食,有动植物即荤素食二种变化。其初即伏羲氏时代已知佃渔,此畜牧时代之食物,以食动物为主。在伏羲氏至神农氏之间,人类生活逐步有变化,由食动物变为渐以食植物为主。初食自然繁殖之果实,又食一年生长之谷类。由自然生长演变成人类有意识种植,此为人类智慧之一大进步,由此进入了农业社会,代表人物为神农氏。以地域言,北方多草原,自然形成畜牧的条件,而南方气象适合于农业,故能全部进入农业社会。这一时代,以人类认识言,已能掌握地绕日一周的回归年。孔子理解尧能明天之历数,有其正确性,但神农氏时代未必知闰。以一日一月的运行,知其可结合于寒暑的往来,就有了回归年的概念。知寒暑的循环,就可进入农业社会。故由伏羲氏而神农氏,对象数的认识当有很大进步。今考古所得,简单的数字在七八千年前已存在。唯有一定的方法记数,始有推知回归年的能力。以生产工具言,在当时除石器外,尚有木制工具,正合南方的情况,为耜为耒,所以便于掘土种殖。今已得古用之农具,可证实约二千三百年前的作者,推想数千年前的耕种工具基本属实,即知战国时已用金属工具,在其前当用木制工具。至于取益象的问题,则已为作者的思想,决非神农氏的思想。随同农业社会的私有制,又产生了商品的物物交换制,其时极早。继之在中国亦有货币产生,最早用贝壳等,然此章中尚未提及货币。凡此主要的变化,皆属古代社会进入私有制社会后必经的过程。此节文字明其变化过程,犹易道之阴阳变化。以易学合诸社会的变化,其象数自然有其作用。合观结网以佃渔及为耜耒以耕种,又取日中之时使物物交换,皆所以教民以改善生活,故赵武灵王所谓"教而不诛",盖尚不必诛。

　　以易学言,宜理解进入农业社会及商业社会所需的象数知识。上已提及须知回归年的象数,当知数之周期,亦就是进位制问题。易学所以能推得极早,因最后本诸阴阳,实为进位制中最简单的二进制,由三才而分为八卦,似已复杂,而最普遍适用者,则为十进制。此因人类本身的形象成直立人后,十个手指可做各种精细的工作,而其十数就形成基本的十进制。凡计日数当然用累积十数计之,似有三次十数可当一月之圆缺。在中国更重要之数,能知两手对称化成二五而形成阴阳五行之理,五之象数实产生"中"的概念。如位有东南西北兼五而成"中",时有春夏秋冬四时而贵知时之"中",主要农作物的生长过程,有春生夏长秋收冬藏的现象,亦本四方四时的概念而合诸农业生产,亦即一纵一横合"中"为五。以上可喻吾国名"中"重五,其来甚久。此阴阳五行的认识,确为以手指计数之方便所造成。以五行产生的生克问题则后代形成,神农时未必能知。由十进制更推广成十二进位制,又为一重要的智慧问题,此与一年初步认识有十二月有明显的关系。今知巴比伦的楔形文字中,亦含有十二进位制及六十进位制,直至流传至英语文化系统,于十一(eleven)十二(twelve)有特殊的文字,且有十二进位制一打(dozen)等专门名字可证。此与中国传统的天干、地支,不可忽视有相同的思路。然而是巴比伦传至中国,或是中国传至巴比伦,或是二国各自独立发现,这一问题已有学者加以论述,尚未有一致的认识。然其间有一可肯定的答案,巴比伦的文化已断绝,唯在中国重视十二进位制及与十组合成六十进位制,迄今仍在民间广泛流传。且组合成六十进位制后,与二进制六次方成六十四卦的二数之间,始终重视其变化关系,对中国纯数学思维有重要影响,亦有其重要价值。今考虑文化的流传问题,唯有畜牧时代的人随水草而移动,居处并不固定,则十二进位制有流传的条件。及进入农业社会,因土有生熟,人自然有重定居轻迁徙的感情,则中国与巴比伦的文化交流亦比较困难。故十二进位制与十进位制(十本诸手指数,故为全人类基本所共同应用,唯十二为特殊)组合成六十进位制的建立与交流,基本在伏羲氏与神农氏之间。且进位制是易学象数的重要内容,今人每视易学象数有神秘感,其实就在未能客观认识种种周期变化之间的关系。如能重视伏羲至神农时代的变化,是当中国南北二大文化系统(即黄河流域文化与长江流域文化)的文化交流,方能认识由畜牧时代发展成农业时代的重要作用。而同时埃及、巴比伦与中国东西的文化交流亦正当其时,此与发展成六十进位制方能有条件认识回归年有密切关系。且象数已有,即使无八卦及六十四卦的卦图存在,在当时中国人的思想结构中,早有阴阳概念和天地人三才概念等,可知并不是战国时人强加于古人的。这一问题就是应认识易学象数的具体内容及其作用,且应理解其随时代而发展,唯此增入对伏羲、神农的认识,则战国时代的思想文化得以又一次提高。而易学有其独立性和概括性,就在其于尧舜—孔子的儒家思想、黄帝—老子的道家思想外,更有伏羲—神农的阴阳家易家的科学思想。且易学总结阴阳家的思想产生在战国后期,最能汇通所有春秋战国时诸子百家之说,主要的两方面就在于能综合尧舜、孔子与黄帝、老子。自汉武帝后,既认定孔子与老子之不同,决不会再见其有所同,则易学属儒属道皆非其旨。凡有志于研易者,首当明辨老子孔子所谓道之同异,由同而见其异,由异而见其同,则始可与语易学之旨。或仍坚执经学易,或必尽废经学易,或对黄老易(包括易与医药道教等关系)一无所知,其何以能见伏羲神农易之蕴,亦即未能会通战国以前之思想文化,则何以能见中国文化的整体结构。《庄子·天下篇》有言:"道术将为天下裂",令人有同感。与伏羲时代比较,神农时代约当公元前 4500 年。南方进入农业社会当相近于北方进入渔猎社会。

三、黄帝易——建立农业 社会的上层建筑

《周易·下系》第二章继之又曰:

> 神农氏没,黄帝、尧、舜氏作,通其变使民不倦,神而化之使民宜之。易穷则变,变则通,通则久,是以自天祐之,吉无不利。黄帝尧舜垂衣裳而天下治,盖取诸乾坤。

以下总述制器尚象之事八则,乃未加分辨其时代,基本在伏羲氏至尧舜氏之间完成。凡此八事,对人类生活的改进,思想文化的进化,属于关键性的认识,先录原文于此:

一、刳木为舟，剡木为楫，舟楫之利，以济不通，致远以利天下，盖取诸涣。

二、服牛乘马，引重致远，以利天下，盖取诸随。

三、重门击柝，以待暴客，盖取诸豫。

四、断木为杵，掘地为臼，臼杵之利，万民以济，盖取诸小过。

五、弦木为弧，剡木为矢，弧矢之利，以威天下，盖取诸睽。

六、上古穴居而野处，后世圣人易之以宫室，上栋下宇，以待风雨，盖取诸大壮。

七、古之葬者，厚衣之以薪，葬之中野，不封不树，丧期无数，后世圣人易之以棺椁，盖取诸大过。

八、上古结绳而治，后世圣人易之以书契，百官以治，万民以察，盖取诸夬。

先当注意由神农氏至黄帝时代的变化，与伏羲氏至神农氏之间的变化不同。凡此章的作者，早已见到战国时对古史的认识，主要体系有二，其一为尧舜—孔孟的儒家体系，其二为黄帝—老庄的道家体系。前一体系，东周初已完成，孔子乃述而不作，要在三代前早已存在传贤不传子的政治制度，自三代开始莫不以家天下为主。而当战国时，既多分裂灭国之事，亦有传子与传贤之变，此对儒家体系有重大影响。当时在燕国有一事，因燕王哙三年（前318）把君位禅让给相国子之，由是燕国大乱六年之久，直至燕昭王即位（前311）才恢复秩序。故《庄子·秋水篇》有言："昔者尧舜让而帝，之哙让而绝，汤武争而王，白公争而灭。由此观之，争让之礼，尧桀之行，贵贱有时，未可以为常也。"此事发生，不利于儒家之观点。而与此同时，后一体系即稷下派取黄帝—老庄的道家体系正在大兴。此二种对古史不同的认识，有其相同点，即传子传贤同属上层建筑，"贵贱有时，未可以为常也"。故此章作者兼及黄帝尧舜，视之为垂衣裳而天下治，今所谓重视生产关系。

此与黄帝前不同,分畜牧、农业二大时代,主要在重视生产力的变化与改进。可见由神农氏至黄帝时代的变化,是在完成以农业社会生产力为主的上层建筑。故须由尧舜孔子及黄帝老子二种对古史的认识体系,而更及伏羲神农,方能了解此章作者所建立的易学结构,其实质就在注意到上层建筑的建立,必须有据于生产力的发展及对客观世界的认识程度。这一方面的学问,乃属于"形而下者之谓器",故此章要在明制器尚象。且由"形而下者"必须认识"形而上者",而易学的思想结构决不执一于"形而上"或"形而下",在知其二者而加以变通。《系辞上》末章有言:"形而上者谓之道,形而下者谓之器,化而裁之谓之变,推而行之谓之通,举而措之天下之民谓之事业。"是即道器变通之大义,易学阴阳变通已在其中。进而以当时所了解之古史证实之,黄帝尧舜的上层建筑,须以具体认识制器尚象的方法和发展生产力的客观事实来说明,此所以必及黄帝尧舜之前的伏羲神农。且认识自然界无穷,尚象无穷而制器亦无穷。《易》贵穷则变,变则通,通则久,所以在变通形之上下,故由神农至黄帝之变化,庶见道器变通之一端。凡认识易学,在能见伏羲与神农之同异,又见黄帝与尧舜之同异。尤要者,能见伏羲神农与黄帝尧舜之同异,知其上下变通之理,于《易》思过半矣。

此外八例,以喻制器尚象的方法。今究其作用,有关交通者二,即舟楫之利与服牛乘马,亦即水陆二路,伏羲时已能用之。有关生前死后居处者二,其一为生前造宫室,其二为死后营葬地。有关应用者二,即文字与臼杵之利。有关防卫者二,其一守为重门击柝,其二攻为弧矢之利。凡此八事,于黄帝时宜可完成,皆属制器尚象之事。

有关黄帝的一切传说,以稷下派即齐威王元年(前356)开始,至汉武帝元年(前140)已二百余年,事实上尚可能更早。且黄帝确可当历史上某一民族的始祖,故司马迁作《史记》即托始于黄帝,当尧舜前毫无可疑。然由于尊儒的影响,宋后又受孟子的影响,故于黄帝的史迹基本上被认为不真实。唯近年来的考古事实,凡新石器时代的遗迹遍布于全国各地,则认为有黄河流域的始祖存在未尝不真实。伏羲与神农且有史迹可考,何况黄帝。故于战国末及汉初出现大量托名黄帝的著作,绝非偶然。《史记·五帝本纪》:"太史公曰:学者多称五帝尚矣。然《尚书》独载尧以来,而百家言黄帝,其言不雅驯,荐绅先生难言之。"其所谓不雅驯,因当时尚可能有大片地区犹为母系社会。今观半坡遗址可证,当时的文化已达到了相当高的水平,尚象所制之器必然很多。有以下数事当可注意之,其一伶伦明乐律,其二大挠造甲子,其三已利用磁石造指南车,其四已喻五行生克之理。凡此四事对后代有莫大的作用,其所由来定须有千百年之积累。再如殷墟甲骨文中,已有完备的六十花甲表,则初定天干十、地支十二之进位制,何可不信黄帝时已有。乐律之理,五音与五行之关系等,亦确可理解为黄帝时已有。象半坡这样的文化遗址,和其时代相近的据点当时极多,黄帝乃后人想象有代表性的各据点领导者。以后于考古再有所得,则黄帝时代更可显其真相。

四、尧舜易——确立父系社会

秦汉以来,总观中国的思想文化,不外黄帝、老子与尧舜、孔子之辨,乃有是儒是道或更有儒道互补等观点,其实皆起于汉武帝(前140—87)后。在秦始皇统一六国前,若《周易·下系》第二章之作者等,皆等视黄帝与尧舜,因其同属于确立上层建筑者。黄帝当确立农业社会,尧舜当确立父系社会,此于老子与孔子的同异,可喻其理。凡孔子删《书》托始于《尧典》,有其精深的认识。若二百余年后的易学观点,既知黄帝之道,又知黄帝尧舜同属"垂衣裳而天下治"者,则其超然之思,殊非秦汉后人所能理解。故于黄帝前又增入伏羲神农,此方属易学最宝贵的思想结构。今所谓易学的内容,在研究上层建筑与下层建筑的关系,及如何本诸认识客观世界以发展生产力,然后使生产关系能促进生产力发展诸问题,亦即此章作者本诸《周易》而增"伏羲氏始作八卦"的大义所在。

惜自汉武帝以来,固执于孔子之尧舜易以兴经学易,则易学的思想大受束缚。虽然,西汉经学易的思想,仍不可不知与五经的关系,其中与《书》的关系,就属尧舜易的问题。但仅知经学易,则先秦易学中可贵的思想结构自此湮灭,制器尚象之旨乏人继承。至于孔子上距尧舜的时间,《史记》基本已记述,然难免彼此有出入。宋邵雍《皇极经世》取《史记》等古籍中较可信之说,为之依次排列,凡《史记》中较可信之纪年,已用干支一直排列到周召共和之年。今知是年当公元前841年,而《皇极经世》即准此上推,于己未(前842)曰:"周厉王为国人所逐,出奔彘。周召二伯行政,谓之共和。太子静匿于召公家,文武之德,自此尽矣。"此己未年当"经世之酉二千二百六",邵雍上推至尧之元年,是当"经世之未二千一百五十六中之甲辰"。特曰:"唐帝尧肇位于平阳,号陶唐氏,命羲和钦若昊天历象,日月星辰,敬授人时,期三百六旬有六日,以闰月定四时成岁曰载。建寅月为始,允釐百工,庶绩咸熙。"今合诸公元纪年,此一甲辰实当公元前2357年(配合之法另详),此仍属《史记》中所已言者,唯选择其较可固定之一说。可见由尧至周召共和,仅一千五百十六年。更合诸孔子之生年(前551),亦仅一千八百零六年。试思"信而好古"之孔子,有据于当时的文献传说,划时代尚未足二千年,此以民族文化的确立,社会组织的形成观之,经历二千年何足为长。于二千年前当然尚有略异的其他文化思想,惜其后的中国文化(迄今犹然)唯知有尧舜,乃对尧舜史实的美化,又使之完全不同于尧舜时代的客观史实,由是求经过美化的尧舜史实当然不可得。由是不信有尧舜,并不信有三代,即东周的史实且不信,则何能语以"伏羲古易"。究其失,全在美化儒家所记述之史实,反使"述而不作"的文献记录,变成字字有褒贬的"春秋笔法",且褒贬之情不妨以意测之,则何能更见真实的史迹。以今日之考古观之,距今万年的史迹遍满全国各地,由旧石器而新石器时代,当距今四千数百年前,有掌握天之历数以确立父系社会的唐尧,又以二女配虞舜的所谓禅让政治,此何足为奇。且当时全国的情况,各部族的继承法未必全同,唯经孔子之宣扬尧舜,仅执此而不究其他各种情况,此为儒家理论之流弊。故战国时的步步上推史实,全属中国思想文化的进步,奈迄今仍多不信真有黄帝时代,何况伏羲氏与神农氏时代。至于信各有历史时期的史实,又必以后代之思想强加于古人,如八卦及六十四卦图等,严格而言,文王孔子且不知,如何可能是伏羲氏始作。然伏羲能辨阴阳而知天地人的不同,则畜牧时代的文化应可理解。

以尧舜时代的易学言,则闰月定岁,利用干支以计数的知识,已极成熟。观天象,识地势,知人情的理论,决非空言。必谓其能明辨九族,当然未必。今日更读《尚书》者,当以史实证之,何必更以明辨今古文为唯一方法。读《书》如是,何况读《易》,要在注意文字前之符号。今存之符号似起于鲁齐燕赵,时间在战国初中期。以前之易同为数字卦,即以数字示阴阳之变化,殷墟先周之甲骨及钟铭中皆已发现,南方亦有。究其源三代当同,故归诸尧舜易,与天之历数及乐理等皆有关,惜古物之发现尚未备。然以数示象的体系已成立,《易》之可贵全在能以结合象数为本,方能喻文字之义理。至于《尧典》的义理,要在含有"天之历数在尔躬"的象数,是即所谓尧舜易。而"垂衣裳而天下治",又确立父系社会,及取乾天坤地又取乾父坤母、乾衣坤裳,则同为著述此章文字者所理解之尧舜易。此与黄帝易不同,黄帝时代亦取乾天坤地、乾衣坤裳,然其义理,则乾为农业社会的上层建筑,所以使坤效法农业社会的生活方式。必逐蚩尤者,因此一部族当时尚未进入农业社会。

今据考古所得,以碳—14及经树轮较正,西安半坡类型的年代在公元前4800—3600年之间。而郑州大河村的时间上下限在公元前4000—3000年之间,而龙山文化,由早期始于公元前4300年前的大汶口文化,约在公元前 2400 年前后转化而成。可见公元前 5000 年左右黄河流域各有居民点,然又有从上游发展至下游的情况。这就形成了半坡、大河村、龙山诸文化体系,实属黄帝至尧舜时代的情况。《皇极经世》所整理的年代未可忽视,附表见下。又长江流域早期文化如大溪文化,今尚有矛盾,中晚期约当公元前 4000—2400 年,河姆渡文化在公元前 5000 年,崧泽文化时间相近,绝对年代用碳－14 测得者,相差尚大,有待进一步研究。

附:《皇极经世》所排列由尧至
周召共和的时间表

《皇极经世》卷第五之上

以运经世之一　　观物篇之二十五

经世之未 2156 甲午

甲辰	尧元年　尧(？—前 2258)		前 2357
	(前 2357—前 2286 在位)		
申 2157 甲子	尧二十一年		前 2337
酉 2158 甲午	尧五十一年		前 2307
壬子	尧六十九年　鲧治水绩用不成		前 2289
癸丑	尧七十年　始征舜		前 2288
乙卯	尧七十二年　荐舜于天而命之位		前 2286
丙辰	舜元年　舜(？—前 2208)		前 2285
	(前 2285—前 2225 在位)		
戌 2159 甲子	舜九年		前 2277
癸未	尧徂落		前 2258

	丙戌	舜受九官	前 2255
亥 2160	甲午	舜三十九年	前 2247
	丙辰	舜六十一年荐禹于天而命之位	前 2225
	丁巳	禹元年　禹（？—前 2198）	前 2224
		（前 2224—前 2198 在位）	

以运经世之二　　观物篇之二十六

经世之子 2161	甲子	禹八年	前 2217
	癸酉	舜陟方乃死	前 2208
	甲戌	禹大会诸侯于涂山	前 2207
	癸未	禹至于会稽崩,元子启践位	前 2198
经世之丑 2162	甲午	太康二年	前 2187
寅 2163	甲子	仲康三年	前 2157
卯 2164	甲午	相二十年	前 2127
辰 2165	甲子	少康生二十三年	前 2097
巳 2166	甲午	少康五十三年	前 2067
午 2167	甲子	槐四年	前 2037
未 2168	甲午	芒八年	前 2007
申 2169	甲子	不降四年	前 1977
酉 2170	甲午	不降三十四年	前 1947
戌 2171	甲子	扃五年	前 1917
亥 2172	甲午	廑十四年	前 1887

以运经世之三　　观物篇二十七

经世之子 2173	甲子	孔甲二十三年	前 1857

丑 2174 甲午　　发十一年　　　　　　　　　　　　前 1827

　　　　壬寅　　发崩子癸践位是谓之桀　　　　　前 1819

寅 2175 甲子　　癸二十二年　　　　　　　　　　前 1797

　　　　乙亥　　始嬖妹喜　　　　　　　　　　　前 1786

　　　　丁丑　　成汤即诸侯位　　　　　　　　　前 1784

　　　　甲申　　桀囚成汤于夏台　　　　　　　　前 1777

卯 2176 甲午　　癸五十二年　　　　　　　　　　前 1767

　　　　乙未　　汤放桀于南巢朝诸侯建商　　　　前 1766

　　　　　　　　夏（前 2224—前 1766）

　　　　　　　　汤（前 1765—前 1754 在位）

　　　　丁未　　汤崩,元子太甲践位,放之桐　　前 1754

辰 2177 甲子　　太甲十七年　　　　　　　　　　前 1737

巳 2178 甲午　　沃丁十四年　　　　　　　　　　前 1707

午 2179 甲子　　太庚十五年　　　　　　　　　　前 1677

未 2180 甲午　　雍己三年　　　　　　　　　　　前 1647

申 2181 甲子　　太戊二十一年　　　　　　　　　前 1617

酉 2182 甲午　　太戊五十一年　　　　　　　　　前 1587

戌 2183 甲子　　仲丁六年　　　　　　　　　　　前 1557

亥 2184 甲午　　河亶甲八年　　　　　　　　　　前 1527

《皇极经世》卷第五之中

以运经世之四　　观物篇之二十八

经世之子 2185 甲子　　祖辛十年　　　　　　　　前 1497

　　丑 2186 甲午　　　　　　　　　　　　　　　前 1467

　　寅 2187 甲子　　　　　　　　　　　　　　　前 1437

卯 2188 甲午		前 1407
辰 2189 甲子		前 1377
巳 2190 甲午		前 1347
午 2191 甲子		前 1317
未 2192 甲午		前 1287
申 2193 甲子		前 1257
酉 2194 甲午		前 1227
戌 2195 甲子		前 1197
己卯	周文王始即诸侯位	前 1182
亥 2196 甲午	帝乙二十五年	前 1167
丙午	帝乙崩,次子受辛立,是谓纣	前 1155
丁未	纣元年	前 1154
甲寅	始嬖妲己	前 1147
辛酉	囚文王于羑里	前 1140
癸亥	放文王,命为西方诸侯	前 1138

以运经世之五　观物篇之二十九

经世之子 2197 甲子	受辛十八年	前 1137
己巳	周文王没,元子发践位	前 1132
己卯	武王伐商,杀纣,建周	前 1122
	商(前 1765—前 1122)	
	武王(前 1132—前 1116 在位)	
乙酉	武王崩,元子诵立,谓成王	前 1116
丑 2198 甲午	成王九年	前 1107
壬戌	成王崩	前 1079

癸亥	康王元年	前 1078
寅 2199 甲子	康王二年	前 1077
戊子	康王崩	前 1053
己丑	昭王元年	前 1052
卯 2200 甲午	昭王六年	前 1047
辰 2201 甲子	昭王三十六年	前 1017
己卯	昭王南巡不返	前 1002
庚辰	穆王元年	前 1001
巳 2202 甲午	穆王十五年	前 987
午 2203 甲子	穆王四十五年	前 957
甲戌	穆王崩	前 947
乙亥	共王元年	前 946
丙戌	共王崩	前 935
丁亥	懿王元年	前 934
未 2204 甲午	懿王八年	前 927
辛亥	懿王崩,穆王子立,谓孝王	前 910
壬子	孝王元年	前 909
申 2205 甲子	孝王十三年	前 897
丙寅	孝王崩,懿王子燮立,谓夷王	前 895
壬午	夷王崩,子胡践位,谓厉王	前 879
癸未	厉王元年	前 878
酉 2206 甲午	厉王十二年	前 867
己未	逐厉王	前 842
庚申	共和元年	前 841

（下接《史记》）

49

五、夏商易——确立家天下

《周易·下系》第二章的作者,增入伏羲氏始作八卦后,下及尧舜而止。因三代的文化,当时学者莫不知之,况三代前已知制器尚象,自三代起更将风行。事实上今考古已得宫室的模型等,的确可属于制器尚象,为易学最具体的应用。传说天赐大禹的洪范九畴,合诸象数的发展,当时是否已有"洛书"这一问题,亦始终未经学者慎重考核。其与"河图"是否同时出现,"龙马负图,洛龟呈书"的情况究竟如何,皆未作深入的研究。至宋代易学大兴,亦以见伏羲易之大发展,至少今已证实战国时有此二图,决非宋代所伪作。此二图确为易数之本,亦为数字卦所据,其形成之数字组合排列,决不可小视。今可证实其肯定与《洪范》的五行数有关。稷下派所编成的《管子》既不可视为与管仲(齐桓公公元前 685—653 在位)无关,亦不可视为管仲自著。其间《幼官第八》与《幼官图第九》实属象数之本,非但有本于管仲之旨,管仲且有本于三代之治,实与五行生克有关,可通《洪范》而为"河图""洛书"之象。凡《内经》的象数,基本出于此。更重要的问题,《管子·轻重戊第八十四》中,已全部加以论述,亦托于管子与齐桓公之对言:

> 桓公问于管子曰:"轻重安施?"管子对曰:"自理国虑戏以来,未有不以轻重而能成其王者也。"公曰:"何谓?"管子对曰:"虑戏作造六峜以迎阴阳,作九九之数以合天道而天下化之。神农作树五谷淇山之阳,九州之民乃知谷食而天下化之。黄帝作钻燧生火以熟荤臊,民食之无兹胃之病而天下化之。黄帝之王,童山竭泽,有虞之王,烧曾薮,斩群害,以为民利。封土为社,置木为闾,始民知礼也。当是其时,民无愠恶不服而天下化之。夏人之王,外凿二十虻,䃮十七湛,疏三江,凿五湖,道四泾之水,以商九州之高,

以治九薮,民乃知城郭门闾室屋之筑而天下化之。殷人之王,立
皁牢,服牛马,以为民利而天下化之。周人之王,循六岕,合阴阳
而天下化之。"公曰:"然则当世之王者,何行而可?"管子对曰:"并
用而毋俱尽也。"公曰:"何谓?"管子对曰:"帝王之道备矣,不可加
也,公行其义而已矣。"公曰:"其行义奈何?"管子对曰:"天子幼
弱,诸侯亢强,聘享不上,公其弱强继绝,率诸侯以起周室之祀。"
公曰:"善。"

案此节之象,确为稷下派之理论,然亦由黄老而增入伏羲神农,可
能已当邹衍之后。其间以黄帝始火化未是,凡传说之燧人氏似应在伏
羲之前,考古所得民之用火其来已久。至于一切须熟食,则三代之时
难免尚有部分生食,然不可谓人类不知火化。上文所述之种种发现,
实即易学中制器尚象。所谓伏羲氏作造六岕以迎阴阳,岕音计,所以
分阳岕以迎阳,阴岕以迎阴,犹二之六次方为六十四,故此处认为伏羲
氏已有六十四卦,且合于九九之数。视伏羲氏之王所以知抽象之数学
概念,此说可取,然不及《系辞》作者有深入思考。今可并读之,可喻战
国中后期时齐赵之思想概况,或认为此节确属管仲与桓公之对言则大
误。唯有此笔法,如《内经》结构托名黄帝与岐伯等之对言,亦可知其
当属稷下派发展而成,因黄帝知火化可大大减少病痛。

又于夏商易的主要情况,在禹传启而确立家天下,此在社会组织
之变化中,或亦是不可避免之一种制度,行之过久,不知制度之可变,
难免流弊丛生。

若于稷下派的理论中,又撰成《周礼》一书,则为孔子学说经子贡
而化入齐国者,所谓"天何言哉,四时行焉,百物生焉"。其构成天地春
夏秋冬六官之《周礼》,谓周公所作,全属托名。其间于春官太卜之职
设有三易,即《连山》《归藏》《周易》,其经卦皆八,其别六十有四,则
已知分辨八卦与六十四卦之次,乃与数字卦截然不同。至于三易之实

质,指文字抑指卦次之排列,且各当何时之易,《周礼》中并未明言。后人之注,若西汉之杜子春,尚知以伏羲当《连山》,黄帝当《归藏》,周文王当《周易》。于东汉后则基本取郑玄之说,仅以夏易首艮为《连山》,商易首坤为《归藏》,周代首乾为《周易》。其实全属猜想,三代之易今已知其全为数字卦,故《管子》中之《幼官图》极重要。若排列成阴阳符号卦,各地域有不同,然皆起于战国时。齐国或是最早应用阴阳符号卦之地域之一。

至于夏商之时代,《史记》等古籍皆有记载,且已知帝王相继之名号,此在当时确有记录而为司马迁所得,惜难免参差而启人之疑,然不应忽视其大体之时间。宋邵雍《皇极经世》取其比较可信者而排列之,这一工作虽不能视为全部正确,然决非全部空论。其所排列之纪年,夏当公元前 2224(禹元年)至前 1766(汤放桀),商当公元前 1765(汤元年)至前 1122(武王杀纣)。有此年代,殊可略知其时。事实上当时的诸侯尚多,不限于夏商而已。

西周与东周的易学

一、《易》之兴也当文王与纣之
事邪（前 1140—前 771）

《周易·系辞下》第十一章曰：

> 《易》之兴也，其当殷之末世，周之盛德邪？当文王与纣之事
> 邪？是故其辞危。危者使平，易者使倾，其道甚大，百物不废，惧以
> 始终，其要无咎，此之谓易之道也。（据宋朱熹《周易本义》之分章）

在传统的《周易》十二篇文献中，唯此一处提及系四百五十节文字
者为文王。然二句同用"邪"字，有疑问义，本未加肯定。所以疑当文王
与纣之事，要在"其辞危"，且虽危而能使平，虽易而能使倾，故其道甚大，
始终以惧，方能使百物不废，乃可有咎而归诸无咎，此即四百五十节文字
之易道。此德似唯文王能之，故此章作者即以二篇文献认为是文王所
兴。且此《系辞》之作者传说为孔子，故上述内容汉后无人敢疑。

《史记·周本纪》：

崇侯虎谮西伯于殷纣曰："西伯积善累德，诸侯皆向之，将不利于帝。"帝纣乃囚西伯于羑里。闳夭之徒患之，乃求有莘氏美女，骊戎之文马，有熊九驷，他奇怪物，因殷嬖臣费仲而献之纣。纣大悦曰："此一物足以释西伯，况其多乎！"乃释西伯，赐之弓矢斧钺，使西伯得征伐，曰："谮西伯者，崇侯虎也。"

《史记·太史公自序》：

太史公遭李陵之祸，幽于缧绁，乃喟然而叹曰：是余之罪也夫！身毁不用矣。退而深惟曰：夫《诗》《书》隐约者，欲遂其志之思也。昔西伯拘羑里，演《周易》；孔子戹陈蔡，作《春秋》；屈原放逐，著《离骚》；左丘失明，厥有《国语》；孙子膑脚，而论《兵法》；不韦迁蜀，世传《吕览》；韩非囚秦，《说难》《孤愤》；《诗》三百篇，大抵贤圣发愤之所为作也。此人皆意有所郁结，不得通其道也。故述往事思来者，于是卒述陶唐以来至于麟止。自黄帝始。

按"西伯拘羑里，演《周易》"之说，司马迁不写于《周本纪》中而写于《自序》中。《自序》确为《史记》中必读之文，然难免有先秦民间传说的成分，且从上下文看作者有意在缀文，故文王演《易》于羑里，合诸其他事，其间已是非混杂，未必全部可信。然自汉至清末，此一文献内容，竟认为是不可改变的事实。及刘向父子之《七略》更明确言："至于殷周之际，纣在上位，逆天暴物，文王以诸侯顺命而行道，天人之占，可得而效，于是重《易》六爻，作上下篇。"《周易》二篇四百五十节的文字，由是认定为文王所作，后代学易者更是深信不疑。

据《皇极经世》排定的时间，文王拘羑里三年，当公元前1140—1138，下距孔子（前551—前479）晚年读《易》，约六百五十年。东汉时马融（78—139）已发现爻辞中如"箕子之明夷"、"王用亨于岐山"等，皆属文王囚羑里、武王已平定天下之后事。故文王演《周易》二篇之说，乃不得不变为文王演《周易》仅系卦辞，文王次子周公系爻辞。事实上系此四百五十节文字者，决不止一代人之差，今已能本考古之事实加以澄清。因在殷周之际，尚属数字卦，虽或文王在羑里有演《易》事，是在演数字的变化，当时尚未见有阴阳符号卦的形象，故决不可能准阴阳符号卦的卦爻变化而系此四百五十节的文字。至于依《序卦》之次分二篇，今据长沙马王堆(下葬于公元前168年)出土的帛书《周易》尚未分上下篇，则文王时已有《序卦》二篇之分，更为无稽之谈。进而正式考察四百五十节文字的作者，应知决非一时一地的作品，时间较早者基本在爻辞中，少则十节左右，多则二三十节，可能确与先周及殷墟的甲骨文有关。然确切考得具体的原文与作用，已极困难，且虽似事实(属史料)，亦已非编成四百五十节《周易》文字后的意义(属哲学思想)。故自东周起，正在逐步改变数字卦以成阴阳符号卦，又在逐步增加卜筮之文字以喻其理。文字的内容既有取诸具体之史实，亦有合诸若干同类事实之原则，更有对若干原则之评论及记录各种不同的思潮，是之非之，各加吉凶悔吝之断辞以明之。由此可见，当时历代编纂者的思想，已具观象系辞的整体原则。而在编纂初期，根本无卦名与爻名，卦爻辞亦大有差别，读《左传》《国语》等古籍，可见当时逐步编成《周易》四百五十节文字的痕迹。直至《左传》昭公二十九年蔡墨论龙时(前513)，已有乾之坤"见群龙无首吉"，则可认为已备四百五十节的结构纲领，故基本上可肯定此时为成《周易》二篇的下限，地点在三晋地区。然其时爻名尚无，因全部《左传》中未有称爻名者，上下《系辞》中的各爻玩辞，亦皆称"《易》曰"而未有提及爻名者，足可证明当时尚无"初九、九二……用九"等爻名。考最早见爻名者是《文言》，《文言》的内容，极相似于子思(前492—前431)之《中庸》，故初步可考证题爻名者已当子思之后，时间迟于蔡墨近百年。可见即便不论二篇之分，仅考核完成四百五十节文字整体结构之时间，较经学易误认为文王周公时所系,实应推迟七百年左右。本文概述殷周之际及西周时盛行数字卦的史实及对卜筮的认识,尚未论及成此《周易》四百五十节的情况。

二、先周殷墟数字卦及天干地支表

清末发现殷墟甲骨文,对认识中国文化有一飞跃的进步。原因之一,中国历代文化,尤其在汉武帝独尊儒术后,难免过分信仰孔子而神化孔子,故未能深究古史的事实。清代深入证实梅赜《古文尚书》之伪,固然有功,然对尧舜之美化,仍未能有所纠正。故于尧舜前,早已在战国时知有伏羲、神农、黄帝等事实,于汉后反都认为是神话。于尧舜的事迹又丝毫不可致疑,这就形成了认识古史的断裂。应知孔子以尧舜划时代,由尧舜起已知天之历数,然未尝可认为尧舜前无古史且无文化,是皆由于儒学之过分重视孔子。然清末时的考古所得未见尧舜禅让之确证,就认为无尧舜,又疑及三代,对孔子所整理的文献至未能明辨其孰是孰非,一味疑古,亦当知其非。至于经学家美化尧舜,理当有此打击,蔡元培提倡废经的伟大作用,就在能使后人应客观理解古史的事实,结合古文物古文献的发现,方可由认识先周殷墟的甲骨文起以上推古史的史迹,并与传统之古代文献相互印证。唯此方法,方属今日研究古代文化的基础。最近数十年来,新旧石器时代的文物不断出土且遍满全国各地,始知中国确属开化极早的文明古国之一。以易学论,前已略言上古易的事实,今连接考察中古易,以见文王于易学所起的作用。先以殷墟出土的天干地支表论,此表与易学有明显的联系。然出土后犹未受到应有的重视。《汉书·艺文志》中易类的书目,内有《古五子十八篇》,自甲子至壬子,说《易》阴阳,其书虽佚,而其理迄今流传。今知五子六甲之理,由来已古。唯有此表,庶可证实当时抽象思维的水平,决非浑浑噩噩无思想之人。

以下先论述天干地支表之重要。凡人类思维的进步,贵在能产生抽象思维。利用数字符号,为表示抽象思维的重要方法之一。今据考古所得,中国在七八千年前,已发现数字等符号。合诸三千数百年前的干支表,可证实中国人利用数字确已久远。如以六十甲子表论,其前早已了解十进制及十二进制。能使十进制(天干)十二进制(地支)相合而成为六十进位制,自然有一段较长的发展时间。观其十与十二相配合时,于干支两方面各自一分为二,就在始于甲与子,其后十与十二辗转周期,即依次与戌、申、午、辰、寅相配合,而不可能与丑等其他六个地支相合。这个道理在今天看来太简单了,因六十就是十与十二的最小公倍数。由是天干与地支各分阴阳,示如下:

> 阳干五　甲丙戊庚壬　　阳支六　子寅辰午申戌
>
> 阴干五　乙丁己辛癸　　阴支六　丑卯巳未酉亥

　由上具体的干支排列,自然产生阴阳的概念可通于干支。试思三千数百年前的人类,已有此抽象思维,决不可忽视。以天干言,所对分的二组天干,就是阴阳五行。以地支言,二组地支就是阴阳六虚,《系辞》所谓"周流六虚"是其义。这一张出土的干支表可用二个方法分段,就是六甲与五子,以六甲分段为六,当天干六周期。以五子分段为五,当地支五周期。详如下示:

　六甲:

> 甲子、乙丑、丙寅、丁卯、戊辰、己巳、庚午、辛未、壬申、癸酉。
>
> 甲戌、乙亥、丙子、丁丑、戊寅、己卯、庚辰、辛巳、壬午、癸未。
>
> 甲申、乙酉、丙戌、丁亥、戊子、己丑、庚寅、辛卯、壬辰、癸巳。
>
> 甲午、乙未、丙申、丁酉、戊戌、己亥、庚子、辛丑、壬寅、癸卯。
>
> 甲辰、乙巳、丙午、丁未、戊申、己酉、庚戌、辛亥、壬子、癸丑。
>
> 甲寅、乙卯、丙辰、丁巳、戊午、己未、庚申、辛酉、壬戌、癸亥。
>
> (所出土的甲骨文干支表,即依六甲之次分六段排列)

五子：

甲子、乙丑、丙寅、丁卯、戊辰、己巳、庚午、辛未、壬申、癸酉、甲戌、乙亥。

丙子、丁丑、戊寅、己卯、庚辰、辛巳、壬午、癸未、甲申、乙酉、丙戌、丁亥。

戊子、己丑、庚寅、辛卯、壬辰、癸巳、甲午、乙未、丙申、丁酉、戊戌、己亥。

庚子、辛丑、壬寅、癸卯、甲辰、乙巳、丙午、丁未、戊申、己酉、庚戌、辛亥。

壬子、癸丑、甲寅、乙卯、丙辰、丁巳、戊午、己未、庚申、辛酉、壬戌、癸亥。

（此五子之次排列，就是《古五子》说《易》阴阳）

由上示天干地支的二种周期，莫不有阴阳之分。凡相合的干支，
必为阴阳相同。相继的二个甲子，必为阴阳相间。凡甲子为阳，乙丑
为阴，全表皆同。先以六甲言，十天干已备阴阳五行的周期，然十二地
支尚有所未足。

是即　甲子之旬　虚戌亥

　　　甲戌之旬　虚申酉

　　　甲申之旬　虚午未

　　　甲午之旬　虚辰巳

　　　甲辰之旬　虚寅卯

　　　甲寅之旬　虚子丑

故当时以"同流六虚"名之，虚是未备的意思。更以十二地支言，
则地支已备一周而天干之五行有重复，重复者即为五行之主。

是即　甲子周期　重甲乙主木

　　　丙子周期　重丙丁主火

　　　戊子周期　重戊己主土

　　　庚子周期　重庚辛主金

　　　壬子周期　重壬癸主水

可见《古五子》之说《易》阴阳，就是以甲丙戊庚壬为阳，以乙丁巳

辛癸为阴。合诸自然数,就是天一、天三、天五、天七、天九,与地二、地四、地六、地八、地十。进一步以数合诸方位,则必须以《洪范》、《月令》、《吕氏春秋》等先秦古籍加以证实。

《洪范》:"一五行:一曰水,二曰火,三曰木,四曰金,五曰土。"

《礼记·月令》:"孟春之月……其日甲乙……其音角,律中太簇,其数八……天子居青阳左个。……""孟夏之月……其日丙丁……其音徵,律中中吕,其数七……天子居明堂左个。……""中央土,其日戊己……其音宫,律中黄钟之宫,其数五……天子居太庙太室。……""孟秋之月……其日庚辛……其音商,律中夷则,其数九……天子居总章左个。……""孟冬之月……其日壬癸……其音羽,律中应钟,其数六……天子居玄堂左个。……"

《吕氏春秋》"孟春纪"、"孟夏纪"、"孟秋纪"、"孟冬纪"全同《礼记·月令》。又于《季夏纪·音律》有言:

黄钟生林钟,林钟生太簇,太簇生南吕,南吕生姑洗,姑洗生应钟,应钟生蕤宾,蕤宾生大吕,大吕生夷则,夷则生夹钟,夹钟生无射,无射生仲吕。三分所生,益之一分以上生,三分所生,去其一分以下生。黄钟、大吕、太簇、夹钟、姑洗、仲吕、蕤宾为上,林钟、夷则、南吕、无射、应钟为下。大圣至理之世,天地之气,合而生风。日至则月钟其风,以生十二律。仲冬日短至,则生黄钟。季冬生大吕,孟春生太簇,仲春生夹钟,季春生姑洗,孟夏生仲吕。仲夏日长至,则生蕤宾。季夏生林钟,孟秋生夷则,仲秋生南吕,季秋生无射,孟冬生应钟。天地之风气正,则十二律定矣。

上述三部文献,《吕氏春秋》著成于庚申(前241)已可肯定,其间抄录《礼记·月令》。故知《礼记》这部书虽编成于西汉,若《月令》一篇其来甚古,属战国时稷下学派所总结前人之说。又《洪范》九畴,是否为箕子之言虽有可疑,而于五行数其来甚早。唯其不同于《大戴礼记·明堂位》所记之明堂数,更可反证其早。因其不同于"明堂数"而恰与《月令》等之四时数合,且合明堂数与四时数,已见五行的生克。此见洪范五行数的重要,故虽非箕子得于禹,至迟在东周初早已盛行无疑,决不待邹衍之出,始知五行之生克。如荀子斥子思孟子之利用五行以归诸人事,已在邹衍前,而五行生克之理,岂子思所能发现。今有殷墟出土甲骨文的干支表,这类问题本已解决,然仍未能肯定者,就由于未知重视三千数百年前已形成的干支表。当宋代陈抟起恢复九数、十数两图,实于殷周之际已可能存在。记录两图的文献如《洪范》等,视为在数百年后战国时的文字,此不足为奇。因客观存在九数、十数组合图,时间当然在文字之前,况殷周之际已有十万片甲骨文,故五行数与干支的方位与时间与干支表同时存在,的确极有可能。迫东西周之际,可视为已流行的下限。以下先论十数与天干及排列的方位与时间。

凡十数的十进制,可云全人类所同。推究其源,凡人体之手指足指皆五分,此本诸自然,孰能知其故。迫直立后,五个手指起大作用,其后就成为计数的基础,此所以十进制为全人类所同。而在中国自古就重视阴阳左右,乃于数早知有奇偶之辨,殷之祭祀重昭穆,就有阴阳的意义。故十进制在中国就是阴阳五行,此毫不为奇,当在一二万年前已可能形成,而于五行中产生生克的概念,则又经过千万年的经验。于战国中期人的推想,万年前的伏羲氏,已能明辨种种相对的事物而得抽象的阴阳概念,的确有划时代的作用。其后由畜牧时代发展成农业时代,对四时四方的概念尤须明确。以发展成抽象概念观之,则相对于四时四方,势必有相交的中点,这就是最初的五行概念。故《洪范》于五行数,凡五数为土,即属最原始的意义。至于其他四行与方位的关系,必须合诸时间,才能知其意义。一曰水属北方,当合诸冬天,凡冬天水流结冰,于北方尤多见。故北方之数一,于五行属水,于时间为冬天,且五数为周期,于一之下周期自然是六,详见下示:

一 二 三 四 五
水 火 木 金 土
六 七 八 九 十

故《洪范》"一曰水",而《月令》等书于冬月,数取六。"二曰火"属南方当合诸夏天,因中国地处北半球,愈北愈冷属水当冬天,愈南愈热属火当夏天。故《洪范》"二曰火",《月令》等书于夏月,数取七。"三曰木"属东方当合诸春天,此因春天由冷而暖,于一日属东方日出大地光明之象,以一年观之春天则草木萌芽青色遍野,宜于五行为木。故《洪范》"三曰木",于《月令》等书于春月,数取八。"四曰金"属西方当合诸秋天,此因秋天由暖而冷,于一日属西方日落大地将黑暗之象,农业一年的周期当秋收景象,宜于五行为金,用金器收割,殷周之际已能知之。故《洪范》"四曰金",于《月令》等书于秋月,数取九。由是天地十数更合诸天干,可排列成如下的形象:

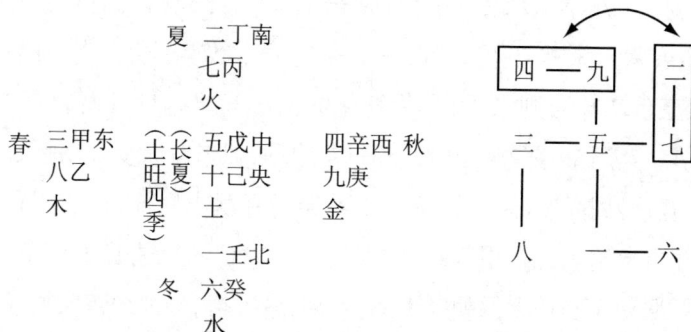

夏 二丁南
七丙
火

春 三甲东 （长 五戊中 四辛西 秋
八乙 夏 十己央 九庚
木 土旺 土 金
四季）

一壬北
冬 六癸
水

四 — 九　二
｜　｜　七
三 — 五 — 七
｜　｜
八　一 — 六

此抽象的四方四时合诸天地数与天干,全属农业社会的形象。俗传黄帝臣大挠造甲子,似当由伏羲的阴阳,神农的五行,而更及黄帝的已取及十二进位制。其基础本诸历象,凡三十天为一月,十二月三百六十日为一年,此为甲子六十进位制的最大应用处。由黄帝及尧舜方能闰定成岁,故有划时代的作用,于夏商而仍重视天干周期表,且迄今尚有作用,决非偶然。至于由天地十数合诸天干,进而可合诸地支,又及生克的具体变化,且由十数化成九数的具体步骤,决非一日而成,自然经过殷周之际及西周时代的智者逐步完善。故由西周初至西周末,当属系数之发展时期,且亦不限于西周地域,各地皆在同时发展,方能形成东周起的文化繁荣时期。故殷墟发现的干支表宜特别重视之,今初步论至此,以下再讨论最近数十年始有进一步认识的数字卦。

三、武王周公开国时的易学情况

清末已得殷墟的六十甲子表,最近又发现并认识了先周殷墟的“数字卦”,对西周开国时的易学情况,有了一个与传统经学易的认识完全不同的事实。因当时的卦象符号直接用数字,定名为“数字卦”,仍属三个数字及六个数字成为一个单元,此可认识与地支数有联系。至于所用的数字,九字甚少,最近于殷墟已出土,仅得一片有九字的“数字卦”。九字从八字变化而成九(九)。此外常见有八(八)、十(七)、∧(六)、𠄡亦可作⋈(五)、一(一)等五个数字。合九字,计有六个数字,至于二 三 亖则未见,具体变化的情况尚难全部理解,可知者已见上节。然周室开国时与殷代的卜筮原理,似未有大变。后世认为殷尚卜(五行)周尚筮(阴阳),这一事实起于春秋中后期,在西周初基本仍为并重卜筮。凡卜用龟,筮用蓍,《大诰》有“宁王遗我大宝龟”之记录,《召诰》亦记有“太保朝至于洛,卜宅,厥既得卜,则经营”,可喻周初仍重卜。而“数字卦”既得自“周原”,于殷墟亦屡有发现,故殷周之际仍并重卜筮,其法亦相似,非误传文王作《周易》而就认为周不用卜。且认识“数字卦”后,《周易》有四百五十节的卦爻辞,决非文王或周公所系。

《洪范》有曰：

> 七稽疑，择建立卜筮人，乃命卜筮。曰雨、曰霁、曰蒙、曰驿、曰克、曰贞、曰悔。凡七，卜五，占用二，衍忒。立时人作卜筮，三人占，则从二人之言。汝则有大疑，谋及乃心，谋及卿士，谋及庶人，谋及卜筮。汝则从，龟从，筮从，卿士从，庶民从，是之谓大同，身其康强，子孙其逢，吉。汝则从，龟从，筮从，卿士逆，庶民逆，吉。卿士从，龟从，筮从，汝则逆，庶民逆，吉。庶民从，龟从，筮从，汝则逆，卿士逆，吉。汝则从，龟从，筮逆，卿士逆，庶民逆，作内吉，作外凶。龟筮共违于人，用静吉，用作凶。

此节文献，有决定性的意义。所谓"惟十有三祀，王访于箕子"，决非全属子虚乌有，而文字为后人补记，此何足为奇。最重要就在认识"稽疑"法并重卜筮，正合殷周之际的情况。凡立三人卜、三人筮，故能从二人之言。于卜法尚龟，先于龟甲钻小孔，然后以火薰灼小孔处，经一段不长时间之加热，于小孔旁势必现出不同的裂纹。此种裂纹变化万千，卜人以长期的经验加以分类，凡立雨、霁、蒙、驿、克五种以当五行。曰雨者，其裂纹仅见断裂的点，聚点甚多，一如细雨，故名雨，属五行之水。曰霁者，其裂纹清晰，条条有层次的排列形象，一如晴天的霁云，故名霁，于五行属火。曰蒙者，其裂纹模糊，整个有混蒙的形象，一如春气初临，草木甲坼，故名蒙，于五行属木。曰驿者，其裂纹相连接，由此纹接彼纹去小孔甚远，一如旅途之驿站，故名驿。必须注意其相接点，犹以金所钻之小孔，宜于五行属金。曰克者，其裂纹以相变为主，大半裂纹不属两端之相接，而另在中间之相交，此交点处名克，于五行属土，犹水火与木金之交。凡龟甲裂纹之象，类以五行，正属殷周之际所用之龟卜法。龟卜具体所掌握之方法，必较此复杂，然其类分雨霁蒙驿克以当水火木金土,则幸有古文献尚在,此何可不信之。战国后逐步淘汰,主要由其裂纹象不易明辨,况五行之理亦可包括在著筮中。然自《周易》卦爻辞出,乃分而为二。或仅知其属阴阳而不再注意其内含五行,则易学之理日隘,即仅存筮亡其卜而非以筮兼卜。龟卜之法自然淘汰,这一重要的关键,就是起于有《周易》的卦爻辞。自误认卦爻辞作于文王周公,则周初即不用卜,此为二千余年来经学易的误解,今必须纠正之。至于殷周之际的筮法,《洪范》专用"贞悔"二字,即筮人所用之法。要而言之,贞犹不变,悔犹变。然合诸阴阳论,当知有阴阳之贞悔。凡阴阳各具贞悔,即有阴悔变阴贞不变,阳悔变阳贞不变四种情况。《周易·系辞上》有言:"夫《易》广矣大矣,以言乎远则不御,以言乎迩则静而正,以言于天地之间则备矣。夫乾其静也专,其动也直,是以大生焉。夫坤其静也翕,其动也辟,是以广生焉。广大配天地,变通配四时,阴阳之义配日月,易简之善配至德。"此节之义,全在说明贞悔之象。凡阳贞名专,其悔名直,合曰大生属天。阴贞名翕,其悔名辟,合曰广生属地。又贞则迩故静而正,悔则远故不可御。此阴阳贞悔犹专直翕辟四象,犹春夏秋冬变通之四时。且天地交通的形象,由日月运行而见,故以阳日阴月当之。由二而四必有纵横之交点,是即易简之善配至德,也就是由阴阳四时而归诸五行。故仅知阴阳而不知五行,即不知阴阳之核心。

进一步考察知五行而不知阴阳者,则五行更将芒然无归。此龟卜之所以自然淘汰而其理已化成五行之生克,凡生犹大生之阳,克犹广生之阴。由五行而化成生克,方属中国具体史实的抽象总结,且具有重要的哲理,惜迄今尚乏人加以整理研究。合之于史,自殷周之际至东西周之际,正在混合阴阳五行之理。东周之灿烂文化的基础,正为有识者具体实验并推行其理,要在由律、历两方面以显出其大作用。此阴阳五行之理,孔子知之而归诸礼乐的律历。其孙子思始以阴阳五行之理归诸人事,孟子继之,于儒家成思孟学派而遭荀子之否定,更有邹衍推广阴阳五行之理而及自然界,斯为战国时学术之最大进步,亦为会通阴阳五行而当易学有划时代的变化。以下各节将逐步说明之,此处先述五行生克之理。

凡木生火者,这一事实由来已古。即自然有森林起火的现象,且由是而发明钻木取火的事件,积累千万年的事实,始有牢固的木生火的概念。

火生土者,这一事实产生于烧窑。今于旧石器时期已有陶器,则火生土的存在亦已积累千万年的经验。

土生金者,金属得自土中的矿,由是得出土生金。此一事实起源于已知开矿,在殷周之际亦早有其事。

金生水者,凡金属表面寒冷,易于凝结空气成水。古人见此事实,宜有金生水之象。

水生木者,由农业社会起,已知水可促进草木生长。由是可得五行辗转相生之次,详示如下:

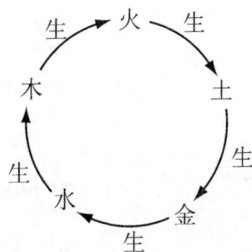

尤妙者,五行于相生外又有相克之次。凡木克土者,见于木之生长,其根可推开坚硬的土,又可冒出地面。此见生物所内含的生气有无比的力量,于五行中唯木属生物云。

土克水者,亦积累千万年的事实所产生的概念。治水以掘土凿石而成其功,皆属土克水之象。

水克火者,更属以水灭火的简单事实。自然现象见大雨扑灭森林之火,人当火食后所产生的火灾,大半以水灭之。

火克金者,似当已认识冶炼后的产生的新概念,唯制陶甚早已有,是当火生土,而冶金术后于制陶术当有若干万年。唯金之坚可化成水而加以变形,此见火之威力。合观印度时于物质的认识,能归诸地水火风四类,此正当水火木土而无金。因在印度认为金属金刚不坏之体,而在中国则归金于水火木土而成五行,乃认识金亦属于可变的物质。此见印度虽亦有炼金术,然未及中国之能正视冶炼,金虽不可变,能加强火力亦可变之,故对火克金之认识有极深的哲学意义,可得到凡物质莫不可变的思想。此火生土,火克金二种不同的观点,可喻生克的概念。

金克木者,以农业社会观之乃见秋收的事实。上述五行相克之周期更示如下:

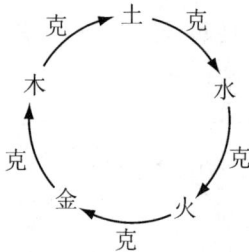

以上生克二种周期之变,可包含于一个周期而有二种不同的形象。

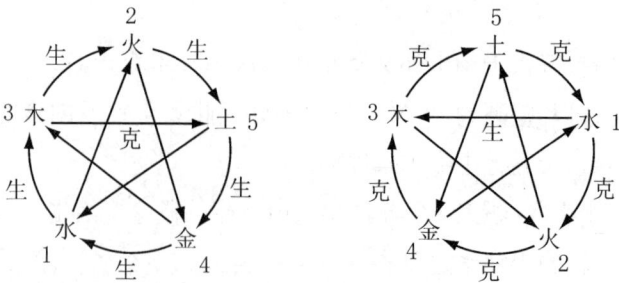

合观生克二图之次,实可相合为一。由是推究五行生克之变化,

要在结合生克，即如水火木金土之次非生非克，何以五行数必以《洪范》为准，需要说明其理，全在九、十两数之组合图。依理推之，在殷周之际，早已了解所有五数之次。

依今日之组合排列观之，于五数排列的次序数，公式亦极简单，就是 $5! = 5 \times 4 \times 3 \times 2 \times 1$，故共有一百二十种。然合五数的循环与顺逆，上示生与克之可合已具二十种，故此外仅须有纯生纯克之次五种，则已备五数间之所有关系。

四、穆王前后的象数

以龟卜得五行之象，以蓍筮得阴阳之数，当属三代相继之所谓象数。今从殷墟甲骨文之卜辞可见其象，而"数字卦"之本身就是数。且象属五行，数属阴阳，合诸数字卦，当观其数之奇偶为阴阳。凡易之为道已综合象数而言，上节叙述西周开国时的易学情况，一言以蔽之，并存卜筮而有以合之，若《洪范》视卜筮为二似已略有所改变。考穆王前后约距今三千年，于穆王后三百余年，当《左传》僖公十五年(前 645)有韩简子论象数，其事可信，且属总结卜象蓍数而言。然据《左传》之记录，知韩简子于筮数已知用最初之卦爻辞，此与西周时尚用"数字卦"时的情况，当有所不同。故在穆王约百年前后的象数，尚属雨霁蒙驿克之象与贞悔之数，其时的象数将有以合之，并以筮数为主兼及龟象云。

今传之《穆天子传》得自汲冢，盖战国时人之作品，对穆王之宣扬，部分当属史实。其间有一处利用易学象数，特录于下：

> 《穆天子传》卷五：天子筮猎苹泽，其卦遇讼。逢公占之曰：讼之繇。薮泽苍苍，其中□宜其正，公戎事则从，祭祀则憙，畋猎则获。□饮逢公酒，赐之骏马十六，绐绰三十箧。逢公再拜稽首，赐

筮史狐□有阴雨,梦神有事,是谓重阴。天子乃休,日中大寒,北风雨雪有冻人,天子作诗三章以哀民……

此仅用筮而未用卜,且其卦遇讼,似已用"阴阳符号卦"而未用"数字卦",故可肯定《穆天子传》之文字已在战国写成。至于讼卦占其繇,当然与讼卦的卦辞不同,可见尚在编成《周易》卦爻辞之前。所谓"繇辞"者,卜辞与筮辞尚可相通时的情况。此曰:"薮泽苍苍,其中□宜其正。"以下"公戎事则从,祭祀则喜,畋猎则获",似为注解此繇辞,与《左传》僖公四年(前656)卜人之繇曰"专之渝,攘公之羭。一薰一莸,十年尚犹有臭",文义基本相似。此证在成《周易》卦爻辞前,已先有通贯阴阳五行的繇辞。因阴阳五行可合于龟卜所得五行之象,蓍筮所得阴阳之数,各可分析其得失,以文字示其恍惚之理,此繇辞之所由成。《晋书·束皙传》所记载"《易》繇阴阳卦二篇,与《周易》略同,繇辞则异"犹此义。"与《周易》略同"者,战国时已不用"数字卦"而用"阴阳符号卦"。"繇辞则异"者,即文字尚不同于《周易》的卦爻辞。有此史实,可推西周穆王时的象数,确在结合阴阳五行,且初步加繇辞以说明其象数。

更以西周之史实论之,文王早在殷纣时,演《易》于被囚之羑里,合诸彼时之情况,"六十甲子"盛行,"数字卦"已重叠为六个数字,故所谓"演《易》",实在演阴阳五行与阴阳六虚的变化。至于如何变化?如何推演?如何系辞?如何判断?实须加以研究,其基础仍在阴阳五行与六十甲子之间的关系。

五、时圣孔子不占而已矣
(前770—前479)

《论语·子罕》曰:"子在川上曰,逝者如斯夫,不舍昼夜。"《论语·

为政》又曰:"为政以德,譬如北辰,居其所而众星共之。"北辰可指北斗七星,精细论之,实指北极的不动点。故此二言动静兼备,孔子之德什九已在其中。孟子(前390—前308)特赞孔子,誉之为"圣之时者也",乃与伯夷之清、伊尹之任、柳下惠之和,不期能集大成。而战国时之儒者,似唯孟子能独传其"时"之学。《孟子》全书结论曰:"……由孔子而来至于今,百有余岁,去圣人之世,若此其未远也,近圣人之居,若此其甚也,然而无有乎尔! 则亦无有乎尔!"其自负之情,见于言表。孟子亦曾引子贡之言,以喻孔子贵以礼乐治天下,其言为:"见其礼而知其政,闻其乐而知其德,由百世之后,等百世之王,莫之能违也。自生民以来,未有夫子也。"此见孟子深知孔子之重视礼乐。礼以节制人之行动,乐以畅和人之思想,更合诸孟子之文献,四端犹礼,于乐尤能会通先王之乐与世俗之乐。故孟子讲学时,常与弟子论《诗》以见其情。其于古则"言必称尧舜",特重《书》之所始。于《春秋》重一字之褒贬,其理早已有得于心。然汉武帝后独尊孔子之六艺,而孟子仅尊五艺,于六艺之原的《易》,《孟子》全书中竟一字未提,斯诚怪事。若孔子晚年确有好《易》事,读之勤而使韦编三绝,并作"十篇"以明其理,则近圣人居,去圣人未远之孟子,何能未闻而只字不提。此证孔子实未作"十篇"《易传》以辅文王"二篇"《易经》之事。至于《易经》十二篇之文献,有极精粹之思想内容,然"经"非文王所演,"传"更非孔子所作,此不可再信经学易二千年来之误解。因孔子之时,《易经》十二篇实未编成,大部分内容成于孔子后。然孟子虽未提《易》,不可误认为孔子未读《易》,当时的《易》尚属于《礼》之一部分,以卜筮为主。虽在三晋地区已能玩《易》,亦能以哲理编成包括卦爻的四百五十节有整体意义的文献,在孔子并未重视之,仍以筮书观之。《论语·子路》:"子曰:南人有言曰:人而无恒,不可以作巫医,善夫。不恒其德,或承之羞,子曰:不占而已矣。"可喻孔子自能明辨吉凶悔吝、承乘应比之关系,根本可不待卜筮而知之。此为孔子认识易学之原则,故孟子既知孔子知《礼》,

乃可不提《易》。然孔子于卜筮之道并不全废,乃有"加我数年,五十以学《易》,可以无大过矣"(《论语·述而》)之言,又此言《史记》作"假我数年,若是我于《易》则彬彬矣"。此二处引言,似异而大义可通。加年学《易》者,决非孔子之贪生,实愿见时之变,今所谓打破宿命论。唯不信宿命论者,始足以语卜筮之理。观《周易》大过卦为死象,加年学《易》以知"时"之"无死",是犹"朝闻道,夕死可矣"之义。然则孔子实深知易学,而他人所著之"十篇"文献,何必加于孔子之身。

卦爻辞的原始意义

卦爻辞何时作成,近百年来已成为读《易》的基本问题。这一问题的确很重要,未知作品的时代,如何可深入理解作品的具体意义,因作品的形成决不能脱离时代背景及当时的时代思潮。综观《易》的卦爻辞,对中国二千余年来的民族思想,有极大的影响。至于卦爻辞的意义,历代注解有截然不同的内容。一般读《易》,仅读某一时代的注解,以为易义就在于这一注解,而注解迄今留存的就有二千种。或执其中的一类若干种,以为易义即如此,或执另一类若干种,认为易义即如彼,则易义的根本内容很难说清楚,其实就是不了解卦爻辞的原始意义是什么。故必须了解最早成此卦爻辞时代的具体事实。这一问题,直至最近十余年来认识数字卦后,方可能有决定的条件认识编定卦爻辞的时间及地点。传统所谓"文王系辞",及汉马融等发现史辞中有文王以后的事,故产生"文王系卦辞"、"周公系爻辞"之说,流传近二千年。直至清末起,始知对卦爻辞的作者有进一步认识的必要。然迄今仍有保存二千年来古义的学者,亦有认为是西周中期的,亦有认为是西周晚期的,更有认为是东周的等等,然无确切的证据,很难肯定其是非。幸今于殷墟、周原皆已出土大量甲骨及钟鼎上的数字卦象,则对

71

卦爻辞的编成时代,可有较明确的认识。自清末发现殷墟甲骨,对中国文化的起源,有一比较可靠的认识,东周文化的光辉灿烂,并不是偶然而兴。试思距今三千余年前,已有十万块左右的甲骨文字,则殷周之际的文化,确已有相当高的认识层次。有此认识,方能产生东周的文化。惜自秦汉以后,尤其是董仲舒尊儒术斥百家后,对孔子的思想提得太高,对孔子的划时代精神亦认识不够。认为中国的文化起于孔子,而且把后于孔子的思想亦推在孔子身上,则孔子的史迹既不可信,遑论孔子以前。这样就造成了对中国古代文化的误解。幸有殷墟甲骨文的发现,可得殷商的概貌,近年又得周原的甲骨文,则更知周尚未灭殷时的先周情况。且二处同得数字卦,又有得自先周的一块甲骨,已系有一辞,详记如下:

(H₁₁85) ䷀ (七六六七一八)曰其(牛)(此字有损)既鱼。(凡二行十一字)

得此一例,可证殷周之际,确已有观象系辞的事实。于殷墟四盘磨村西区得到一片卜骨,横刻三行小字,其文为 ䷀ (八六六五八七) ䷀ (七五七六六六)曰魁, ䷀ (七八七六七六)曰隗,则已有观象系名的现象。凡殷墟十万余块的甲骨,大半为卜辞、占辞。惜对阴阳五行的蓍龟象数,尚未作深入研究。早已见六十干支的次序表,更未得学者之重视。且今已认识数字卦,内兼阴阳五行之理,可证殷周文化同样信仰阴阳的蓍与五行的龟。况当时的卦象就是数字,《尚书·大诰》:"宁王遗我大宝龟",可证周室并未废龟。然二千余年来为《周易》的卦爻辞所误,认为殷尚龟卜用五行,文王周公已系卦爻辞,卦象仅有阴阳,故周开国起已不用五行,其实完全错误。于殷周时仅有数字卦,何尝有阴阳符号卦,况于数字卦下所系的文字,仅有一二字似卦名,四五字如断辞,则文王周公系卦爻辞的传说,可彻底否定。且卦爻辞的内容,基本本诸卦爻象而系,故认识四百五十节卦爻辞的编定,必已先有卦爻象的结构。此卦爻象的结构,逐步由数字卦进化而来,在西周中期于数字卦的数字中方有九字出现,且考察数字卦与阴阳符号卦的差别,要在所利用的数字不同。凡殷周之际的数字卦共有五个数字。(一 乂 ∧ 十)(),凡一五七为奇数阳,六八为偶数阴,此已相合于《说卦》中"参天两地而倚数"的概念。其后增"九"字,不见"七"字,又不见"五"字,则逐步演变成四个数字。凡《左传》等古籍中所记载的卦象,基本用四个数字,就是阴阳各有动静。凡阴静数八,阴动数六,阳静数七,阳动数九,且七八为卦,九六为爻。唯当分辨卦爻且明辨卦爻的动静,方能化四个数字成动静各二个数字。卦仅六十四,每卦有六爻,爻仅三百八十四。合诸阴阳,卦体六十四,爻用九六各一百九十二,故另增用九、用六二辞,总计为四百五十节卦爻辞。有此结构,方能观象而系以辞。

卦爻辞最早的本子,传统认为是熹平石经(熹平四年刻,公元175年),然早已不全。据《晋书》记载曾得汲冢《周易》,惜亦失传,时当梁襄王二十年(前299年)的竹简,且知无《彖》《象》。然卦爻辞四百五十节,当时肯定已编定。今于1973年又得长沙马王堆的《周易》帛书出,下葬时为汉文帝前元十二年(前168年),则虽较汲冢本迟一百三十余年,已为传世《周易》的最早版本。其流传所由,当自三晋南传,其间亦无《彖》《象》,且卦次不同于《序卦》。汲冢本未言其卦次,今由马王堆帛书本上推,当亦不同于《序卦》。

又于湖北江陵天星观战国中期(约公元前350年)邸阳君番敕墓出土竹简,内容甚多。有一部分是卜筮记录,内容记载墓主有关卜筮的事,约二千七百余字,且已整理完毕,然尚未发表。笔者曾亲往观察,基本为四个"之卦",就是记录四次筮占,每次有二个六画卦,与《左传》等所记载的筮法,完全相同。然尚无卦爻辞,时间比汲冢《周易》仅早五十年左右。更须注意地点,当时江陵属楚国,楚重卜筮,并不重卦爻辞,而中原三晋地区情况早就不同。此种"之卦"的卜筮法,实流传至今,故与数字卦不同,其结构已化成阴阳符号卦。世传卜筮莫不托名于《易》,皆知阴阳五行而不重卦爻辞,然有其象数之义理。因其象数之义理而系以卦爻辞,此于卜筮为一大进步。贵在能合象数义理为一,方为卦爻辞的原始意义。故江陵竹简的发现,对认识卦爻辞之读法极为重要。以下合诸《左传》的记录,宜以昭公二十九年(前 513 年)为准,说明编定卦爻辞的情况。在其前是否已编定四百五十节卦爻辞,尚可有疑问,而于此年的魏献子问于蔡墨的对话观之,其间有关《周易》的一段完全是依照卦爻辞的整体结构而言。唯其结构已定,始可肯定蔡墨在当时已见到全部卦爻辞。故《周易》卦爻辞的编定,其下限可定在此年,是年孔子四十岁左右。

　　以下详论蔡墨的取象与卦爻象结构的关系。先录《左传》昭公二十九年原文如下:

　　　　秋,龙见于绛郊。魏献子问于蔡墨曰:"吾闻之,虫莫知于龙,以其不生得也。谓之知,信乎?"对曰:"人实不知,非龙实知。古者畜龙,故国有豢龙氏,有御龙氏。"献子曰:"是二氏者,吾亦闻之,而不知其故,是何谓也。"对曰:"昔有飂叔安,有裔子曰董父,实甚好龙,能求其耆欲以饮食之,龙多归之,乃扰畜龙,以服事帝舜。帝赐之姓曰董,氏曰豢龙,封诸鬷川,鬷夷氏其后也,故帝舜氏世有畜龙。及有夏孔甲,扰于有帝,帝赐之乘龙,河汉各二,各有雌雄。孔甲不能食,而未获豢龙氏。有陶唐氏既衰,其后有刘累,学扰龙于豢龙氏,以事孔甲,能饮食之。夏后嘉之,赐氏曰御龙,以更豕韦之后。龙一雌死,潜醢以食夏后,夏后飨之。既而使求之,惧而迁于鲁县,范氏其后也。"献子曰:"今何故无之?"对曰:"夫物,物有其官,官修其方,朝夕思之。一日失职,则死及之。失官不食,官宿其业,其物乃至。若泯弃之,物乃扺伏,郁湮不盲。故有五行之官,是谓五官,实列受氏姓,封为上公,祀为贵神,社稷五祀,是尊是奉。木正曰句芒,火正曰祝融,金正曰蓐收,水正曰玄冥,土正曰后土。龙水物也,水官弃矣,故龙不生得。不然,《周易》有之:在乾之姤,曰潜龙勿用。其同人曰,见龙在田。其大有曰,飞龙在天。其夬曰,亢龙有悔。其坤曰,见群龙无首吉。坤之剥曰,龙战于野。若不朝夕见,谁能物之?"献子曰:"社稷五祀,谁氏之五官也?"对曰:"少暤氏有四叔,曰重、曰该、曰修、曰熙,实能金木及水。使重为句芒,该为蓐收,修及熙为玄冥,世不失职,遂济穷桑,此其三祀也。颛顼氏有子曰犁,为祝融;共工氏有子曰句龙,为后土,此其二祀也。后土为社,稷田正也。有烈山氏之子曰柱为稷,自夏以上祀之,周弃亦为稷,自商以来祀之。"

这篇对话的起因,有龙降于绛郊,绛为当时晋国的国都,今当山西侯马市。是否有降龙的事,尚可有疑问,龙指何种动物,今难肯定。是秋或见到某种在当时已少见的飞禽,就认为是龙,亦有可能,至少在当时早已神化龙之为物。蔡墨的对话中,谓舜时有豢龙氏,夏时有御龙氏,可见当时对龙的重视。更以五行配五官,且合诸古人,或有所据。以龙当水官,其理尤可贵,实属东方青龙之本。详以下图示之(图见下页)。

此以少暤四叔及颛顼共工子当五正之祀,时在尧舜前。中央由社而稷,所以兴农业。夏以前祀烈山氏子柱,商以后祀周之祖弃,皆属三晋地区对古史的认识。孔子既定《书》始尧舜,其前皆不论。而易理产生在三晋地区,推本古史实先于尧舜,此必须认识。直接以《周易》的卦爻辞论,蔡墨以为当时尚朝夕见龙,故能取龙字以当乾坤的爻辞。

南
火正祝融
犁(颛顼氏子)
中央

东木正句芒　　　　土正后土(社)　　　　西金正蓐收
重　　　　　　　　句龙(共工氏子)　　　　　该
(少皞氏叔)　　　　(稷)(田正)　　　　　(少皞氏叔)

柱(烈山氏子)(夏以前祀之)
弃(周之祖)(商以后祀之)

水正玄冥
北
修及熙
(少皞氏叔)

计《周易》中龙字凡六见。于卦爻的变化以下表示之：

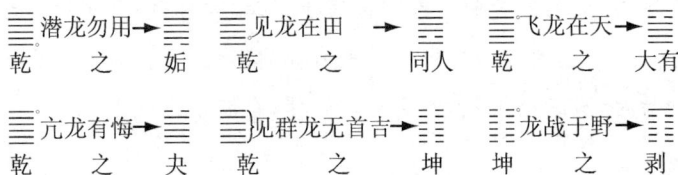

由上表示六个龙字的取象法,可推及整个卦爻的象数。此处的重要在乾之坤,已兼及六爻,亦就是具备用九、用六的意义,乃可认识四百五十节文字的整体。故蔡墨之时,已可完成卦爻辞的编辑工作。

今须说明一个基本问题,自否定文王周公系卦爻辞后,作者问题所以未能解决,就在不能了解卦爻的结构。因系辞是编辑工作,于四百五十节的具体内容,约半数以上可能采取前人之辞。前人的时代与地点有很大差别,而编辑者能综合而纳入卦爻辞,使之成为一个整体。且于编辑时必多删节及增入本人的思想,故究其一字一句或一节卦爻辞,确可极早,非但是西周,夏商的情况亦可能散入其中,然未能视为当时已完成四百五十节卦爻辞。今取数字卦转化成阴阳符号卦的完成时期,就是《周易》卦爻辞的编定时间。关键须有乾之坤、坤之乾之用九用六。

凡读卦爻辞,必须认识任何卦任何爻皆可相通。究其原,则文本于卦,卦本于乾坤,故首先应了解乾坤卦爻辞,作为理解其他六十二卦卦爻辞的准则。

乾卦卦辞仅四字,曰"元亨利贞",此有极深邃的哲学意义。如《春秋》这部编年史必分四时,于四时必记,所以重时。此周期的四分法,就是《周易》的基本概念。以时言为"春夏秋冬",以位言为"东南西北",以数言为"八七九六",以人之德行言为"仁礼义知"。此基本的象在系卦辞前早已形成,而卦辞既编定,即以"元亨利贞"总结之。或未知象数在前,而深究元亨利贞的来源,则虽本甲骨文而为之解释,反于春秋末期的思潮未能相合,因果颠倒,宜对《周易》卦爻辞未能了解其本义。详以下表示之:

```
              夏  礼
              南  七

                  亨
     春  仁      乾          秋  义
     东  八   元      利     西  九
                  贞

              冬  智
              北  六
```

进而以乾卦的爻辞言,可极其明显地看到是三分法,凡初二当地,三四当人,五上当天。于天地间的生物,即以神化的龙象之。初在地下,故曰"潜龙勿用"。二在地上,故曰"见龙在田,利见大人"。三四为人,三曰"君子终日乾乾,夕惕若,厉无咎",义谓君子应日乾夕惕,则虽危厉而无咎,所以勉励君子。四曰"或跃在渊,无咎",义谓君子有才则跃之天位,无才则退入勿用之渊,或进或退人皆自取,何咎之有。五上当天位,故五曰"飞龙在天,利见大人",上曰"亢龙在悔"。以二五言,义谓在天在田的龙可相应,人亦因时而处其位,且时位乃运行不息者,宜知其理的大人相互利见之。上则天之上,过高而亢,是以有悔。主要于乾卦说明时间的变化,初至上皆可变换,如全部变换则乾成坤,是谓用九,乃见群龙平等,不必有为首者,故曰"见群龙无首,吉",这一现象有全任自然之理。

更观坤卦的卦辞,即大异于乾卦,主要由时间而及方位言,其辞曰:"元亨,利牝马之贞。先迷后得主,利西南得朋,东北丧朋。安贞吉。"文字虽多,其义亦极明显。因有阴阳先后之辨,此首乾的大义,所以为《周易》,则乾之元亨利贞已掌握时间,坤宜顺承乾之时间为时间,故元亨同而利贞不同。牝马先于牡马将迷途,后则得其所主,唯在后当注意方位的不同。且乾重时以四分法,犹河图的纵横。坤则重位能辨四隅而八,是犹洛书的方位。且当时早已在利用十天干、十二地支的周天。故时重周天,位重时间的间隔,即河图四分当周天 90°,洛书八分当周天 45°,天干十分当周天 36°,地支十二分当周天 30°。

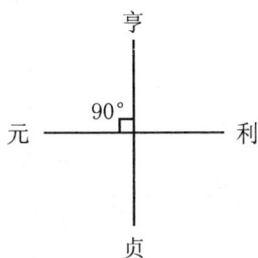

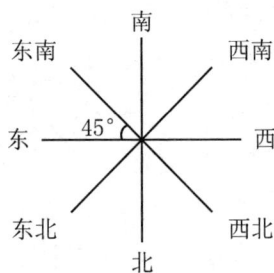

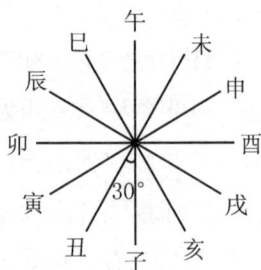

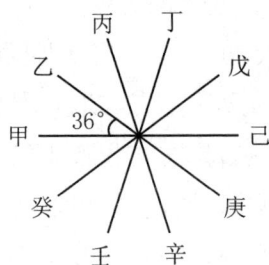

凡西南阴方,故坤与之为得朋。东北阳方,故坤与之为丧朋。当得则得,当丧则丧,同为有利,要能安于后得之贞则吉。由乾四时而坤八方,同为一个周期。推之如天干十地支十二,合干支为六十,皆属当时早在应用的周期变化。然自数字卦发展成阴阳符号卦后,周期的变化另创六十四的卦数。今既知阴阳符号卦得自数字卦,方知春秋早期尚无以六十四卦数为周期的概念。八数为周期极早,当逐步减少数字以产生六画的阴阳符号卦后,方有六十四卦数。而其来源,乃推原于二个八卦相乘。以数言,九九八十一数乘法表亦来源极早,八八六十四数早其中。《管子》提及伏羲造九九数及八八卦,然尚无阴阳符号卦的卦象。当春秋末年系成卦爻辞时,已认识六十四卦数乃本诸八卦。这一先有六画的卦爻,然后产生六十四卦数而推本于八卦的史实,早为战国时作的《周礼》及《系辞》等所颠倒。因数字的确由简而繁,由八而六十四,当六个数字的数字卦的变化有五种,并非阴阳符号卦的变化只有阴阳二种。二种符号的六次组合,乃有六十四种卦象,此六十四卦卦象的六十四乃简化六个数字的数字卦而得,理解这一变化过程,方才可了解何人重卦实为没有答案的问题。事实是编辑成卦爻辞者,既准六画六爻而系以辞,又可分析六画成二个三画卦或三个二画卦而取象。且以坤卦的八方为主,即简化六十四卦成八卦,当成八卦后就可定八卦的方位。最早相传的方位,见于今本的《说卦》中,详示如下:

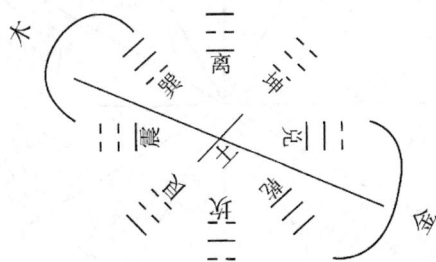

今于西北东南处加一划分之,则由东南巽起,经南离、西南坤西兑

为阴方,由西北乾起,经北坎、东北艮、东震为阳方。确指西南则坤与坤方为得朋,确指东北则坤与艮方为丧朋。且此方位,土既分坤艮为阴阳相对,木亦分巽震、金亦分兑乾以阴阳相对,唯坎离则合阴阳水火为一象,此所以有坎离互根之说。

进而读坤卦六爻的爻辞,亦容易明白。以韵读之,最早的本子,可能仅有十二字,即初为"履霜"、二为"直方"、三为"含章"、四为"括囊"、五为"黄裳"、上为"玄黄"是其义。编辑时当为说明之,则见自然的发展,不可不承乾的时间。凡"履霜"之时,断之必为"坚冰至"。"直方"为直线与平方,继之必为具体而"大",今名一维二维而成三维空间,此亦自然而然,不习而无不利者。三四亦言人事,三则坤阴当"含"其"章"而"可贞","或从王事"即"含章""无成"而"可贞""有终"。四更言"含章"之实,当在囊而括结其囊,庶能"无成有终"而"无咎"。五取黄中色,然裳为下饰,庶有后得之象而元吉。然乾上亢而坤上战,乃成天玄地黄相杂的其他六十二卦。凡其他卦象的六十二节卦辞,与三百七十二爻爻辞,基本就是根据时位德三者的意义而系。最后"用六利永贞"为坤卦之德,贵能贞下起元,犹待春雷之动。合而示之,即十二消息卦以当十二地支之象。

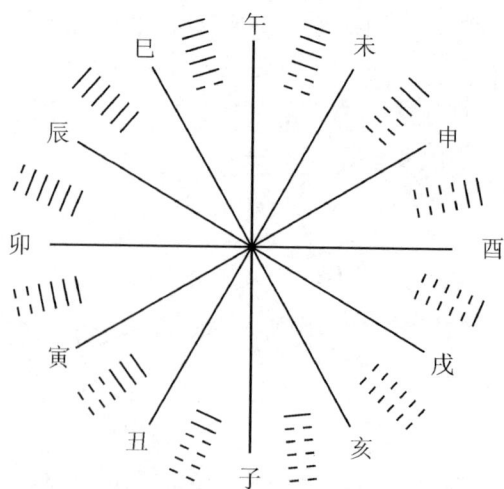

除乾坤以外,其他十卦的卦辞,并录于下,可见系卦辞者,已注意于十二地支的周期:

䷗复,亨,出入无疾,朋来无咎。反复其道,七日来复,利有攸往。

䷒临,元亨利贞,至于八月有凶。

䷊泰,小往大来,吉亨。

䷡大壮,利贞。

䷪夬,扬于王庭,孚号有厉。告自邑,不利即戎,利有攸往。

䷫姤,女壮,勿用取女。

䷠遯,亨,小利贞。

䷋否之非人,不利君子贞,大往小来。

䷓观,盥而不荐,有孚颙若。

䷖剥,不利有攸往。

其间观泰否之大小往来,消息之义确在其中。又复夬皆系"利有攸往",剥系"不利有攸往",于消息之义亦自然可见其是非。他如大壮"利贞"而遯"亨小利贞",又有消息之辩。况大壮及四,女壮仅及初,更见扶阳抑阴之义。凡此皆须并观而知其例。且有六画的卦象,亦已兼及二个三画卦的取象,故于复临二卦中,"七日来复"的七取下卦震,"八月有凶"的凶取下卦兑。故未知观象系辞之例,决不能理解所系卦爻辞的原始意义。

其外更以下上两个三画卦明之。

主要两卦为乾坤相对,此外六卦亦各各成三对。详如下示:

☰	☳	☵	☶
乾	震	坎	艮
☷	☴	☲	☱
坤	巽	离	兑

由是卦之阴阳已明,本其三画阴阳的组合有种种形象。故八卦可代入种种形象,贵能对外界已见其整体而又能分析其成八种类型,分

析的原则本诸天地人。凡天地与生物各可取八分法,此为取卦象的方法。准此方法,方能读卦爻辞而知其蕴,乃能由一知十,由十知百而至无穷。以下先录八卦主要所取的象:

	☰	☷	☳	☴	☵	☲	☶	☱
天地之象	天	地	雷	风	水	火	山	泽
人伦之象	父	母	长男	长女	中男	中女	少男	少女
人身之象	首	腹	足	股	耳	目	手	口
动物之象	马	牛	龙	鸡	豕	雉	狗	羊
卦德之象	健	顺	出	入	陷	丽	止	说

准此取象的标准,方能观卦爻象而系以卦爻辞。且初步系成卦爻辞,决没有《序卦》之次。究其最初的次序,不外二种情况,其一因乾坤而及十二个消息卦,以当十二地支的周期。其二本乾坤三索之次。前者形成卦气图,后者有合于马王堆本的序卦方法。事实上系辞时可兼用之,并不一律。以卦名的意义观之,大半本诸下上两个三画卦的卦象而决定。至于具体卦爻辞的文字,今以最早的马王帛书本合诸世传本,差别甚大,即卦名亦颇多不同,故知以今本文字统一已在汉武帝后。且据稷下派的巨著《周礼》观之,于战国中期起,已存在三种不同文字的《易》,此尚可以《左传》所引及者证之。故原始文字的意义,须据《左传》加以考核(另详"论《左传》与易学")。

于"论《左传》与易学"一文中,已遍及《左传》所论及有关易学的文献,凡三十四节。今逐节说明其时间的先后及所发生的地点,乃可基本了解卦爻辞的原始意义。又《左传》成书,约当三家分晋及田和为齐侯之间(前403—前386)。

由(一)桓公六年(前706),发生在鲁。此见当时重视卜筮,尚未见《周易》有卦爻辞。

由(二)桓公十一年(前701),发生在楚。此见"不疑何卜"的重要意义。内有《左传》作者有意宣传《周易》卦爻辞与卜辞的不同点,事实上楚国极重卜筮。

由(三)庄公二十二年(前632),发生在陈。此全属《左传》作者神其说,其事当在哀公十七年(前479)后,而是时确已有《周易》观四"观国之光,利用宾于王"的爻辞。且已理解"观之否"的之卦法,又之卦法甚早已了解。

由(四)闵公元年(前661),发生在晋。按(三)为田齐造天命,(四)为魏侯造天命,同为前推以神其说。辛廖未可考,卜偃实有其人,当晋文公时,而卦爻系辞略发展于是时。此辛廖提及遇屯之比,占之曰屯固比入。时间与(三)相近,已知之卦法,且以一字说明全卦的大义,亦当已见卦爻辞。曰"屯固"已理解"利建侯",曰"比入"已理解一阳入于五阴之象。西汉中叶有《杂卦》出,实准《序卦》而变其次,以数字说明全卦的大义,即据于此。

由(五)闵公二年(前660),发生在鲁。此又为鲁季氏造"天命"。按(三)(四)(五)三节可见《左传》之旨,时间皆在蔡墨前后。此引大有之乾又曰"同复于父,敬如君所",与今本"厥孚交如威如吉"完全不同,可见刊定四百五十节卦爻辞,必多反复。

由(六)僖公四年(前656),发生在晋。此见卜人先有繇辞,筮尚在初兴阶段,仅得筮吉而未引文字。

由(七)僖公十五年(前645),发生在晋。此筮得蛊卦而辞为"千乘三去,三去之余,获其雄狐"。与今本不同,乃初选之卦爻辞,或有得于卜之繇辞。然已知贞悔当内外卦。

由(八)僖公十五年(前645),发生在晋。此筮得归妹之睽,其繇曰"士刲羊亦无衁也,女承筐亦无贶也",此与今本爻辞"女承筐无实,士刲羊无血,无攸利"已相近。其后发展以《小象》释爻辞,实本诸此。

由(九)僖公廿五年(前635),发生在晋。此筮得大有之睽,曰"吉,遇公用亨于天子之卦",合诸今本爻辞"公用亨于天子,小人弗克",其辞已同。

由上(六)至(九)四事,此证《周易》的卦爻辞,正在秦晋间形成。故最初略具规模的卦爻辞,约于公元前600年完成于秦晋地区。且本属取象,所谓观象系辞是其义。

由(十)宣公六年(前603),发生在郑。此见系卦爻辞后的作用,可不用筮而直接用卦爻辞的象,此属观象玩辞。

由(十一)宣公十二年(前597),发生在晋。此见晋国之用易,与(十)同,皆属观象系辞后,所起观象玩辞的作用。乃未知观象系辞者,决不能观象玩辞。而自有卦爻辞后,最大作用就是观象玩辞。今日读易,要在知其观象系辞,于观象玩辞可不言而喻,神而明之。由是卜筮之法仅存形式。

由(十二)成公十三年(前578),发生在周。刘康公之言,实为易理之本。此义数百千年积累而成,至此有文字记载。

由(十三)成公十六年(前575),发生在晋。此见当时在晋国,已有数种不同的卦爻辞,此遇复而曰"南国蹴,射其元王,中厥目",当为《连山》《归藏》之辞。

由(十四)襄公七年(前566),发生在鲁。此见鲁国已受晋国影响,将分辨卜筮为二,卜郊犹王正月定岁首之义。

由(十五)襄公九年(前564),发生在鲁。此见鲁国的筮法,除一爻变外,尚有一爻不变的方法。能从二种相反角度以解卦爻变,则筮法亦可成为形式而已。

由(十六)襄公廿五年(前548),发生在鲁。筮得困之大过,取困卦六三爻爻辞,之卦法与爻辞皆已与后世的用法相同,故知约五十年间,已由三晋之易遍及齐鲁,用筮法与解释卦爻辞已有不同。晋郑之用易可不待卜筮而直接应用卦爻辞以喻其时,齐鲁之易仍可借卜筮之法以得其卦爻辞,然解释卦爻辞可本诸卜筮者及其情况以判断之,决不为卦爻辞的吉凶所限。由是读卦爻辞可补过,而经学易确由此而形成。又《小象》之体例,实产生于陈文子之言。

由(十七)襄公廿八年(前545),发生在鲁。此记梓慎之言,可见当时已知超辰法,则利用十二辰次纪年,定已有数百年。合诸十二辟卦,则《吕氏春秋》尚未用,此不可不知数字卦来源极早。阴阳符号卦的全国应用,必须由汉之杜田生传出。

由(十八)襄公廿八年(前545),发生在郑。此与(十)(十一)同理。

由(十九)昭公元年(前541),发生在秦晋。此见中医与易理的关系,即上承天干地支之理以产生五运六气的方法。凡究《内经》的理论,当由此节为出发点,是年孔子仅十一岁。

由(二十)昭公二年(前540),发生在晋与鲁。此所谓"易象",尚未可视之为《周易》的卦爻辞。

由(廿一)昭公五年(前537),发生在鲁。此又见鲁国新用《周易》的筮法,遇明夷之谦,内有极可贵的资料。

由(二十二)昭公七年(前535),发生在晋。此见岁首问题,可不待卜郊而定。孔子主张"行夏之时",即起于此。

由(廿三)昭公七年(前535),发生在卫。此见《周易》之筮在立嗣时所起的作用,然未得系卦爻辞后的哲理,仍属传统的原理。

由(廿四)昭公十二年(前530),发生在鲁。此见齐鲁易的原则。不可以占险,尤为读易的基本认识。

由(廿五)昭公十二年(前530),发生在楚。倚相能读三坟、五典、八索、九丘,实为知古史而又知数。三才五行八卦九畴当时已流行于楚,是其义。

由(廿六)昭公十三年(前529),发生在楚。此见已有不信龟卜之君,可见卜筮者的地位已在楚国降低。

由(廿七)昭公十七年(前525),发生在郑。此见郑子产之识见。然正确的天文知识,未可混杂于迷信,凡三正与时空结合的坐标,迄今仍有其价值。

由(廿八)昭公十七年(前525),发生在楚。此见信卜筮者已在起变化,亦即将以筮代卜,且有用卦爻辞判断的新法。

由(廿九)昭公二十年(前522),发生在齐。此见象数易的发展情况,齐国文化将超过鲁国文化。

由(卅)昭公二十九年(前513),发生在晋。此初见六爻全变之例,则《周易》四百五十节的卦爻辞始可完成其体例。

由(卅一)昭公三十二年(前510),发生在晋。此史墨又为季氏造舆论,不可忽视史墨对作成卦爻辞的影响。

由(卅二)哀公六年(前489),发生在楚。此见卦爻辞完成,已由卜筮书而化成哲理书,然仍在保存确有价值的卜筮之象数。

由(卅三)哀公九年(前486),发生在晋。此见卜筮之同异,又见齐鲁易,必待《彖》与《小象》的完成。

由(卅四)哀公十七年(前478),发生在卫。此见卜筮者的地位,已由受尊重的太史,渐成各诸侯之弄臣。

由上三十四节的具体情况,庶见卦爻辞的原始意义及其逐步变化的痕迹。

十翼的形成

　　今日研究易学,最重要的问题,就是需要了解《易》的基本文献是什么。这一问题又需要以文献为证。读《汉书·艺文志》记述刘向(前77—前6)、刘歆(? —前23)所编定的《七略》,其中的资料是二千余年来现存最早的文献目录。而易学的文献,亦以此为准。有关易学的文献全部录于下:

　　①《易经》十二篇,施、孟、梁丘三家。(师古曰:上下经及十翼,故十二篇。)

　　②《易传》周氏二篇。(字王孙也。)

　　③ 服氏二篇。(师古曰:刘向《别录》云:服氏齐人,号服光。)

　　④ 杨氏二篇。(名何,字叔元,菑川人。)

　　⑤ 蔡公二篇。(卫人,事周王孙。)

　　⑥ 韩氏二篇。(名婴。)

　　⑦ 王氏二篇。(名同。)

　　⑧ 丁氏八篇。(名宽,字子襄,梁人也。)

　　⑨《古五子》十八篇。(自甲子至壬子,说《易》阴阳。)

⑩《淮南道训》二篇。（淮南王安聘明《易》者九人，号"九师说"。）

⑪｛
一　《古杂》八十篇。
二　《杂灾异》三十五篇。
三　《神输》五篇，图一。（师古曰：刘向《别录》云：神输者，王道失则灾害生，得则四海输之祥瑞。）

⑫｛
一　《孟氏京房》十一篇。
二　《灾异孟氏京房》六十六篇。
三　五鹿充宗《略说》三篇。
四　《京氏段嘉》十二篇。（苏林曰：东海人，为博士。晋灼曰：《儒林》不见。师古曰：苏说是也。嘉即京房所从受《易》者也。见《儒林传》及刘向《别录》。）

⑬《章句》施、孟、梁丘氏各二篇。

凡《易》十三家，二百九十四篇。

《易》曰："宓戏氏仰观象于天，俯观法于地，观鸟兽之文，与地之宜，近取诸身，远取诸物。于是始作八卦，以通神明之德，以类万物之情。"至于殷周之际，纣在上位，逆天暴物，文王以诸侯顺命而行道，天人之占可得而效。于是重《易》六爻，作上下篇，孔氏为之《彖》、《象》、《系辞》、《文言》、《序卦》之属十篇。故曰：易道深矣，人更三圣（韦昭曰：伏羲、文王、孔子。师古曰：更，经也，音工衡反），世历三古（孟康曰：《易·系辞》曰：《易》之兴其于中古乎？然则伏羲为上古，文王为中古，孔子为下古）。及秦燔书而《易》为筮卜之事，传者不绝。汉兴，田何传之，讫于宣元，有施、孟、梁丘、京氏列于学官，而民间有费、高二家之说。（师古曰：费音扶味反。）刘向以中古文《易经》校施、孟、梁丘经（师古曰：中者天子之书也，言中以别于外耳），或脱去"无咎"、"悔亡"，唯费氏经与古文同。

上录《汉书·艺文志》不取注解的文义,至迟为班固(32—92)所辑录,基本属于刘向父子之言,故可确信为距今二千年前有关易学的情况。而二千年来的易学,实未出此范畴。秦视为筮卜之事而传者不绝,更不可不认为是史实。且今日再研究易学,必须纠正三圣三古的概念。凡《汉志》所载《易》的文献,属于"六艺略"之首,已成为"六经之原"。因刘歆之卒在汉武帝(前140—前87在位)后六十余年,学风早为儒家的观点所统治,然尚能保存先秦的易学文献。且因近百年来,有以下三种事实,不可不对"六艺略"予以彻底改观。

(一)于光绪二十五年己亥(1899),王懿荣(?—1900)为第一人鉴定并收藏殷墟甲骨文。由于甲骨文的发现,对中国文化的认识起了根本的变化。

(二)蔡元培(1868—1940)于1912年发表《对于教育方针之意见》主张废读经。于教育上经此重要的改革,方能结束并无答案的今古文争论,纠正不合史实的尊孔,以利于恢复孔子的本来面目。

(三)顾颉刚(1893—1980)等能继承甲骨文的发现与废读经的原则,形成"古史辨"派的学风,对中国古代文化有现代的认识。

由上述三种事实,对中国文化不可不更弦易辙而再加研究。此以易学论,既属六经之原,故其研究与认识的原则,尤宜重视之。最近十余年来,对《易》的研究又引起兴趣,此不可不注意国际上的影响。然进而考察现代人的研究,目前尚处于探索阶段,对易学的史实尤多恍惚。以继承传统论,未能明确《汉志》所记述的史实及当时学者的思想,则对西汉的易学尚且不知,何能推究先秦的变化。以今日论,亦未能继承近百年来的三种思潮而进一步加以发展,何况事实上百年来的三种思潮早已变化。有关第一点,今天考古的发掘,已远远超过殷墟甲骨文的发现。于第二点,形同水火的今古文经学,的确不可不废。然经学史不可不知,形成经学前的学术思想更不可不知。且自废经后,早期的北大对中国哲学史,分成"先秦诸子、两汉经学、魏晋玄学、隋唐佛学、宋明理学、清代朴学"诸阶段,在当初有进步作用。然数十年来仍分段研究而不知中国哲学思想的整体,则东方文明的核心究在何处? 虽知易学为六经之原的重要,仍未能深入研究易学可当东方文明核心的史实,且易学决不可为经学易所限。于第三点,"古史辨派"的方法今仍有可取处,而其结论大部分已被近年来的科学成就及考古所得否定。以易学论,仅知文字的考古而不知卦象的考古,于易学的内容早已隔靴搔痒。仅知史学而不知史鉴及其哲理(即经),决不可能了解易学经传的具体意义。且最近于先周及殷墟皆已发现数字卦,则对易学的客观史实,与传统认识已完全不同。由是对易学必须更进一步结合阴阳五行加以研究,重点在象数上,由象数而合诸义理,方可成为易学的整体。而具体文献仍须由《汉书·艺文志》说起,以下详论之。

"《易经》十二篇,施、孟、梁丘三家",又有"《章句》施、孟、梁丘氏各二篇"。此二种文献,前者为"《易经》十二篇"原文,施雠、孟喜、梁丘贺三家的白文与句读,难免有不同,故有所谓"三家易"。而"三家易"不同的实质,各有二篇章句。此章句已失传,要在重视二篇经文,此二篇经文就是四百五十节卦爻辞。然而卦爻辞如何分成二篇,则二千余年来本诸《序卦》。应用《序卦》的二篇,或即始于三家易。施、孟、梁丘的三家易盛行,时当宣元之际。宣帝甘露三年(前51)有讨论经学的石渠阁会议,三年后即为元帝初元元年(前48)。故知编定《序卦》而重视《序卦》,约当昭(前86—前74在位)宣(前73—前49在位)之时。其后误认《序卦》为孔子作或文王作,完全错误。考《史记》认定孔子对《易》的贡献为"序彖、系象、说卦、文言"四者。"序彖"者,编定《彖》的次序,与《序卦》的次序完全不同。故三家易以《序卦》之序,分卦爻辞为二篇,完全是当时的创见。今已有汉初马王堆帛书本出土,可证汉初在长沙地区于卦次何尝用《序卦》。或由是而小视《序卦》,则绝对不可。因《序卦》排列六十四卦的卦次,有其极深刻的思想结构(另详"论

《周易·序卦》作者的思想结构")。然视之为唯此一种而不知有他,则更不可。于"十翼"中尚有《杂卦》一篇,亦有其精微的思想,可补《序卦》之未足(另详"论《周易·杂卦》作者的思想结构")。或视之为孔子所作,尤属不经之论。今存《杂卦》的作者,约在《序卦》作者之后。刘向、刘歆尚未提及《杂卦》之名,然《杂卦》确已存在于西汉。且自三家易后,凡四百五十节卦爻辞必以《序卦》分成二篇,今日可作为三家易读,决非汉武帝时《史记》所指的"序彖"。自马王堆帛书本出土后,则知既非《序卦》亦非"序彖",故对"序彖"亦应了解其确切的意义(另见"论《周易·彖》作者的思想结构")。至于马王堆的卦次,则是以贞悔排列的(另详"论马王堆帛书《周易》的卦次")。由上史实,可证凡视四百五十节卦爻辞为经,且以二篇分之而误为文王所作,今可彻底否定。其他十篇又视之为"十翼",认为孔子所作,上已证明《序卦》、《杂卦》未尝与孔子有关。且先应认识"十翼"之名及其内容。按向、歆父子仅曰"《易经》十二篇",由二篇章句为文王所作,故知其他十篇为孔子所作。然"十翼"之名为唐代颜师古(581—645)注出,在西汉向、歆前决无"十篇"及"十翼"之名。《史记》仅记四篇,《汉书》谓"孔子为之《彖》、《象》、《系辞》、《文言》、《序卦》之属十篇",则仅记五篇之名,其他视之为孔子所作者尚有五篇。惜东汉时其他五篇逐步散失,亦有不计入十篇之中。今所认定的十篇(即十翼)已为郑学(郑玄,127—200)之徒所取则。详见孔疏《八论》之六,录于下:

第六论夫子十翼。其《彖》《象》等十翼之辞,以为孔子所作,先儒更无异论。但数十翼亦有多家,既文王《易经》本分为上下二篇,则区域各别,《彖》《象》释卦亦当随经而分。故一家数十翼云:"上《彖》一、下《彖》二、上《象》三、下《象》四、上《系》五、下《系》六、《文言》七、《说卦》八、《序卦》九、《杂卦》十。"郑学之徒并同此说,故今亦依之。

按孔颖达(574—648)与颜师古略同时,上距郑玄已四百数十年。郑玄上距刘向、歆父子约二百年,于二百年间读《易》者观点何能相同,故数"十翼"亦有多家。今仅以郑学之徒所取者为准,则十篇的内容已隘。故知于西汉时能由《史记》的四篇,增至《汉书》的十篇,虽视为孔子作有误,然易学的基本文献尚在增加,以见易道尚在发展。然由东汉初至郑学之徒,仅执一家之数"十翼",主要有关阴阳五行者皆舍之,故易道由是而隘。凡分《易》为象数与义理二大派,二千年来未能再合,故易道无大发展,是皆失于过分尊孔而过分重视所谓"十翼"。再考"十翼"之名,于古书内仅为《参同契》中曾提及:

> 若夫至圣不过伏羲,画八卦,效天图。文王帝之宗,结体演爻辞。夫子庶圣雄,十翼以辅之。三君天所挺,迭兴更御时。

此节于《参同契》中主要为五字句,已可考得为青州徐从事所作,时间约当桓帝即位(147)前后。当时在青州,对认为孔子所作的十篇易著,已有"十翼"之名。惜数十翼之内容,未能提及。若京氏易的卦次、天象及乐理,京氏引及"孔子曰"的字句等,当时可能亦计入"十翼"之中。惟郑学之徒所从一家之说,既不计干支五行等,故十翼既定,与向、歆所说的十篇相比,内容更为狭窄。今读郑氏易与虞氏易,已可认识郑氏与虞氏对十翼的认识有所不同。郑氏的重点在会通经学的今古文,于《易》的作用不大。然能知数学,于认识天象、乐理、注《易纬》等有其专长,惜以经学家观之,往往忽视。至于虞氏易有取于《参同契》,故对孟京之说独多保存。此见两汉的经学,于西汉尚在发展,至东汉已然收缩。然形成经学易以前的黄老易反在发展,于《太平经》、伏氏易(发展京氏易)、《参同契》诸书中可见一斑。先从郑学之徒所取一家之说的十翼,详论其内容及其著作年代。

一、二两翼当《史记》中的"序《彖》",虽马王堆本及晋代发现的汲冢本皆无,然仍可信其属于战国作品,作成地点在齐,汉兴由杜田生传出。《彖》之序与卦气图有关,与其中的十二消息卦即辟卦更有联系,汉代起对卦变的种种解释,基本以《彖》为准。

三、四两翼当《史记》中的"系《象》",实即汉后名之曰《小象》,亦为汲冢及马王堆本所无,可肯定同时由杜田生传出。汉代起对爻变的种种解释,基本以《小象》为准。

凡以上四翼为齐易的代表,所以不同于三晋易。《彖》以说明"卦辞"的意义,重在"时"字,是之谓"卦时"。《小象》以说明"爻辞"的意义,重在"位"字,是之谓"爻位"。至于卦时爻位的意义,确属观象系卦爻辞时已决定,即卦数七八、爻数九六之象。由三晋易传至齐鲁(约在公元前 550 年),逐步轻卜筮而重义理,始有为之作《彖》《象》以进一步说明"观象玩辞"之理,而对卦爻辞方能有较确定的意义,其实质仍与编辑成卦爻辞的思想结构同。然可明确卦变爻变的原则,此与题十四爻名有关(另详"论爻名作者的思想结构")。又见《左传》仅论"之卦",尚未引爻名,而爻名之定已有兼及时位之义。故《彖》、《象》之成,所以发展爻名以遍及卦爻(另详"论《周易·小象》作者之思想结构")。

今本"十翼"中于《小象》外,每卦尚有一句《大象》。其实《大象》为独立的一篇文字,与《小象》毫无关系。由内容以究其成文时代,当在战国晚期,地点在洛阳,作者与吕不韦的食客有关。于汉初由洛阳的周王孙传出(另详"论《周易·大象》作者的思想结构")。于司马迁所传的"四篇"及因法《易》而成的《太玄经》并无法《大象》的文字,则向歆所定的"十篇"中未必有此《大象》,似于东汉时增入。

《系辞上、下》为第五、第六两翼。今于马王堆出土,已包括《系辞上》及《系辞下》部分,且有《说卦》的前面一部分,可证皆属战国时的作品,尚多今本"十翼"所无的部分。其中在《系辞下》有最重要的一节,原文录于下:

古者庖羲氏之王天下也,仰则观象于天,俯则观法于地,观鸟兽之文,与地之宜,近取诸身,远取诸物。于是始作八卦,以通神明之德,以类万物之情。

凡向、歆所了解的《易》,及二千余年来所认识的伏羲画八卦的事实,完全根据这一段文献。此段文献又被认为是孔子所作,圣人之言何可不信。就此误传了二千余年,对伏羲的情况,尤其是"始作八卦"的事实根据,基本未作明确的考核。先以二千余年来文献记录观之,孔子好古,《书》始于三代前的尧舜,从《论语》及孟子宗孔而"言必称尧舜"可证。孔子的时间为公元前551年—前479年,其后田齐兴以代姜齐。田齐之祖为陈,逐步上推其始祖,由尧舜而至黄帝,时间约当齐威王即位前后(即位于公元前356年),亦即稷下派之形成。其后邹衍(前350—前280?)的学说,以黄老为主。然略前的孟子,已提及"有为神农之说者许行",其根源是楚文化的北移。今知西北周氏族于三四千年前早已进入农业社会,故其祖后稷实当尧舜之时,距今为四千余年。然长江流域的进入农业社会,更早于龙山文化,以考古所得的河姆渡文化可证。此时间已在七八千年前,与黄帝相比更在其前。唯空间扩大,时间亦推前,此正为文化发展的标志。更依《老子》的理论,当及先天地生的混成之物,故黄帝未尝为始祖。由是推本农业生产之祖,尚当及后稷前的神农。且在战国时代尤其北方,本已存在游牧民族,可不赖农业而生存,乃于神农之前又有伏羲氏的推测。此见当时对自然科学的认识,也就是黄老道的进一步成就。今于《战国策》提及赵武灵王胡服射骑时,或有否定之,王即以"伏羲、神农、黄帝、尧、舜"之次说明古史之变化。此见《易·系辞》之作者,基本在赵国,时间在战国二三期之际。故知八卦之象,在那时就比较有固定的形象,而不一定视之为七八两数。此八卦之象是根据天地人三才之道而画,与变化数字卦成六七八九后所作的卦爻辞毫无关系。《周礼》一书,有归太卜所掌的三易,所谓"一曰连山,一曰归藏,一曰周易",又曰"其经卦皆八,其别六十有四"。此见由三晋地区先成四百五十节卦爻辞后传至齐,齐即加以变化,始有由六十四卦及诸八卦,且认为《周礼》是周公所作,则"连山"、"归藏"当在"周易"之前。此皆属无稽之谈,事实上文王周公时仅有数字卦,决无八卦六十四卦之象,况文王周公之前。而天地四时之象,就是孔子之"天何言哉,四时行焉,百物生焉,天何言哉"(《论语·阳货》)。由人事本诸天时的思想,起源极早。这类思想归诸人事的具体文献《周礼》,由子贡从鲁传至齐以开创稷下派的文化。迨由齐更传至三晋,即于赵国更增入"伏羲神农",此所以形成《周易》的系统。可见这节文字是易学的关键性文献。有此节文献,始可建立制器尚象的科学思想。

其后使伏羲、文王连联起来的是荀子(约当前318—前238)。可见易学的完成,已当战国第三期。荀子已由齐归诸楚,地点兰陵,仍在东南地区(兰陵,县名,今在山东近江苏)。故八卦形象在秦国未见,仅知用数字之筮占。至于《系辞》全文亦在西汉编成,今以马王堆本可知。合而论之,马王堆本于《系辞上》未及"大衍之数"一章,因今传的筮法,可能在齐盛行。或以筮法的历史考之,已属杜田生经杨何传出,可能进一步复杂化(另详"论筮法的变化")。于《系辞下》无后面数章,当然是西汉初所作或已由三家易所补入。如以"文王与纣之事邪"的推想,三家易后即认定为文王所作。尊经之弊流传二千年,大有碍于对古史的认识,令人浩叹。此外尚有今本"十翼"中所无者,则毫不奇怪,或为三家易所舍,或为一家取"十翼"者所舍。如认定孟氏京氏为异,实即三家易内的争论而孟氏失败,京氏再立博士而又遭弃市之冤,虽旋即重立博士,而东汉后已使京氏易不属于经学易,此为易学发展的最大损失。且迄今仍误认孟京易非《易》之正宗,其实孟京易尚能保存战国时的易学情况。又如《易林》一书,可确证非焦赣所作,应用史实已有昭君和番事,而其义所以足成"用九"、"用六"之象,当属王莽时的作品。同时最重要的易学著作，当推扬雄的《太玄经》。唯有《太玄经》迄今存在，始可肯定向、歆所谓十篇，必较今本十翼为多（另详"论扬雄《太玄经》的思想结构"）。至于马王堆帛书本的"易传"，虽粗粗过目尚未整理完成的初稿，然已能略见端倪。且保存有孔子、子贡对《易》的问答，可见《易》与孔子有关未必是空中楼阁，然已属战国时的传说，与《孔子家语》的情况同。故今本之"十翼"决非孔子所作，其间最有关系者，是《文言》、《说卦》两翼。

以《文言》论，内容与子思之《中庸》基本全同，似当为孟子之前另一位子思门人所作（另详"《周易·文言》作者的思想结构"），尚可与子贡子弓相传的弟子有关。

以《说卦》论，今本有三部分内容，即"理"、"位"、"象"。其间"理"的部分，已收入马王堆帛书本。"位"的部分归诸八卦及其方位等，当于《系辞》伏羲章相近的时间著成。于"象"方面似属今存易学文献的最早部分，在四百五十节卦爻辞编成前已存在，且地点当在齐鲁，《左传》所谓"易象在鲁"即指此，尚为解释数字卦所遗存的资料（另详"论《周易·说卦》作者的思想结构"）。

总上所述，今本"十翼"的内容基本可喻，作者的时空条件亦可初步解决。其间最复杂的就是《系辞》（另详"论《周易·系辞》各章作者的思想结构"）。以今本论，可包括完成四百五十节卦爻辞之前已先有部分《系辞》，最迟肯定已在西汉约至三家易方能有定本。不日马王堆的"易传"即将发表，方能进一步详考。

更以《汉志》观之，论《易》的文献凡十三家，以上略论十二篇，实即第一与第十三两家。而后汉的易家，唯据此十二篇以成经学易，此经学易之所以已不足代表易学。然二千年来所发展的经学易，仍有其独特的作用。此先述其他十一家的内容。

于《易经》十二篇外，最应重视的是第九种《古五子》十八篇，此必为易学的阴阳与天干地支的关系。至迟在殷周之际，易象的数字卦可通于天干地支的阴阳五行与五行六位的象数。当西汉末尚保存此文献,今日仍然存在,惜历代为经学易小视而不属于易学的主流。事实上有关易学与今日的科学思想,皆宜重视此类资料。

于第十种《淮南道训》二篇,属黄老易的最后总结。原书已佚,今仍可于《淮南子》中见其纲领(另详"论《淮南子》的思想结构")。此文献能继承《吕氏春秋》,属儒家思想统一中国文化前的最后一部重要作品。故易学的广大思维,于《淮南子》中可见其一二,决非形成经学易后的易学思想。其间的变化可以司马迁父子代表之。

于第十一种包括三种作品,早则可能属战国时的易说,亦包括西汉武帝后的说易文献。《灾异》属天人感应,《神输》属天命所在,皆可以易学主之。况共存百余篇,远远超过十二篇的经学易,可证经学易之前,易学早在流传。尤其是《古杂》八十篇,当记述战国时各国的易学情况。

于第十二种包括四种作品,即于三家易中不限于《易经》十二篇的孟氏易说及略后若干年亦立于学官的京氏易说。五鹿充宗属于孟京易而另有发展,段嘉为京氏之弟子。共有九十余篇,亦见孟京易的流传,大大超过施与梁丘易的流传。

此外第二至第八共七种文献,亦有《易经》十二篇之外的思想(另详"论西汉各易家的思想结构")。

由是以今日的知识考察古代的情况及三圣三古的传说,以下文约记其时—空条件。

1. 上古易——由伏羲至文王

伏羲之形象,以可靠的文献记录,初见于《战国策》。约当赵武灵王胡服射骑时,时间为公元前307年,地点在赵国。所上推的时间,当北方游牧民族"以佃以渔"的事实。据今日的考古所得,仅知阴阳与四时八方,智慧极简单,三万年前当有此时代。

神农之形象,以可靠的文献记录,初见于孟子"有为神农之说者许行",且提及许行是楚国人。孟子的时代约当公元前 340 年,地点在齐楚之间,故可肯定神农为开始进入农业社会的代表。据今日的考古所得,仅知农业知识与"日中为市"的情况,约万年前当有此时代。

黄帝之形象,以可靠的文献记录,初见齐威王的铜器。时间约当公元前 380 年,地点由陈而齐。所上推的黄帝形象,已知农业社会的上层建筑。知识较复杂,知养蚕制衣裳,约五千年前当有此时代。由后来之事实论,仅属黄河流域的史实。

尧与舜之形象,以可靠的文献记录,初见于孔子弟子所记录的《论语》。孔子当公元前 551—439 年,尧舜上距孔子仅一千数百年,当时已知天之历数,未足为怪。惜由于尊经,《尚书》已说得天花乱坠。与《史记》所引相比,可见其重视的角度完全不同,一以事实,一以文字之义理。凡孔子记录千余年前的史实,当然可信,不必视之为尧舜时的文字。或孔子所删已加入本人之忆想,当时尚无此精邃的文字。以孔子有意托古改制,尤非"述而不作信而好古"的孔子形象。荀子之言已大异于孔子的思想,况东晋初梅赜的思想。且自宋起尊孟子后,尧舜的地位又进一步提高,而中国的古史又进一步后退。废经以恢复孔子的本来面目,实有助于认识中国古史的真实情况,当由尧舜孔子推及黄老。

夏、商、周三代之形象,今考古基本已有证明。中国国土上各处大部分已有新石器时代的居民,岂可限于龙山文化。安阳、西岐亦不足以代表当时全中国的文明。故夏禹究为何处人仍可研究,传说大禹陵在绍兴,非常可能。然长江上中游亦有大禹溪文化,洛阳有大禹的传说,皆可说明约同时在各地皆曾有兴水利以保护农业生产的神禹。若由安阳西岐之变以当商周之际,则出土的文物累累。然则上古易当以时代观之,早已有抽象的象数。最可代表的文化已有六十甲子表,于易学的符号能取六个数字的数字卦。且干支与数字卦的起源,尚应进一步上推以追实物的验证,传说为大桡造甲子,殊可参考。然文王时既无六十四卦及八卦的形象,何能观象而系以四百五十节卦爻辞。

2. 中古易——由文王至孔子

文王既卒而武王伐纣,于伐纣前今于周原甲骨已发现有"伐蜀"二字的文字记载,故知约当今日的宝鸡与成都于三千年前早已相通。且武王能集合各地的民族灭纣,其路线今亦可确定,于易学阴阳五行的学说早已盛行。

今论西周约分三期。第一期当开国之初至成王之卒,基本卜筮一体,数当"一 𝕏 ∧ 十)("五字,凡于五字中任取一字,共六字,为卜筮之象。

于穆王前为第二期,穆王更有向西发展的史实。今存的《穆天子传》虽多后人假托之辞,然可见在周民族之西,更有犬戎民族存在的史实。于数字卦约能利用九数。

于共和起为第三期,《史记》已利用干支,推设每年的干支纪年。故迄今为若干年,可毫无差错,较帝王在位的纪年有极大的进步。其时已较深入地了解象数与义理结合。

东周的情况,另详《东周的起讫与分期》。孔子当春秋所见世,故中古易约当西周三期及春秋序幕与公羊三世。变化的重点在春秋序幕的近五十年中,凡周公东征之德可云全部崩溃。实即西周中后期的情况,早已无力控制东南方诸侯。而洛阳以东的东方及长江流域的文化正在发展,且有以超过西周的文化。由是西周一旦为犬戎所毁,洛阳东部自然失却天子之位而实与诸侯同。以文化论,各国能各自发展以相竞争,故成为中国文化的灿烂时期。以易学论,抽象的象数,能由数字卦化成以数字结合的河图、洛书。实即阴阳五行的数字表示为河图、洛书,这二张高度抽象的数字结合图,今名之曰"组合数学"。虽仍可保存战国时的传说为伏羲氏则河图而画八卦,及大禹治洪水而演洛书,今以史实及数字卦的变化考核之,于东周初于东方民族已能画出河图、洛书,似可作为成此二数学模型的下限。宋易的可贵,对此二张数学结构图,能有较深入的认识。实则虽未知数字卦,已能理解卦象来源于数的事实。《洪范》的文字,亦当于东周初于宋国传出。

于公羊三世的情况,另详"论《左传》与易学"。此见卦爻辞完成于三晋地区,孔子虽可读到卦爻辞,然尚无爻名。而先于卦爻辞已存在的易象(今保存在《说卦》中),孔子早已见之。然至陈楚而有"不占而已矣"的观点,故知孔子能以义理为主,且孔子所认识的义理未尝不知"其或继周者,虽百世可知矣"的象数,况已高度抽象。故孔子所可知者,决非如"观国之光,利用宾于王"之占,而略如所谓"齐一变至于鲁,鲁一变至于道"的整体推测。合诸孔子身后的史实,则为"鲁一变至于齐,齐一变至于秦"。继周之秦,迄今仍在受其影响,此孔子等之读《易》,不可不重视之。是之谓"数往者顺,知来者逆,是故《易》,逆数也"。

3. 下古易——由孔子至扬雄

二千余年来,误认"十篇"为孔子所作,故《汉志》以孔子为下古之终。今亦已确认"十篇"易传非孔子作,况且并非一时、一地、一人的作品,完成的时空结构很复杂,部分在完成四百五十节卦爻辞之前,其后由战国可至西汉末。凡战国的分期,已见《东周的起讫与分期》。于"秦战国"统一后,由秦至西汉末(包括新莽及更始三年)共 246 年(前221—25 年),可分二期。自秦始皇二十六年至太初元年(前 221—前104 年)共 117 年为第一期,宜以岁首为准。凡秦定岁首建亥,汉初仍用之,至太初历始改成用建寅,故秦汉第一期凡 117 年皆建亥。第二期起尊儒,用孔子对颜渊所论的"行夏之时"为准,迄今已逾二千年未尝有变,早已深入民间习俗,而对孔子的认识,难免因建寅而造成迷信。今应明辨建寅的科学性,而于习俗不合理的部分不可不加改变。于第二期的 129 年,逐步形成儒家的经学。于易学即以三家易的十二篇为主,而以孟京为辅。所以应视扬雄之《太玄经》为下古之终,因《太玄经》法《易》而作,一人而兼法卦象、卦爻辞与易传,始可证实三家易的十二篇,于十篇部分实多于今本的"十翼"。下表列《太玄经》的内容,以见当时的《易经》十二篇。

易		太玄
卦象	六十四卦以《序卦》为次	八十一首准卦气为次
经文	卦名 卦辞 卦分六爻各有爻辞	玄首名 略 首分九次各有赞辞 增踦赞嬴赞
传文	彖 象	玄首 玄测 增"玄首都序" 增"玄测都序"
	序卦	玄衝
	杂卦	玄错
	系辞	玄摛 玄莹 玄捝 玄图 玄告
	说卦	玄数
	文言	玄文

　　凡《系辞》说明卦爻辞之例,易学中最早作成部分《系辞》者,可能即为编辑成四百五十节卦爻辞者。《太玄经》中法《系辞》尚分五篇,可证当时认为孔子所作的《系辞》另外必有其他各篇,一如马王堆出土的文献中,尚有《要》、《缪和》、《昭力》诸篇。

易学与史学学

　　史一也,记之之法有二:天与地、时与空之谓。天时为主以记之者,曰编年体。凡编年体之史籍,不可不知"王正月"之理,犹人法天。地空为主以记之者,曰国别史。凡国之史籍,不可不知四岳九州之限,且由国别仍将有归于平天下之王,犹人法地。《说文》:"王,天下所归往也。董仲舒曰:古之造文者,三画而连其中谓之王。三者,天地人也,而参通之者,王也。孔子曰:一贯三为王。"凡周代之王字,确有此义。而《易》之为书,要能兼及天地人三才之道而贯通之,故易学之旨归于王天下。王天下者,当以人之生物钟以参于天地时空而观其变化之象,是犹史学学之理。观我国的思想文化,暂不论自古至夏商,仅以周代论,确有"王天下"的事实。周武王本诸文王的基础,经牧野伐纣而及成王,分封当时的天下,时间在公元前12—11世纪之际,空间初在今陕西岐山至河南安阳之间。当周公东征后,已在洛阳营造东都,作为天下之中。及犬戎之难而平王东迁(前770),则成无根于丰、镐,空守于洛邑的东周,乃"王正月"仅存空名而已。然因名思实,当时的上层阶级,凡具有思想文化者,莫不在思考维持统一,重见"王天下"的郅治。而各国诸侯的情况,于西周时早已结合各民族的地域文化而有所发展。故不迫东迁,若厉王等的作风,何能继承文武王天下的德业,宜东周起"天王"的地位实已崩溃。然在客观史实上,反能造成我国思想精深文化灿烂的独特时期。因在此时期中,各国诸侯正在恢复《吕刑》所绝的天地,而重见地天交通之变。惜周史散佚,难睹柱下史老聃所保存的西周以及东周初期的文献。引而不发,如天龙乘风云的王者气象,仅存于孔子之感叹中。

孔子为商之后裔,数代居鲁,幸能保存迄今仍在流传的鲁史《春秋》,尚见较完备的诸侯国别史。《春秋》于地空的编辑法,即用天时"王正月"的编年体。此为东周时期各诸侯国所通用的体裁,《孟子》所谓晋《乘》楚《梼杌》当同。由汲冢书得魏之《竹书纪年》,今得《睡虎地秦墓竹简》等,皆为明证。然"王正月"的王,势必不同。如《竹书纪年》记夏以来,《睡虎地秦墓竹简》起于秦昭公元年(前306)。能识此天地阴阳的分合,庶见人类的智慧,在东周时期已进入与今相似具有高度文明的有史阶段。乃无时无处不在以三才之易道记录人参天地的时空变化,方能绵延其史实,以供后人的凭藉。

考东周时的学者代代相承,皆在深入研究并发展此一结合时空的史学思想。当西周而东,以殷墟的甲骨推断之,宜有大量文献,什九为早已保存于洛邑者,亦有一部分由西周于东迁时携带至洛邑者。于东周初王朝尚有规模,必有史官以保存之,继承之。自平王元年至景王崩(前770—前520),凡二百五十一年。史官已经过数代相继,以鲁史《春秋》推断之,每年每时仍在记录当代的史实。据《史记》知老聃为"周守藏室之史",《史记》又言"孔子适周,将问礼于老子……老子修道德,其学以自隐无名为务。居周久之,见周之衰,乃遂去……"则知老子"居周久之"之时,当始自灵王二十七年(前571—前545)之间,终景王二十五年(前544—前520),宜有四十年左右,方合"久之"之义。及景王崩而周有继位之争,迟迟不决,战乱无已,是谓见周之衰,乃遂去,老聃年纪当在七十左右。考孔子之适周问礼,宜在景王晚年,因景王崩时孔子三十二岁。故以三十岁左右之有为青年,问礼于七十多岁左右有博大识见之周室史官,收获必多。孔子于七十后自思一生的经历,所谓"三十而立"者,正应于问礼于老聃后,有以自立于治史之原则。老聃"以自隐无名为务",方能实事求是以合史官之职守,客观记录史实,何可以一己之好恶错杂其中。《论语·述而》:"子曰:述而不作,信而好古,窃比于我老彭。"此老彭者何指?视之为商之贤大夫,未尝无据。今究其贤之所在,即"述而不作,信而好古"。合诸当时的人物,唯老聃足以当之,亦可谓老聃之能守史官之职,即取法于老彭。故不必深究老彭与老聃为一人或二人,仅论其实,可认为古有老彭之学风。然自老聃之"自隐无名为务"而道德,孔子之"述而不作,信而好古"以整治古学,始能在我国确立史学学,且在我国的思想文化史上有一划时代变化。

更观老子"遂去至关"前后的东周情况。当景王未及立爱子王子朝而崩(前520),子丐与争立,而国人立长子猛,旋为子朝之党攻杀,猛为悼王。子丐借晋人而立为敬王,子朝拒之有四年之久。《春秋·昭公》:"二十有六年(前516)冬十月,天王入于成周。尹氏、召伯、毛伯以王子朝奔楚。"《左传》:"王子朝及召氏之族、毛伯得、尹氏固、南宫嚣奉周之典籍以奔楚。"此王位之争,不必究其是非,而事及"周之典籍",乃久与典籍相处之老聃何能不去。唯王子朝实与晋争,故不得不之楚。若老聃为"楚苦县厉乡曲仁里人",考苦县即今河南鹿邑县,当时为陈所有,故老聃宜为陈国人。于楚惠王五十一年(前478)楚灭陈,其地始属楚。其时孔子已不及见(孔子卒于哀公四十年,当公元前479年),况长于四十岁左右的老聃。以常情论,更据《庄子·养生主》有"老聃死,秦失吊之,三号而出"的记载,则老聃亦不可能目见陈为楚所有,《史记》以老聃为楚人者未是。老聃居周既久,有不以地域为限之志,方能由法地而法天,宜无故乡之思,此与孔子不同。去周而不之楚者,以见不同于王子朝,又不之晋者,亦未尝同于敬王子丐。不之东方齐鲁者，东周的伯气早已西移，故西出至关，犹返平王之东迁，有以求文王之"王正月"。以一人任天下，此老聃之所以成老聃欤。况"王天下"之理，未必始于周，然必须由近及远，步步上出，以知"王天下"之所以为王。此理与关令尹喜相互印证而合，所承实同。《庄子·天下篇》："以本为精，以物为粗，以有积为不足，澹然独与神明居。古之道术有在于是者，关尹、老聃闻其风而悦之。"此可见关尹、老聃的学风。然其次关尹在前，老聃在后，可证尹喜亦为有道长者，年纪当相近，应为知友。至于传老聃之道者，《史记》已分楚与秦言之。楚有老莱子"著书十五篇，言道家之用，与孔子同时云"。《史记·仲尼弟子列传》已认为孔子于周严事老子，且年有四十岁左右之差，则自然可与老子弟子老莱子同时。《汉书·艺文志》著录有"《老莱子》十六篇，楚人，与孔子同时"。此外尚有"《鬻子》二十二篇，名熊，为国师，自文王以下问焉，周封为楚祖。《文子》九篇，老子弟子，与孔子并时，而称周平王问，似依托者也。《蜎子》十三篇，名渊，楚人老子弟子"等。其间《鬻子》、《文子》所叙述的内容，当与老聃于周室所收藏的文献有关。若此批文献由周而楚，对楚文化当有影响，能读《三坟》《五典》《八索》《九丘》之倚相或已不及见此。昭王时之观射父定已见之，《国语》载其二次回答昭王之问，义极精深，南北文化有进一步结合之象。《庄子》书中所述及老聃与孔子之寓言，什九为楚国继承老学者所作。又《国语》一书记录之史实及西周而早于《左传》，且于国别已详记吴越，故辑成《国语》者当在南方，而所及北方早期之史实更与王子朝"奉国之典籍以奔楚"有关。再以在秦者论，关尹、老聃同有著作流传。《史记·老庄申韩列传》："自孔子死之后百二十九年，而史记周太史儋见秦献公曰：始秦与周合而离，离五百岁而复合，合七十七岁而霸王者出焉。"此言又见于《史记·秦本纪》："……献公十一年，周太史儋见献公曰：周故与秦国合而别，别五百岁复合，合七十七岁而霸王出。"考周太史公儋之西见秦献公，与老聃之西北可云同志。此时核之孔子之卒至秦献公十一年

(前 479—前 374)凡一百零六年,《史记》所记有误。以平王始封秦襄公为诸侯(前 771),至秦庄襄王命吕不韦灭东周君后称秦元年(前 248),凡五百二十四年。又至秦始皇统一六国(前 221),凡五百五十年。及刘邦灭项羽,已当高祖五年(前 201),则已过秦而汉,凡五百七十一年。周太史儋上遵约四百年的史实,下测百余年后的发展情况。其论周秦之分合,以地域形势观之,不可认为全部无据。老聃之西出见已及此,然司马迁写老子实有意神化之。且老子仅西出而已,虽有合周秦之志而未言,若周太史儋确有见秦献公以论周秦之分合问题,故以相去百余年之二个人物合于一人。又以善养生而视老子可活二百余岁,皆所以神化老子。然未下肯定语,仅猜想之,后人不善读,乃生误解。如《史记》曰:"关令尹喜曰:子将隐矣,强为我著书。于是老子乃著书上下篇,言道德之意五千余言而去,莫知其所终。盖老子百有六十余岁,或言二百余岁,以其修道养寿也。……或曰儋即老子,或曰非也。世莫知其然否,老子隐君子也。"乃特为隐曲之笔以启人之疑,志在承其父之志,仍有意于黄老。其实老莱子与周太史儋虽相距约百年,而一楚一秦,同为传老聃之学者。至于五千言之《道德经》,当时可能有若干警语,由周太史儋时代之学者(或即太史儋)加工整理而完成,反而转合战国初期的时代背景(另详)。至于太史儋明确五百及七十岁的时间,难免有司马迁之作伪。末又曰:"世之学老子者则绌儒学,儒学亦绌老子,道不同不相为谋,岂谓是耶。李耳无为自化,清净自正。"乃指武帝时代尊儒以斥百家的情况,合诸先秦,尤其聃与丘本人决不如是,此不可不明辨之。

既考察老子与孔子之时代背景,进而深入研究老聃的史学思想,必须根据其著作《道德经》。而《道德经》之编辑完成(今已得最早者为马王堆甲乙本),不可不下及太史儋的时代,故先依《史记》之传,加以阐明之。

今准《道德经》的内容,详究其旨。可见聃之去周后,于史学的原则有以认识人类本身以结合天地时空而得人类的生物钟。此为史学学的基点,且须合孔子的思想以言。当丘之返鲁,能立于治史之原则而深入之,然儒以用世为主,与老聃之专心治史不同。当孔子六十八岁,已周游列国十四年而返乎鲁(哀公十一年,公元前484年),始一心治史,然亦须明确孔子所掌握的时空范围。《论语·子罕》:"子曰:吾自卫反鲁,然后乐正,《雅》《颂》各得其所。"此已由《春秋》"王正月",推求文王之所以为文王。若《诗》有兴观群怨之旨,可多识于鸟兽草木之名。孔子又论其作用:"诵《诗》三百,授之以政,不达,使于四方,不能专对,虽多亦奚以为。"故始可与言《诗》者赐,"告诸往而知来者"。历代皆有诗谶,实由此以歧入未来学之旨。虽然,告往以知来,固为《诗》之通于易学者。孔子极少言《易》,今广义以论易学,则易学之理早已心识其象,何必多言。至于《雅》《颂》得所而未言《风》者,《风》之得其所,或早于《雅》《颂》。首"二南"以见文王之德,庶见"君子之道造端乎夫妇,及其至也察乎天地"(《中庸》)之实。退《王风》于诸侯,其时可喻。若于《秦风》中特录"蒹葭",《小序》所谓"刺襄公(前777—前716在位)也,未能用周礼,将无以固其国焉"。诗人之思想中,能用周礼者,其象何似? 可录原诗以象之:

> 蒹葭苍苍,白露为霜,所谓伊人,在水一方。
> 溯洄从之,道阻且长,溯游从之,宛在水中央。
> 蒹葭萋萋,白露未晞,所谓伊人,在水之湄。
> 溯洄从之,道阻且跻,溯游从之,宛在水中坻。
> 蒹葭采采,白露未已,所谓伊人,在水之涘。
> 溯洄从之,道阻且右,溯游从之,宛在水中沚。

观伊人在水一方、之湄、之涘,宛在水之中央、中坻、中沚,或欲从之,道阻于长、跻、右,长言其远,跻言其高,右言其回绕曲折。然则伊人居之，非上善若水之隐君子而何。故吟者自吟，辑者自辑，读者自读。诗固无达诂乎！

由二南而变风，变风中岂无自正者，归诸《豳》之"反风"，以合《雅》《颂》之得所，始能自《春秋》而《诗》。深究周之史实，由东而西，以见文王之德，亦以明《春秋》之"王正月"。继之更由《诗》而《书》，于王之象又宜由文王而尧舜。《论语·尧曰》："尧曰：咨尔舜，天之历数在尔躬，允执其中。四海困穷，天禄永终。舜亦以命禹，曰：予小子履，敢用玄牡，敢昭告于皇皇后帝。有罪不敢赦，帝臣不蔽，简在帝心。朕躬有罪，无以万方，万方有罪，罪在朕躬。周有大赉，善人是富。虽有周亲，不如仁人。百姓有过，在予一人。"此孔子自言辑《书》之旨，由尧、舜以及禹、汤、周三代，皆以见"王天下"之本，当知"在尔躬"的"天之历数"，且宜"允执其中"。唯防不中而"天禄"将"永终"于"四海困穷"，故必须"谨权量，审法度，修废官，四行之政行焉。兴灭国，继绝世，举逸民，天下之民归心焉。所重民食丧祭，宽则得众，信则民任焉，敏则有功，公则说"。是即孔子以用世之旨寓诸史，庶完成"述而不作，信而好古"之愿。整治古学以传道，仅本在尔躬之天时，是之谓天人之际，史学学之旨已在其中。若由尧舜而三代，舜属东方民族，为陈国之祖，老聃当深知之。至于尧舜与三代之异，非异于王天下之理，乃异于继承王天下之理者，或以贤，或以子。迄今二千五百余年犹在起作用，治史学者何可不明辨其得失以究其原。

《老子·道经》："吾所以有大患者，为吾有身也，及吾无身，有何患。故贵为身于为天下，若可以橐（托）天下矣。爱以身为天下，女（汝）可以寄天下矣。"孔子亦绝意必固我四者，其旨同。故未及吾无身而观史，何能适合当时之史实，忽视史实以论史，必有大患。此旨庄子殊能知之，于《齐物论》中特述子綦与子游之对言。子綦亦系孔子弟子，即陈国人巫马施，《史记》作子旗，年长于子游十五岁，故子綦坐子游侍。若子綦曰："今者吾丧我，汝知之乎。汝闻人籁而未闻地籁，女闻地籁而未闻天籁乎。"此由比竹众窍而吹万不同,"使其自已也,咸其自取,怒者其谁邪"。《老子·道经》:"天地之间,其犹橐籥与。虚而不屈,动而愈出。多闻数穷,不若守于中。"凡老子之"守中",孔子之"执中",子綦曰"自已",莫不本诸"吾丧我"。或以有涯之生,穷无涯之知,何能不殆。故拘于不满百岁之人生,决难知史。而史学学之确立,必本丧我之比竹,以观众窍之自吹。《齐物论》继之曰:"是非之彰也,道之所以亏也。道之所以亏,爱之所以成。果且有成与亏乎哉,果且无成与亏乎哉。有成与亏,故昭氏之鼓琴也。无成与亏,故昭氏之不鼓琴也。"凡众窍犹地空,自吹犹天时,凡各类社会科学之史,何可不本各类自然科学之史,此尧之所以咨舜以知"天之历数在尔躬"。"尔躬"者,"贵为身为天下","爱以身为天下"。故孔子之道,以乐归《诗》,始于男女之情以及天地。以礼归《书》,本诸三代传子之损益而归诸尧舜禹之传贤。或仅知《诗》《书》礼乐而未及《春秋》,则何以知孔子身处之时代,年逾七十始绝笔获麟而从心所欲,不啻老聃之出关。一去秦,一归鲁,孑然一身,天下系之。于老可不论有无西去化胡之事,于孔亦不必执其请伐陈恒之礼。故《诗》及僖公之"鲁颂",犹有"所传闻世"之情。《书》终"秦誓",实有应以王者之地。然老聃出关以留言,而《道德经》之成,不得不下及太史儋。若孔子之辑《书》,识秦之将王,恐亦为稷下派学者所发展之说。以孔子所好而言,"在齐闻韶而三月不知肉味",尽善尽美,人何可无任天下爱天下之身。老子曰"人法地,地法天,天法道,道法自然",孟子曰"天时不如地利,地利不如人和",是恰为向内向外之二种向量。然不知天何以向内,不知人其何以向外。唯尔躬具天之历数,始可由天地而人,亦可由人而天地。孟子有言:"天之高也,星辰之远也,苟求其故,千岁之日至,可坐而致也。"此曰"故",义犹老子之"道"。然孟子之旨尚有异于"道法自然"之理,此告子之所以先于孟子不动心。若告子之"生

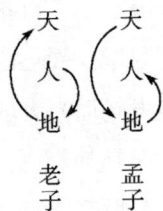

天　　天
人　　人
地　　地
老　　孟
子　　子

之为性",实有应于老聃之"玄牝",或执比竹之爝天,其何以闻天籁。唯识万窍怒号之象,始能立于史学学之基点而有以见史学之发展。再者史之成史,所以闻比竹于万窍怒号中,是之谓人参天地,宜孔子有闻韶之情。然"天地不仁,以万物为刍狗;圣人不仁,以百姓为刍狗",何可不知礼乐之质。孔子有言:"礼云礼云,玉帛云乎哉;乐云乐云,钟鼓云乎哉。"故虽尽善尽美,其可执乎。若孟子之误,误于"言必称尧舜"而仅知尧舜之历数,况所求之"故",岂可限于知日至而已哉。合诸人事言,孔子已认识传子传贤之辨,然何可违史实而加以美化。故孟子有得于史学学之理则是,必执其迹则非。且孟子生前恰见燕王哙禅让之乱,故不得不兼取禹之传启。其后《庄子·秋水篇》有言:"昔者尧舜让而帝,之哙让而绝,汤武争而王,白公争而灭。由此观之,争让之礼,尧桀之行,贵贱有时,未可以为常也。梁丽可以冲城,而不可以窒穴,言殊器也。骐骥骅骝一日而驰千里,捕鼠而不如狸狌,言殊技也。鸱鸺夜撮蚤察豪末,昼出瞋目而不见丘山,言殊性也。故曰:盖师是而无非,师治而无乱乎。是未明天地之理,万物之情者也。是犹师天而无地,师阴而无阳,其不可行明矣。然且语而不舍,非愚则诬也。帝王殊禅,三代殊继,差其时,逆其俗者,谓之篡夫。当其时,顺其俗者,谓之义徒。"是复能抽象史学之事迹而及史学学之理。计由老孔而孟庄,已积一百数十年之发展,于史学学之理,始可以阴阳之易学当之。

考易学之成,宜积伏羲、文王、孔子三圣之思。若三圣之史实,何可妄言。然自刘向(前77—前6)、刘歆(? —前23)之校书,定六十四卦之卦象为伏羲,二篇为文王,十篇为孔子,乃遗误后学,迄今二千年而未已。及近百年来,始能逐步核实之。自发现数字卦后,方识殷周之际易学。周自西而东,更能结合各民族所本具之卜筮法,易学之理乃能发扬而光大。《汉书·艺文志》所认为三圣易学之内容,凡伏羲之六十四卦卦象,文王之四百五十节卦爻辞,及孔子之十篇,基本完成于老孔前后至孟庄之间,部分十翼且成在西汉(另详)。然易学具有整体性之至理,何可因作者非伏羲、文王、孔子而忽视之。当春秋中后期至战国早中期,正当我国思想文化发展至最高境界。以人而言,于老聃之反身,尚须结合医理以明之。

当由数字卦发展成阴阳符号卦,实即由天地十数以归于奇偶数之阴阳。十天干与十二地支及组合成六十花甲之周期,殷墟甲骨文中屡见。故十与十二周期,应用之时更早,自不待言,当能结合分辨阴阳奇偶。凡甲丙戊庚壬为阳干,乙丁己辛癸为阴干。子寅辰午申戌为阳支,丑卯巳未酉亥为阴支。六十花甲中不可能有甲丑,当时早知于十与十二数中,有阴阳奇偶之辨。以所存之文献论,《国语》载虢文公之谏,时当宣王即位(前827),又伯阳父之论三川震,时当幽王二年(前780)。虢文公谏以当重农事,有言曰:"……阴阳分布,震雷出滞。土不备垦,辟在司寇,乃命其旅曰:徇,农师一之,农正再之,后稷三之,司空四之,司徒五之,太保六之,太师七之,太史八之,宗伯九之。王则大徇,耨获亦如之。……"此曰震雷出滞,即惊蛰之时,与"王正月"有关。故阴阳分布之义,既指一日一夜,亦指一年四时,即春生夏长为阳,秋收冬藏为阴,当夏至则由阳而阴,当冬至则由阴而阳。此阴阳之实,非但宣王时知之,殷周之际已知之,更上推之,自进入农业生产必须知之。故阴阳概念其来极早,尚早于农业社会。然或以阴阳符号卦之卦象论,则非但宣王时未用,当五百余年后成《吕氏春秋》时(前241)吕不韦亦未用。因殷周之际数字卦,自西周至东周之秦,一直在使用。故秦之易始终以卜筮为主,以数字为主,然理解阴阳五行之理,能结合干支之变以合诸医理,实有其特色。依《左传》之记载,初有秦医缓"疾不可为,在肓上膏下"之说,医本与梦巫相合一,时当晋景公十九年(前581)。继之有秦医和论五节六气合诸《周易》之蛊象,时当晋平公十七年(前541),医理始具。至于山风蛊象,在医和前百余年的秦卜徒父已提及(僖公十五年,公元前645年),取义同。然卜徒父时仅言筮而未言《周易》,其法实来于晋,秦能取其象然未能深入研究其阴阳符号,医和亦在秦而能重视阴阳符号而成蛊象。若老聃反身之道,必有得于当时医学所理解之水平。由是知阴阳之理不始于具有阴阳符号卦之卦象,当始于数之能分天地与奇偶,由十干十二支之阴阳,自然可成五节六气。此既为医理之本,亦为易学之本,更为形成阴阳符号卦之本。约与医和同时,齐国有扁鹊在晋昭公(前531—前525在位)时,受长桑君之道而为名医。《史记》记其事,有云:"扁鹊名闻天下,过邯郸闻贵妇人,即为带下医。过洛阳闻周人爱老人,即为耳目痹医。来入咸阳闻秦人爱小儿,即为小儿医,随俗为变。秦太医令李醯,自知技不如扁鹊也,使人刺杀之。至今天下言脉者由扁鹊也。"读此可知当时赵秦之风气。老聃由周之秦约当其时。故合诸民风观之,西出函谷之举,不啻反老为童。唯难免有李醯在,聃不得不在水中央,愿为能知周礼之隐君子。又扁鹊有六不治之原则,内有信巫不信医者不治,可见当时医已离巫而独立,与秦医和有所不同。然不可不知有长桑君之道,此道在齐而医和之道在秦,一东一西,与老孔之道有相似处。

考医理重五节本诸五声属律犹乐,重六气合诸天象属历犹礼。孔子之王天下主礼乐,传其道者或执其迹,重礼器而贵《韶》《武》;或执其文,究《诗》、《书》而志《春秋》;或究其理,明律吕而观历数;或反诸身,天何言而识逝川。孟子总结之,以圣之时者喻之。而老聃之王天下以自然,从反身为主而妙得人类之真,庄子以博大真人喻之。真人云者,已由医理而及生物之本能,实有分辨于天地之自然。以生物之自然准天地时空之自然,以明礼乐之用,何必有执于礼乐之仪与文,是仍为人参天地之象。凡此三才之道之易学,实理兼老孔而成,殊合史学学之原则。孟子曰:"舜生于诸冯,迁于负夏,卒于鸣条,东夷之人也。文王生于岐山,卒于毕郢,西夷之人也。地之相去也千有余里,世之相后也千有余岁,得志于中国若合符节,先圣后圣,其揆一也。"按老子取医和扁鹊之医理以治身言,孟子继孔子之道以平天下言。天下唯一,人身亦一,孔孟之道以人类社会为主而及天地,老庄之道以自然生物为主而兼及人类社会,各能有得于史学学之旨则同,然有不同的时空数量级。可知百世之损益,五百年必有王者兴,其何可与大年之大椿,先天地生之混成之物相比。或未辨其实而执其道,道与儒何可相近。如能有识于三才以合诸时空坐标之理,犹以易学合诸史学学,则思维之发展可归诸生物脑容量之增大,自然能知其同异之由。斯可以与论易道三才,斯可以语史学学之结构,从而确知易学之所以仍能发挥作用于今日云。

东周的起讫与分期

周平王东迁而诸侯分裂(前770),直至秦始皇二十六年(前221)最后灭齐以统一六国,凡五百五十年。自古以春秋、战国二分之,然分界线本有数说。或以《史记·六国年表》起于周元王元年(前475)为准,则周元王前为春秋,周元王元年起为战国。自平王东迁于洛邑为东周,东周起于平王元年(前770)无疑。然东周起即名"春秋",似太简单化。今核实"春秋"的意义,仍应作为鲁史的书名,不应视作东周前半期的时代名辞。观鲁史《春秋》的内容,记录二百四十二年的史迹,时间当鲁隐公元年至鲁哀公十四年(前722—前481),合诸"周天子",当平王四十九年至敬王三十九年。故东周自平王元年至四十八年尚未入《春秋》,此一时期,见天子失权于诸侯。幸尚存鲁史《春秋》的古文献,适足以示诸侯与天子的关系。鲁史非周史,始于隐公元年,未可以为偶然,正合以诸侯为主的春秋时代。孟子认为《诗》亡然后《春秋》作,亦见天子与诸侯之异。至于《春秋》的分期,公羊所分三世为"所见异辞,所闻异辞,所传闻异辞"。合诸十二公,所见世当昭定哀三公,凡六十一年。所闻世当文宣成襄四公,凡八十五年。所传闻世当隐桓庄闵僖五公,凡九十六年。公羊家或以五世丧礼合之,殊可不必。然春秋当发展的时代,于发展中经过二三代人,世事确有变化。故研究《春秋》者,宜明辨三世以观其相应的世事。要而言之,所传闻世鲁侯尚能称诸侯的地位,随时代以发展。当僖公时,齐桓、宋襄、晋文三霸相继而逝,鲁虽未称霸,犹能支持当代的"正义"事业,以维持相对的稳定。文公二年(前 25)"大事于大庙,跻僖公",尚存《诗·鲁颂·闳宫》等,正见结束这一个时期。所闻世的情况,主要为晋秦楚三国相互争胜而各有发展,齐鲁地位已渐低。襄公筑楚宫而薨于其中,可见楚文化在长江流域的发展,已超过中原文化的发展。所传闻与所闻的二个时期,以地域观之,确有关键性的变化。即由山东而山西,当齐鲁而晋,且西秦、南楚有进一步的发展,长江下游的吴越亦已具备与中原争胜的条件。至于所见世,主要又见权力的下移,此相应于未入《春秋》的四十八年。当平王之时,经四十八年而犹未能恢复西周,则天子的作用何在? 由是由天子而诸侯。所见世又变而下之,凡诸侯尊天子而未起作用,实权宜由诸侯而大夫。鲁及三家,而昭公薨于乾侯(前 510),《春秋》终于哀公十四年(前 480),齐政已归田氏。今究其因,恰可反映东周各国生产力的发展情况。凡最上层者,当以控制生产关系为主,直接掌握生产力者必在下层。故当生产力发展的时代,如控制生产关系者,未能适应已发展的生产力,势将以下层为主,有以改变上层组织。鲁齐之权力下移,正见生产力的加速发展以得风气之先,为上者未能驾驭之,不然民何以不思昭公,田氏亦何能大斗出小斗入以得民心。

至于我国史实上有西周的存在,确能以分封制维持数百年比较安定的生活,此实有赖于自然条件的优越。然各诸侯国基本上可相安维持其正常关系而各自发展,故周代的礼乐仍有其不可全部否定的价值。此一情况自西周后期起已有变化,至平王东迁,则天子的权势一落千丈,仅存空名。《诗·小雅·大东》:"小东大东,杼柚其空。纠纠葛屦,可以履霜。佻佻公子,行彼周行。既往既来,使我心疚。……东人之子，取劳不来。西人之子，粲粲衣服。舟人之子，熊罴是裘。私人之子，百僚是试。"读此诗可见当时的民情，对西周的统治早已不满，东周后更甚。然各国诸侯，仍有念于传统史迹，"周天子"的地位尚尽力保护。于东方可以齐鲁为代表，所传闻世有其象，经所闻世而所见世，则诸侯自顾不暇，齐桓、鲁僖且不能再见，遑论姜尚、周公。《论语·宪问》："陈成公弑简公，孔子沐浴而朝，告于哀公曰：'陈恒弑其君，请讨之。'公曰：'告夫三子。'孔子曰：'以吾从大夫之后，不敢不告也。君曰：告夫三子者。'之三子告，不可。孔子曰：'以吾从大夫之后，不敢不告也。'"考陈成公弑简公在鲁哀公十四年（前481），是年孔子已七十一岁，犹不敢不告者，乃重视其事。公羊终《春秋》于"十有四年春，西狩获麟"，当是年之夏。而"齐陈恒弑其君壬于舒州"，《春秋》仍记之而《公羊》《穀梁》删之者，已不忍言之，此不可不认为有孔子之意在其中。《论语·为政》："子曰：吾十有五而志于学，三十而立，四十而不惑，五十而知天命，六十而耳顺，七十而从心所欲不逾矩。"此言必为孔子于七十后，有以总结自身的发展经历。然何为孔子七十后的思想，有确认者不多，而此请讨陈恒，似当有其事。合诸《论语·八佾》："孔子谓季氏，八佾舞于庭，是可忍也，孰不可忍也。""三家者以雍彻。子曰：'相维辟公，天子穆穆，奚取于三家之堂。'"更见孔子本不以大夫专权为合礼。又有："季氏旅于泰山。子谓冉有曰：'女弗能救欤。'对曰：'不能。'子曰：'呜呼，曾谓泰山，不如林放乎。'"此节所以言"不如林放"者，因孔子之弟子林放曾问"礼之本"，"子曰：大哉问，礼与其奢也宁俭，丧与其易也宁戚。"此见孔子对礼的概念，实包括个人的行动及国家的组织。鲁有诸侯在而三家旅泰山、以雍彻、舞八佾（八佾天子之礼，唯周公尚可用，一般诸侯且不可，况三家），皆失礼之甚。凡《春秋》准诸侯的立场以尊天子，奈及所见世且年逾七十，而更见陈恒之事，《春秋》的立场全毁，孔子何能"耳顺"，不得不沐浴而朝。然哀公无权，三家的地位实同陈恒，当然不可。因此事而终止《春秋》，未可认为穿

凿。亦见由天子而诸侯,由诸侯而大夫,以当《春秋》之始终。既绝笔
不记,亦所以另开"从心所欲不逾矩"的境界。孔子自身的条件为大夫
之后,然一生之所得,岂可为大夫所限。况天子诸侯形同虚设,则大夫
已可从心所欲,由是而达天人之际,当然仍有不逾矩之理。若曰:"礼
云礼云,玉帛云乎哉。乐云乐云,钟鼓云乎哉。"实为礼之本,正当《春
秋》绝笔后的思想。"子曰:'予欲无言。'子贡曰:'子如不言,则小子何
述焉。'子曰:'天何言哉,四时行焉,百物生焉,天何言哉。'"不可不认
为有感而言。孔子于七十后之思想与子贡较接近,以恕道传之同曾
子。子贡独居墓六年,其情可喻。若于《春秋》绝笔后,整个时代亦成
另一局面。或即以战国当之,则与东周初即以春秋当之同。以事实观
之,其间必当有一段缓冲时间,乃能形成战国的局势。战国二字,当时
已有用之者,并无确切的时间。然主要须成七国的对立,以史实言,陈
恒弑君事无人能否定之,故诸侯失权于大夫的情况,势将形成风气。未
久鲁哀公为三桓所逐(前468),最重要者,韩赵魏共灭知伯(前453),则
战国七雄的局势基本形成。且战国之所以为战国,仍处于有"周天子"在
上的特定环境中,故韩赵魏既分晋,尚须要挟"周天子"正式册命为诸侯,
此事发生在周威烈王二十三年(前403)。故自《春秋》结束至战国开始,
当有此一段时间(前480—前404)作为战国的序幕,一如平王东迁后尚
未入《春秋》的四十八年,可视为《春秋》的序幕。深入研究东周的思想文
化,除必须注意生产力的发展外,于当时特定的社会结构亦未可忽视。
宋司马光著《资治通鉴》起于周威烈王二十三年,决非贸然。未敢续经而
相距七十七年,正所以深合《春秋》始于鲁隐公元年之旨。

　　若《春秋》之分三世,属公羊家的大义而确有其所指,于战国的情
况,尚未闻有以固定的时间加以分期。今试论战国的分期,先当明确
战国的终止时间。以传统的概念,春秋、战国皆属于东周。东周既灭,
战国亦止,故《资治通鉴》的《周纪》终于赧王五十九年(前256),翌年
秦襄王五十二年(前255)起,当视之为《秦纪》。或以七雄言,则战国

之终,必当在秦始皇二十六年(前221),于六国中最后灭齐而统一当时的天下。此二种观点,皆宜注意。且合诸当时的事实,宜结合吕不韦的思想。凡属于东周的战国,终于东周君七年(前249),翌年秦庄襄王二年(前248)起,方可视之为《秦纪》。考吕不韦的《吕氏春秋·序意》:"维秦八年,岁在涒滩。"按《尔雅·释天》:"太岁在申曰涒滩",故"维秦八年"指秦始皇六年庚申(前241),此年盖成《吕氏春秋》,推知吕不韦所应用的秦纪元年,当庄襄王二年。亦即于庄襄王元年,吕不韦奉命亲灭东周君,则挂名五百余年的"周天子"始彻底消灭。在吕不韦的思想中,亦自以为已完成以秦代周的大业。不知此秦纪元,难以理解为秦创立以示《春秋》大一统的《吕氏春秋》的思想结构。事实上,各国分裂的形势依然存在,然秦有继周之志,与各国之仅知守其国土者,未可同日而语。故自秦元年至始皇二十六年统一天下,凡二十八年(前248—前221),虽不妨仍以战国名之,然在当时确见秦已灭周的事实。故以东周分期,战国宜止于东周君七年,以下二十八年可视之为秦战国,更可见秦始皇的作用。由是东周之战国,当起于周威烈王二十三年至东周君七年(前403—前249),凡一百五十五年。

进而更当深入研究战国的分期。亦可分三,其间有二个重要的发展点。其一,秦孝公用商鞅以下变法令,时当秦孝公六年(前356),同年即当齐威王元年。秦齐二国以当西与东,以秦言为第一期的结束,以齐言为第二期的开始。其二,赵武灵王决意胡服骑射,时当赵武灵王十九年(前307)为第二期的结束。翌年(前306)有楚灭越的大事为第三期开始,赵楚二国以当北与南。故战国的第一期凡四十八年,这一时期的情况,在名义上继韩、赵、魏受命为诸侯后,田齐于周安王十六年(前386)亦始列为侯。此见当时的周天子尚有其号召力,且诸侯为适应时代皆有以改变治国之法,并重视中央集权。先有魏文侯用李悝,继之楚悼公重用吴起。及秦孝公重用商鞅,实为秦始皇统一天下的基础,故第一期终之。若起与鞅同为因悼公、孝公之逝而不得善终,此一情况影响整个时代思潮,即诸侯本人的权力无限扩大以防大夫的篡夺。故各国诸侯间盛行纵横游说之风,形成战国的特殊风气。由于各国诸侯可用各种方法以集权,故思想文化有空前发展。

战国的第二期凡四十九年,当商鞅下令变法之年,亦当齐威王元年。今取第一期终于商鞅变法者,以见此后的百余年,秦上层主张及当权者仍屡变,而以商鞅法控制下层始终未变。而第二期宜始于齐威王者,贵能相邹忌以见田齐再兴,且与战国继春秋的文化有密切联系。孔子曾有言:"齐一变至于鲁,鲁一变至于道。"究孔子之义,仍许管仲相齐桓之仁。齐变成鲁以复在鲁之周礼,"吾其为东周乎"。鲁一变至于道者,始复"雅颂得所"以成"二南之化"的西周"文武之业"。然此当"所见世"之愿望,奈事与愿违,以史实观之,乃成"鲁一变至于齐,齐一变至于秦"。考此变化之几确在此年,故定为战国一二期之际。凡由齐威王以扩大稷下派思想文化,有《春秋》之鲁风。由李悝而商鞅,由卫而秦,秦地仍属宗周,当有遗民在开阡陌以发展农业生产,为当时立国之本,实有周公《无逸》之风。古传辑成《尚书》者为孔子,《书》以《秦誓》终,殊有识见。至迟在威王时的学者,当已见于《秦誓》的《尚书》。此第二期的十九年中,齐国有其经济基础,外战能胜,于内治能继承鲁之学风,《周礼》一书之逐步完成约在此期。终战国而齐秦对立未变,一东一西各具发展的生产力,遥遥相对,有相互利用的需要,纵横家莫不有取于远交近攻法。以思想文化的交流言,楚与三晋的思想每及齐鲁,而齐鲁能吸收之而更及六国。此战国之思想家,所以有变化多端的理论,其间秦齐的交流实为核心。直至始皇焚书的起因(前213)仍为齐秦的矛盾,故齐鲁文化对汉后的影响尤大,决非偶然。至于儒家有取于尧舜禅让的理想国,于此期中在燕国起作用,燕王哙如法炮制而传位于相国子之(前318),遂造成燕国之乱,齐因乱而取燕,惜未能安定。赵武灵王为之立燕昭王而燕定,此又为战国的一大变化。若战国二三期之际,尚须注意赵武灵王之主要事迹,即胡服骑射的思想。

因有燕乱的事实,如尧舜的理想未可实行,此对儒家之说当有所发展。《庄子·秋水》:"昔者尧舜让而帝,之哙让而绝。汤武争而王,白公争而灭。由此观之,争让之礼,尧桀之行,贵贱有时,未可以为常也。"此提出"有时"极为重要。是时鲁齐之变,已非仅由三代而尧舜,又由尧舜而黄帝。宜孟子言必称尧舜之道,未能为时所重,稍后的邹衍,即视古史始于黄帝。此后齐燕多主黄老之方士,似与子哙之事有关。若赵武灵王胡服骑射的思想(前 307),对古史又从黄帝上推,已取及楚国神农之说,并更由神农而上及伏羲。其言曰:"古今不同俗,何古之法?帝王不相袭,何礼之循? 伏羲、神农教而不诛,黄帝、尧、舜诛而不怒,及至三王观时而制法,因事而制礼,法度制令,各顺其宜,衣服器械,各便其用。故礼世不必一其道,便国不必法古。圣人之兴也,不相袭而王,夏殷之衰也,不易礼而灭,然则反古未可非,而循礼未足多也。"此对"礼"的概念殊可重视,对古史由传说而视之为事实,内更有极可重视的科学思想。唯认识论的提高,方可扩展时空的数量级。《系辞下·伏羲章》作者,认为伏羲氏始作八卦,似当在胡服骑射前后的赵国。凡《春秋》始鲁隐公元年,《诗》始文王、《书》始尧、舜,《易》始伏羲的四始,实属东周时代思想发展的几个阶段,故今以胡服骑射定为战国第二期的结束。汉以来,早以易学始于伏羲的理论总结先秦的思想,实具至理,然何可视此节《系辞》为孔子所作。

战国第三期凡五十八年。当北方赵武灵王胡服骑射的次年即南方楚怀王二十三年,约是年灭越,恰可定为第三期的开始(前 306)。唯楚国因地势所顺有意于向东南发展,乃怀王与秦国的外交屡屡失败,且土地日广治国乏术,宜有庄跷为首的农民大起义发生(前 301)。屈原的《楚辞》足以见是时楚文化的一斑,然春秋战国时的楚文化决不止此。凡伏羲、神农的史实,皆与楚文化有关。于战国第二期时,当与黄河区域的文化更有所交流,如孟子提及有为神农之说者许行等即是。若于第三期灭越后,凡吴越文化皆入于楚,且仍有发展。据考古而知南方农业社会的开始早于北方,惜自汉后基本重视殷周而下及齐鲁文化,对楚文化的研究今尚在初创之中。当时楚即为白起所拔(前278),赵亦为白起大败于长平(前260),故天下之势已尽为秦所占有,仅知保守之齐,自然难与秦为敌。战国时受命于"周天子"而为诸侯的韩、赵、魏、齐四国,何能再思"周天子"的作用,唯尚知保存传统观念的吕不韦,犹重视灭东周的小战役,此有以自尊的作风,秦始皇何能容之。然东周战国当终于是年。以下秦战国二十八年,方见始皇如何结束东周的残局,且有以发展西周王天下的事业。总以下表示之:

东 周 分 期 表

东周　平王元年(公元前770)——东周君七年(前249)　　　　　522 年

平王元年——四十八年(公元前 770—前 723)　　春秋序幕　　48 年
　　　　　　　　　　　　　　　　　　　　　　(由天子而诸侯)

平王四十九年——敬王三十九年(公元前 722—前 481)　《春秋》　242 年
　　　　　　　　　　　　　　　　　　　　　　　　　　(分三世)

鲁隐公元年——僖公三十三年(公元前 722—前 627)　所传闻世　96 年

鲁文公元年——襄公三十一年(公元前 626—前 542)　所闻世　85 年

鲁昭公元年——哀公十四年(公元前 541—前 481)　所见世　61 年

敬王四十年——威烈王二十二年(公元前 480—前 404)　战国序幕　77 年
　　　　　　　　　　　　　　　　　　　　　　　　(由诸侯而大夫)

威烈王二十三年——东周君七年(公元前 403—前 249)　战国　155 年
　　　　　　　　　　　　　　　　　　　　　　　　(分三期)

威烈王二十四年(西)秦——孝公六年(公元前 403—前 356)　48 年

(东)齐威王元年(北)赵——武灵王十九年(公元前 356—前 307)　49 年

　　　　　　　　　　　　　　　　　　　(以齐威王二年计)

(南)楚怀王二十三年——东周君七年(公元前 306—前 249)　58 年

附:秦庄襄王二年——秦始皇二十六年(公元前 248—前 221)　秦战国　28 年
　　　　　　　　　　　　　　　　　　　　　　　　　　　　　计 550 年

《史记》的二分法

　自平王元年——秦始皇二十六年(公元前 770—前 221)

　平王元年——敬王四十四年(公元前 770—前 476)　春秋

　元王元年——秦始皇二十六年(公元前 475—前 221)　战国

论《春秋》及三传

西方自然科学的成就,对吾国的学术思想,有彻底改观的趋势。或为之忧者,实可不必。以考古论,对吾国的古史反多裨益。史实既明,乃可因时空之延续扩展而详观吾国学术思想的发展情况,则历代所形成的思潮,何得何失,可深入推敲,彻底改变史实不正确的学术思想。若《春秋》及三传,正宜准周代之史实,彻底加以改观。至于周代史实的真伪,包括推及古史的真伪等等,必须利用西方考古等的技术加以证实。

《春秋》为鲁史,记录东周时代的事实。三传为《公羊》、《穀梁》、《左传》,皆进一步注释《春秋》。《公》、《穀》重视整部《春秋》之义理,《左传》阐明《春秋》事实之详情。故首须确证《春秋》之真伪,方可研究三传,否则皮之不存,毛将安附。此事仅用牛顿的理论,已可证其真伪。观《春秋》所记的事实中,有日食的记录,凡日食现象,时间可逆。今已逆推而知,记录所发生的时间皆正确。然当《春秋》时期及数百年后之自然科学水平,未必能逆推,故不可能是后人伪作,必属当时目见而记之,且混杂在其他一切记录中,则知全部《春秋》皆为当时记录所发生的事实。其时间为鲁隐公元年(前722)至哀公十四年(前481)春西狩获麟,此《公》、《穀》所取。若《左传》所传之《春秋》,当哀公十六年

122

夏孔丘卒(前479)。又《公》、《穀》所传之《春秋》于襄公二十一年皆增"孔子生",此见三传莫不与孔子有关。弟子补记其生年且未卒而止者,方可与孔子本人的思想有关。历代学者基本重视绝笔于获麟之说,似非偶然。又《春秋》为编年体,每年必分四时,此可见当时对历法的认识。又《春秋》曰"王正月",《公羊》释之:"王者孰谓,谓文王也。曷为先言王而后言正月,王正月也。何言乎王正月,大一统也。"此以王谓文王,王正月为大一统,决非公羊家之私言,且尚非孔子之意,乃鲁隐公时记录《春秋》者的思想,所谓"王正月"者,所以定岁首,当时闰月有变,取何月为岁首,每年必有王者决定。且不始于东周,西周早已实行,推求其本,先周文王时已用,知此历时,周室始有大一统之象。考当时的生产力早已进入农业社会,故必须重视岁首四时。

1976年在陕西岐山县凤雏村,考古新发现西周建筑基址,坐落在1.3米高的夯土台基上。台基南北长45.2米,东西宽32.5米,面积约1500米^2。根据一根炭化木柱用碳14测得时间,为公元前1095±90年。以《史记·周本纪》、《鲁周公世家》等上推之,凡共和庚申,当公元前841年。《史记》已肯定上及武王、周公时,相差不大,此又为二十世纪的科技成就对考核古史所起的重要作用。由是知周室营造此屋,至幽王死约有320±90年。今后进一步参考天文地质树轮等,尚可减少误差。总之武王伐纣当公元前十一、十二世纪之际,虽不中已不远,故鲁隐公时之史官,以"王正月"指350—400年前之文王大一统,完全可能,本属鲁史所遵从的周礼。然公羊家误认"所见异辞"、"所闻异辞"、"所传闻异辞"者谓孔子,实则记录二三百年鲁史者(或西周时已有较简的鲁史)历代有其人,一人为寿命所限,必有继承之史官。史官记录的文风,虽有固定之例,然经一二代人势必改变,如本用"荆"、后改用"楚"等等。故不思实际记录的情况,认为孔子之褒贬,自孟子起已有所误,后世公羊家变本加厉。今取《春秋》之起讫及三世等,以当孟子所谓"知我者其唯《春秋》乎,罪我者其唯《春秋》乎"之旨。

若自董仲舒起,借此以断狱,对书法之过分深究,乃使孔子前后数百年的思想,全合在孔子一人之身,宜王安石以"断烂朝报"斥之。惟其为公元前722—前429年之"朝报",故虽"断烂"而仍不可不重视者,由此尚可了解当时的部分真实情况。今后势将纳入世界史中为重要的组成部分,此必属人类的学术思想。我国学者已保存了二千七百年的文献,今后确宜彻底改观,且宜加倍重视之。

既明《春秋》本身的价值,继之可论三传。汉董仲舒特重视《公羊》,当然已属齐学,乃有推本鲁学之《春秋》,因有《穀梁》。其实战国时代的齐以继《春秋》时代的鲁,于稷下派既兴后鲁学大半在齐,故汉代更兴的《穀梁》,大义自然未能超过《公羊》,故此二传今已可合一。所谓《春秋》笔法者,似可合诸记录鲁史者的思想,且不可忽视已有"断烂"。确有义理者,不妨保存研究,然不一定是孔子的思想。当子思同辈或其门人中(在孟子前),自然有《公》、《穀》的思想。记录孔子生卒,早已合孔子于时代,此为研究孔子的唯一方法。研究任何人物皆当如是,而或未知孔子所处时代的具体事实,欲空论孔子之思想者,决无所得。故《公》、《穀》所研究者,方属活的孔子。然孔子之思想,岂可为《春秋》时代所限,或囿于二百四十二年之事实,欲以穷天地之变,不可谓非公羊家之失。孔子之由人而神,不期而成为儒家的教主,皆起于汉之今文家,二千余年来的流弊,今须彻底改观。然自汉后的儒家思想,确已混杂佛道而有三教之象,在此一历史事实中亦有其极精深的哲学思想,仍宜研究之,以融入历代的思想史中。

进而考察古文家的《左传》,曾传出于刘向、刘歆,然何尝伪造。考东周之史实,岂《春秋》所可尽。况既有《春秋》记其要,自然有史官及有关者知其详,至少孔子本人,能取其二百四十二年之记录,在对门人讲解时,必当注意讨论史实的详情。且影响于社会的大事,自然在民间流传,《左传》作者所以收集之,编辑之,文饰之。以三传的内容考之,《公》、《穀》仅研究《春秋》本身,《左传》已充实并强调《春秋》的若干史实。且《公》、《穀》重孔子之生前,《左传》已注意孔子死后之发展,各有宗旨,决不可偏废。且必当先知《公》、《穀》,然后可研究《左传》,以免不知孔子重视《春秋》的基本思想。或仅知《公》、《穀》而不知《左传》,则孔子之所以成孔子,岂仅"我其为东周乎"。能使"雅颂各得其所",知三代之损益,于禹无间言,而归诸尧咨舜之历数,孔子岂任意而言,必有据于当时流传之史实而有以总结之。若此类史实尚流传于东周,幸有《左传》能保存一部分。《左传》作者详述《春秋》史料,每借《春秋》时代的人物以明古史,其间虽多浮夸不实之言,然有合乎古史史实者亦复不少。且已有为考古所证实,如季子观周乐(襄公二十九年,公元前 544),今吴国已出土编钟,可见季子之言有据。又如郯子之言,实有合乎今所谓图腾社会(昭公十七年,公元前 525 年)。凡此等等,今后必将更多,故能由《公》、《穀》而《左传》,方能深入理解《春秋》时代。更观三百余年的西周,自周公东征后,当有一段比较安定以发展思想文化的时期。在西周所谓"成康之治",刑罚不用四十余年,此完全可信。合乎大战后人口减少,人心厌战,有一段比较和平时期的规律。若继康王而昭王,即南征不复,穆王继之,又有西征之事,此见西周尚活力充沛。迨穆王后周室已有衰象,逐步严重而造成共和,乃势所必然。其后宣王中兴,已无远见,一传至幽王,西周即为犬戎所灭。自平王东迁起,周室的天下,实仅存空名。今从凤雏村的建筑物言,其中既发现先周及周初之遗物,亦有西周中晚期之遗物,可证此建筑物之使用期足有三百余年,极可能毁于犬戎之乱。更观西周期间的中原地区,鲁既有天子之礼,齐亦有征伐之权,燕晋卫的各自发展,定亦有其效果。而周公所营的洛邑,本以受各诸侯国之朝觐,若其基础仍在西岐及丰镐。况西周基础之发展,三百余年间似未及齐鲁与燕晋卫等国。宜东周起,周天子之地位一蹶不振。秦汉后世过分重视周文化,对古史之事实每有所未合。因东周时的文化,要在以西周的思想文化为基础,三百年来早已结合各地本民族的各种思想文化,和西周的思想殊多变化。以继承三代言,理有继殷的宋文化,继夏的杞文化,尚多同时并存的各民族思想文化。以昭王南征观之,楚文化于西周初经"二南之化"后,必有不同于周文化的事实,致使昭王南征。南征而不复,可能是覆舟("昭王之不复,君其问诸水滨",《左传》僖公四年),亦可能为南方民族所杀。不论凭借自然条件与否,南方民族的独立发展,早有成绩。故《春秋》所传闻世已不受周文化控制的荆楚,实有其渊源。更上推三代之前,尧舜亦可能有客观的史实。孟子曰:"舜生于诸冯,迁于负夏,卒于鸣条,东夷之人也。文王生于岐周,卒于毕郢,西夷之人也。地之相去也千有余里,世之相后也千有余岁,得志行乎中国若合符节,先圣后圣其揆一也。"(《离娄下》)此见三代前已有东夷之圣人舜,诸冯、负夏、鸣条三地名,殊可进一步考核其所在地。若孔子对古史的认识,经《春秋》上及尧舜而止。故《公》、《穀》之限于《春秋》笔法,上及尧舜而止。故《公》、《穀》之限于《春秋》笔法,未足以知孔子。孟子重《春秋》而"言必称尧舜",尚为孔子之《诗》、《书》所囿,且虽重《春秋》仍为褒贬之笔法所限,亦未能合诸《春秋》时之史实。而《左传》作者能详述《春秋》时人的知识,虽有所文饰,然可信部分殊未可忽,宜先为提出,供考古者参考。最重要者,今宜注意周民族以外的各民族。观《左传》所记述之古史,已由尧舜而上及黄帝。此一资料殊可信,孔子郑重其事,删《书》未取,未可谓孔子不知有尧舜以前的史迹。主要有郯子一事,录原文如下:

《春秋》:"昭公……十有七年(前525)秋,郯子来朝。"

《左传》:"秋,郯子来朝,公与之宴。昭公问焉,曰:'少皞氏鸟名官,何故也。'郯子曰:'吾祖也,我知之。昔者黄帝氏以云纪,故为云师而云名。炎帝氏以火纪,故为火师而火名。共工氏以水纪,故为水师而水名。大皞氏以龙纪,故为龙师而龙名。我高祖少皞挚之立也,凤鸟适至,故纪于鸟,为鸟师而鸟名。凤鸟氏,历正也。玄鸟氏，司分者也。伯赵氏，司至者也。青鸟氏，司启者也。丹鸟氏，司闭者也。祝鸠氏，司徒也。鴡鸠氏，司马也。鸤鸠氏，司空也。爽鸠氏，司寇也。鹘鸠氏，司事也。五鸠，鸠民者也。五雉为五工正，利器用，正度量，夷民者也。九扈为九农正，扈民无淫者也。自颛顼以来，不能纪远，乃纪于近。为民师而命以民事，则不能故也。'仲尼闻之，见于郯子而学之。既而告人曰：'吾闻之天子失官，官学在四夷，犹信。'"

按昭公十七年，孔子仅二十七岁，正"志学"而犹"未立"，学于郯子，或非子虚。当晚年时，既使雅颂得所而《诗》正，又重视"尧曰咨尔舜"以明"天之历数在尔躬"，则《书》始尧典亦定。然于《春秋》"所见世"之情况，感慨日深，必绝笔而后已。若《论语·子罕》："子曰：凤鸟不至，河不出图。吾已矣夫。"当为七十后之言。凤鸟者，犹思郯子之挚立凤鸟适至为历正之言。河图者，《书·顾命》"天球河图在东序"之黄河地势图。故凤鸟以言东方日出之天时，河图以明西方水源之地理。天地之时位未正，犹未见王天下之几。叹人寿有限，而川流之不舍昼夜，决无已时，此天人之际，其何可怨尤。唯有道不与易，无道不容已之志，其可已乎。从心所欲以达天人之际之志，至死不已，此孔子之所以为孔子。犹思乎凤鸟与河图者，矩何可逾，反身而言，恕字可尽。唯此恕道之可贵，宜曾子子贡皆传之。子贡终于齐，齐已由尧舜而上及黄帝，实有据于郯子之言。《周礼》本诸天地春夏秋冬之原则，亦与此有关。至于以太皞为伏羲，炎帝为神农，皆后世加以配合，决非《左传》所记述的郯子之义。

至于黄帝之名，《春秋》时早已流传。《左传》僖公二十五年（前635）："……晋文公使卜偃卜之，曰吉，遇黄帝战于阪泉之兆。"盖当时已取黄帝之史事，系入卜兆之辞。据《周礼·春官》："太卜掌三兆之法：一曰玉兆，二曰瓦兆，三曰原兆。其经兆之体皆百有二十，其颂皆千有二百。"此兆约当百有二十之一,可见黄帝事流传已广。然孔子始《书》以慎,宜始尧而不始黄帝,今已得陈侯因资敦铭,铭曰"绍绳高祖黄帝"。此器为齐威王时(前356—前321年在位)所造,正见田齐自认黄帝为其高祖。然在陈恒弑君前,或早已重视黄帝。此见《春秋》时代各诸侯国的文化思想,多能结合本民族的历史,有以发展周文化。

又《左传》僖公二十一年(前639):"任、宿、须句、颛臾,风姓也,实司大皞与有济之祀,以服事诸夏。邾人灭须句。须句子来奔,因成风也。成风为之言于公曰:'崇明祀,保小寡,周礼也。蛮夷猾夏,周祸也。若封须句,是崇皞济而修祀,纾祸也。'"此事的发生,在郯子来朝前百余年,然可合观之,因同为东夷的古史。今已由甲骨文证之,此谓风姓之风,实即凤字。故任、宿、须句、颛臾亦皆凤姓,则大皞义当为少皞之祖。至于大皞以龙纪,或曾见龙而以龙为图腾,乃尚在鸟纪以凤为图腾之前,此龙纪当与《周易》乾卦等取龙象有关。由大皞衍及少皞,凤字又与坤卦所谓得朋丧朋之朋字有关。早期朋字,确与凤字为一,然经近千年的变化,风与凤、凤与朋,各以引伸义为主。至迟自东周起,风、凤、朋已有不同的含义,唯易象尚可观其所同,即乾龙坤朋又可取成震龙巽风。凡乾与坤、震与巽皆有阴阳相对之义。此可与大皞少皞氏有关,然《左传》中根本未谓太皞即伏羲氏。又《晋语》四言及黄帝与炎帝之关系,亦当晋文公之事。

司空季子曰:……凡黄帝之子二十五宗,得其姓者十四人为十二姓,姬、酉、祁、己、滕、箴、任、荀、僖、姞、儇、依是也。……昔少典娶于有蟜氏,生黄帝、炎帝。黄帝以姬水成,炎帝以姜水成,成而异德,故黄帝为姬,炎帝为姜,二帝用师以相济也,异德之故也。异姓则异德,异德则异类,异类虽近,男女相及,以生民也。同姓则同德,同德则同心,同心则同志。同志虽远,男女不相及,畏黩敬也。

　　于《春秋》时已形成同姓不通婚的原则,此与吾国民族的民族性有莫大关系,决不可小视。实当东周时各民族的文化,约同时因周天子的崩溃而乘机兴起,且各有其祖。经此通婚,整个民族的智慧提高,宜造成《春秋》战国的思想文化的空前大发展。于《左传》包括《国语》记述此类史事甚多,皆可发明《春秋》之蕴。以具体之史实言,武王成王所封之诸侯,经西周十余世的相传,以生物遗传言皆已老化。郑与秦西周末所新封,楚亦早在变化,《诗经》"大东小东"之诸侯,于西周时早与东方民族通婚,乃另有民族性质。至《春秋》时又在大变化,晋之骊姬鲁之成风等即是。及《春秋》后期,鲁分三家,齐有陈氏,唯鲁未变周姓,战国后必衰。齐已为陈所有,另有新风,毕万之后有与于分晋。故《春秋》主遵王之道,不得不绝笔于获麟,从心所欲而天何言哉,宜《左传》继言"孔丘卒",有以见大夫之必代诸侯而兴。其间有生物遗传规律在其中,更须以自然科学之理深入研究之。我国的中医理论,实准此以建立。由秦医和之言,已具《内经》及五运六气之理,原于黄帝与岐伯之对言,实已发展仅主《书》始尧舜的古史。

　　若三传之作者,《公》、《榖》于先秦为口传,以内容核之,子思之时可能已有,亦即起于再传弟子,至迟再下一代当子思之弟子。此因孟子已得《春秋》之至精处,实由《公》、《榖》而来,故可证当起于子思前后,地域未出齐鲁。若《左传》作者已不同,于史上出于尧舜,于今又以大夫代诸侯为是,此已发展孔子之说而实有合乎天人之际之理。于人事重视夫妇间之正常与否,于天命不信无故的鬼神,实为《左传》之可贵处。唯有深信定命之失,故编辑成《周易》卦爻辞及大力推广《周易》,与《左传》作者有莫大关系。至于古传与孔子同时之左丘明作《左传》、《国语》当然不可信,自姚鼐(1731—1815)起认为《左传》作者与吴起有关,从之者不乏其人,今确可进一步研究之。

综论五霸

孟子(前390?—前305?)曰:"五霸者,三王之罪人也。"(《告子下》)三王指夏商周三代之王,似无异义。至于五霸何指,殊有不同之说。据孟子之例,霸者指齐桓公。又对齐宣王问齐桓、晋文之事,而曰:"仲尼之徒,无道桓文之事者。"(《梁惠王上》)则视齐桓、晋文同为春秋时之霸主。唯其他三霸究指何人,《孟子》书中未言及。稍后之荀子(前315?—前238?),于《王霸》篇中曰:"……齸然上下相信,而天下莫之敢当。故齐桓、晋文、楚庄、吴阖闾、越勾践,是皆僻陋之国也。威动天下,强殆中国,无他故焉,略信也,是所谓信立而霸也。"此有五霸之名,然勾践已出春秋时代,与孟子所指之五霸,或未必同。约经三百年各家传说的五霸,东汉初班固(32—92)总结凡三种。《白虎通·号》曰:"五霸者,何谓也。昆吾氏、大彭氏、豕韦氏、齐桓公、晋文公也。昔三王之道衰而五霸存其政,率诸侯朝天子,正天下之化,兴复中国,攘除夷狄,故谓之霸也。昔昆吾氏霸于夏者也,大彭氏、豕韦氏霸于殷者也,齐桓、晋文霸于周者也。或曰五霸谓齐桓公、晋文公、秦穆公、楚庄王、吴王阖闾也。……或曰五霸谓齐桓公、晋文公、秦穆公、宋襄公、楚庄王也。"东汉赵岐(115?—210?)注《孟子》,取班固之第三说。

今综合以论五霸,分二大类。其一五霸分属于三代,其二五霸同当东周。详下表:

| 三代五霸 | 夏 昆吾氏 商 大彭氏 豕韦氏
周 齐桓 晋文(班固) | | |

周代五霸
{ 齐桓 晋文 楚庄 吴阖闾 越勾践 (荀子)
  齐桓 晋文 秦穆 楚庄 吴阖闾 (班固2)
  齐桓 晋文 秦穆 宋襄 楚庄 (班固3,赵岐用以注《孟子》)

准上表而去其同,当五霸者有十人,可依次论之。

一、昆吾氏——班固视为霸于夏者也。《山海经·大荒南经》:"有国曰颛顼,生伯服,食黍。……又有白水山,白水出焉,而生白渊,昆吾之师所浴也。"又《大荒西经》:"大荒之中,有龙山,日月所入,有三泽水,名曰三淖,昆吾之所食也。"要而言之,昆吾者,似居于西南之民族。《大戴礼记·帝系》:"颛顼娶于滕氏,滕氏奔之子,谓二女禄氏,产老童。老童娶于竭水氏,竭水氏之子,谓之高纲氏,产重黎及吴回。吴回氏产陆终。陆终氏娶于鬼方氏,鬼方氏之妹,谓之女隤氏,产六子。孕而不粥,三年启其左胁,六人出焉,其一曰樊,是为昆吾……其三曰篯,是为彭祖……昆吾者,卫氏也……彭祖者,彭氏也。"《左传》哀公十七年:"卫侯梦于北宫,见人登昆吾之观,被发北面而噪曰:登此昆吾之墟,绵绵生之瓜。余为浑良夫,叫天无辜。"此约可证明西南地区有昆吾氏,其氏族之一房已迁居于中原,其地属卫,今河南濮阳,宜《诗经·商颂·长发》连称"昆吾夏桀"。商代夏,卫即属于殷商畿内方千里之地。《诗经》之邶鄘卫三风,同属于殷商之畿内,然则于殷之顽民中,或尚有昆吾氏之后裔。

二、大彭氏。

三、豕韦氏——《国语·郑语》:"大彭、豕韦为商伯矣。"韦昭(204—273)注曰:"大彭,陆终第三子曰篯,为彭姓,封于大彭,谓之彭祖,彭城是也。豕韦,彭姓之别封于豕韦者。"又《诗经·商颂·长发》:

"韦顾既伐,昆吾夏桀。"郑玄(127—200)注:"韦,豕韦,彭姓也。顾,昆吾,皆己姓也。三国党于桀恶,汤先伐韦、顾,克之。昆吾、夏桀,则同时诛也。"《左传》昭公十一年"岁在豕韦",张辑(魏明帝太和[227—233]时为博士)著《广雅》有言曰:"营室谓之豕韦。"按营室之分野属卫,其地今河南滑县,此见豕韦与昆吾所处之地域相近。而大彭氏地处彭城,《春秋》成公十八年《经》:"宋鱼石复入于彭城。"彭城故址在今江苏铜山县,离濮阳、滑县稍远。

据《诗经》《左传》之说,略可证明班固之取昆吾、大彭、豕韦,以当夏商时之霸,实有所本。又据南方文献《山海经》之说,可考见其祖,当同出于西南。且当北方处于夏商之时,南方的种族早已繁盛,因有启其左胁以出六子之神话。昆吾既与夏桀连称,乃有霸于夏之传说。韦与顾当夏时尚未盛。及商代夏,顾之后未闻而豕韦氏又盛,或已结合顾与昆吾成殷商之霸主。另一房大彭氏则移居于彭城而为另一霸主。《书·牧誓》提及"彭、濮人",彭似即大彭氏,濮似即濮阳地域之昆吾氏等。当纣王时,或从周,势必参加牧野之誓。或从商,乃形成殷之顽民。故夏商时有三霸,应视为古史之事实。况夏商仅以一个民族言,当时并不可能以一族统率天下,另有濮阳地域的民族,铜山地域的民族助之,反合夏商时之史迹。再者,夏商时决不止此三民族,六子之神话皆当重视,乃同属长江流域之民族,以影响于夏商者。

以下可称霸主者七人,同属于东周,事迹全可核实。详见下表:

齐桓公(前 685—前 643 年在位)

秦穆公(前 659—前 621 年在位)

宋襄公(前 650—前 637 年在位)

晋文公(前 636—前 628 年在位)

楚庄王(前 613—前 591 年在位)

吴王阖闾(前 514—前 496 年在位)

越王勾践(前 496—前 465 年在位)(前 481 年春秋终)(前 473 年越灭吴)

《论语·宪问》："子曰:桓公九合诸侯,不以兵车,管仲之力也。如其仁,如其仁。"又曰:"管仲相桓公,霸诸侯,一匡天下,民到于今受其赐。微管仲,吾其被发左衽矣。"又曰:"晋文公谲而不正,齐桓公正而不谲。"此孔子(前551—前479)评论齐桓、晋文二霸及管仲之相业。或以礼节观之,孔子对管仲仍有非议。《论语·八佾》:"子曰:'管仲之器小哉。'或曰:'管仲俭乎?'曰:'管氏有三归,官事不摄,焉得俭。''然则管仲知礼乎?'曰:'邦君树塞门,管氏亦树塞门。邦君为两君之好有反坫,管氏亦有反坫。管氏而知礼,孰不知礼。'"此犹王与霸之不同。王者须因时以制礼作乐,或未成天下之主而不知先王之礼乐,斯未可忍者也。至于霸主出以尊王攘夷,仍不可不许其仁,而于失礼当然未可为是。此以不同的观点,评论古人之得失,庶为儒家之宗旨。且对王霸之辨,亦可因孔子之评管仲而知其标准之一。《孟子·离娄下》:"孟子曰:王者之迹熄而《诗》亡,《诗》亡然后《春秋》作,晋之《乘》,楚之《梼杌》,鲁之《春秋》,一也。其事则齐桓晋文,其文则史,孔子曰:'其义则丘窃取之矣。'"此见霸可属三王之事。当《春秋》之时,仅取齐桓、晋文而已。然进而详读《春秋》,亦不可不究其他霸主之是非。故除分属五霸于三代外,亦可考察《春秋》二百四十二年中之五霸。综合五霸以观《春秋》之事,盖可见天下发展之趋势。

当平王之东迁,在位五十一年(前770—前720),东周始于是,删《诗》者退雅为王风,庶几当孟子所谓"王者之迹熄而《诗》亡"。继之为"《诗》亡然后《春秋》作",时当鲁史《春秋》始于隐公元年,即平王四十九年(前722)。唯平王东迁后,王纲已失,宜《春秋》以霸为是。所以借霸者之尊王,以求恢复王风成雅,孔子许管仲为仁,决不是偶然之言。然孔子已言齐桓晋文,尚未有五霸之名。及孟子言五霸以对三王,尚未定五霸之实。所以取五数者,似与子思孟子所宣扬之五行说有关。及荀子初定五霸之名,虽大力反对五行说而仍取霸数为五者,实已理解除齐桓晋文外,楚庄之发展足以称霸南方。当《春秋》晚期之

《吴越春秋》，尤为重要。故荀子取五霸基本以发展之史迹观之，与五行说毫不相关。然其不取秦穆，未可为是。故以《春秋》论，班固之第二说殊可从。其言曰："霸者伯也，行方伯之职，会诸侯朝天子，不失人臣之义，故圣人与之，非明王之法不张。霸犹迫也，把也，迫胁诸侯把持王政。《论语》曰：'管仲相桓公霸诸侯。'《春秋》曰：'公朝于王所'，于是知晋文之霸也。《尚书》曰：'邦之荣怀，亦尚一人之庆'，知秦穆之霸也。楚胜郑而不告，从而攻之。又令还师而佚晋寇，围宋，宋因而与之平。引师而去，知楚庄之霸也。蔡侯无罪而拘于楚，吴有忧中国心，兴师伐楚，诸侯莫敢不至，知吴之霸也。"此论五霸之实，有理可喻。或察地势以言，更合《春秋》时代之发展情况。

当周室由丰镐而洛邑，西周之发祥地归于秦，东都洛邑四旁本属晋之所有，东方以燕齐为大国。其初有齐桓称霸者，可见东周时黄河流域之文化由西而东，经平王东迁洛邑而齐国大有影响。其影响既无犬戎之灾，反因人口文化流动而能促进沿海地区之生产力。东迁近百年齐国日进无已，及桓公又得管仲之助而大加整顿，此齐国所以能大兴以成霸主之客观条件。桓公卒后十余年，秦穆公即位（前 659），此距犬戎之灾（平王东迁于前 770 年）约一百二十年许，秦历数代之经营，国基已稳固而转向发展。此穆公成霸的形势，实为三百年后商鞅变法的基础。删《书经》以终于《秦誓》，盖取于秦有方伯之德，故视之为霸未尝不可，何可因孝公始皇而轻视穆公。荀子处山东兰陵，知吴越之作用而忽视秦之发展，于五霸中不计秦穆，实未合春秋时之形势。于穆公同时而有晋文之霸，正见中原洛邑之发展事实。故齐秦晋三霸以当黄河流域之上中下三地区，其发展皆在《春秋》的早期。于《公羊》三世说，基本属于"所传闻世"。继之楚庄王称霸，可见长江流域发展。于时当《公羊》三世说"所闻世"。于《春秋》中期的发展，确应重视楚文化之蒸蒸日上，其位在长江中游。最后《春秋》晚期的发展，更应重视长江下游的兴起，其间自楚庄王卒（前 591）及吴王阖闾即位（前 514）

之近八十年中,正属长江中下游文化交流之时,于公羊三世说属"所见世"。详以下图示五霸之地域及公羊三世。

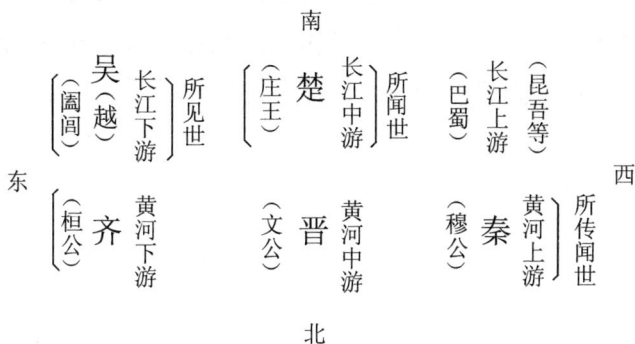

南

吴(越)〔阖闾〕 长江下游 所见世　　楚〔庄王〕 长江中游 所闻世　　(昆吾等)〔巴蜀〕 长江上游

东　　　　　　　　　　　　　　　　　　　　　　　　　　　　　　　　　　　　　　　西

齐〔桓公〕 黄河下游　　　　　晋〔文公〕 黄河中游　　　　秦〔穆公〕 黄河上游 所传闻世

北

进而以五霸合诸五行,且须以地域观之,大体亦自然可配合。凡晋当中原,其他四霸以相对位置宜当四维。见下图:

火
南
吴　　　　楚

木　东　　晋　土　　西　金

齐　　　　秦
北
水

又《春秋》定公四年(前506):"吴入郢。"《左传》定公五年(前505):"申包胥以秦师至……败吴师于军祥。"此见《春秋》晚期之争霸。故春秋五霸,不可不知有阖闾在其中。至于班固于第三说有言曰:"宋襄伐齐,不禽二毛,不鼓不成列,《春秋传》曰:'虽文王之战不是过',知其霸也。"然有其志而未能成,故视宋襄为霸主,未可为是。由是去吴王而增宋襄之五霸,虽因赵岐取之而较为后人普遍应用,实未合春秋时之史实。若又增越王而去秦穆之五霸,虽为最早之五霸文献,奈忽乎主要之秦穆一霸,亦属未全。除此二说外,班固已有第一第二两说,当分属三代及周代的五霸。此二说亦未知取于何人,即认为是班固所决定,亦确有所见。第一说足以概见三代之情况,第二说亦能明确东周春秋时代的大势。至于以五霸当中央与四维尚未有前人之说,然相对之地域具在,尤可见《春秋》时代时空发展的概貌。

《周礼·春官》簭人之九簭

　　《周礼》一书，决非周公所作，亦非刘向、刘歆父子所能杜撰。考战国之田齐兴稷下学派，而《周礼》一书疑当逐步完成于其间。上下天地与四方当四时为六官，正反映当时之时代思维，《礼记·大学》论及平天下之絜矩之道，恰同此上下左右前后之六合。治天下之官制，全部纳入其中，所以以君臣（天官）民（地官）为轴，乃观其四时之旋。凡百事生于春，宜以春官宗伯典礼为主。礼必及乐，乐必有亹亹之情，太卜簭人诸职，势必属之。今由九簭之实，可喻当时之所重。

　　簭人掌三易，以辨九簭之名，一曰《连山》，二曰《归藏》，三曰《周易》。九簭之名：一曰巫更，二曰巫咸，三曰巫式，四曰巫目，五曰巫易，六曰巫比，七曰巫祠，八曰巫参，九曰巫环，以辨吉凶。凡国之大事，先簭而后卜，上春相簭，凡国事共簭。

郑玄总结前人之说而注之：

　　更谓筮迁都邑也。咸犹佥也，谓筮众心欢不也。式谓筮制作法式也。目谓事众筮其要所当也。易谓民众不说,筮所改易也。比谓筮与民和比也。祠谓筮牲与日也。参谓筮御与右也。环谓筮可致师不也。

观所籓之九事,皆属国之大事,《左传》成公十三年记刘康公之言,所谓"国之大事,在祀与戎"。其间巫祠犹在祀,巫参与巫环犹在戎。若其余六事,所以示开国与立国。凡开国以建都,首当相土之宜,或须适应天时又须迁都,故巫更为最根本之大事,由天时而迁都,所以得地利。顺天地立国,国之要在得民,宜继以巫咸。三才得当,始可立制作法式,是谓巫式。然式贵普遍,行贵当时,宜有巫目,以部分蔽全体。虽曰不得不然,其可不思因时而巫易,吾国重五行之变易,卜筮莫不用之,实即应用于巫目而巫易。而于巫式或知或不知,又为巫比之基础。能知巫式者,必能巫易而巫比。不知巫式者,虽屡屡巫易,其何能巫比。由上六事国基始定,乃有大事可言。考稷下派之学说,早已观察当时战国之史实,在祀戎之前而或忽乎更、咸、式、目、易、比之六籓,虽法东邻之杀牛,必不如西邻之禴祭,虽有长子帅师,亦难免成弟子之舆尸。此见春秋与战国之时代不同,而学术思想之发展,确有可贵之成就,或以籓人之事而轻视之,且忽此九籓之实,其何以见稷下派思想之精微处。此九籓乃其一端,亦为必须注意之处。

进而当研究《周礼》所设之九籓,是否同汉人之注,则不得不从文字之本又论之。凡巫祠当祀,巫参、巫环当戎似可信之,因祠犹祀,参乘与环还本可属诸戎。若其余六事,更不一定指迁都,然不可否定其有变更义。国之大变更,必须有咸,咸通感,卦名已用之。式属原则,目指要目,易贵变易,比为比和,且《易》已有三易之名,比亦用为卦名,则战国时早已用其义。故虽有汉人之申详其理,而其旨归诸战国时齐之稷下派,似非附会。能由祀戎而增其大事,庶见籓人之作用及籓人思想之发展,亦即三易之地位日趋重要,乃可代龟卜而独存。

《管子》"虑戏作造六峜以迎阴阳"

齐国稷下派起于齐威王(前 356—前 320 年在位)、宣王(前 319—前 301 年在位)之世,《管子》一书,亦经后人充实而形成。《管子·轻重戊》曰:"虑戏作造六峜以迎阴阳,作九九之数以合天道而天下化之。"按管子当齐桓公(前 685—前 643 年在位)之时,在稷下派形成前三百余年,当时是否已有人提及黄帝尚有可疑,或不可能已提及伏羲,然对古史当然已推得极早,至于指明伏羲等或是后人所充入。此所谓"伏羲作造六峜以迎阴阳",与《系辞》所谓"始作八卦"内容亦不同。峜音稽,义如六画卦之画,凡一峜迎阴阳凡二,二峜凡四,三峜凡八,四峜凡十六,五峜凡三十二,六峜凡六十四,因下及作九九之数。故可推知此六峜当指六画迎阴阳以成六十四卦,方能八八与九九相称。至于伏羲时是否已有六十四卦,应视伏羲生于何时而决定,是皆未能究诘之事。然知齐稷下派时已认定伏羲氏已作六十四卦,三晋之赵尚认为伏羲时"始作八卦",后人以《系辞》之言为准,故二千余年来,时时有学者讨论何人重八卦为六十四卦的问题。今据"数字卦"早已有六画(犹六峜),然其更早时期理当先有三画八卦的形象,唯由"数字卦"变化成"阴阳符号卦",则先有六十四卦。《系辞》所谓"始作八卦",实未见六个数字之"数字卦",乃以意推之。更以阴阳符号卦言,乃六十四卦之源必先有八卦,这一问题,于八卦取象及八卦之方位等,有极重要的意义,事实上皆起于战国中后期的推想,亦为战国中后期的创作。因既已有了六画的阴阳符号卦,极可能推本于三画的八卦。凡发展的事实当由简而繁。其后由三画重三画成六画,及三画各一分为二成六画,同为由八卦发展成六十四卦的二种方法,也就是重三画为应爻,各分为二为比爻。详以下图示之:

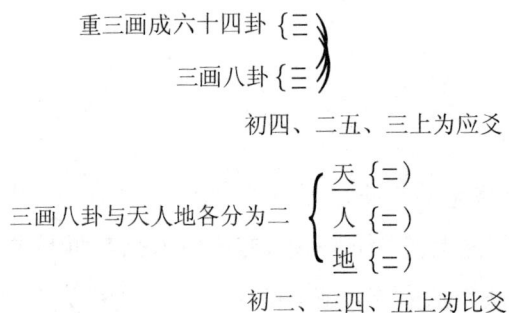

重三画成六十四卦 {☰〉

三画八卦 {☰〉

初四、二五、三上为应爻

三画八卦与天人地各分为二 {
天 {=)
人 {=)
地 {=)
}

初二、三四、五上为比爻

此二法同为由"数字卦"变成"阴阳符号卦"时所附加而形成的情况。或确有伏羲氏"始作八卦"之事实,时间当极早,然决无"阴阳符号卦"的八卦形象(今考古中尚未有得)。而在思想认识方面,理解白天晚上之阴阳,东南西北及四隅的方向,则毫不奇怪。禽兽且知,何况人类。

最重要的问题,今应考核伏羲氏距今的时间,不论确属管子本人之言,或稷下派之言,或赵武灵王之言。历代尚有更重要的根据,就是在《周礼》上已提及三易,且明言"经卦皆八,其别六十有四"。然此书的作者,二千余年来认为是周公所作,事实上今可确考仍属稷下派之言,由子贡之数代弟子所作。唯一的作用,可认识当时的易属于礼,尚非六经之原。且《周礼》上之三易,筮者重文字,今《左传》上犹存有不同的"繇辞",当时极可能有三种不同的版本。六十四卦排列的次序当然不可能相同,即八卦亦各自不同,因而产生三易之名。由三画而六画,则与三晋之思想同,与《管子》之言不同。至于三易的内容基本当相似,而对于西汉的杜子春尚继续战国中后期的观点,认为《连山易》是伏羲所作,《归藏易》是黄帝所作,《周易》是文王所作。及东汉的郑康成已受独尊儒术的影响,故迄今的传说,基本用郑氏所谓三易当夏商周三代之易,因对古史的认识,早为《书》始尧舜所限。此一儒术的古史观,对研究中国的古史有极大的不利,故认识伏羲氏的时间,二三千年来始终未见有学者加以研究。直至现代学者薛学潜先生于1946年著《超相对论》,始以岁差之理,认定伏羲氏造六峜当角宿第一星适在夏至点为标准,距今约七千有五百余年。这一推测在四十余年前,以今日考古的发现视之,尚属保守。以万年的山顶洞人为例,可认为当时早有较高的史前文化,早有原始宗教。而伏羲氏的时代,已能由天地而归诸人,亦可认为是以象数制器的第一人,就是人类逐步能利用象数以进入科学的范畴,不必全部以天地为主,方为人参天地的特色。故今日认识伏羲距今的年代仍可从之,然决非指中国的史前文化仅有七千五百余年(约当公元前5500年)。至于据战国时人的推想,伏羲氏已知制造网罟以佃以渔,今以考古核之,半坡文化早有佃渔,约当公元前4800—前3600年,情况尚可相合。且北方畜牧社会开始后,既须计数,又须控制牛马鱼类等,自当有其智慧,故人类能结绳作网罟以佃渔,正属初步进入科学范畴的事实,然当时尚无☲(离)象以助其思路。事实上经过历代制器的经验,方能总结"象"的变化,况抽象的象,当来源于抽象的数。今人每想推本八卦为中国文化之源,奈出土文物中尚无八卦图出现,而自先周殷墟发现"数字卦"后,方知"数字卦"确属东周起所应用的"阴阳符号卦"之源。而数字之原,及曲线直线方圆之象,皆有其极长的史实,此方属伏羲氏所理解的象数,已在渔猎畜牧时起了划时代的作用。法离象者,犹如尚几何图形中一圈一圈相连结的意义。

又继西安半坡文化后,于郑州大河村又掘得文物,在公元前4800—3000年之间,内有一住房,尚保存有较高的墙壁,而于墙壁中亦有结绳所作成的网。可想象其作用与今日墙壁中当布以钢骨同义,是亦制器尚象的又一应用处,因制器尚象是"易有圣人之道四焉"之一,直接为科技所应用。惜自秦汉以后,尤其是汉武帝后,基本已不为学易者所重视,此为易学之最大损失。西汉唯《淮南子》中尚有制器尚象的记录,故刘安自杀八公离散,易之用已失去大半。今日研易者,必当纠正以儒术读易之缺点,所谓"伏羲易"决非限于陈抟所发明二进制的排列次序。在距今七千五百余年前,决难想象已有先天图,然已能进入制器尚象的科学思维,则决非美化古人。于象数之实质必宜有所了解,方可合乎史实云。

易学与《月令》之关系

　　《吕氏春秋》成书于秦庚申(前 241),大集天下之士而总结战国时各家议论,且各为之所而归诸十二纪。此十二纪之说,实本诸《月令》。若今本《礼记·月令》,或有抄于《吕氏春秋》十二纪之首而成文,而吕不韦著成此十二纪之首,乃当时已有各国通行之《月令》,主要属黄河流域之气候。其要除四时之运行外,尚有中央之戊己土,是犹旋转的轴心。故知《月令》之成,本阴阳五行家之说。考十二月令之次,其来甚早,文献尚有《大戴礼记·夏小正》可稽。今仅合《月令》中之五帝论,或当综合而成于邹衍。衍主黄帝,正取其为十二月之主,《论语》谓尧舜得天之历数,衍乃发展之,归诸黄帝已得天之历数。由是以黄帝居中而上下推演,乃成《月令》五帝之次,且可终始相继。详如下示:

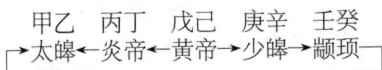

<pre>
    甲乙　丙丁　戊己　庚辛　壬癸
  ┌→太皞←炎帝←黄帝←少皞→颛顼┐
</pre>

　　当形成此五帝之名,既本战国时之传说,如炎与黄乃取火土之色,其当南与中已定。太少皞以元气之盛衰,分列东西,亦自然之象。颛顼或传为黄帝之孙,乃置之北方,实合土生金而金为土之子,金生水而

水为金之子,则合而观之,水即土之孙,故即以颛顼当北方,于太少皞与炎帝,殊非亲族。或作为五个不同的时代,始有理可喻。

若《系辞下》之作者,其于古史之认识,即总结三代前为五个时代,且时间不可逆,继五帝即为三代,而当时尚在周代。此全合乎历史事实,非如《月令》之五帝。

伏羲氏→神农氏→黄帝→尧→舜→(三代)

观《月令》与《系辞下》对古史的不同认识,必须理解地域的不同。赵武灵王已用《系辞下》之次认识古史,可认为是齐鲁文化之发展。《月令》而成《吕氏春秋》之十二纪,已与巴蜀文化有关。故《山海经》中有太皞、炎帝、少皞、颛顼而无伏羲、神农、尧舜,唯黄帝则兼于两边。于《战国策·晋策》提及炎帝、神农,而太皞、伏羲连称始见于《世本》,乃秦末至汉始合南北二区域的古史为一,然由是而弥觉混乱。以黄河流域的易学古史观,由尧舜而上推,犹以儒家为基础,归诸黄帝道家之说,亦即由社会学的人,归诸生物学的人。又上及神农氏,当取农家并耕之说,本诸伏羲氏始作八卦,则推原于客观自然现象的阴阳家。唯其由阴阳家、农家、道家而儒家,此易学于战国中期所达到的整体理论。而更合诸《月令》之五帝,则犹发展《论语》所谓三代损益之理而归诸五行之生克,由三数循环而及五数循环。此于整体理论的认识实为一大进步,今更当以纯数学的模型加以认识云。

论易学与《夏小正》

先列《夏小正》之气象表如下：

十二月次	气 象 变 化
正月	1. 启蛰　2. 雁北乡　3. 雉震呴　4. 鱼陟负冰　5. 农纬厥耒　6. 初岁祭耒始用畼　7. 囿有见韭　8. 时有俊风　9. 寒日涤冻涂　10. 田鼠出　11. 农率均田　12. 獭献鱼　13. 鹰则为鸠　14. 农及雪泽　15. 初服于公田　16. 采芸　17. 鞠则见　18. 初昏参中　19. 斗柄县在下　20. 柳稊　21. 梅杏杝桃则华　22. 缇缟　23. 鸡桴粥。
二月	1. 往耰黍禅　2. 初俊羔助厥母粥　3. 绥多女士　4. 丁亥万用入学　5. 祭鲔　6. 荣堇采蘩　7. 昆小虫抵蚔　8. 来降燕乃睇　9. 剥鳝　10. 有鸣仓庚　11. 荣芸时有见稊始收。
三月	1. 参则伏　2. 摄桑　3. 委杨　4. 羕羊　5. 毂则鸣　6. 颁冰　7. 采识　8. 妾子始蚕　9. 执养宫事　10. 祈麦实　11. 越有小旱　12. 田鼠化为驾　13. 驾为鼠　14. 拂桐芭　15. 鸣鸠。
四月	1. 昴则见　2. 初昏南门正　3. 鸣札　4. 囿有见杏　5. 鸣蜮　6. 取茶　7. 秀幽　8. 越有大旱　9. 执陟攻驹。
五月	1. 参则见　2. 浮游有殷　3. 鴃则鸣　4. 时有养日　5. 乃瓜　6. 良蜩鸣　7. 匽之兴五日翕望乃伏　8. 启灌蓝蓼　9. 鸠为鹰　10. 唐蜩鸣　11. 初昏大火中　12. 煮梅　13. 蓄兰　14. 菽糜　15. 颁马。

145

十二月次	气　象　变　化
六月	1. 初昏斗柄正在上　2. 煮桃　3. 鹰始挚。
七月	1. 秀雚苇　2. 狸子肇肆　3. 湟潦生苹　4. 爽死　5. 莠秀　6. 汉案户　7. 寒蝉鸣　8. 初昏织女正东乡　9. 时有霖雨　10. 灌荼　11. 斗柄县在下则旦。
八月	1. 剥瓜　2. 玄校　3. 剥枣　4. 栗零　5. 丹鸟羞白鸟　6. 辰则伏　7. 鹿人从　8. 駕为鼠。
九月	1. 内火　2. 遰鸿雁　3. 主夫出火　4. 陟玄鸟蛰　5. 熊罴貊貉鼹鼬则穴　6. 荣鞠树麦　7. 王始裘　8. 辰系于日　9. 雀入于海为蛤。
十月	1. 豺祭兽　2. 初昏南门见　3. 黑鸟浴　4. 时有养夜　5. 玄雉入于淮为蜃　6. 织女正北乡则旦。
十一月	1. 王狩　2. 陈筋革　3. 啬人不从　4. 陨麋角。
十二月	1. 鸣弋　2. 元驹贲　3. 纳卵蒜　4. 虞人入梁　5. 陨麋角。

由上表可见《夏小正》之内容，实为《月令》之原始资料。此资料皆得自客观事实，观察有误当然难免。然已知因四时气象之变而记录其变化之事实，此方法殊可贵，而吾国文化之可贵处，就在能吸取万物的变化规律。此《夏小正》本一年十二月的周期，观万物之周期。其于星已知二十八宿之周期。五月曰"时有养日"，且谓"养长也"，又"日"宋本作"白"，然义已可明，谓是月之时白日长黑夜短，盖当夏至之月。故其为建寅之《夏小正》无疑，战国时或杞国沿用之。是历仅知阴阳之消长，而尚未如《月令》之已合于五行。至于阴阳虽未言，由五月之养日与十月之"时有养夜"并观之，则周期消息之事实，盖早已知之。道阴阳之易学，由来也远，贵能得阴阳之周期。此由天地而动植物而人事，综合观之事实在前，易学总结成三才之道的整体概念在后。此易学之所以可贵，而非空想所得。

《系辞下》谓："仰则观象于天，俯则观法于地，观鸟兽之文，与地之宜,近取诸身,远取诸物,于是始作八卦。……"若此《夏小正》之客观事实,大半史前已有,战国时人推原伏羲氏准外界之事实而始作八卦,方为对易学能基本认识。其理尚宜参阅易学与《诗·七月》之农事。《夏小正》成文,亦在战国,建寅岁首,宜属夏历。

论三公三孤

《书经·周官》：

> 立太师、太傅、太保，兹惟三公，论道经邦，燮理阴阳，官不必备，惟其人。少师、少傅、少保，曰三孤，贰公弘化，寅亮天地，弼予一人。

《周官》一篇，虽为古文《尚书》，视为梅赜所撰，然实有所据，考核另详。此仅论其三公、三孤之作用。

凡古器有足者，莫不以三足为古，其后乃有四足之方器。三圆四方之象，全本具体的经验而来，因经验而成其理，合诸几何学，是为任何三点可决定一个平面，故三足之器最稳定，是之谓天圆。鼎器为代表整个国家之标志，周亡即由秦迁其九鼎。唯三为稳，宜鼎数取三鼎（取奇数由五鼎七鼎）以至九鼎而止。此洛书数之所由来。

国依其数而为治，辅其君之臣，其数为三，此必有据乎古。名之曰三公、三孤，公本于事实，孤达于理论。汉初贾谊曰："保者，保其身体。傅者，傅之德义。师，道之教训。"此三公之职，而三孤既为其贰，且宜推究其理,不为某一君之具体情况所限,此"贰公弘化,寅亮天地"之义。

　　合诸后世之语,太师属智,太傅属德,太保属体。于基本之理论喻之,太师当三才之地道,太傅当三才之天道,太保当三才之人道。《周易·系辞下》有言"无有师保,如临父母",盖已能由君一人之条件,散诸百姓。凡君有受三公三孤之教育,百姓虽无,而父犹太师,母犹太保,合父母之德以事天,亦可如有三公三孤之在我侧。此见战国时视《周易》之作用,亦见教育之普及百姓,不限于王室。此不可忽视孔子之有始创之功。

　　至于《周官》与《周礼》之不同,即在有无三公三孤。《周官》者有三公三孤以辅弼天子,其位在六卿之上,尚可匡正天子,此周室官制之长。及《周礼》之制,无三公三孤而即以六卿为六官,则卿之位肯定在君之下,君臣之辨严明。可见废君师地位之三公三孤,周室渐趋衰落。故《周礼》仅明臣之礼,而《周官》有三公三孤于六卿之上,庶见君之礼。君阳数奇,公孤数三。臣阴数偶,分天地四时而六。三与三,二与四,虽同为六而有奇耦之异,犹方圆之象。此尤见公孤之重要,取官之至,位及君之上,而君臣之阴阳赖以燮理。孤以贰公,寅亮天地,其象殊非衰世能及见,君子可不志之乎。

论以岁星纪年

《左传》昭公十一年(前531):

> 景王问于苌弘曰:今兹诸侯何实吉? 何实凶? 对曰:蔡凶,此蔡侯般弑其君之岁也。岁在豕韦,弗过此矣。楚将有之,然壅也。岁及大梁,蔡复,楚凶,天之道也。

此论星占,毫无意义。然当公元前531年之时,已明岁星纪年,此不可不重视。凡此十二为周期之纪年法,春秋时盛行,似可无疑。十二辰次图,苌弘早在应用,或谓当时尚未知超辰,然能得以木星纪年,已觉可贵。以岁星纪年而合以五行,即属六十甲子纪年法。详见十二辰次图。

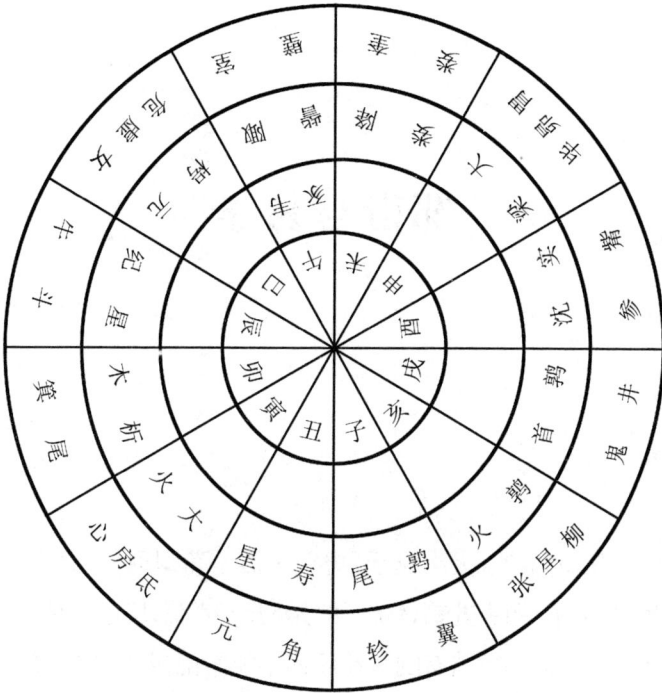

此图殊可名苌弘辰次图,唯于当十二地支尚与后世不同。景王十一年以干支纪年为庚午,以辰次论室壁为亥。

邹衍与易学

　　有关邹衍的情况,大半见于《史记·孟子荀卿列传》之中。凡《汉志》所载的《邹子》四十九篇,《邹子终始》五十六篇,皆已失传。《史记》记其著作,有曰:"邹衍睹有国者益淫侈不能尚德,若《大雅》整之于身,施及黎庶矣。乃深观阴阳消息而作怪迂之变,《终始》、《大圣》之篇十余万言。"又曰:"作《主运》。"此"主运"的内容似当属于《邹子》四十九篇,所以明"五德转移,治各有宜"之理。主要为燕昭王作《终始》、《大圣》之篇十余万言,则属于《邹子终始》五十六篇,或系晚年对平原君所言。今原著既佚,不得不以司马迁所转述为主,旁及其他古书中所引述为辅,以考究邹衍的思想结构。且邹衍的思想结构,实与战国中后期及秦汉之际的易学有密切联系。

　　邹衍齐人,生卒年当本《史记》加以考核。《史记》曰:

　　　　齐有三邹子。其前邹忌,以鼓琴干威王因及国政,封为成侯而受相印,先孟子。其次邹衍,后孟子。……自邹衍与齐之稷下先生,如淳于髡、慎到、环渊、接子、田骈、邹奭之徒,各著书言治乱之事,以干世主,岂可胜道哉。……邹奭者,齐诸邹子,亦颇采邹衍之术以纪文。……荀卿赵人,年五十始来游学于齐。邹衍之术,迂大而闳辩。奭也文具难施。淳于髡久与处,时有得善言。故齐人颂曰:"谈天衍,雕龙奭,炙毂过髡。"

又曰:

邹子重于齐。适梁,惠王郊迎,执宾主之礼。适赵,平原君侧行撇席。如燕,昭王拥彗先驱,请列弟子之座而受业,筑碣石宫,身亲往师之,作《主运》。其游诸侯见尊礼如此,岂与仲尼菜色陈蔡、孟轲困于齐梁同乎哉。

按司马迁综述齐国三位姓邹的学者,或系同族人。初有邹忌,在齐威王时(前356—前320年在位)受相印。孟子至齐已当宣王时(前319—前301年在位),故邹忌先于孟子。而邹衍后于孟子,更有邹奭颇采邹衍之术以纪文,宜尤在其后。然并颂衍、奭与淳于髡,或相差未久,髡且曾与孟子有问答。当荀卿五十岁至齐时(前265—前270年之间),早已有"谈天衍,雕龙奭,炙毂过髡"之颂。衍、奭与髡或四散或已去世,乃于稷下派学者中留此颂言。若荀子的观点与此派不同,宜其未能久留于齐(另详《荀子与易学》)。更考邹衍重于诸侯的情况,除居齐国外,尚至梁当梁惠王时(前369—前319年在位),至燕当燕昭王时(前311—前279年在位),至赵有平原君(?—前251)尊敬之,平原君因衍而绌公孙龙。准之以考核邹衍的生卒年,约生于公元前350年,时当齐威王七年。邹忌将相齐之时,梁惠王卒与齐宣王即位同在公元前319年,衍为三十岁左右之有为青年。过梁而梁惠王郊迎执宾主之礼时,衍仅二十余岁,而孟子已当老年学者,故衍后孟子约三四十年。又燕王哙把君位禅让给相国子之,时当宣王二年(前318),由是燕国大乱。及昭王即位而燕国复治,在位三十三年(前311—前279),

邹衍自齐往已年近五十,约当宣湣之际。燕昭王受业为作《主运》当有其事,而邹之学术即发展于燕齐。于晚年更至赵,平原君厚礼之。考平原君赵胜为赵惠文王之弟,《史记·平原君虞卿列传》:"平原君赵胜者,赵之诸公子也。诸子中胜最贤,喜宾客,宾客盖至者数千人。平原君相赵惠文王(前298—前266年在位)及孝成王(前265—前245年在位),三去相三复位,封于东武城。"而邹衍见平原君当在早期。衍过赵或在燕昭王晚年,则仍可归燕,或当燕昭王卒而过赵,且有可能终为平原君之宾客。考燕昭王卒于赵惠文王二十年(前279),衍年约七十岁左右。而《史记》记述邹衍与平原君之情况补在最后,其文为:"平原君以赵孝成王十五年卒(前251年),子孙代,后竟与赵俱亡。平原君厚待公孙龙,公孙龙善为坚白之辩。及邹衍过赵言至道,乃绌公孙龙。"此未言其时间,而钱穆之《邹衍考》,误定衍至赵见平原君,在信陵破秦存赵(事在前257年)之后,且曰"事见《平原君列传》"。然《史记·平原君列传》的记载并不如是,故其考得之邹衍生卒年约迟五十年,今不取。又平原君之封地在东武城,即武城,今当山东德州西南,仍名武城。

既考得邹衍一生的概况,始可究其思想结构。司马迁记述其学说:

> ……其语闳大不经,必先验小物,推而大之,至于无垠。先序今以上至黄帝,学者所共,术大并世盛衰,因载其机祥度制,推而远之,至天地未生,窈冥不可考而原也。

这一原则,就是发展孔子《书》始尧舜之理,由孔子及孟子犹坚执之而"言必称尧舜"。然自田齐代姜后,自认陈之始祖,当由舜而更上推至黄帝。其初,孔子绝笔于获麟(前481),实不忍见田常弑齐简公。然事实上常弑简公后,仅专齐政,仍立平公为齐侯。计平公在位二十五年(前 480—前 456),继之宣公在位五十一年(前 455—前 405),此七八十年间由田氏执齐政,而齐之国力在发展中。以学术思想论,孔子之弟子子贡,实与齐国之发展有关。造成稷下派的基本思想,亦当与子贡之学派有关。当宣公晚年,田齐悼子方有年号,始与姜齐对立。和子继悼子立(前 404)于二年,当周威烈王命韩赵魏列为诸侯,天下形势由是大变。宋司马光著《资治通鉴》,特始于周威烈王二十三年(前 403),殊有卓见。于田齐和子十九年,周安王又命田和为诸侯,和乃改称元年,而姜齐为齐康公十九年,及康公二十六年(前 379),始名实俱亡。考田齐专齐政起,有重视自然科学的学风,乃能发展生产力而使齐国富强,对始祖由舜推至黄帝,实能扩大当时的时空结构。于孔子仅认识天之历数在尧,田齐上推至黄帝,于邹衍时已成为"学者所共"。今得"陈侯因资敦",铭文见下:

> 唯正六月癸未,陈侯因资曰:皇考孝武桓公,恭哉,大谟克成。其唯因资扬皇考昭统,高祖黄帝,迩嗣桓文,朝问诸侯,合扬厥德,诸侯寅荐吉金,用作孝武桓公祭器敦。以蒸以尝,保有齐邦,世万子孙,永为典常。

铭文中的陈侯因资就是齐宣王,皇考武桓公就是齐威王。此时正当邹忌、孟子、邹衍之时,自认陈侯之高祖为黄帝,所以不同于姜齐。既以黄帝、桓文为贵,对孟子之理论当然未能用,而稷下派宜以三邹子为主。由今及古,由小及大,大至无垠,古至天地未生,已成为诸侯间风行的理论,宜其不同于孔孟。合诸史迹,即由孔子尧舜变成老子黄帝。所以由黄帝而下及老子者,老子亦陈国人,以田齐视之,当为黄帝之后裔。且《老子》有曰:"有物混成,先天地生",此正为邹衍取之而成"窈冥不可考而原也"。又邹衍之"先序今,以上至黄帝"似与《老子》之"执古之道,以御今之有"不同,及 1973 年发现马王堆甲乙本帛书《老子》,于二种本子上"执古之道"的"古"字,皆为"今"字。乃知"执今之道,以御今之有,以知古始,是谓道纪"的理论,为邹衍等取用,此即形成黄老学派的基本思想,实即扩大老子孔子的思想而成为先秦学说中重要的思想结构。此一黄老的思想结构相应于易学的思想结构,故易学能成为先秦的整体思想,其中必已包括稷下派的学说。

进而观邹衍的阴阳消息说,唯能及"窈冥不可考而原",乃应用"五德转移治各有宜"的理论,以见其"术大并世盛衰"。司马迁记述其"不可考而原"的理论为:

> 先列中国名山大川,通谷禽兽,水土所殖,物类所珍,因而推之,及海外人之所不能睹。称引天地剖判以来,五德转移,治各有宜,而符应若兹。

此见阴阳消息的变化当及其原,可变成五行的生克,实视生克为阴阳,乃对认识阴阳的原则有一极大的进步。然五行生克的理论当时早已盛行,或认为创自邹衍则完全错误。于《荀子·非十二子篇》:"……略法先王而不知其统,犹然而材剧志大,闻见杂博。案往旧造说,谓之五行,甚僻违而无类,幽隐而无说,闭约而无解。案饰其辞而祗敬之曰:此真先君子之言也。子思唱之,孟轲和之,世俗之沟犹瞀儒,嚾嚾然不知其所非也,遂受而传之,以为仲尼、子游为兹厚于后世,是则子思孟轲之罪也。"此指子思案往旧造说谓之五行,实即五行生克之说,且其说之来源极早,于天干地支结合成六十周期,早已分阴阳而自然有五与六的周期,最重要的应用在音乐原理方面,且应用得非常成功(另详)。孔子善鼓琴,闻韶三月而不知肉味,一生专心于音乐,可不言而喻。且礼、乐为外王的二个基本方法,其弟子子游为武城宰,即有弦歌之声,可见其继承孔子乐理的事实。其后子思继子游以发展之,更以五行合诸德行,此为子思之儒的一大特点,亦就是儒家进一步与易学发生关系。孟子又继承子思之说,孟子曰:"……既竭耳力焉,继之以六律,正五音,不可胜用也。"(《离娄上》)正说出五与六周期在音乐方面具体应用。合诸德行,今得马王堆甲本《老子》后附有《五行篇》,内容反复说明"仁礼义智圣"为五行。再读子思之《中庸》,如曰:"唯天下至圣为能聪明睿知,足以有临也。宽裕温柔,足以有容也。发强刚毅,足以有执也。齐庄中正,足以有敬也。文理密察,足以有别也。"此即以圣有临属土,仁有容属木,义有执属金,礼有敬属火,智有别属水,详见下表:

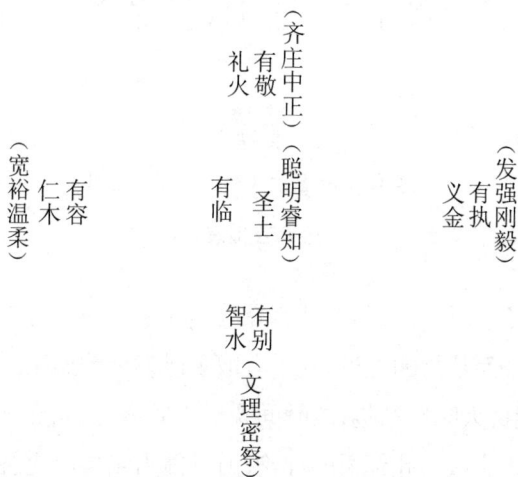

```
                    （齐庄中正）
                 礼  有敬
                 火
（宽裕温柔）           （聪明睿知）            （发强刚毅）
   仁  有容          圣  有临               义  有执
   木                土                    金
                 智  有别
                 水
                    （文理密察）
```

孟子又继之而合人身与德行言,见《孟子·尽心下》:"口之于味也,目之于色也,耳之于声也,鼻之于臭也,四肢之于安佚也,性也,有命焉,君子不谓性也。仁之于父子也,义之于君臣也,礼之于宾主也,智之于贤者也,圣人之于天道也。命也,有性焉,君子不谓命也。"此对人身的口目耳鼻身五者五行,且说出性命互根之象,足以见当战国中期五行象数与儒家的具体行动相结合的情况。详以下表示之:

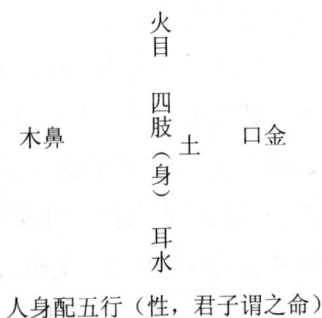

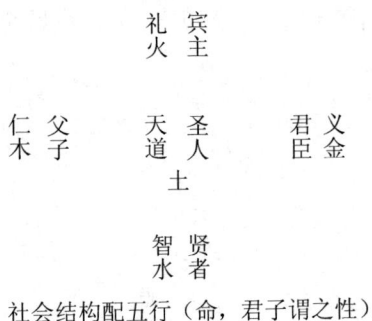

```
          火
          目

      四
      肢
木鼻   （土  口金
      身）

      耳
      水
```

人身配五行（性，君子谓之命）

```
      礼 宾
      火 主


仁 父    天 圣    君 义
木 子    道 人    臣 金
        土


      智 贤
      水 者
```

社会结构配五行（命，君子谓之性）

性命互根表

其后为荀子所否定，乃有认为儒家与五行无关，而思孟之传实归诸黄老学派。而邹衍的理论，就是有取于已发展的儒家学说而更发展之，亦就是能扩大时空结构，故时间既早于尧舜，空间亦不限于黄河流域而兼及长江流域。此邹衍的理论，所以能得诸侯的重视。

且当时于诸侯间发生一重要的变化，就是燕王哙的思想实受儒家《书》始尧舜的影响，自认为不传子而传贤，能得天下的尊敬。然事实上，当时欲不从传子制度，以建立传贤制度，未尝能行得通。弟兄嫡庶之间尚争斗激烈，何况无遗传关系之贤，且所谓贤不贤的标准何在？此哙之传所以无助于燕国的发展，反造成燕国的大乱。事后《庄子·秋水篇》中论及燕王哙不知时，其言曰："昔者尧舜让而帝，之哙让而绝。汤武争而王，白公争而灭。由此观之，争让之礼，尧桀之行，贵贱有时，未可以为常也。"因或帝或绝，或贵或贱当本时代思潮，此时代思潮的实质,何可以为常。如孔子《书》始尧舜有其时,以天之历数尧已知之,何尝不可信。然时间可上推无穷,即以求人之始祖,确于尧舜前早已存在。由田齐起推至黄帝,地域扩展至长江流域,此方属邹衍"先序今以上至黄帝"的原则,且至天地未生,故与孟子之"言必称尧舜"不同。至于五行的周期处处注意对自然科学的观察,则邹衍与孟子实有所同,唯孟子以时归诸孔子,邹衍则以时归诸五行。且当时见到燕王哙之事,孟子为天下计,认为可伐。然齐伐之而舆论喧然,皆不利于齐,孟子亦不能久居于齐。而邹衍主张五德转移的理论,正可说明尧舜让而帝与之哙让而绝的原因,就是合不合时代思潮的时。且时代的时,更可合于自然科学原理,由一天分昼夜早暮,一月分朔望上下弦,一年分春夏秋冬的周期,归诸社会结构的治乱变化。唯其扩大时空结构,故司马迁记其理论所谓"术大并世盛衰,因载其机祥度制",此"机祥度制"就是"五德转移,治各有宜"。凡五德以相生转移就是禅让当传贤,以相克转移就是争夺当传子,于当时的形势以争夺为主,此邹衍为燕昭王所说而燕国复治,是之谓"主运"。《吕氏春秋·应同篇》记有黄帝土气胜,禹木气胜,汤金气胜,文王火气胜,代火者必将水,数备,将徙于土。又李善注《文选·齐故安陆昭王碑文》引有"邹子曰五德所以不胜,虞土,夏木,殷金,周火",此虞土与黄帝土的不同,正由于本虞以上推至黄帝,其土气胜同。六十余年后秦始皇统一六国,即用五德转移中的相克转移,从水德。

《史记·秦始皇本纪》:"二十六年(前 221)……朕为始皇帝,后世以计数,二世、三世至于万世,传之无穷。始皇推终始五德之传,以为周得火德,秦代周德从所不胜。方今水德之始,改年始朝贺,皆自十月朔,衣服旄旌节旗皆上黑。数以六为纪,符法冠皆六寸而舆六尺,六尺为步,乘六马,更名河曰德水,以为水德之始,刚毅戾深,事皆决于法,刻削毋仁恩和义,然后合五德之数。"此见邹衍主运学说影响之大。详以下表示之:

汤金
克   克
禹木 —克→ 黄帝土——舜   文王火
克   克
秦水

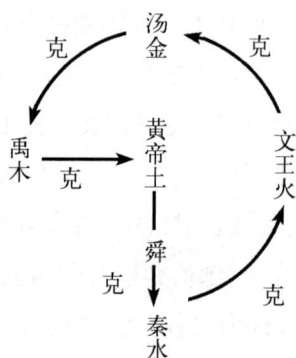

　　凡相生当河图之象,凡相克当九畴洛书之象,故邹衍重九州。总计其时,尚黄老自田齐始,其始末可当孔子绝笔《春秋》,下及武帝之尊儒术斥百家以完成太初历,由公元前 481 年至前 104 年,凡三百七十余年。邹衍(约前 350—前 270)生当其间,正属最关键的人物,而其理论的根据本诸天象,颂之为"谈天衍"决非偶然。考孔子的理论基础亦有本于自然,如《论语·为政》曰:"为政以德,譬如北辰,居其所而众星共之。"此因中国地处北半球,能见到北极星而不能见到南极星,故孔子之观天,是之谓"盖天说"。而邹衍的观点,已由"盖天说"发展成为"浑天说"。司马迁记其与儒者思想的不同点:

　　　　以为儒者所谓中国者,于天下乃八十一分居其一分耳。中国名曰赤县神州,赤县神州内自有九州,禹之序九州是也。不得为州数,中国外如赤县神州者九,乃所谓九州也,于是有裨海环之,人民禽兽莫能相通者。如一区中者乃为一州,如此者九,乃有大瀛海环其外天地之际焉。其术皆此类也,然要其归必止乎仁义节俭君臣上下六亲之施,始也滥耳。王公大人初见其术,惧然顾化,其后不能行之。

　　此大九州之说,实可宝贵,当时不能行之,不足为病,更不能认为其说错误。邹衍已认识浑天仪缺其半,此由磁石两极而可得其象。二十八宿仅当赤道,赤道之众星既共北辰,于理亦当共"南辰",此所以能推得大九州之说。邹衍之说与庄子相似,《庄子》要义在内七篇,其寓言始于《逍遥游》北冥徙于南冥之鲲鹏,终于《应帝王》南海帝儵北海帝忽之相遇于浑沌。或合诸天象,浑沌犹二十八宿之辗转,北冥鲲北海帝忽犹北辰,南冥鹏南海帝儵犹当时尚未知之"南辰",由天球而合诸地球,自然可有大九州的思想。证实此思想,直至西方文艺复兴期间(1400—1600,延续约二百年),即哥伦布发现新大陆于公元1492年,及麦哲伦绕地一周于公元1522年。然则邹衍由谈天而知地,未尝怪迂。惜当时交通工具尚未完备,难以证实,故如司马迁之知犹怪迂之,宜其著作之未能流传,而今日读其要,何可更以怪迂视之。且由自然科学的认识方法,能反诸社会科学的社会结构,亦未违乎儒家之"仁义节俭君臣上下六亲之施",则尤能得中国哲学必归诸天地人三才整体的思想结构。这一思想结构自然与易学的思想结构相同,且阴阳五行本为易学的基本理论。

最后宜研究邹衍所代表的黄老学派与公孙龙思想之同异。《史记·平原君虞卿列传》:"虞卿欲以信陵君之存邯郸为平原君请封,公孙龙闻之,夜驾见平原君:'……君必勿听也。'平原君遂不听虞卿。"按此事在邯郸解围后,其时邹衍早已去世。又虞卿说赵孝成王而列为上卿,邹衍亦可能已死,故与虞卿无关。而公孙龙于赵惠文王时已在赵,方能与邹衍见面。其时邹衍已六七十岁,公孙龙约三十岁左右。考邹衍《邹子终始》五十六篇,犹《终始》、《大圣》之篇十余万言,内容当总结一生的学说。其五德转移的理论,就是说明五行生克二个终始的周期,贵能重合在一个系统中。这一理论在中国流传了二三千年,邹衍发展之而本诸思孟。当汉武帝尊儒术斥百家,阴阳五行之理仍照常流传。唯自易学的卦象由数字卦发展成阴阳符号卦后,且《周易》的卦爻辞基本重视阴阳,则对五行的关系逐步疏远,宜有认为邹衍与《周易》

无关的误解。凡托名黄帝与岐伯等对言的中医理论名著《内经》,全部本诸黄老学说的形成,亦就是继承邹衍之说而仅当易学的近取诸身,这一理论迄今仍在流传,且其实用价值尚在发展中。推究中医理论《内经》与易学的关系,必须从邹衍的观点说起,这一观点就是否定公孙龙的"善为坚白之辩"。按公孙龙之说今尚存六篇,其要仍可见,所以以坚白辨名实。至于邹衍取《老子》"道可道非常道,名可名非常名"的理论,则名实之本固可变化,执名实之辨者,其何以能更通大道。合诸今日的概念,公孙龙之说属于方法论,方法论决不可废,而究竟非局限于方法论者所可喻。

荀子与易学

荀况,字卿,又称孙卿,赵国郇(今山西临猗县)人。事迹宜本《史记》所记,大纲准确。后人的误解,失在刘向的《叙录》。《史记·孟子荀卿列传》:

> 荀卿,赵人,年五十始来游学于齐。邹衍之术,迂大而闳辩。奭也文具难施。淳于髡久与处,时有得善言。故齐人颂曰:"谈天衍,雕龙奭,炙毂过髡。"田骈之属皆已死,齐襄王时而荀卿最为老师。齐尚修列大夫之缺,而荀卿三为祭酒焉。齐人或谗荀卿,荀卿乃适楚,而春申君以为兰陵(今山东莒南县)令。春申君死而荀卿废,因家兰陵,李斯尝为弟子,已而相秦。荀卿嫉浊世之政,亡国乱君相属,不遂大道而营于巫祝,信机祥,鄙儒小拘,如庄周等又猾稽乱俗,于是推儒墨道德之行事兴坏,序列著数万言而卒,因葬兰陵。

读《史记》宜重视其全文的脉络,如此传并不仅记孟子与荀卿,此节亦非指荀卿一人,插入"邹衍之术"至"炙毂过髡"一小段,盖明"齐人

163

或谗荀卿"的焦点所在。"年五十始来游学于齐",时"田骈之属皆已死"。而刘向《叙录》曰:"方齐宣王、威王之时,聚天下贤士于稷下尊宠之,是时孙卿有秀才,年五十始来游学。"其误失在妄加"是时"二字。其言宣王、威王亦失次,可证向并不重视史迹。及应劭著《风俗通义》,已发现此失,然以意为之纠正,更造成荀子生卒年的混乱,仍非《史记》原意。《风俗通义·穷通》:

> 孙况,齐威宣王之时,聚天下贤士于稷下。尊宠若邹衍、田骈、淳于髡之属甚众,号曰列大夫,皆世所称,咸作书刺世。是时孙卿有秀才,年十五始来游学,诸子之事,皆以为非先王之法也。孙卿善为《诗》、《礼》、《易》、《春秋》,至襄王时而孙卿最为老师。齐尚循列大夫之缺,而孙卿三为祭酒焉。齐人或谗孙卿,乃适楚,楚相春申君以为兰陵令。

应劭既纠正威宣之次,然妄改五十为十五,以为可弥补《史记》与《叙录》的矛盾,安知愈改愈误,实则荀卿未尝有十五游齐之事。迫"五十始来游学于齐",已当齐襄王在位(前283—前264),是时"田骈之属皆已死",而荀卿年五十余,故最为老师。考自威王(前356—前319年在位)、宣王(前319—前300年在位)所创立之稷下学派,于湣王(前300—前284年在位)十三年(前288)发展成称东帝,此见齐国之学风。旋碍于天下之议论即去其称号,则稷下派之学术思想势必衰落,及襄王而更欲恢复之,故"修列大夫之缺"。然荀子的思想,虽得襄王之信任,未必合乎稷下派的传统意识,宜其屡上屡下而"三为祭酒焉"。或当王建(前264—前221年在位)即位后,既失支持者,孙卿势必遭齐人之谗而适楚,其年纪当五十五岁左右。今读其《非十二子》诸篇,可见其思想结构实不同于齐学,决不能久居于齐。至于适楚后之情况,可参考《风俗通义》:

人或谓春申君："汤以七十里，文王以百里，孙卿贤者也，今与之百里地，楚其危乎。"春申君谢之，孙卿去之游赵，应聘于秦。是时七国交争，尚于权诈，而孙卿守礼义，贵术籍，虽见穷摈而犹不黜其志。作书数十篇，疾浊世之政，国乱君危相属，不遵大道而营乎巫祝，信机祥。苏秦张仪以邪道说诸侯以大贵显，随而笑之曰："夫不以其道进者，必不以其道仕。"又小五伯，以为仲尼之门羞称其功。后客或谓春申君曰："伊尹去夏入殷，殷王而夏衰。管仲去鲁入齐，鲁弱而齐强。故贤者所在，君尊国安。今孙况天下贤人，所去之国其不安乎。"春申君使请孙况，况遗春申君书刺楚国，因为歌赋以遗春申君，因不得已乃行，复为兰陵令焉。

此述人谓春申君之言，必无其事。以时间考核之，荀子初次适楚后，更有至赵秦的行迹，今于《荀子》文献尚有记录。且适楚以避齐人之逸，如当王建初即位时，黄歇尚未封春申君，何能与之百里地。楚既无知者，不久当归故国赵，《荀子·议兵》临武君与孙卿议兵于赵孝成王。考赵孝成王在位二十一年（前265—前244），此议兵时，当未发生长平之战（前260年）。旋应秦聘，又与应侯范雎有问答语，《荀子·强国》："应侯问孙卿子曰：'入秦何见？'孙卿曰：'其固塞险形势便，山林川谷美，天材之利多，是形胜也。入境观其风俗，其百姓朴，其声乐不流污，其服不挑，甚畏有司而顺，古之民也。及都邑官府，其百吏肃然，莫不恭俭敦敬，忠信而不楛，古之吏也。入其国观其士大夫，出于其门，入于公门，出于公门，归于其家，无有私事也。不比周不朋党，偶然莫不明通而公也，古之士大夫也。观其朝廷，其闲听决百事不留，恬然如无治者，古之朝也。故四世有胜，非幸也数也，是所见也。故曰佚而治，约而详，不烦而功，治之至也，秦类之矣。虽然，则甚有其谡矣，兼数具者而尽有之。然而县之以王者之功名，则倜倜然其不及远矣。是何也，则其殆无儒邪。故曰粹而王，驳而霸，无一焉而亡，此亦秦之所短也。'"究其论秦之得失,是非参半,秦国的情况准此可见一二,实为重要的资料。考其时间,亦当早于长平之战。当王建即位后,未能用荀卿,故之楚而更至赵秦,为《史记》所未记,今依原书及《风俗通义》补入其事迹,于时间基本相合。及长平之役后,赵则元气大丧,秦之严刻或亦未能久居,因不得已乃复之楚,且有春申君之请。若遗书刺楚国,或刺其救赵之不力。实则白起拔郢(前278)至长平之役,仅十八年,楚于郢之元气亦难再复,刺者或刺其拒秦之志犹未坚。遗春申君之歌赋,今尚存《成相篇》《赋篇》二文,内容对君臣之大义,确多有感之言。《史记·春申君传》:"考烈王元年(前262)以黄歇为相,封为春申君……春申君相楚八年,为楚北伐灭鲁(前256),以荀卿为兰陵令,当是时,楚复强。"春申君被李园刺死于考烈王卒之年(前238),可见荀子为兰陵令后,有十余年生活较平稳,始能尽心著述。春申君卒后不久,荀子当亦去世,故其生卒年约当前318—前238,年八十余。准此生平所处的时代背景,始可论其学术思想的结构,虽限于资料,尚可得其概貌。若荀子者,属三晋的学风,其思想结构近于秦风。历代视之为儒家者,因其重视《诗》《书》《礼》《乐》,实与齐鲁学风大相径庭。然于先秦时之所谓儒,当准《韩非子·显学》:"世之显学,儒墨也。儒之所至孔丘也,墨之所至墨翟也。自孔子之死也,有子张之儒,有子思之儒,有颜氏之儒,有孟氏之儒,有漆雕氏之儒,有仲良氏之儒,有孙氏之儒,有乐正氏之儒。自墨子之死也,有相里氏之墨,有相夫氏之墨,有邓陵氏之墨。故孔墨之后,儒分为八,墨离为三,取舍相反不同,而皆自谓真孔墨。孔墨不可复生,将谁使定后世之学乎。"

按荀子为兰陵令年约六十余,李斯年三十左右来为弟子,斯之思想结构确有应于荀子。韩非为李斯的同学,自然与荀子有关。进而明辨由荀子而韩非,此一代人之间有一大变化。若荀子者决不放弃自以为儒,而以韩非视之,已在考察当时各国所有自以为儒者,其实质早已"取舍相反不同",故认为已不可能了解"真孔"。今究荀子的思想结构尚自以为"真孔",一方面固知其非"真孔",一方面可理解由孔子传至荀子,为战国时儒家思想之一。亦可云孔子的儒家思想传至荀子的一派,将产生质变,以成韩非李斯的法家思想。虽然韩非李斯的法家思想,尚有其他来源,然决不可忽视其有取于荀子的思想。

荀子的思想结构及其所继承的儒家,已属孔子子弓之儒。对其他弟子每多不满,下录《非十二子篇》:

略法先王而不知其统,犹然而材剧志大,闻见杂博。案往旧造说,谓之五行。甚僻违而无类,幽隐而无说,闭约而无解,案饰其辞而祇敬之,曰:"此真先君子之言也。"子思唱之,孟轲和之。世俗之沟犹瞀儒,嚾嚾然不知其所非也。遂受而传之,以为仲尼、子游为兹厚于后世,是则子思、孟轲之罪也。

若夫总方略,齐言行,壹统类,而群天下之英杰而告之以大古,教之以至顺,奥窔之间,簟席之上,敛然圣王之文章具焉,佛然平世之俗起焉,六说者不能入也,十二子者不能亲也。无置锥之地,而王公不能与之争名,在一大夫之位,则一君不能独畜,一国不能独容,成名况乎诸侯,莫不愿以为臣,是圣人之不得势者也,仲尼、子弓是也。一天下,财万物,长养人民,兼利天下,通达之属,莫不从服,六说者立息,十二子者迁化,则圣人之得势者,舜、禹是也。今夫仁人也将何务哉,上则法舜禹之制,下则法仲尼、子弓之义,以务息十二子之说,如是则天下之害除,仁人之事毕,圣王之迹著矣。

……第佗其冠,神禫其辞,禹行而舜趋,是子张氏之贱儒也。正其衣冠,齐其颜色,嗛然而终日不言,是子夏氏之贱儒也。偷儒惮事,无廉耻而耆饮食,必曰君子固不用力,是子游氏之贱儒也。

由上所引,荀子的主要思想基本已在其中,必非十二子方能显出

本人所是的思想。于此十二子中合二人为一说,故云六说,创六说的十二位学者如下:

一、它嚣、魏牟。　二、陈仲、史鳅。　三、墨翟、宋钘。
四、慎到、田骈。　五、惠施、邓析。　六、子思、孟子。

今观此十二位学者,即当时扬名于天下诸侯者。然以儒家论,仅须注意子思、孟子,因荀子亦自称为儒。同宗相非如是之激烈,宜其弟子韩非有不知真孔墨的感慨。且荀子不仅非子思、孟子,最后又斥子张、子夏、子游皆为贱儒。

至于荀子与易学之关系,最重要资料在《成相篇》中:"文武之道同伏戏,由之者治,不由者乱,何疑为。"因自战国中期起,迄今已二千二三百年,论易者基本据于《系辞下》,必始于伏羲。此对认识古史划时代的变化,有极深之意义。若荀子之等同伏羲与文武,属战国中期三晋之思潮,尤其是赵国。荀子少年时在赵,约当赵武灵王主张胡服骑射(前302),而赵武灵王对古史划时代的认识,与《系辞下》所记者全同,即伏羲——神农——黄帝——尧舜——三代(见《战国策》)。而荀子取其最古之伏羲与当代之开国者文武等同,此正荀子法后王之观点,《不苟篇》:"故千人万人之情,一人之情是也。天地始者,今日是也。百王之道,后王是也。君子审后王之道,而论于百王之前。"究其"君子审后王之道,而论于百王之前"之理,正在吸取历史经验而为今日之鉴,然尚未深入考察百王之前之事实。能认识天地始犹今日,实即已认识不可见之时间。

以下综述《荀子》全书中有关易学的各种观点,可见其识见不同于齐稷下派注意自然科学的倾向,三为祭酒而三已之,不得不之楚,盖亦有其故焉。

《荀子·天论篇》:"雩而雨,何也。曰:无何也,犹不雩而雨也。日月食而救之,天旱而雩,卜筮然后决大事,非以为得求也,以文之也。

故君子以为文,而百姓以为神,以为文则吉,以为神则凶也。"此处虽仅数语,思想极深刻。荀子对卜筮的认识,可以此为代表。然雩而雨与不雩而雨固同,其于所以雨所以不雨,是否需要求其故。此以卜筮与雩等同而言,可见卜筮于战国时之地位。故以为神既不可,以为文犹未及雩与卜筮之实质。可见荀子之见界,盖划自然科学与社会科学为二。以社会科学论,荀子之见界极是,此篇中有曰"唯圣人为不求知天"。此句非断章取义,全篇即明此义,故又有曰"明于天人之分,则可谓至人矣"。其理限于人事,视知识不足以为神者,固可成立。若以自然科学观之,则仍有可议。天理固不可知乎,其间尚有可知者,当由不知其理而逐步知其理,则所谓文之中未尝无质。故以易学观之,以之为神既不可,以之为文亦未为是。当时气象学之发展,已有卦气图形成,则知雩者卜筮者中,不乏有客观观察自然现象的变化周期者。以十二消息卦象其昼夜时刻的变化,杂卦象其不规则的各种气象,此全属自然科学的范畴,以卜筮言乃有数学概率的意义。此类知识荀子全不考虑,然已高于以为神而不以为文者。考荀子五十在齐,且三为祭酒,是时在邹衍、邹奭之后。衍、奭善谈自然科学,乃反其义而形成荀子仅知人事而不究天地的天人分裂思想。《史记》所谓"齐人或谗荀卿,荀卿乃适楚",此所谓谗,实观点学派之不同。今以自然科学角度观之,齐之方士中,邹与奭决非空论,荀子之见,反不及其有整体观。荀子之《非十二子篇》既在非子思孟子,亦可见邹奭之说本子思孟子而进一步合诸当时之自然科学。奈荀子未能知此,故其对易学之认识,亦仅限于卜筮之文,而未能一究卜筮之实。

《史记·荀卿列传》:"荀卿嫉浊世之政,亡国乱君相属,不遂大道而营于巫祝,信禨祥,鄙儒小拘,如庄周等又猾稽乱俗,于是推儒墨道德之行事兴坏,序列著数万言而卒。"今读荀子之书,内容确同此。然观当时之思想,若荀卿之见,自以为传儒家之正统,其何以见时代之变化。其弟子出韩非、李斯,可知荀子之所谓大道,实未得乎战国时代的整体思想而已通于法家,唯仍执《诗》、《书》、《礼》、《乐》之经,且未重《易经》。

荀子三十二篇之内容,未必全书一致。当逐篇理解其旨,庶可深入以论荀子与易学之关系。

《劝学篇》第一——贵学,所学者:"其数则始乎诵经,终乎读《礼》。其义则始乎为士,终乎为圣人。"于经曰:"故《书》者政事之纪也,《诗》者中声之所止也。《礼》者法之大分,类之纲纪也,故学至乎《礼》而止矣。夫是之谓道德之极。《礼》之敬文也,《乐》之中和也,《诗》《书》之博也,《春秋》之微也,在天地之间者毕矣。"读此可知荀子重《诗》、《书》、《礼》、《乐》、《春秋》五经,然未尝言《易》,可证先秦时《易》非孔、孟、荀所重。

《修身篇》第二——有言"以治气养生,则后彭祖"。可见养生以治气之理,当时极盛行,且以彭祖之寿为准的。然荀子有其法,其言曰:"凡治气养心之术,莫径由《礼》,莫要得师,莫神一好,夫是之谓治气养心之术也。"此为礼之大用,有合乎克己复礼之旨。不主张"穷无穷极无极",此理可取,然难免执于用而不知体,若《中庸》于大小能知"莫能载,莫能破",则正得大小之穷极,故可不必"穷无穷极无极"。若荀子于大小似未得《中庸》之旨即言此,未免有所执。每引《诗》为证,孟子亦相似。

《不苟篇》第三——明辨君子小人,且以礼义之中为贵,由是以非惠施、邓析殊未可必。若曰:"故千人万人之情,一人之情是也。天地始者,今日是也。百王之道,后王是也。君子审后王之道,而论于百王之前。"此即法后王之理,为秦始皇所利用。

《荣辱篇》第四——"君子道其常而小人道其怪",此论未必正确,于发展不利。又屡言"《诗》、《书》、《礼》、《乐》",《春秋》亦少言,《易》根本不谈,可见荀子之儒。

《非相篇》第五——明不可以外形论人。引及"故《易》曰:'括囊无

咎无誉’,腐儒之谓也。”此论未合易象,荀子乃断章取义,未可据以释
《易》,又见荀子未重易象。

《非十二子篇》第六——此篇可见荀子之旨。十二子为它嚣、魏
牟;陈仲、史䲡;墨翟、宋钘;慎到、田骈;惠施、邓析;子思、孟子(托言仲
尼、子游)。自承仲尼、子弓,又否定子张、子夏、子游。或以为子弓当
雍也南面之象,确为荀子重《礼》之志。

《仲尼篇》第七——论齐桓公之得失可取。谓“势不在人上而羞为
人下,是奸人之心也。……君子时屈则屈,时伸则伸也”,亦是。

《儒效篇》第八——以周公为大儒之效,引及秦昭王问孙卿一大节
论儒之作用,义与孟子略同。又分俗人、俗儒、雅儒、大儒四等。以法
后王为雅儒,尊贤畏法而不敢怠傲,法先王为大儒。又曰:“大儒者,天
子三公也。小儒者,诸侯大夫士也。众人者,工农商贾也。”

《王制篇》第九——主张王公士大夫与庶人之子孙,可因才而易
位,为治国之所需。主张君子主事,辨君子小人之异。“先王恶其乱
也,故制礼义以分之”,则亦未尝不法先王。且有论人物之辨,其理殊
善:“水火有气而无生,草木有生而无知,禽兽有知而无义,人有气有生
有知亦且有义,故最为天下贵也。”又曰:“相阴阳,占祲兆,钻龟陈卦,
主攘择五卜,知其吉凶妖祥,伛巫跛击之事也。”此见荀子基本以卜筮
视《易》,王制仍贵《礼》。又曰:“王者之制道不过三代,法不贰后王,道
过三代谓之荡,法贰后王谓之不雅。”此义应合于《不苟篇》第三,可明
其理。

《富国篇》第十——非墨子之节用非乐等,理可取,其说不及孟子
之斥之为无父。又曰:“故先王明礼义以壹之。”又见其重先王。结曰:
“事强暴之国难,使强暴之国事我易,此之谓也。”此正战国之言,已无
王天下之志,仅能以礼治国富国而已。

《王霸篇》第十一——以齐桓、晋文、楚庄、吴阖闾、越勾践为五霸,
可备一说。又曰:“故明主好要而暗主好详,主好要则百事详,主好详

则百事荒。"得事理之旨。

《君道篇》第十二——"有乱君无乱国，有治人无治法。……得其人则存，失其人则亡，法者治之端也，君子者法之原也。"诚荀子之名言。又曰："书曰：先时者杀无赦，不逮时者杀无赦。人习其事而固，人之百事如耳目鼻口之不可以相借官也。故职分而民不探，次定而序不乱，兼听齐明而百事不留。如是则臣下百吏至于庶人，莫不修己而后敢安止，诚能而后敢受职，百姓易俗，小人变心，奸怪之属，莫不反悫，夫是之谓政教之极。故天子不视而见，不听而聪，不虑而知，不动而功，块然独坐而天下从之如一体，如四肢之从心，夫是之谓大形。"此论君道，视之为"黄帝尧舜垂衣裳而天下治"，未尝不可。然先时不逮时者诛，殊大异于《文言》"先天而天弗违，后天而奉天时"之旨。现在之时，孰能知之，此荀子之大惑，不及《易传》亦多矣，出韩非、李斯决不偶然。若曰："古有万国，今有数十焉，是无它故，莫不失之是也。"此见形势已趋于统一，然齐楚燕秦与三晋孰能一之，当时犹未知云。

《臣道篇》第十三——分态臣、篡臣、功臣、圣臣，以当亡、危、强、王四者，义亦可取，举具体之例可参考。基本以三代之事迹为主而论君臣，其见实低于孟子。

《致士篇》第十四——又以君子小人当治乱，君子当衡听显幽重明，不可朋党比周。

《议兵篇》第十五——述临武君与孙卿议兵于赵孝成王前。按赵孝成王当公元前265—前244年在位，荀子正当其时。议兵时又提及王霸之名。准"敬胜怠则吉，怠胜敬则灭"，又曰："兵者所以禁暴除害也，非争夺也。"又提及"秦师至而鄢郢举"，是当公元前278年，乃当时发生不久之大战役。荀子评之曰："若振槁然，是岂无固塞隘阻也哉，其所以统之者非其道故也。"然二千年来为屈原抱不平者皆发于文学，此徒增感慨之情，实须知楚之非其道以为戒，议兵者其勉诸。荀子归诸"以德兼人者王，以力兼人者弱，以富兼人者贫，古今一也"。此理虽非绝对,亦可参考。唯其议兵,以较孟子为合时。

《强国篇》第十六——提及"彼先王之道也,一人之本也,善善恶恶之应也,治必由之,古今一也"。此见荀子仍贵先王之道,以反先王之道为非。又提及入秦见应侯,应侯为相在前 265 年以后,其时亦合。应侯之问入秦何见,荀之答词殊有价值,可睹秦国政治之严肃。

《天论篇》第十七——此篇甚重要,欲明"天行有常",见下于《老子》"道可道非常道"甚多,不足论至道。

《正论篇》第十八——此论大误,亦时势造成,将认为有天下不可变易之君道,全成始皇之宣传工具。而嬴政之心,有误于此论。曰"尧舜擅让是虚言也……",诚哉,封建之制由此而定。或以之为儒,儒何陋耶。间有非子宋子者,所以破礼治,此殊可见荀子礼治之隘。

《礼论篇》第十九——"礼有三本。天地者生之本也,先祖者类之本也,君师者治之本也。"此明礼之三本可取。然天地之理如何认识?君师之德如何应时? 皆不知其度。此所以礼成空洞结构而徒为封建所利用,与孔子对颜渊所言之克己复礼殊异。答曰:"凡礼事生饰欢也,送死饰哀也,祭祀饰敬也,师旅饰威也。是百王之所同,古今之所一也。"义虽是而不知变其节文,此所以不足贵,由此篇可证《礼记》诸篇亦多本诸先秦,非汉儒所作。

《乐论篇》第二十——"乐者先王之所以饰喜也,军旅铁钺者先王之所以饰怒也。"以非墨子,其理尚正可取。

《解蔽篇》第二十一——首曰:"凡人之患蔽于一曲而暗于大理。"此犹庄子所谓道术将为天下裂。提及"故道经曰:人心之危,道心之微。危微之几,惟明君子而后能知之。"后为梅赜所用,此实为道家之精华。又言:"故浊明外景,清明内景,圣人纵其欲兼其情,而制焉者理矣。"述各家各有所蔽。此荀子之学风,喜论人而自处乃隘,与庄子大异。外景、内景后为道经《黄庭经》所用。

《正名篇》第二十二——"后王之成名,刑名从商,爵名从周,文名从礼,散名之加于万物者,则从诸夏之成俗……"此见荀子以三代起为后王。此篇辨名实,当名家之说。

《性恶篇》第二十三——此篇论孟子道性善之非,然辨在对性之概念不同。如概念确同,则孟子论先天,荀子论后天。

《君子篇》第二十四——"天子也者,势至重,形至佚,心至愉,志无所诎,形无所劳,尊无上矣。"此封建之尤,君子何可有此思。

《成相篇》第二十五——提及"文武之道同伏戏"。此存儒者之思而以文出之,然全书中仅见其理,有文学价值。

《赋篇》第二十六——此游戏文章以赋"礼"、"知"、"云"、"蚕"、"箴"。

以下六篇,杨倞以为荀子弟子所记:

《大略篇》第二十七——"下臣事君以货,中臣事君以身,上臣事君以人,《易》曰:复自道,何其咎。"此象尚合。又曰:"善为《诗》者不说,善为《易》者不占,善为《礼》者不相,其心同也。"又曰:"均薪施火火就燥,平地注水水流湿。夫类之相从也,如此之著也。"此水火两句或抄于《文言》。

《宥坐篇》第二十八——言欹器,言诛少正卯、绝粮等事。

《子道篇》第二十九——"入孝出弟,人之小行也。上顺下笃,人之中行也。从道不从君,从义不从父,人之大行也。若夫志以礼安,言以类接,则儒道毕矣。"此可取。

《法行篇》第三十——重礼。"礼者众人法而不知,圣人法而知之。"

《哀公篇》第三十一——孔子答哀公问分庸人、士、君子、贤人、大圣五等。

《尧问篇》第三十二——述楚庄王之言臣不能及而忧等事。

最后六篇,自二十七至三十二确与以上二十六篇不同,杨倞以为荀子弟子所记可信。荀子于《易》并不重视,然已及《易》。于后王已指三代,不与孟子同者,不知求上而求下,此不可取。多论外王而少论内圣,此所以不及孟子。

子弘子庸之楚易

《史记·仲尼弟子列传》:"商瞿,鲁人,字子木,少孔子二十九岁。孔子传《易》于瞿,瞿传楚人玕臂子弘,弘传江东人矫子庸疵,疵传燕人周子家竖。"《汉书·儒林传》:"自鲁商瞿子木受《易》孔子,以授鲁桥庇子庸,子庸授江东玕臂子弓,子弓授燕周丑子家。"

《史》《汉》于易学之传,皆认为自孔子起,经五传而及秦汉之际之田何。今以时考核之,田何之生卒年,约当公元前178—前248年,上距孔子(前551—前479)凡二百数十年,其间仅五传。而子木少孔子二十九岁,则自子木以下之四传,皆须弟子少师四十余岁,此与事实未合。一般平均以三十岁为限,约宜有七传,今仅五传,可证易学非传自孔子。鲁人商瞿是否传《易》,或是否孔子弟子,此为疑点。或认为是孔子弟子,则所谓传《易》,仅重视《礼》中之卜筮法。《家语》等书引及者,基本明卜筮,有与于易传之哲理尚未形成,其传犹太卜一类人物。而逐步积成易传,约当子思(前492—前431)后。子庸、子弘之传《易》,与孟子约同时。《史》《汉》倒其次,因本有不同的传说。《史记》以子弘为楚人,《汉书》以为江东人。《史记》以子庸为江东人,《汉书》以为鲁人。似《汉书》有以取由近及远之传,乃由鲁三传而南及江东,北及燕齐。考楚及江东,皆属长江流域的文化,江东在下游,楚在中游。因战国时之易,既非孔子所起,决非本诸鲁。故此二代非同一地区,其时间亦难以肯定先后,大而言之同属楚易。此二代之易学,推论其思想,似可为《庄子·天下篇》思想之原。或以子弘当荀子所尊敬之子弓,此可备一说。然《易》之思想,尤其是战国时总结之整体理论,荀子仅得其部分。唯北方齐燕之邹衍,南方荆楚之庄子,庶足以得其全。此《史》《汉》所载之传《易》学者,既乏本人之文献,仅凭时空形势概论之,固难肯定。唯《易》由南北二路发展,似属事实。更合以汲冢所得之三晋易,则战国易学之概貌,似已可得。楚易不可忽尤为重要,故认为子弓即荀子所尊重者,此未尝不可。然荀子虽在楚兰陵,仍在今之山东,决不可视荀子之易为楚易。因荀子赵人,与稷下派不合而之楚,其易实与三晋易有相似处,与燕齐楚之易皆不同。

周丑之燕易

《史记·仲尼弟子列传》:"……疵传燕人周子家竖,竖传淳于人光子乘羽……"《汉书·儒林传》:"……子弓授燕周丑子家,子家授东武孙虞子乘……"

有《史》《汉》之记载,可喻齐易来源于燕易,即孙虞之易,本诸燕人周丑。以时间考之,周丑又长于孙虞三十岁左右,则周丑之生,约当子哙让位之时,其后昭王兴燕,正周丑学易之时。若邹衍归燕而为昭王师,其说正可充实周丑之易学。今《系辞》中不乏有阴阳家之理,可肯定周丑尝兼取邹衍之说。当时齐燕之发展形成一文化中心,其理贵有整体,而周丑传孙虞之易学,即是此一整体的代表。所谓三才之道,阴阳生生,一阴一阳之谓道,阴阳不测之谓神等等概念,皆属齐燕文化之易学。至于周丑易的来源,《史》《汉》不同,此或非偶然,实未能上推。以学术考之,易学之整体来自战国各地,此指齐燕之易,仅及邹衍而止。此外另有晋楚之易,则源流有异,时位不同。《史》《汉》承汉初的传说,必使易传自孔子,乃不同的地域,变成不同的时间。《汉书》倒《史记》之次,亦未能说明事实,因不论子弓与子庸,皆非周丑之师。

孙虞之齐易

《史记·仲尼弟子列传》:"……竖传淳于人光子乘羽,羽传齐人田子庄何……"《汉书·儒林传》:"……子家授东武孙虞子乘,子乘授齐田何子装……"

按田何之情况,基本可考。于汉刘邦九年(前198),由齐徙关中,于被徙前田氏大族祖居于齐。若田氏代姜,孔子不满。至田何传《易》,时已在秦,上距孔子之卒已二百数十年。若汉后二千余年之易学,必谓皆本诸田何,又谓传自孔子,如《左传》所载"庄公二十二年(前672)陈公子完奔齐"之占,分明有与于田氏,其为田氏代姜之理论根据,而见齐易实有与田氏有关。

以田何五十岁徙关中计之,约生于前248,盖当王建(前64—221年在位)之时。其易受于齐淳于人光子乘羽,即孙虞子乘。当田何学易时,正当秦统一六国,而齐亡以间,反较太平,乃能专心受易。以一般师生论,师当长于弟子三十左右,则孙虞之时间,正生于潜王称东帝之际。其一生不论是否周游列国,而其要定以齐学为主,故孙虞之壮年,约当荀卿不合齐学之学风而归楚。孙虞能继稷下之学风,且以易

178

学为主,如《文言》、《系辞》诸传之形成,定与孙虞有关,盖易传之旨实与荀卿不同。惜孙虞之事迹失考,若释咸所谓"天下同归而殊涂,一致而百虑"等,与当时称东帝之齐风相近。

汲冢之易学

《晋书·束皙传》：

  初，太康二年，汲郡人不准盗发魏襄王墓，或言安釐王冢，得竹书数十车。其《纪年》十三篇，记夏以来至周幽王为犬戎所灭，以事接之，三家分，仍述魏事至安釐王之二十年。盖魏国之史书，大略与《春秋》皆多相应。……其《易经》二篇，与《周易》上下经同。《易繇阴阳卦》二篇，与《周易》略同，繇辞则异。《卦下易经》一篇，似《说卦》而异。《公孙段》二篇，公孙段与邵陟论《易》。……《师春》一篇，书《左传》诸卜筮，师春似是造书者姓名也。《琐语》十一篇，诸国卜梦妖怪相书也。……《大历》二篇，邹子谈天类也。……大凡七十五篇，七篇简书折坏，不识名题。……武帝以其书付秘书校缀次第，寻考指归，而以今文写之。皙在著作，得观竹书，随疑分释，皆有义证，迁尚书郎。

  汲冢书之具体内容，莫详于《束皙传》，然发墓时尚在太康二年（281）前。《晋书·武帝纪》："咸宁五年（279）冬十月戊寅……汲郡人不准掘魏襄王冢,得竹简小篆古书十余万言,藏于秘府。"且咸宁五年十月戊寅,书已藏于秘府,故掘冢得竹简,经整理而上于朝,尚有时间。当既藏秘府后,卫恒曾见之,其著《四体书势》中提及:"……太康元年(280),汲县人盗发魏襄王冢,得策书十余万言。案敬侯所书,犹有仿佛。古书亦有数种,其一卷论楚事者最为工妙。恒窃悦之,故竭愚思,以赞其美,愧不足厕前贤之作;冀以存古人之象焉。古无别名,谓之字势云。"

按今已屡得战国时之竹简,其书法确已精工,且亦有优劣,恒之言能得其实,然此与内容无关。太康元年或系恒读此竹简之时,迨太原二年束皙始为"随疑分释",其事荀勖亦与之。《晋书·荀勖传》:"……及得汲冢中古文竹书,诏勖撰次之,以为《中经》,列在秘书。"《中经》已佚,故汲冢书之详,已不可知(另见"论《中经》与《归藏易》")。今仅能据《束皙传》以论其与易学之关系。

先以时间论,魏襄王在位23年(前318—前296),魏安釐王在位34年(前276—前243)。其间尚有昭王在位19年(前295—前277)。今以竹书论,记及魏事至安釐王二十年(前257),如以此年为下葬之时,则安釐王尚在位,此墓当然不可能是安釐王冢,是否襄王或昭王墓?何以四十年或二十年后安釐王为之下葬,皆有疑问。故此墓之墓主究属何人,尚不可知,亦可能是安釐王二十年去世的魏国某贵族之墓,距咸宁五年(279)已五百三十余年。今不加详考其墓主,仅论其竹书,皆属魏国于安釐王二十年以前的文献。是年秦始皇仅三岁,尚属吕不韦的奇货,父子犹质于赵,而秦赵邯郸之争正烈。魏于是时,能保持相对稳定,汲冢得数十车之竹书,正属魏所保存的古代及当代文献。以易学论,"其《易经》二篇,与《周易》上下经同"。此一问题,因得长沙马王堆《周易》帛书后,已完全可信。考马王堆帛书《周易》,下葬于汉文帝前元十二年(前168),推而上之仅早八十九年,故二篇之形成,由马王堆之实物可归诸汲冢文献的实物,其下限已在魏安釐王二十年

（前 257）。此三晋之易学，不全同于齐鲁之易学。汉周王孙之古义，必传此三晋易学。

又曰："《易繇阴阳卦》二篇，与《周易》略同，繇辞则异。"此二篇与《周易》略同，似指《周易》中六十四种阴阳卦象，然本阴阳卦象所系之《易经》卦爻辞或尚有不同，故曰"繇辞则异"。此见《周易》当有六十四卦卦辞、三百八十四爻爻辞及用九、用六之结构，而具体的文字，所谓"观象系辞"的理，则又须因人而加以固定。此时间自然在汲冢前，而及汲冢时尚并存不同的繇辞，可喻《易》本属卜筮之书，筮者因事而为之说，当时各国的繇辞不可能全同。此有略同的《阴阳卦》二篇，可证《周礼》所谓三易尚存于三晋易中。马王堆帛书中所存之《周易》，盖属楚易，已无《阴阳卦》之繇辞。

又曰"《卦下易经》一篇，似《说卦》而异"者，即读易之法。"似说卦"者，犹明八卦之方位、卦次、卦象等，"而异"者，自然可有不同的方位、卦次、卦象等，惜未闻具体之不同。

此外尚得战国时易家三人，其一公孙段，其二邵陟，此二人曾共同论《易》而留有《公孙段》二篇，此二篇可云于《周易经传》外之第一部易著，相对论《易》，其非卜筮可知，此点殊可注意。其三"师春"，可属辑《易》之第一人。是时《左传》早已成书，师春乃辑《左传》中有关诸卜筮者集成一篇，则其重视卜筮可知。然《左传》中已有不待卜筮而明其理者，未知"师春"亦辑及否。

若"《琐语》十一篇"，所以广及一切之象，后世之卜易早已兼及之。最重要者有"《大历》二篇"，属邹子谈天类，必有可贵之见界。大九州之说失传，为秦前秦后之一大差别。西汉尚存邹子之书而无人研习，西晋复得此书，当然亦未能引起谈天者注意，殊觉可惜。

总观汲冢书之情况，其纪年甚早，乃见魏尚重视历史，且不信尧舜之禅让，正与齐鲁不同而有合于历史事实。最近又得睡虎地秦墓竹简，仅记秦昭襄王元年至秦始皇三十年，凡九十年。虽墓主之地位不同,然其为秦之官吏,除知当代之秦史外,于六国情况及古史事实已全不关心,此见秦灭六国对吾国文化损失之重,而不仅在焚书云。下葬汲冢之墓主时,仅早四十年,其与秦吏之见,诚有天渊之别。此点殊宜深思,方可理解秦前秦后对认识易学整体理论的不同。

汲冢竹简之时间

据《晋书·束皙传》,《竹书纪年》至安釐王之二十年(前 257)。然据杜预《左传·后序》认为是魏哀王二十年(前 299),且魏无哀王,其时为魏襄王。此年代之差有四十余年,今人基本从杜预说,且《晋书》亦兼取魏襄王与安釐王二说。主要须考证的关键,在视其《纪年》究竟终于何年。奈当时的《竹书纪年》已佚,则束皙整理竹书虽在杜预前,而《束皙传》保存在《晋书》中,实在杜预自著之《后序》后。

唯有四十余年之差,则有关《周易》成书的时代,于公孙段、邵陟、师春三人的时代,亦将有变化。已可视为与孟子同时或更早,此见当时三晋中魏易的情况。今据王国维之考证,古本《竹书纪年》盖终于襄王二十年(前 299),则汲冢所得的一切文献,当以是年为准。有关"繇辞则异",尚可深入研究三易之原。

《隋志》:"《归藏》十三卷,晋太尉参军薛贞注。"又:"《归藏》,《汉书》已亡。案《晋中经》有之,唯载卜筮,不似圣人之旨,以本卦尚存,故取贯于《周易》之首,以备殷易之缺。"此所谓《晋中经》,即荀勖撰次汲冢之书,乃知二篇繇辞不同于《周易》者,实即《归藏易》。或以《归藏》之名为荀勖所加,殊可进一步研究,而战国时确有不同于《周易》的二

184

篇存在,不可不认为是事实。"唯载卜筮,不似圣人之旨",正见殷周文化的不同。

《礼记·礼运》:"孔子曰:我欲观夏道,是故之杞,而不足征也,吾得夏时焉。我欲观殷道,是故之宋,而不足征也,吾得坤乾焉。坤乾之义,夏时之等,吾以是观之。"则知汉时早已流传孔子得殷代坤乾之道,此二篇繇辞似当为古易,据清马国翰辑得者观之,宜属长江流域之楚易,与黄河流域之《周易》有地域的不同。若楚易之流传亦早,以时间论之,正可与殷易相称。

易学与《吕氏春秋》之关系

易学有其整体理论。《吕氏春秋》成书于秦八年，即公元前239年。其时我国的文化已有整体理论，汉以《吕氏春秋》属于杂家者，即见其能兼取各家之长而得一整体，亦见秦之将统一天下。吕不韦相庄襄王，于元年壬子(前249)亲自带兵灭东周君，此非重大战役，仅废一徒存空名之周天子。然以史迹观之，武王兴于牧野而东周君灭于秦，当时的吕不韦盖重视其事，故即以翌年癸丑为秦元年。当秦二年甲寅，庄襄王在位三年即死，继位者是年仅十二岁之秦始皇。翌年乙卯，秦王政十三岁即位为元年，实已秦三年。此吕不韦之观点，其辅始皇有先王之命，尚认为天下已属秦，年幼之始皇已在其掌握中，决不会以始皇元年为秦元年。故秦八年成《吕氏春秋》即始皇六年(前241)，其年始皇亦仅十八岁。及二十一岁而始皇亲政，吕不韦即失权。嫪毐之事为爆发点，即使无其事，若吕不韦的思想，决不能容于始皇之作风。故不韦自杀于丙寅，以其纪年为秦十四年，亦即始皇十二年。其统一六国最后灭齐在庚辰，即始皇二十六年。

今论《吕氏春秋》之整体理论，必须本吕不韦的思想。亦即讨论秦易，其时间当始于秦元年(前248)至秦子婴元年(前207)，凡四十二年。宜分三段，自公元前248—前238年这十一年为前段，公元前

237—前 211 年这十七年为中段,公元前 220—前 207 年这十四年为后段。此论易学与《吕氏春秋》之关系,当秦易之前段。

考《吕氏春秋》成书时,吕不韦养有天下之士,唯其能兼收并蓄,庶能成此杂家之名著。且其特色能总结战国之思潮,亦就是能取法于自然界的原理而为人类社会组织的准则。全书凡十二纪八览六论,内含极精辟之数学理论。

于十二纪,每纪分五篇,共六十篇,盖取六十花甲之数。十二纪即十二月以当十二地支,五篇之五犹五行之象。此六十花甲之次,殷墟甲骨已得其序,及不韦之时足有千年未间断,不韦即以六十数总论十二纪之变化。于十二纪即本春夏秋冬四时,每时分孟仲季三月为十二月,每月记其日及其昏旦当二十八宿之位,此乃当时之历书,且合诸日干、帝、神、虫、音、律、数、味、臭、祀、祭等。于孟夏尚多"其性礼、其事视"二项,是否其他各纪中阙失,或此纪中衍文,似不可究诘。以时代言,貌、言、视、听、思,仁、礼、义、知、圣当五行,《洪范》子思已加应用,故不韦定已知之,今补入或删去之,于大义无异。最后论天子法天之生活情况,分八者包括衣(衣、服)、食、住、行(乘、驾)、用(器),其所谓"载"是犹"卦",盖视卦斿之色以知时,即本青赤白玄四色以喻四时,乘驾衣服皆然。详下《吕氏春秋》十二纪分类表:

时	月	日	昏	旦	日干	帝	神	虫	音	律	数	味	臭	祀	祭	天子						
																居	乘	驾	载	衣	服	食	器
孟	营	参	尾	室					(东风解冻)													
			中	中				太	(蛰虫始振)							左						
									(鱼上冰)							个						
								簇	(獭祭鱼)													
									(候雁北)													
仲	奎	弧	建						(始雨水)													
			中	星				夹	(桃李华)							太						
			中						(苍庚鸣)							庙						
								钟	(鹰化为鸠)													

	季胃七牵 星牛 中中		（桐始华） （田鼠化为驾） 姑（虹始见） 洗（萍始生）	右 个
春	甲太句鳞角 乙䇲芒	八酸羶户脾	青鸾苍青青青麦疏 阳辂龙旗衣玉与以 羊达	
	孟毕翼婺 中女 中		（蝼蝈鸣） （丘蚓出） 仲（王菩生） 吕（苦菜秀）	左 个
	仲东亢危 井中中		（小暑至） （螳螂生） 蕤（鸡始鸣） 宾（反舌无声）	太 庙
	季柳心奎 中中		（凉风始至） （蟋蟀居宇） 林（鹰乃学习） 钟（腐草化为蚈）	右 个
夏	丙炎祝羽徵 丁帝融	七苦焦灶肺	明朱赤赤朱赤菽高 堂辂骝旗衣玉与以 鸡桷	
	孟翼斗毕 中中		（凉风至） （白露降） 夷（寒蝉鸣） 则（鹰乃祭鸟） （始用刑戮）	左 个
	仲角牵觜 牛觿 中中		（凉风生） （候雁来） 南（玄鸟归） 吕（群鸟养羞）	太 庙

秋	季房虚柳 中中	（候雁来） （宾爵入大水为蛤） 无（菊有黄华） 射（豺则祭兽戮禽）	右 个
	庚少蓐毛商　九辛腥门肝 辛皞收		总戎白白白白麻廉 章路骆旗衣玉以 犬深
冬	孟尾危七 中星 中	（水始冰） （地始冻） 应（雉入大水为蜃） 钟（虹藏不见）	左 个
	仲斗东轸 壁中 中	（冰益壮） （地始坼） 黄（鹖旦不鸣） 钟（虎始交）	太 庙
	季婺娄氏 女中中	（雁北乡） （鹊始巢） 大（雉雊） 吕（鸡乳）	右 个
	壬颛玄介羽　六咸朽行肾 癸项冥		玄玄铁玄黑玄黍宏 堂辂骊旗衣玉以 彘弈
中央	戊己黄后保宫 （继于仲夏） 帝土	五甘香中心 雷 黄 钟 之 宫	太太大黄黄黄黄稷圜 室辂駵旗衣玉以 牛掩

吕氏春秋十二纪分类表

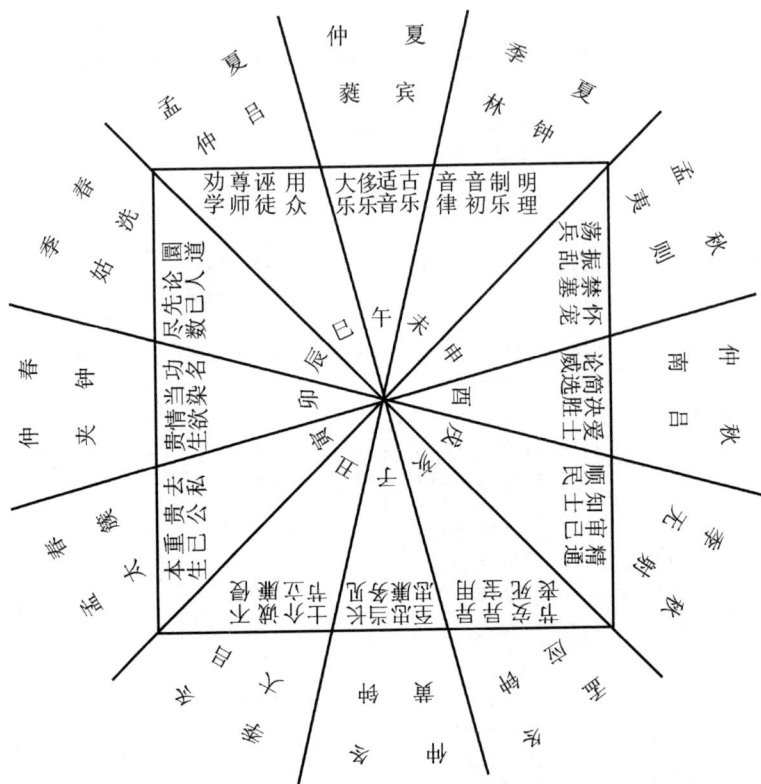

准上表各项,可见战国时之整体思想,必以天时为主乃见阴阳五行之运行。是时《洪范》早已流传,合诸五行之数,乃知四时数之原。详示如下:

$$
\begin{array}{ccc}
 & 丙丁 & \\
火 & 七二 & \\
炎帝 & & 戊己 \\
 & & 五十土 \\
甲乙 & & 黄帝 & 庚辛 \\
木 八三 & & & 四九 金 \\
太皞 & & & 少皞 \\
 & 壬癸 & \\
 & 一六 水 & \\
 & 颛顼 &
\end{array}
$$

190

其间五帝之相生,即以太皞为伏羲氏,炎帝为神农氏,少皞金为土所生,故为黄帝之子,颛顼水为金所生,故又为黄帝之孙。其数即宋朱熹起名之曰"河图"者,当战国时已能综合五行生克之理而归诸数,此大可注意之事。凡此之理,皆应抽象成纯数学之原理加以研究,决不宜限于人事之附会而并此数学模型亦加以否定。而先秦之易学尤重视筮数,故四时之数,实为易学之本,决不可忽视。

又五行与五藏之配合,此当西方之习惯,其后扬雄之《太玄》亦同此。而与《内经》不同者,《内经》似当东方之习惯。至于每纪气象之变化,基本取四,仅孟春孟秋取五,《月令》亦同,当为战国时通行之历象。其时有卦气图出,乃化成七十二候,其理全同。

据此乃知准天道以治民之理,故不韦特作《序意》以明十二纪之大义。其言曰:"尝得学黄帝之所以诲颛顼矣,乃有大圜在上,大矩在下,汝能法之,为民父母。盖闻古之清世,是法天地。凡十二纪者,所以纪治乱存亡也,所以知寿夭吉凶也。上揆之天,下验之地,中审之人,若此则是非可不可无所遁矣。"此与《易》有三才之道大义无异,同为战国时的整体思想。以时而言,不韦已取于邹衍之说,而易学的整体当成于邹衍与不韦之间。此重视四时之数,即当时易学中阴阳变不变的数字,合诸五行,即《尚书·洪范》"次七稽疑"。筮龟之理同为稽疑,必视《易》非卜筮书而须突出其哲理,实未合当时之史迹。唯《易》以象数而得天地人三才之整体,故无碍于《易》属卜筮书而失其价值。今以十二纪六十篇目之次,正可见大圜大矩之象,而卦气图之大义亦在其中。凡十二纪犹十二辟卦,其他四十八篇犹四十八杂卦,四时为四时卦。然不幸仅以易理为卜筮之数,尚未合卦气图以言。

除十二纪外另有八览六论,其篇数每览八篇,合之即六十四篇。于每论为六篇,合之即三十六篇,总为百篇。此不韦有意应用之象数,决非偶然。考此书之成与《韩非子》实同时,且同在秦国,然内容截然不同。《韩非子》为一家之言,归之法家,与内容相称。而不韦之书能容法家,然决不为法家所囿。其所囿者为十二纪八览六论,其间之内容确能兼收并蓄而各归其所。故于十二纪之六十篇,八览之六十四篇(内佚一篇),六论之三十六篇,必须知其分而得其合,合成三才之道之整体,庶可睹易学与《吕氏春秋》之关系。十二纪之六十篇,犹六十甲子,八览之六十四篇犹六十四卦,六论之三十六篇,犹六爻之发挥。且战国时之易学,本以象数为主。于二篇之卦爻辞,基本用于卜筮,其价值乃出于卜筮者之深入研究三才之道。故其象数之理本在文字之外,不妨出于卦爻辞而独立。此脱离文字之象数实体,即阴阳五行之道,战国时《洪范》早已盛行。吕不韦即见及象数之实体,然后综合各家之说以成此书,其间贵能多取阴阳家之说。至于由邹衍之说发展成《周易·系辞》等文,不韦似未见,基本在三晋与齐楚流传。易学入于秦者,仍以卜筮为主。而其象数则已有合于《易》之整体,然尚未以文字明言,此不可不知。宜汉初刘邦徙田何至关中当九年癸卯(前 198),距不韦公布《吕氏春秋》于壬戌(前 239)时,仅四十年许而天下大势已完全不同。故不了解秦易,殊难客观说明汉易之发展基础。下引有关易学之原文:

《十二纪·尽数》:"今世上卜筮祷祠,故疾病愈来。譬之若射者,射而不中,反修于招,何益于中。"

《十二纪·大乐》:"音乐之所由来者远矣。生于度量,本于太一,太一出两仪,两仪出阴阳,阴阳变化,一上一下,合而成章。浑浑沌沌,离则复合,合则复离,是谓天常。天地车轮,终则复始,极则复反,莫不咸当。"

《十二纪·孟冬纪》:"是月也,命太卜,祷祠龟策占兆,审卦吉凶。于是察阿上乱法者则罪之,无有揜蔽。"

《十二纪·长见》:"智所以相过,以其长见与短见也。今之于古也,犹古之于后世也。今之于后,亦犹今之于古也。故审知今则可知古,知古则可知后,古今前后一也。故圣人上知千岁,下知千岁也。"

以上十二纪中，仍据《月令》，于《孟冬》用之。《尽数》中否定于疾病时用卜筮祷祠，可见不韦对卜筮的态度。乐理本于太一两仪，即取"太极生两仪"之理，《长见》之明古今后，实即"数往者顺，知来者逆"之义，此见殊深刻，可代表战国时之思潮。《易》之整体中，亦重视其义。

《八览·有始》："极星与天俱游，而天极不移。"

《八览·先识》："殷内史向挚见纣之愈乱迷惑也，于是载其图法，出亡之周。……晋太史屠黍见晋之乱也，见晋公之骄而无德义也，以其图法归周。……"

《八览·君守》："奚仲作车，苍颉作书，后稷作稼，皋陶作刑，昆吾作陶，夏鲧作城。"

《八览·勿躬》："大桡作甲子，黔如作虏首，容成作历，羲和作占日，尚仪作占月，后益作占岁，胡曹作衣，夷羿作弓，祝融作市，仪狄作酒，高元作室，虞姁作舟，伯益作井，赤冀作臼，乘雅作驾，寒哀作御，王冰作服牛，史皇作图，巫彭作医，巫咸作筮，此二十官者，圣人之所以治天下也。"

《八览·不二》："老聃贵柔，孔子贵仁。墨翟贵廉，关尹贵清。子列子贵虚，陈骈贵齐。阳生贵己，孙膑贵势。王廖贵先，儿良贵后。"

《八览·召类》："赵简子将袭卫，使史默往睹之，期以一月，六月而后反。赵简子曰：何其久也。史默曰：谋利而得害，犹弗察也。今蘧伯玉为相，史鳝佐焉，孔子为客，子贡使令于君前，甚听。《易》曰：涣其群，元吉。涣者，贤也。群者，众也。元者，吉之始也。涣其群元吉者，其佐多贤也。赵简子按兵而不动。"

《八览·达郁》："凡人三百六十节，九窍五藏六府，肌肤欲其比也，血脉欲其通也，筋骨欲其固也，心志欲其和也，精气欲其行也。若此则病无所居而恶无由生矣。病之留，恶之生也，精之郁也。故水郁则为污，树郁则为蠹，草郁则为蒉，国亦有郁，主德不通，民欲不达，此国之郁也。国郁处久,则百恶并起,而万灾丛至矣。上下之相忍也,由此出矣。故圣王之贵豪士与忠臣也,为其敢直言而决郁塞也。"

《八览·观表》:"古之善相马者,寒风是相口齿,麻朝相颊,子女厉相目,卫忌相髭,许鄙相脲,投伐褐相胸胁,管青相膹肳,陈悲相股脚,秦牙相前,赞君相后。凡此十人者,皆天下之良工也。其所以相者不同,见马之一征也。而知节之高卑,足之滑易,材之坚脆,能之长短。非独相马然也,人亦有征,事与国皆有征。圣人上知千岁,下知千岁,非意之也,盖有自云也。绿图幡薄,从此生矣。"

《六论·察贤》:"今夫塞者,勇力、时日、卜筮、祷祠无事焉,善者必胜。"

《六论·爱类》:"神农之教曰:士有当年而不耕者,则天下或受其饥矣。女有当年而不绩者,则天下或受其寒矣。"

《六论·壹行》:"孔子卜,得贲。孔子曰:不吉。子贡曰:夫贲亦好矣,何谓不吉乎。孔子曰:夫白而白,黑而黑,夫贲又何好乎。故贤者所恶于物,无恶于无处。"

按《吕氏春秋》中,具体论易学者极少。除十二纪提及太皞氏外,根本未及伏羲氏始作八卦之说,基本视《易》为卜筮之书,由《尽数》、《察贤》等观之,盖信其真而不信卜筮。《壹行》记孔子之卜得贲,其论贲取其卦义,与卜无关。《召类》记史默之引《易》,乃以《易》为用,可证春秋时早已有用《易》一派,与卜筮截然不同。此记赵简子时之史默,可为赵国善用《易》之一证。其后赵武灵王胡服骑射时论古史,始由黄帝而上及神农、伏羲,则伏羲始作八卦之说可能出于赵国,当时尚未为不韦所取。于《先识》中所谓图法,似可与《洪范·九畴》有关。《大戴礼记·明堂位》之数,今已于阜阳出土汉初之实物,则战国已盛行可无疑。唯须有《月令》之天地十数,与明堂位之九畴数,此易学之整体观,即可凭藉象数而形成。(另详"《易学与〈汉书·艺文志〉之分类》")然不韦尚仅信阴阳五行之天时,而不认为其理即可归诸易学。至于提及神农之教,即本楚许行之说,此与农家有辩,或合而言之者未是。以农业知识言,如《六论》中"上农、任地、辨土,审时"诸篇皆托始于后稷,此乃周朝开国以改进农业生产力为基础的实质。许行的农家,乃本南方楚国的农业生产方法,且有其政治理论不允许有脱离生产的上层建筑,则此理论实针对当时的统治集团而言。基于农业生产,则当时各国皆同。迄今二千余年,人类文化的进步,尚未能全部放弃,可证农家的作用。然知农而轻视其他各方面的发展,实为我国文化的最大缺点。如由许行之说,发展成汉后之帝王直至清代尚有象征性的农业劳动。合诸易学言,于黄帝前必增神农者,乃增入楚国之说,当农业社会初成立时,自然应全体人民并耕。迨黄帝时已形成上层建筑,许行之理论已不适用,然于黄帝之前,不可不经过有许行所提倡的神农之言。故黄帝前增入神农,与黄河流域的农业认为始于周室之祖后稷者不同。此乃已综合孟子许行之说以形成,而许行农家之言,又可于《吕氏春秋》中见其一斑。可见不韦已认识神农、黄帝,而当时秦国尚不取伏羲、神农。

此外论相马以相人而见及事与国皆有征,谓绿图幡薄从此生矣,是即后世图谶符命之原,皆属知来之事。其有征未可谓非,所以识其征本身在进化,或认为其征未可考,即谓知来之事全非则不可。此类知识于汉后全属于《易》,先秦时早已盛行,然迄今尚未见有能加以整理而辨其是非得失者,简单的肯定或否定之,皆未足以服人。又以人身合诸国事为喻,乃同人身合于天象,其理贵通以治郁,正易学通泰变化之象。《君守》、《勿躬》中述制器,《不二》中述各家学派之要,方能由此以得整体。汉后重学派而忽于制器,而《易》之四用必取制器,此见《易》于先秦重科技知识,汉易重象尚能继其理。而不韦虽知重制器,然不认为制器与易学有关,乃尚未见《系辞》。最重要者,《有始》中有言"极星与天俱游,而天极不移",则所见之天文资料已多,故能见及岁差之象。由此以证邹衍谈天之天文知识确丰富,其大九州之推论决非偶然。不韦已重统一当时的各国,尚不能继承大九州之说。

合而观之,整体理论之认识,主要在律历统一以归诸象数。此一整体自汉以后即归诸易学,进一步认识其原,须考察战国时其他各国之思想。

易学与《尚书大传》

《尚书大传》伏生所传，以时考之，尚属秦易。其间颇存古义，先引其四方与四时之说如下：

> 东方者何也，动方也。物之动也，何以谓之春？春出也，物之出也，故曰东方春也。南方者何也，任方也。任方者物之方任，何以谓之夏？夏者假也，吁荼万物而养之外也，故曰南方夏也。西方者何也？鲜方也。鲜，讯也，讯者始入之貌。始入者，何以谓之秋？秋者愁也，愁者物方愁而入也，故曰西方秋也。北方者何也？伏方也。万物之方伏。物之方伏，则何以谓之冬？冬者中也，中也者万物方藏于中也，故曰北方冬也。阳盛则吁荼万物而养之外也。阴盛则呼吸万物而藏之内也。故曰呼吸也者，阴阳之交接，万物之终始也。

此已合时位为一而有以见时位之消息。

> 夏以孟春月为正，殷以季冬月为正，周以仲冬月为正。夏以

平旦为朔,殷以鸡鸣为朔,周以夜半为朔。不以二月后为正者,万物不齐,莫适所统,故必以三微之月为岁之三正也。

周以至动,殷以萌,夏以牙。物有三变,故正色有三,天有三生三死。是故周人以日至为正,殷以日至三十日为正,夏以日至六十日为正。天有三统,土有三王,王特一生死。三统者所以序生也,三王者所以统天下也,是故三统三正也。若循连环,周则又始,穷则反本也。夏以孟春为正者,贵形也。

此论三正特详,秦取岁首建亥,伏生未为许,宜须壁藏其书。

水火者,百姓之所饮食也。金木者,百姓之所兴作也。土者,万物之所资生,是为人用。

此释五行极是,始见五行之切近民用而不可废。

遂人为燧皇,伏羲为戏皇,神农为农皇也。遂人以火纪,火太阳也,阳尊故托燧皇于天。伏羲以人事纪,故托戏皇于人,盖王非人不固,人非天不成也。神农以地纪,悉地力种粲疏,故托农皇于地。天地人之道备而三五之运兴矣。

此更增燧皇于伏羲前,犹秦易发展战国易之象。

按伏生济南人,为秦博士,汉文时(前179—前159年在位)年九十余,老不能行,于是诏太常使掌故晁错往受之。按此事似当在文帝初即位时,《史记》《汉书》之《晁错传》亦首记此事。今以文帝即位时伏生为九十岁论,则伏生约生于前269年前后,秦始皇十四岁即位时(前246),伏生已二十岁以上。故伏生所学之《尚书》,当为齐学。齐秦于战国末年尚保持正常联系,于始皇二十四年(前222)灭燕,随即于二十五年(前 221)灭齐,齐毫不设防而为秦所灭。其后秦博士中殊多齐人,及三十四年(前 213)亦因秦博士中齐人淳于越之言而有焚书之祸。谅伏生当于是年前已回齐,年约五十岁左右,乃能壁藏《尚书》。

秦战国时秦的学派

司马谈(前 190? —前 110)《论六家要旨》,当作于晚年。是时尊儒已兴,黄老之说渐为学者轻视。谈深有感慨世道之变,乃"愍学者之不达其意而师悖",故成此文。文仅七百五十六字,然影响于后世的思想极大。或未识谈作此之旨,误认先秦的学派,即此阴阳、儒、墨、名、法、道德六家,派别严然,相互争胜,则更将"师悖"。以下由秦而及战国,略见当时的客观情况。时间用上推法,步步核实,有文献为准而不为汉人推想之说所混乱。方能窥见战国时代,各国的学风及各家之间的分合关系。

自汉兴(汉高祖元年,公元前 206)至谈作此文约百年,其间已有变化,然所崇尚的学术,基本以黄老为主,贵其能休养生息。及窦太后卒(前 135),武帝始一心尊儒。所以尊儒者,取儒之有所作为,非若黄老之重视维持现状。然谈的思想仍承窦太后的原则,故以六家分辨先秦的学风,且以道德为主,此乃汉兴后所形成。于先秦时,殊无"因阴阳之大顺,采儒墨之善,撮名法之要"的道家。以下先论秦代的学派,于吕不韦灭东周君之翌年起(前 248)至秦始皇之灭齐(前 221),可称为秦战国。是时于秦国有二大学派,即韩非子与吕不韦:

1. 韩非子(前 280—前 233)——准其《显学》"儒分为八,墨离为三"的"取舍相反"以言,则当时已未能定"真孔墨"。可喻发展至秦,各国各有儒墨,虽有儒墨之名,而或核实则大相径庭。又准其《显学》"孔子、墨子俱道尧舜而取舍不同"之言,则墨子亦未尝不本尧舜。而必以孔子道尧舜,墨子仅上推至禹,亦未合韩非子所理解的孔子、墨子本人。

2. 吕不韦(前 300? —前 235)——准《吕氏春秋》的内容,知其已兼取各家之说,然不以某家为主。《汉志》既未能以六家加以归类,不得不增杂家。其实及战国晚期,早多兼取众家之说,时代不同,不可能有真孔墨。考孔子当春秋之末,墨子当战国早期,约与孔子之孙子思同时,当时的学派决不能用同一形式再现于战国末。

当秦庄襄王元年(前 249),吕不韦亲灭东周君,翌年起已无挂名的"周天子",故为秦元年(前 248)。是时六国尚在,然诸侯之名已无实。而秦国之势,早有统一天下之志,与六国之仅顾守国不同。《吕氏春秋》成于秦八年(前 241),韩非子被杀于秦始皇十四年(前 233),故此二书之说,足以代表秦之学术。韩非子可视之为法家,然与商鞅之说已不同,何况管仲之说。以哲学思想论,于《解老》、《喻老》二篇实可重视,除《韩非子》外,尚未见能以意阐明《老子》之旨者。虽可云非李耳之本义,然确可自圆其说,老子之可通于刑名,固非韩非之妄作。韩非思想产生于三晋学风与秦风之结合,若吕不韦之思想颇多齐燕与齐鲁之思想,主要有得于阴阳家之说。

西汉的易学传承及其内容

　　西汉的时间,起于汉高祖刘邦开国(前206),止于下附新莽十五年(8—22)及淮阳王二年(23—24),凡二百三十年。翌年为淮阳王更始三年,于六月己未有光武帝刘秀改元建武元年(25),则属东汉。此文详论西汉易学的传承,虽代代有师承可考,而其内容每代各有不同。于时代思潮,由汉初的尚黄老,至武帝(前140—前89在位)起一变而成尊儒术,故易学的内容亦逐步由黄老易而变成经学易。然西汉于武帝后仅属完成经学易的结构,就是《易经十二篇》。当时另有合于时代思潮的易学作品,今仅存三种,就是《京氏易》、《易林》、《太玄》,而与东汉初仅知经学易的家法,有不同的原则。于1973年发现长沙马王堆汉墓的帛书《周易》,此墓下葬于文帝前元十二年(前168),距刘邦开国约四十年,属尚黄老的时代,宜与二千年来的传统经学易有明显不同。今论西汉的易学,主要事迹虽仍属《史记》、《汉书》等文献,而于历代易师所论述的易学内容宜详加分辨,庶能阐明在西汉二百三十年中易学发展的实际情况。

　　秦始皇于三十四年(前213)有烧书令,大义谓:

> 非秦记皆烧之,非博士官所职,天下敢有藏《诗》《书》百家语
> 者,悉诣守尉杂烧之。有敢偶语《诗》《书》者弃市,以古非今者族。
> 吏见知不举者与同罪。令下三十日不烧,黥为城旦。所不去者,
> 医药卜筮种树之书。(《史记・秦始皇本纪》)

有此文献,可确证易学于秦属卜筮之书,不与《诗》、《书》同类。所
云曰"非秦记皆烧之",盖指各国的史籍,当然亦包括鲁史《春秋》。故
凡汉兴后之经学,秦时基本皆属被烧之书,唯《周易》例外。又见《周
易》一书,于先秦早已分成二种角度加以认识。如以卜筮角度认识易
学,则未犯秦禁,仍能流传。或以经学角度加以玩辞,自然可属于百家
语中,难免亦殃及池鱼。幸三年后秦始皇即死,宜史籍及《诗》、《书》百
家之言仍有留存。然汉初的学术思想亦多变化,以易学论,《史记》、
《汉书》皆认为出于田何。

《史记・儒林传》:

> ……言《易》自菑川田生……

又曰:

> ……自鲁商瞿受《易》孔子。孔子卒,商瞿传《易》六世,至齐
> 人田何字子庄而汉兴。田何传东武人王同子仲,子仲传菑川人杨
> 何。何以《易》元光元年(前134)征,官至中大夫。齐人即墨成以
> 《易》至城阳相。广川人孟但以《易》为太子门大夫。鲁人周霸、莒
> 人衡胡、临菑人主父偃,皆以《易》至二千石。然要言《易》者,本于
> 杨何之家。

《汉书・儒林传》:

……子乘授齐田何子装。及秦禁学,《易》为筮卜之书,独不禁,故传受者不绝也。汉兴,田何以齐田徙杜陵,号杜田生,授东武王同子中、雒阳周王孙、丁宽、齐服生,皆著《易传》数篇。同授淄川杨何字叔元,元光中征为太中大夫。齐即墨成至城阳相。广川孟但为太子门大夫。鲁周霸、莒衡胡、临淄主父偃,皆以《易》至大官。要言《易》者本之田何。

由此文献,见秦汉之际传易者为田何。然则田何本人学易时尚在秦代,《史记》《汉书》各记述田何受易于东武孙虞子乘,或当秦尚未灭齐之时(秦灭齐,当公元前 221 年)。汉高祖九年(前 198)十一月,刘邦用娄敬谋,"徙齐楚大族昭氏、屈氏、景氏、怀氏、田氏五姓关中,与利田宅"(《汉书·高帝纪》)。考田何既属齐之大族,徙关中后即传易,测其年岁约当五十许。则其出生之年,约当吕不韦亲灭东周君之年(前 249),于秦灭齐时乃二十余岁,正适宜受易于子乘之时。察其一生的经历,恰属大动荡时代。汉兴似安定而犹遇徙居事,其思想之繁赜盖可想见。惟有此际遇,庶可形成内容极丰富,且变化不测的易学之象。汉后之经学,于易学之传,自田何始虽不可谓非,然不可仅知田何一人。因田何之易,属战国易中的齐易一部分,地当黄河下流。究其内容,近则与燕鲁之思想相似而未必全同,远则与黄河上中游之秦与三晋及长江流域的蜀楚吴更有差别。其后董仲舒(前 179—前 104)尊儒术斥百家的思想,正属邹鲁齐燕思想之综合,然以《公羊》为主,尚未重视易学。继之形成《易》为六经之原的经学易,自然取田何之齐易作为战国易之代表,然于易学之整体实有所损失。今得长沙马王堆的文献,正可充实汉初易学的内容。

今先论田何之传,当以东武王同子仲为王。东武当今山东诸城,与田何之师孙虞子乘同乡,可证明其同属齐易。且地近沿海琅琊山,方士必多,而易学亦盛。王同受田何之传,尚可在徙杜陵之前,也可能是早期之门人。迫徙杜陵后，又授雒阳周王孙、丁宽、齐服生，则田何之传第二代主要共四人。后三人中以周王孙为早，学成后仍归雒阳。齐服生名光，事迹未详，然既为齐人，当与王同之说相近。

丁宽事见《汉书·儒林传》：

> 丁宽字子襄，梁（今河南商丘）人也。初，梁项生从田何受《易》，时宽为项生从者，读《易》精敏，材过项生，遂事何。学成，何谢宽。宽东归，何谓门人曰："《易》以东矣。"宽至雒阳，复从周王孙受古义，号周氏传。景帝时，宽为梁孝王将军，距吴楚，号丁将军，作《易说》三万言，训故举大谊而已，今小章句是也。

考察当时学于何者必多，今知其名者仅四人。至于田何于《易》何所得？今一无所传。授于弟子者何？今亦一无所知。而四位弟子已各有专著，《汉书·艺文志》："王氏二篇，名同。《易传》周氏二篇，字王孙也。丁氏八篇，名宽，字子襄，梁人也。服氏二篇，师古曰：刘向《别录》云：服氏齐人，号服光。"《汉志》已著录不同于四位弟子所著之易者，唯"《易经》十二篇"。此见田何所传，犹后世谓之二篇、十翼者。然田何时当已有传作为读卦爻辞之例，决非二百年后《汉志》所谓文王之上下二篇与孔子之传十篇。于传更非汉末郑学之徒所数的十翼。要而言之，田何传自孙虞子乘以授王氏服氏者，且有"王氏"、"服氏"各以二篇记之，内容当略同于战国的齐易，必有所总结并发展。唯雒阳周王孙之易有三晋之遗风，虽学于田何，实不尽相同，故自有易传。其后丁宽兼传周二家之说，易学的内容已不限于齐易丁氏八篇，或即小章句，内容为训故举大谊，或似《文言》及《系辞》中释各爻之文，此实玩辞之要。

以时考之，田何以徙杜陵之年为传易之年，当高祖九年（前198）可视为汉易之第一代。于杜陵当传易一二十年。

齐人王同、服光为齐易第二代,约二三十年后(前178—前168),在齐地传易。

雒阳人周王孙,与齐易不尽同,有三晋易之古义,约与王同等同时在雒阳传易。

梁人丁宽与项生,同属田何之后期弟子。且宽由项生之从者而入为弟子,年必少于项生。当何谢宽而宽东归,已近文帝即位(前179)之时,宽年约三十许。又得周王孙之传,故汉易至丁宽已有一变。旋归梁,为梁孝王所重用,吴楚反于景帝前元三年(前154),宽已为梁孝王将军,当有功于平吴楚之反。

《汉书·荆燕吴传》:"初,吴王首反,并将楚兵,连齐、赵。正月起,三月皆破灭。"可见其时间未长,然影响甚大。梁孝王因有功于此平反事,赏赐特多。亦可了解丁宽的际遇甚佳,易学之盛行于梁又可概见。故易学之形成经学易,当自丁宽始。

于长沙马王堆中所得的帛书《周易》,为今存卦爻辞的最早抄本。且已有《系辞》等,然尚与世传本不同,更未成十篇,当然不可以十翼称之。其详专文论述之,此仅论其传承及其主要内容。考帛书《周易》得于三号墓,墓主为二号墓主利苍轪侯之子,下葬于文帝前元十二年(前168),而贾谊亦卒于是年,可喻当时长沙地区的情况,既未可与当时的长安相比,贾谊更有赋鹏鸟之悲愤。而今观整个马王堆中所得的文化,亦不愧为西汉初的知识水平。以易学论,利苍轪侯之子于生前读易,约当丁宽受易于田何及周王孙之时,然内容不尽相同。因不论齐易与三晋易,同属于黄河流域通行之易,而马王堆帛书《周易》,实属战国时的楚易。其间最大的不同,无《彖》、大小《象》及《序卦》、《杂卦》等,而尚有今本十翼中未收的《二三子问》等等,足证继承于战国之易学,各地有不同的传承。且与帛书《周易》同时出土的文献,尚有黄老医药养生等古籍,故知楚易之内容,今可以黄老易名之。二千年来仅知以经学易为主,宜汉初尚存的黄老易,逐步于东汉时失传。今论其

最重要的六十四卦卦次问题,详示如下:

5	3	2	8	4	6	7	1	悔 / 贞	合诸先天卦次
辛	己	丁	乙	庚	戊	丙	甲		
㊼	56	48	40	32	24	16	8	辛	5
64	55	47	39	㉕	23	15	7	庚	4
63	㊾	46	38	31	22	14	6	己	3
62	54	45	37	30	⑰	13	5	戊	6
61	53	㊶	36	29	21	12	4	丁	2
60	52	44	35	28	20	⑨	3	丙	7
59	51	43	㉝	27	19	11	2	乙	8
58	50	42	34	26	18	10	①	甲	1

马王堆《周易》帛书六十四卦卦次图
即君藏八卦因重图

图中 1—64 的数字,就是帛书《周易》的卦次,由此可确证汉初在长沙地区所流行的六十四卦卦次,实本诸贞悔八卦的"因而重之"。至于八卦之次,当然非宋初陈抟所建立的先天卦次,然与乾坤三索有关,且卦象之次可配入天干,故知京房所用的纳甲法,实有本于此。然则帛书《周易》的发现,可推得京氏易之原(另文详之)。

田何弟子第三代有地域的不同,约有三处:其一,王同在齐,服光应该也在齐,然已无记录,《史记》仅注意王同之传。学易有成者传六人。其二,周王孙在雒阳,传二人可考见。其三,丁宽在梁,可考见者一人。依次述之：

杨何，字叔元，淄川人，与田何同里。征于元光三年，官至中大夫。学易约当在景帝时，武帝之征，年事已高。由田何—王同—杨何之三代，或仍保持齐易之原貌，似以出仕为主。继"王氏二篇"后，何著有"杨氏二篇"。

即墨成，以易至城阳相，城阳即今山东沂水县莒县地。可见尚未出齐易。

孟但，广川人，盖与董仲舒同里，当今河北景县。以易为太子门大夫。

周霸，鲁人。以易至大官，兼治《尚书》。

衡胡，莒人。莒属汉之城阳郡。以易至大官，即墨成为郡相，或有联系。

主父偃，临淄(山东淄博东北)人，被杀于元朔三年(前126)，事迹见《汉书》本传。学主纵横家之说，晚学《易》、《春秋》。由不遇而遇，遇而狂，狂为被杀之因，《周易》尚未善。尤因公孙弘之儒术当兴，宜为所败。著有"《主父偃》二十八篇"，《汉志》入纵横家而不入于易，可取。

以上五人为王同之弟子，出身地皆近，从政则往来于今之山东与陕西，即田何徙杜陵之道。此学派以从政为主，故除杨何外皆未留著作。而王同之学派可形成，为易学立博士之先声。

《汉书·艺文志》："《蔡公》二篇，卫人，事周王孙。"此蔡公未详何人，然知其为周王孙之门人，与丁宽为师兄弟，年岁或亦相近。盖传易古义，属三晋易之理。卫地当今日河南东部，从周王孙于洛阳亦方便。学成后，极可能为梁孝王所用。今所传之汉易古义，于虞翻注中有一条释谦卦卦辞曰："乾上九来之坤，与履旁通，天道下济故亨。彭城蔡景君说，剥上来之三。"清代汉易家皆认为此彭城蔡景君即蔡公，系卫人而官于彭城。今以史迹考之，有可能性。当时尚无孟氏易,惟虞氏收有古书,见到《汉志》中书,且属孟氏易之原,故特引其名。再退一步言,彭城蔡景君,非事周王孙之蔡公,系东汉时在彭城的另一位易家,然至少是孟氏易,或与孟氏易义同,方能为虞翻所引用。而孟氏易由丁宽传出,宽已用周王孙义,故不可全部否定蔡景君与蔡公的关系,亦即重视卦象变化的易古义,宜与三晋易有渊源关系,与齐易略有不同。王同之门人与周王孙之门人,汉初已有二派,于武帝前以王同之齐易为主,武帝后立经学中之易,则以周王孙之三晋易为主。

至于丁宽之传,以其地位,门人必多,今仅知同郡砀田王孙一人。此因三家易皆所由出,乃忽视丁宽之其他门人。考砀与彭城(今徐州)相去不远,有梁郡丁宽主之,其地又有一易学中心,即田何所谓"《易》以东矣"。此派以开经学之易,及田王孙而条件具备,为博士时间约当武帝元鼎、元封间(前116—前105),本人无易著,大作用在传易于三家。以经学观点推究之,田王孙之易重点在注意道德理论。如丁宽为梁孝王出力,田王孙已注意武帝之思想。此田何—丁宽—田王孙三代,较田何—王同—杨武的时间为长。因丁宽较王同可能年轻二三十岁,其间补入周王孙,此三代可视作四代,且以时核之,田王孙亦当为丁宽的后期弟子。此派易学,重视易义之变化。变化之本,有据于周王孙之古义。所谓古义,实即先秦之三晋易。更本关中之说,故田王孙启三家易之经学,内容已结合先秦时黄河流域的易学。然述三家易之经学,于齐易已属第五代。

田何第四代之传,可考者有二人。司马谈(前190?—前110),夏阳(陕西韩城)人。《史记》作者司马迁之父,《史记·自序》曰:

……谈为太史公。太史公学天官于唐都,受《易》于杨何,习道论于黄子。太史公仕于建元、元封之间(前134—前111)。愍学者之不达其意而师悖,乃论六家之要指曰:《易大传》:"天下一致而百虑，同归而殊涂。"夫阴阳、儒、墨、名、法、道德，此务为治者也。直所从言之异路，有省不省耳。……

《论六家要旨》全文以道德为主，盖是时崇尚黄老。然所学之天官当属阴阳家，所习之道论当属道德家，而所受之《易》何可属六家之一，故取《易大传》"天下一致而百虑，同归而殊涂"二句为其纲领，此正合整体之易学。谈论道家曰："道家使人精神专一，动合无形，赡足万物。其为术也，因阴阳之大顺，采儒墨之善，撮名法之要，与时迁移，应物变化，立俗施事，无所不宜。指约而易操，事少而功多。"此虽为继承黄子之说，而唐都、杨何之理亦在其中，可名为汉初之黄老易。于元封元年（前110），"天子始建汉家之封，而太史公留滞周南，不得与从事，故发愤且卒"。考司马谈之不得从行封泰山事，或与其思想有关。由黄老道而归诸独尊儒术，从董仲舒对策之年（前134）计，经二十余年之反复，必经封泰山事，方可云已实行，即以岁首十月改为元封元年。若谈以黄老为主，不合尊儒之术，宜其不能从事。若其子迁之思想，由全部《史记》观之，基本已属儒家。既合于时，又有专长，所以父卒三年后仍能继其业。考司马迁继司马谈所身处之时，有划时代的改历之举。"当太初元年十一月甲子朔旦冬至天历始改"，由秦历建亥而得十一月甲子冬至，且本周历建子上推，准《论语》"行夏之时"之义，实行建寅当岁首。自太初元年（前104）迄今已经过二千余年，此有合于客观时间的标准自然不必废，而一切风俗未尝不可变。以此记录时间有其不变性（可保持至日地关系发生变化之前），与各种其他天象的相对关系，当然可有种种不同的认识方法，此所以又有历代的改历。此二种变不变的关系，可由同属于天文历法的范畴，影响到社会学的范畴。我国自太初元年迄今二千年的一切思想，有比较保守的一面，就是受了董仲舒所谓"天不变道亦不变"的影响，实则此日地关系有其合理性方面，然未能客观地深入分析。惟能正确地认识时间周期，恰可于相同的周期变化中,以见其不同的变化。其间有种种时间层次,莫不在兼取周期与螺旋以见其义。此一比较不变的建寅问题,对易学思想极有关系。在先秦早已存在,惜自太初后建丑、建子、建亥早成刍狗,历代虽改历频仍,而未见更有汤武革命。依今而言,对历法时间的认识,大则确立银河系的坐标,小则规定艳周期的转换数据,庶足以当此。而易学兼此变不变的阴阳思想,所以能历久不衰者,就在有此对客观世界及自身的认识基础。此一基础上当然可建筑自然科学与社会科学。而汉易之可贵,颇能筑成自然科学的屋基。魏晋后的易学主流,乃以社会科学为主。必迨唐末宋初的陈抟始为扩建易学大厦,及清之朴学盖在寻觅汉易之屋基而已。今准司马谈父子之思想,结合时代背景,以见当时的易学实质。此种大一统的整体思想,以易学观之,已大大不如春秋战国时的“三才之道”,然尚能具体而微。惜自武帝后,此天人感应的原理,逐步变成毫无生气的骷髅。而易学的神秘感与日俱增,其间的合理性始终埋没于卜筮之中。汉易之形成经学,仍以卜筮为主。杨何有另一位弟子,所传之易以善卜名。

京房亦杨何弟子,官至太中大夫,后出为齐郡太守。于官太中大夫时,梁丘贺尝从之受易,其时约当太初间(前104—前101),故京房或系杨何之晚年弟子。此派易学的哲学思想,当以司马谈为主,实本黄老。约当太初后,京房出为齐郡太守,其易学已无传人。于宣帝时(前73—前49年在位)求其门人仅得贺。贺仅以筮有应而近幸,仍归诸秦易之以卜筮为主。考卜筮的确为易学之根原,然所贵易学者,当由卜筮而见其理。若由贺及其子临所传之京房法仅取其形式,似未得丁宽、杨何之神。又须说明者,汉有两京房。师古曰:“自别一京房,非焦延寿弟子为课吏法者。或书字误耳,不当为京房。”今既无他证为书字误,当肯定为有同姓名者二人。此京房为杨何弟子梁丘贺之师,其年纪当在司马谈迁父子之间,未及昭帝时(前86年即位)已卒。另一京房昭帝元凤四年(前 77)始生,故决不可相混。

综上所述,以下表示之。

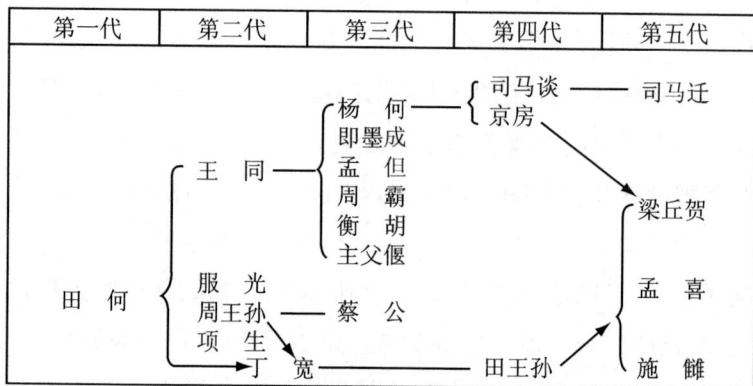

汉易师承表一

凡此易学四代相传以当时之哲理观之,可名之曰黄老易。及第五代始有尚儒之经学易,或以经学之理囿《易》,实未合汉初之史迹。

由此表可喻《史记》一书,对汉初之易学发展亦有其大作用,司马迁本人对易学的认识尤为重要。

《史记·自序》:

> 维我汉继五帝末流,接三代统业。周道废,秦拨去古文,焚灭《诗》《书》,故明堂石室,金匮玉版,图籍散乱。于是汉兴,萧何次律令,韩信申军法,张苍为章程,叔孙通定礼仪,则文学彬彬稍进,《诗》《书》往往间出矣。自曹参荐盖公言黄老,而贾生、晁错明申商,公孙弘以儒显。百年之间,天下遗文古事,靡不毕集太史公,太史公仍父子相续篡其职。
>
> 太史公曰:先人有言,自周公卒,五百岁而有孔子。孔子卒后,至于今五百岁。有能绍明世,正《易传》,继《春秋》,本《诗》《书》《礼》《乐》之际,意在斯乎! 意在斯乎! 小子何敢让焉。……

太史公曰：余闻董生曰："周道衰废，孔子为鲁司寇，诸侯害之，大夫壅之。孔子知言之不用，道之不行也，是非二百四十二年之中，以为天下仪表。贬天子，退诸侯，讨大夫，以达王事而已矣。"子曰："我欲载之空言，不如见之于行事之深切著明也。"夫《春秋》上明三王之道，下辨人事之纪，别嫌疑，明是非，定犹豫，善善恶恶，贤贤贱不肖，存亡国，继绝世，补敝起废，王道之大者也。《易》著天地阴阳四时五行，故长于变。《礼》经纪人伦，故长于行。《书》记先王之事，故长于政。《诗》记山川溪谷禽兽草木牝牡雌雄，故长于风。《乐》乐所以立，故长于和。《春秋》辨是非，故长于治人。是故《礼》以节人，《乐》以发和，《书》以道事，《诗》以达意，《易》以道化，《春秋》以道义，拨乱世反之正，莫近于《春秋》。……

《史记》概述汉兴后百年间之大事，能见当时哲学思想之变化。由黄老、申商而儒，与汉初之社会发展相合。唯秦之虐，必以黄老无为之理救之。视贾生晁错为申商，更能见及贾晁之具体行动，此迁之独见。《史记》能从时代的变化中观察其学说，较《汉志》图书分类法以贾谊《新书》入儒家，实不可同日而语。而迁之评论，庶合易学之理。《汉书·儒林传》："赞曰：自武帝立五经博士，开弟子员，设科射策，劝以官禄。……初，《书》唯有欧阳，《礼》后，《易》杨，《春秋》公羊而已。……"可见迁作《史记》时，唯以杨何《易》为准，则迁继父业，亦得易理之正。所谓"正《易传》，继《春秋》"者，于《易》所以定《易传》之内容，于《春秋》所以继公羊董仲舒之王道。视《易》之纲领为"著天地阴阳四时五行，故长于变"，又合于其父所谓"与时迁徙，应物变化"之象。此以《易》属阴阳家之说当天道，《春秋》当人事。董仲舒发挥《公羊》"春王正月"之义曰："置王于春、正之间，非曰上奉天施而下正人，然后可以为王也云尔！"（《春秋繁露·竹林》）此曰"《易》以道化，《春秋》以道义"，又承董仲舒之说。故知迁之易理,即揉合其父与董仲舒之说。至于《诗》《书》《礼》《乐》之说,迁亦有承,此处从略。能以《易》、《春秋》为主,实已继承战国时已形成的易学整体理论。

至于迁以公孙弘为儒亦有深义,《平津侯传》:"弘病甚,自以为无功而封,位至丞相,宜佐明主填抚国家,使人由臣子之道。今诸侯有畔逆之计,此皆宰相奉职不称,恐窃病死,无以塞责,乃上书曰:'臣闻天下之通道五,所以行之者三。曰君臣、父子、兄弟、夫妇、长幼之序,此五者天下之通道也。智、仁、勇,此三者天下之通德,所以行之者也。故曰力行近乎仁,好问近乎智,知耻近乎勇。知此三者,则知所以自治,知所以自治,然后知所以治人。天下未有不能自治而能治人者也,此百世不易之道也。'"按弘(前 201—前 121)为淄川(山东淄博)人,上此书时当元狩元年(前 122),年已八十,所闻之说,当属先秦之古义,今知乃本诸《中庸》。《孔子世家》:"子思作《中庸》。"《汉志》:"《子思》二十三篇",《中庸》当属其中之一篇。准此为儒家比较适合,然未尝注意《易》。同时以纵横家角度学易之主父偃,学公羊而与易有关之董仲舒,皆为公孙弘所迫,而弘之寿终亦属幸事。此见学风之改变,决非一蹴而成。最后改正朔而公羊派为主,实有合乎自然科学的客观事实,汉易之有其地位当从司马谈父子起。其后三家易之经学易,已成另一观点。

《孔子世家》:

> 孔子晚而喜《易》,序《彖》、系《象》、《说卦》、《文言》,读《易》韦编三绝,曰:"假我数年,若是我于《易》则彬彬矣。"

引此可一考十二篇之内容。据《汉志》:"《易经》十二篇,施、孟、梁丘三家。"是指三家各有《易经》十二篇的版本。且三家各有对十二篇的解释,是名《章句》。《汉志》:"《章句》施、孟、梁丘氏各二篇。"凡自王同以下各有发挥《易经》的著作,而对《易经》本身传自田何者,是否即是十二篇。师古曰:"上下经及十翼,故十二篇。"当指三家易后。虽三家易时已分十二篇可无疑,此十二篇是否即郑学之徒所数之十翼,亦未能确定。今更从三家易以前观之,决不是十二篇。司马迁所重视之"正《易传》",得"序《彖》、系《象》、《说卦》、《文言》"八个字。及《汉志》而曰:

> ……文王以诸侯顺命而行道,天人之占可得而效,于是重《易》六爻,作上下篇。孔氏为之《彖》、《象》、《系辞》、《文言》、《序卦》之属十篇。

已与《史记》大有不同。今先从二篇说起,凡六十四卦何人分作上下篇。司马迁所见之《易传》已有《彖》,《象》所以解释六十四卦之卦辞。凡既有卦爻辞的《周易》,自然有六十四的次序。当先秦时的次序如何?今已不得而知。唯读卦爻辞时,确宜先后查阅,故所谓"韦编三绝",正指读易之象,但不必合诸孔子。当既绝后必须重编,重编的次序是否与原来的相同,更难肯定。故作《易传》者,首当序其《彖》,则可以文为据,无碍于韦绝。故"序《彖》"者,除已有《彖》,亦已有六十四卦之次序,是即《汉志》所谓"序卦"。此篇"序卦"之次,是否同于司马迁所谓"序《彖》"之次,甚有可疑。基本不同点,"序《彖》"是否已分六十四卦为上下二篇。凡分上下二篇以应于天人之占,此《序卦》之精义,而于《史记》并无以分卦象作为上篇天下篇人的思想。

《序卦》上篇曰:

> 有天地然后万物生焉。盈天地之间者唯万物,故受之以屯。……

《序卦》下篇曰：

> 有天地然后有万物，有万物然后有男女，有男女然后有夫妇，有夫妇然后有父子，有父子然后有君臣，有君臣然后有上下，有上下然后礼义有所错。夫妇之道不可以不久也，故受之以恒。

考《序卦》原文，有意不提乾、坤、咸三卦之卦名，以作为天地人三才之道的代表卦象，且以之分六十四卦成上下二篇。凡上篇三十卦以当天，下篇三十四卦以当人。此取乾坤咸三卦作为三才之道，当属古说。周王孙所传之古义，宜有此类思想。其后丁宽兼传之而田王孙继之，或即成此二篇之说。若王同杨何之传，殊无二篇之说的明证。自1973年得长沙马王堆《周易》帛书后，对二千年来的《序卦》，发生极大的冲击。因有此帛书之墓，下葬于文帝前元十二年（前168），其卦序与《序卦》截然不同。由此推究《序卦》之原，归诸丁宽与田王孙之时为宜，其与司马父子来源本已不同。（另详"论马王堆帛书《周易》"）

至于"系《象》"，当指传爻象。此外之总论即"说卦"、"文言"。当二篇尚未分时，根本不存在十翼，自三家易定本为十二篇，始有二篇、十翼之名，而其内容尚未必全同。

据《汉志》之著录，在叙述三家易前，尚有数家不可不知。

> 韩氏二篇，名婴。古五子十八篇。自甲子至壬子，说《易》阴阳。淮南道训二篇，淮南王安聘明《易》者九人，号九师说。古杂八十篇。杂灾异三十五篇。神输五篇，图一。

《史记》记韩生，仅论其传《诗》，未详其传《易》。今据《汉书·儒林传》：

韩婴,燕人也。孝文时为博士,景帝时至常山太傅。……燕赵间言《诗》者由韩生。韩生亦以《易》授人,推《易》意而为之传。燕赵间好《诗》,故其《易》微,唯韩氏自传之。……后其孙商为博士。孝宣时(前73—前49年在位)涿郡韩生其后也,以《易》征,待诏殿中,曰:所受《易》即先太傅所传也。尝受韩《诗》,不如韩氏《易》深,太傅故专传之。司隶校尉盖宽饶本受《易》于孟喜,见涿韩生说《易》而好之,即更从受焉。

考韩婴于孝文时已为博士,年当长于董仲舒。武帝时尝共论于上,约当元光、元朔间(前134—前123)。是时年已高,故其孙商于武帝晚年约当太始、征和间(前96—前89)亦为博士。迨商之后涿郡韩生,始于孝宣时以易征,方能显出韩婴之易。其时已与三家易约同时,故孟喜之弟子盖宽饶,又能转而从之受易。有此一家易说,庶见先秦时燕地本亦有易。

《古五子》十八篇,未详其作者,其为先秦古说无疑。以五子之次说易阴阳之变,其五子犹五行欤。每子凡十二,犹乾坤十二爻欤。由之可见爻辰之原。

《淮南道训》二篇,此二篇系刘安聘九师所著。安(前179—前122)于吴楚七国反时,仅二十六岁。幸未与于乱,故能对保存先秦文献大有贡献。《汉书》本传:

淮南王安为人好书,鼓琴,不喜弋猎狗马驰骋,亦欲以行阴德拊循百姓,流名誉。招致宾客方术之士数千人,作为内书二十一篇,外书甚众。又有中篇八卷,言神仙黄白之术,亦二十余万言。时武帝方好艺文,以安属为诸父,辩博善为文辞,甚尊重之。每为报书及赐,常召司马相如等视草乃遣。初,安入朝,献所作内篇,新出,上爱秘之。使为《离骚传》,旦受诏,日食时上。又献颂德及长安都国颂。每宴见，谈说得失及方技赋颂，昏莫，然后罢。

考武帝(前 156—前 87)比刘安少二十四岁，而相如(前 179—前 122)善文辞而又与安同年，宜武帝"每为报书及赐，常召司马相如等视草乃遣"。此见武帝之重视安，亦见武帝好道，实受安之影响。安王于丰县，与丁宽之易道流传处相近，所聘之宾客中自然有通易者。且丁宽的年龄略长于安，故宾客中年龄较长者，可能长于丁宽。况其地于先秦早有易学及黄白术等流行，幸有安为之倡导而能有文献留传。今传之《淮南子》成书以武帝建元元年(前 140)论，其时的思想尚有战国时的作风，安有四公子与吕不韦的地位。考《吕氏春秋》公布于吕氏失权前，即当壬戌(前 239)，上距《淮南子》之成书约一百年。而此两书之内容，实相类似，各能通观当代之思想而有所归，且同属集体之著作。尤不幸者，主其事者皆以自杀而终，此时代之悲剧，与两书之内容毫无关系。另一方面观之，吕不韦、刘安之不容于时而自杀，成此两书之志亦有以致之。今不论成此两书之事实及主其事者的企图，仅观其内容，确能代表秦汉百年间之全国思潮。一西一东，先后相映，研究我国文化思想者当识其旨，庶可进一步了解我国之整体理论。秦汉以后易学的地位，似继承此两书之思想方法而历代各有发展。至于两书之可贵，在能重视自然科学的认识论。惜刘安宾客中的九师易已失传，今仅从《内篇》中究其与易学相关者，已极可贵(另详《易学与淮南子之关系》)。主要能阐明律的乐理与历的计时有关，此律历合论之象，庶见易学之大用，亦可见京房六十律之原。

《汉志》载《古五子》说《易》阴阳，其详不可知。然甲子至壬子之五子正当十二律吕之五声，合之即六十调。此全准三分损益之乐理，迄今仍属不变者。唯当时之六十调，即以六十甲子名之，不了解乐理者观之，难免有神秘感。今准其理成十二均之六十调，调名即用六十甲子之名，表见下：

六十五声＼十二调均	黄钟均	大吕均	太簇均	夹钟均	姑洗均	仲吕均	蕤宾均	林钟均	夷则均	南吕均	无射均	应钟均
徵	辛未	壬申	癸酉	甲戌	乙亥	甲子	乙丑	丙寅	丁卯	戊辰	己巳	庚午
羽	乙酉	丙戌	丁亥	丙子	丁丑	戊寅	己卯	庚辰	辛巳	壬午	癸未	甲申
宫	戊子	己丑	庚寅	辛卯	壬辰	癸巳	甲午	乙未	丙申	丁酉	戊戌	己亥
商	壬寅	癸卯	甲辰	乙巳	丙午	丁未	戊申	己酉	庚戌	辛亥	庚子	辛丑
角	丙辰	丁巳	戊午	己未	庚申	辛酉	壬戌	癸亥	壬子	癸丑	甲寅	乙卯

十二均六十调名表

《淮南子·天文训》："甲子,仲吕之徵也。丙子,夹钟之羽也。戊子,黄钟之宫也。庚子,无射之商也。壬子,夷则之角也。"(参阅"《淮南子》五音旋宫释义")

凡徵羽间差一音,故隔姑洗一均;羽宫间差一音半,故隔太簇、大吕二均;宫商间差一音,故隔应钟一均;商角间差一音,故隔南吕一均;角徵间差一音半,故隔林钟、蕤宾二均;其乐理灿然明白。又《古五子》所谓说《易》阴阳,基本指干支的各种变化自然可分阴阳,这一阴阳概念的形成极早,必当在殷墟甲骨中已有六十甲子表之前。当既有六十甲子表,已显出干支中有阴阳,唯阴阳相同者始可配合,故有甲子而不可能有甲丑。由是六十甲子中自然有三十阳三十阴。今以五子旋宫成六十调,则每均所取之阴阳,因有二半音之故,必为三与二之比。于六律本身为阳,则三阳二阴,六吕本身为阴,则三阴二阳。以五声言,即宫商角为三阳,徵羽为二阴,凡此三二之比数当阴阳,且由六十调而可喻其组合之理,即《易》说阴阳与六十干支之基本配合法。其来必在先秦,今以文献为准,则《淮南子》已完全加以说明。《易·说卦》"参天两地而倚数"之旨,亦即明三与二之比数。而秦汉后形成的卦象符号(—,--),如以数字卦观之,实由七(—)与八()()简化而来。既简成一画与二断,亦包含有三二比数之象。即一画为三分之三,二断为三分之二,中间缺三分之一。以五行五声喻之,见下示:

——————	——	——
角 宫 商	徵	羽
木 土 金	火	水

有关卦象的变化,另文详之。当刘安时已用此三二之比,确可无疑。易学除于律历方面发展外,于卜筮方面亦有发展。《汉志》于九师说下尚著录三书,书虽佚,由书名观之,要与卜筮有关。曰《古杂八十篇》显属古说,用杂字,疑今传之《杂卦》,或系此八十篇中之一篇。他如《易纬》中其理可取且有合于先秦古说者,或亦引用此八十篇中之义。更合以下《杂灾异三十五篇》言,杂犹杂糅,言灾异而引及易象或卦爻辞,且利用之法不一,故曰杂。然虽杂而必与易学有关,故书目入易类,即《易》属卜筮中之筮。以易学论,当考察筮法之变化,且由筮法之象可见对时代之认识,对时代认识愈精确,自然愈能说明灾异之故。又有《神输五篇·图一》:"师古曰:刘向《别录》云:神输者,王道失则灾害生,得则四海输之祥瑞。"则此书之旨与《杂灾异》同。故此三书之大要,或可于《五行志》中略见一二。于易理虽同属卜筮,盖有尚象与尚占之异,尤不可不辨。大衍数的筮法,马王堆中尚无,当于西汉初所建立,或与丁宽、刘安辈有关(另详)。

《汉书·武帝纪》:"元狩元年(前122)十一月,淮南王安、衡山王赐谋反,诛。党与死者数万人。"此一事件之发生,对学术思想有一大变化,基本已由尚黄老而归诸尊儒。乃对易学的认识,亦起变化。取田王孙为博士,既与杨何不同,与九师易又有儒道之鸿沟。考武帝建元五年(前136)始置五经博士,《易》属王同一派之杨何等。及用田王孙为博士,已变为丁宽一派。及三家易立,已当宣元之世。故经学易之内容,实未可与易学本身等同。识此汉初之易学变化,始可知易学与经学易不同。以下直接考察三家易的史实。

《汉志·儒林传》:

> 施雠字长卿,沛人也。沛与砀相近,雠为童子,从田王孙受《易》。后雠徙长陵,田王孙为博士,复从卒业。与孟喜、梁丘贺并为门人。谦让,常称学废,不教授。及梁丘贺为少府,事多,乃遣子临,分将门人张禹等从雠问。雠自匿不肯见,贺固请,不得已乃授临等。于是贺荐雠结发事师数十年,贺不能及,诏拜雠为博士。甘露中与五经诸儒杂论同异于石渠阁。

> 孟喜字长卿,东海兰陵人也。父号孟卿,喜为《礼》、《春秋》。授后苍、疏广,世所传《后氏礼》、《疏氏春秋》,皆出孟卿。孟卿以《礼经》多,《春秋》烦杂,乃使喜从田王孙受《易》。喜好自称誉,得易家候阴阳灾变书,诈言师田生且死时枕喜膝,独传喜,诸儒以此耀之。同门梁丘贺疏通证明之,曰:田生绝于施雠手中,时喜归东海,安得此事。

> 梁丘贺字长翁,琅邪诸人也。以能心计,为武骑。从太中大夫京房受《易》,房者,淄川杨何弟子也。房出为齐郡太守,贺更事田王孙。宣帝时,闻京房为《易》明,求其门人得贺。贺时为都司空令,坐事论免为庶人,待诏黄门。数入说教,侍中以召贺,贺入说,上善之,以贺为郎。会八月饮酎,行祠孝昭庙,先殴旄头剑挺堕坠,首垂泥中,刃乡乘舆车,马惊。于是召贺筮之,有兵谋,不吉。上还,使有司侍祠。是时霍氏外孙代郡太守任宣坐谋反诛,宣子章为公车丞,亡在渭城界中。夜玄服入庙,居郎间,执戟立庙门,待上至,欲为逆。发觉,伏诛。故事,上常夜入庙,其后待明而入,自此始也。贺以筮有应,由是近幸,为太中大夫,给事中,至少府。为人小心周密,上信重之。年老终官。

　　三家易中以梁丘贺为主,其贵以筮有应,事已当宣帝地节四年(前66)。迫为少府后又荐施雠为博士,雠参与石渠阁讨论,时当甘露三年(前51)。而孟喜系孟卿之子,兰陵今属山东,与沛砀亦相近。贺籍贯与王同相近,此可见其原。唯雠与田王孙最密切,贺则由京房而更事田王孙。又见杨何与丁宽之易可通,然通者属卜筮,不同者在取义。考京房之年,约在司马谈父子之间,必于武帝时已亡,故十余年后之宣帝已在求其门人。又京房出为齐郡太守时,约为砀田王孙始为博士时,于元鼎、元封间传易,年事已高,亦死于武帝晚年,年可八十许。故约二十年后,已在争论死时之情况。孟喜之年亦相近,唯于易义有独见。惜三家之章句皆无传,故所谓正统之经学易何指? 今必须合诸时代加以考察。

　　当武帝征和二年(前91)有巫蛊事,死数万人。戾太子自杀,其孙生数月,犹坐收系郡邸狱,而丙吉为廷尉监。《汉书·丙吉传》:

　　　　吉治巫蛊事,连岁不决。后元二年(前87)武帝疾,往来长杨、五柞宫,望气者言长安狱中有天子气,于是上遣使者分条中都官诏狱系者,亡轻重一切皆杀之。内谒者令郭穰夜到郡邸狱,吉闭门拒使者不纳,曰:"皇曾孙在,他人亡辜死者犹不可,况亲曾孙乎。"相守至天明不得入,穰还以闻,因劾奏吉,武帝亦寤,曰:"天使之也。"因赦天下,郡邸狱系者,独赖吉得生,恩及四海矣。

　　此一事件,二十年后起发生影响,尤其对易学。当武帝死,霍光立昭帝,昭帝年仅八岁,权在光手。在昭帝的十三年中,继承武帝五十年之久的开拓政策,而光能转为收敛,对人民不无有安乐之感。对学术思想又能进一步归诸所谓儒,其实反在奉行《吕氏春秋》之认识论。此段时间的总结,要在《盐铁论》一书。《汉志》:"桓宽《盐铁论》六十篇。"师古曰:"宽字次公,汝南人也。孝昭帝时,丞相御史与诸贤良文学论盐铁事,宽撰次之。"按其事在昭帝六年(前81)。仅罢酒酤,民已有利。以易学言,尚有"《易》明于阴阳,《书》长于五行"之说。此一观点就是《易》与《洪范》对言,其实《洪范》"次七稽疑",早已合阴阳五行为一。而研究易学者,自汉起即歧分为二,其一阴阳兼五行而言,其二只谈阴阳而不谈五行。此或分或合,由来已古。于汉代之文献中,《盐铁论》已明为分辨。若刘安、司马迁等早已见其所同。

及昭帝二十一岁,无嗣而亡,此见宫内之乱,霍光不能辞其咎。立昌邑王贺,未及一月而废,此系李夫人所生昌邑哀王刘髆之子。所谓"淫乱而废",乃见生活方式之不同,贺不忍放逐昌邑故人而被废,又可从另一方面见宫内之乱。光不得已而用丙吉之奏,更立武帝曾孙,是即宣帝,宣帝立而结束十八年的巫蛊事。此虽属帝王的家事,而在家天下的制度下,不可不考虑其对当时的影响。基本有正反两方面,即霍光诛眭弘与桑弘羊。

当昭帝时,董仲舒之再传弟子眭弘,曾上书曰:"先师董仲舒有言,虽有继体守文之君,不害圣人之受命。汉家尧后,有传国之运。汉帝宜谁,差天下求索贤人,禅以帝位,而退自封百里,如殷周二王后,以承顺天命。"孟(眭弘字孟)使友人内官长赐上此书。时昭帝幼,大将军霍光秉政,恶之,下其书廷尉。奏赐,孟妄设妖言惑众,大逆不道,皆伏诛。后五年,孝宣帝兴于民间,即位,征孟子为郎。据此事实,可见当时公羊家之思想,即太子戾亦通此。既出巫蛊事而影响及于天下,何怪乎有眭弘之言。而弘与孟卿同学于赢公,赢公为胡毋生之弟子,任昭帝谏大夫。又胡毋生治《公羊春秋》为景帝博士,与董仲舒同业,而仲舒著书称其德,其年当长于董。当武帝时赢公守学不失师法者,即守公羊之灾异。及巫蛊事发,安得不生传贤之想。此正儒家之最高理想,而为公羊家所继承。眭弘所据之灾异确属自然现象,误在以人事妄言之。然当时不知其为妄且合诸人事,五年后,昭帝十六岁即亡又属事实,且经昌邑王之废立而从民间得宣帝,公羊学又增其价值。故宣帝之征孟子为郎,内有极重要的思想变化,其重视经学,不可不与此联系。于霍光另一方面诛桑弘羊,又为宣帝诛霍禹之因。过分之权势,禹安得不反。而魏相之易学思想,是则能总结武帝的成就,非则已有家天下之思想。事实见下。

《汉书·食货志》:

> 其明年,元封元年(前110),卜式贬为太子太傅,而桑弘羊为治粟都尉,领大农,尽代仅斡天下盐铁。……是岁小旱,上令百官求雨。卜式言曰:"县官当食租衣税而已,今弘羊令吏坐市列,贩物求利。亨弘羊,天乃雨。"久之,武帝疾病,拜弘羊为御史大夫。昭帝即位六年,诏郡国举贤良文学之士,问以民所疾苦,教化之要。皆对愿罢盐铁酒榷均输官,毋与天下争利,视以俭节,然后教化可兴。弘羊难,以为此国家大业,所以制四夷,安边足用之本,不可废也。乃与丞相千秋共奏罢酒酤。弘羊自以为国兴大利,伐其功,欲为子弟得官,怨望大将军霍光,遂与上官桀谋反,诛灭。

《汉书·魏相传》:

> 宣帝即位(前73),征相入为大司农,迁御史大夫。四岁(前70)大将军霍光薨,上思其功德,以其子禹为右将军,兄子乐平侯山复领尚书事。相因平恩侯许伯奏封事,言:"《春秋》讥世卿,恶宋三世为大夫及鲁季孙之专权,皆危乱国家。自后元以来,禄去王室,政由冢宰。今光死,子复为大将军,兄子秉枢机,昆弟诸婿据权势,在兵官。光夫人显及诸女皆通籍长信宫,或夜诏门出入,骄奢放纵,恐浸不制,宜有以损夺其权,破散阴谋,以固万世之基,全功臣之世。"……宣帝善之,诏相给事中,皆从其议。霍氏杀许

后之谋始得上闻。乃罢其三侯，令就第，亲属皆出补吏。于是韦贤以老病免，相遂代为丞相，封高平侯，食邑八百户。及霍氏怨相，又惮之，谋矫太后诏，先召斩丞相，然后废天子。事发觉，伏诛。宣帝始亲万机，厉精为治，练群臣，核名实，而相总领众职，甚称上意。

考自巫蛊事发至宣帝亲政，凡二十余年。实权由武帝而霍光，霍光止而魏相。魏相之辅宣帝，即用武帝已确定之儒术。若霍光之诛桑弘羊与上官桀、魏相之诛霍禹等，皆顺时而变，不合时宜者自然淘汰。宣帝起所以守武帝之业，实则不进则退，西汉之光芒已灭。而易学之化成经学易，正所以存武帝之光芒，此即魏相之易。

《汉书·魏相传》：

> 相明《易经》，有师法，好观汉故事及便宜章奏，以为古今异制，方今务在奉行故事而已。……又数表采《易》阴阳及明堂月令奏之，曰：臣相幸得备员，奉职不修，不能宣广教化。阴阳未和，灾害未息，咎在臣等。臣闻《易》曰："天地以顺动，故日月不过四时不忒，圣王以顺动，故刑罚清而民服。"天地变化，必由阴阳，阴阳之分，以日为纪。日冬夏至，则八风之序立，万物之性成，各有常职，不得相干。东方之神太昊，乘震执规司春。南方之神炎帝，乘离执衡司夏。西方之神少昊，乘兑执矩司秋。北方之神颛顼，乘坎执权司冬。中央之神黄帝，乘坤艮执绳司下土。兹五帝所司，各有时也。东方之卦不可以治西方，南方之卦不可以治北方。春兴兑治则饥，秋兴震治则华，冬兴离治则泄，夏兴坎治则雹。明王谨于尊天，慎于养人，故立羲和之官以乘四时，节授民事。君动静以道，奉顺阴阳，则日月光明，风雨时节，寒暑调和。三者得叙，则灾害不生，五谷熟，丝麻遂，草木茂，鸟兽蕃，民不夭疾，衣食有余。

若是则君尊民说,上下亡怨,政教不违,礼让可兴。夫风雨不时则伤农桑,农桑伤则民饥寒,饥寒在身则亡廉耻,寇贼奸宄所由生也。臣愚以为阴阳者,王事之本,群生之命,自古贤圣未有不由者也。……臣相伏念陛下恩泽甚厚,然而灾气未息,窃恐诏令有未合当时者也。愿陛下选明经通知阴阳者四人,各主一时,时至明言所职,以和阴阳,天下幸甚。相数陈便宜,上纳用焉。

此见汉经学易之兴实自宣帝,而宣帝之志实有本于魏相。相字弱翁,济阴定陶人,少学易,或亦传自杨何一派。所奏之易理,本阴阳五行之方位,与《说卦》合。此于武帝时实不必言,要在重视司马迁荐落下闳以治历。宣帝继历法初定之后,乃可承之而言其理。若秦亡统一天下,势由西北而至东南,汉兴于沛而王于关中,武帝继之而开发西域,则势反由东南而至西北。及宣帝而守之,魏相较霍光尤为向内,由是定于关中而经学大兴。梁丘贺之筮,仍属霍禹事之余波,而三家易乃昌。因三家章句已佚,今先述三家之流传,方可反观三家易之同异。

《汉志·儒林传》:

> 雠授张禹、琅玡鲁伯。伯为会稽太守,禹至丞相。禹授淮阳彭宣,沛戴崇子平。崇为九卿,宣大司空。……鲁伯授太山毛莫如少路,琅玡邴丹曼容,著清名。莫如至常山太守。

又:

> 蜀人赵宾好小数书,后为《易》,饰《易》文,以为箕子明夷,阴阳气亡箕子。箕子者,万物方荄兹也。宾持论巧慧,易家不能难,皆曰非古法也。云受孟喜,喜为名之。后宾死,莫能持其说。喜

因不肯仞,以此不见信。喜举孝廉为郎,曲台署长,病免,为丞相
掾。博士缺,众人荐喜,上闻喜改师法,遂不用喜。喜授同郡白光
少子,沛翟牧子兄,皆为博士。

又:

> (梁丘贺)传子临,亦入说,为黄门郎。甘露中,奉使问诸儒
> 于石渠。临学精孰,专行京房法。琅玡王吉通五经,闻临说善
> 之。时宣帝选高材郎十人从临讲,吉乃使其子郎中骏上疏从临
> 受《易》。临代五鹿充宗君孟为少府,骏御史大夫。充宗授平陵
> 士孙张仲方,沛邓彭祖子夏,齐衡咸长宾。张为博士,至扬州
> 牧,光禄大夫给事中,家世传业。彭祖,真定太傅。咸王莽讲学
> 大夫。

考三家易之异,主要为施雠和梁丘贺与孟喜不同。且于章句不妨
有不同的注释,而对《易经十二篇》的原文,基本已同。于时间为甘露
三年(前51)的石渠阁会议。经学易的定型,由施雠主其事,其年可在
八十左右,梁丘贺或已死,由其子临参与其事。《宣帝纪》:"诏诸儒讲
五经同异,太子太傅萧望之等平奏其议,上亲称制临决焉,乃立梁丘
《易》、大小夏侯《尚书》、《穀梁春秋》博士。"以易论,施雠易传自周王
孙。梁丘贺易尚以京房卜法为主,传子临,且已兼周王孙、施雠一派,
故此二家实同。临专行京房法,宣帝选高材郎十人从临讲,或与"大衍
之数"有关。是时已尚通五经为贵,则《易经》之要,又显其以卜筮为
主。至于孟喜易最有独见,宣帝视为改师法而未立博士,尚能兼得易
家候阴阳灾变书。此书当有公羊家的思想,卦气图属于此书之中,似
可无疑。以文献论,此卦气图之次,出于《易纬稽览图》。仅以此图言,
于甘露元年(前53)出生之扬雄,于五十岁草《太玄》,所谓法易,就是

法此卦气图,可证此卦气图其来已古。然非杨何、周王孙所传,故东海孟喜取之,被视为已改师法。而此卦气图之传,似可属于蜀易,入蜀之时,可能与吕不韦有关。由此图以读易,根本不取《序卦》之次,另取十二消息及四时卦为主,非有较早的来源,扬雄决不会舍《序卦》而取此卦气图。三家易中,唯孟氏知其重要而取之,殊有创见,故本人虽未立博士,而其弟子皆为博士,可证卦气图已由蜀易传出,当时各地皆知有此图。此处又提及蜀人赵宾之说,其破箕子人名为荄兹,正以自然现象为言而不取人事之易,亦合卦气图之旨。唯孟喜兼及自然与人事两方面,故亦不以赵宾为是。至于孟喜所得之灾变书,另有门人焦延寿传而发展之。

《汉书·儒林传》:

> 京房受《易》梁人焦延寿,延寿云尝从孟喜问《易》。会喜死,房以为延寿易即孟氏学,翟牧、白生不肯,皆曰非也。

《汉书·京房传》:

> ……延寿字赣。赣贫贱,以好学得幸梁王,梁王共其资用,令极意学。既成,为郡史,察举补小黄令。以候司先知奸邪,盗贼不得发。爱养吏民,化行县中,举最当选。三老官属上书愿留赣,有诏许增秩留,卒于小黄。赣常曰:"得我道以亡身者,必京生也。"其说长于灾变,分六十四卦,更直日用事,以风雨寒温为候,各有占验。

此见继孟氏易者又歧分为二,其一翟白之学,虽知有灾变书,仍以十二篇的章句为主。其二焦京之学,虽未必废章句,而以灾变为主,且于灾变有所发展。《隋志》:"《易林》十六卷,焦赣撰。《易林变占》十六卷,焦赣撰。"后者已佚,前书尚存。然《汉书·艺文》未著录,故是否为焦赣所撰,已为人所疑。合诸内容观之,引有焦赣以后事,《四库提要》:"'长城既立,四夷宾服,交和结好,昭君是祸。'四句则事在元帝竟宁元年(前33),名字炳然,显为延寿以后语。"则有后人补入无疑。至于四千有九十六卦之象,盖相应于大衍筮法,此筮法于长沙出土之《周易》帛书中尚无,可确证当时长沙尚未用大衍筮法。然黄河流域或已有用之,杨何、京房以传梁丘贺之京氏筮法,当已有四千有九十六卦之象,另一丁宽、周王孙之传于梁者,或亦能明此。故焦氏得梁王之资用,既能极意学成,于灾变分六十四卦更直日用事,则于卦象本身之可分四千有九十六种不同的形象,或亦能知之,故赣撰《易林》之说,当亦有因。若其编次已用《序卦》,则与卦气图之次不同,乃以筮法为主,非以为候。当时之易学中章句、筮法、灾变可分而为三。

《汉书·张禹传》:

> 张禹字子文,河内轵人也,至禹父徙家莲勺。禹为儿,数随家至市,喜观于卜相者前。久之,颇晓其别蓍布卦意,时从旁言,卜者爱之,又奇其面貌,谓禹父,是儿多知,可令学经。及禹壮,至长安学,从沛郡施雠受《易》,琅邪王阳,胶东庸生问《论语》,既皆明习,有徒众,举办郡文学。……久之,试为博士。初元中立皇太子……诏令禹授太子《论语》……元帝崩,成帝即位,征禹、宽中,皆以师赐爵关内侯……河平四年代王商为丞相,封安昌侯。为相六岁,鸿嘉元年以老病乞骸骨,上加优再三,乃听许。……禹为人谨厚,内殖货财,家以田为业。及富贵,多买田至四百顷,皆泾渭溉灌,极膏腴上贾。它财物称是。禹性习知音声,内奢淫,身居大第,后堂理丝竹管弦。禹成就弟子尤著者,淮阳彭宣至大司空,沛郡戴崇至少府九卿。宣为人恭俭有法度,而崇恺弟多智,二人异行。禹心亲爱崇,敬宣而疏之。崇每候禹,常责师宜置酒设乐与

弟子相娱。禹将崇入后堂饮食,妇女相对,优人管弦铿锵极乐,昏夜乃罢。而宣之来也,禹见之于便坐,讲论经文,日晏赐食,不过一肉卮酒相对。宣未尝得至后堂,及两人皆闻知,各自得也。……禹虽家居,以特进为天子师,国家每有大政,必与定议。永始、元延之间,日蚀、地震尤数,吏民多上书言灾异之应,讥切王氏专政所致。上惧变异数见,意颇然之,未有以明见,乃车驾至禹弟,辟左右,亲问禹以天变,因用吏民所言王氏事示禹。禹自见年老子孙弱,又与曲阳侯不平,恐为所怨。禹则谓上曰:"《春秋》二百四十二年间,日蚀三十余,地震五十六,或为诸侯相杀,或夷狄侵中国。灾变之异,深远难见,故圣人罕言命,不语怪神。性与天道自子赣之属不得闻,何况浅见鄙儒之所言,陛下宜修政事以善应之,与下同其福喜,此经义意也。新学小生,乱道误人,宜无信用,以经术断之。"上雅信爱禹,由此不疑王氏。后曲阳侯根及诸王子弟闻知禹言,皆喜说,遂亲就禹。禹见时有变异,若上体不安,择日絜斋露著,正衣冠立筮,得吉卦则献其占,如有不吉,禹为感动忧色。成帝崩,禹及事哀帝,建平二年薨。

经学易之成实自武帝后,魏相、张禹相继,始造成《易》为经学之原的地位。而易学之理反大受束缚,此张禹难辞其咎。当魏相之论灾害,尚有面对自然界之事实。准《说卦》之方位,合诸五行,得视四时之变,此仍《吕氏春秋》月令之理,配诸卦象,定亦有所据而言。准此阴阳明堂月令之象数,正易理之旨。且易学之可贵,其理正可因时而发展。然发展之是非,要在观其是否重视对自然现象的认识。如能加深对自然界的认识,于易学所谓天地,由天地而及人,实即"人能弘道"之象,此即魏相之得。反之,未能注意自然界之变化,仅仅注意于人事,则必不进而退,道决不能弘人,主人事者势必有变化,此即张禹之失。

先遵魏相之言,以易图示当时对易学的认识。

司夏 火 执衡 南方 炎帝 ☲离　　　司西南土 坤☷

司春 木 执规 东方 太昊 ☳震　　中央 黄帝 执绳 土　　金 司秋 执矩 西方 少昊 ☱兑

司东北土 ☶艮　　　司北 水 执权 冬 颛顼 坎☵

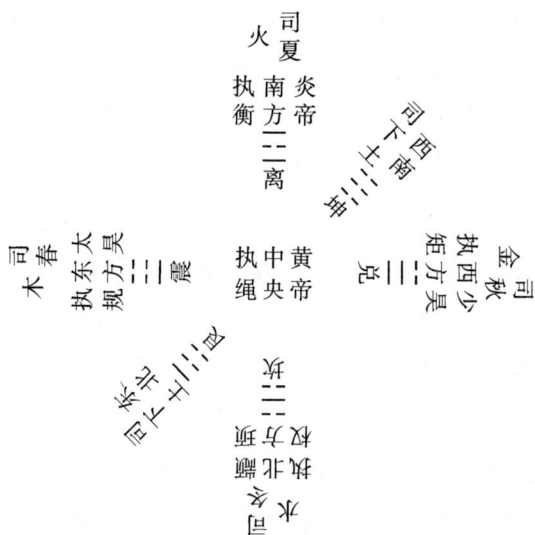

　　按上图实本《说卦》，未言之二卦为西北乾、东南巽，即当天门、地户之方位。《说卦》："帝出乎震，齐乎巽，相见乎离，致役乎坤，说言乎兑，战乎乾，劳乎坎，成言乎艮。万物出乎震，震东方也。齐乎巽，巽东南也。齐也者，言万物之絜齐也。离也者，明也，万物皆相见，南方之卦也。圣人南面而听天下，向明而治，盖取诸此也。坤也者，地也，万物皆致养焉，故曰致役乎坤。兑正秋也，万物之所说也，故曰说言乎兑。战乎乾，乾西北之卦也，言阴阳相薄也。坎者水也，正北方之卦

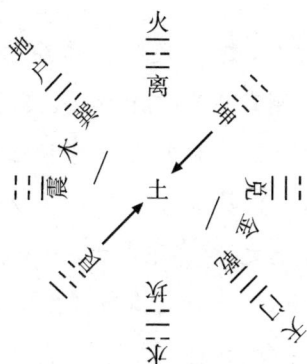

火☲离

地户 巽☴　　　　乾☰天门

☳震 木　　土　　兑☱金

☵坎 水　　　坤☷土

231

也。劳卦也,万物之所归也,故曰劳乎坎。艮东北之卦也,万物之所成终而所成始也,故曰成言乎艮。"准此可明八卦之方位。

合《说卦》所言之方位,与魏相之说,可见同出一原。有此阴阳八卦而合诸时间之春夏秋冬,空间之东南西北,自然又合于五行。唯有卦象所示之事物,庶见八卦之大义。由天地而人事,人准天地之道,由认识之而改造之,斯即易学之旨。借易象之变以喻客观天地人三才之变,凡人事莫不在时空之中,而贵能掌握时空。然时空决不暂停,此孔子所以有"不舍昼夜"之言。魏相之言此,即明堂之象。四时八节,决不能止,合诸人事,霍禹止而不流。故以家天下言,宣帝当亲政,岂可步昌邑王之后尘。亲政后重视经学,所以已有此准则。然《易》之用于筮,本为易学之原,所以决疑而贵在能究其所疑。若宣帝之寻京房传人,因有应于筮重用梁丘贺,选高材郎十人从临学京房法,不取孟喜为博士,其关心易学可喻,而执而不化尤为明显。知卜筮而不知灾变,宣元成三代之通病,元帝为成帝选张禹为师,经学易大盛,而易学乃止。观张禹学于施雠,可云知易,惜仅知人事之易而未识天地之易。此又见施、梁丘氏之易,实不如孟氏之易。张禹玩筮而为筮所玩,谨谨以保其富贵,何足以论易。

若孟喜之弟子,又从涿郡韩生学易之盖宽饶,于易学反能有得。《汉书·盖宽饶传》:

> 盖宽饶,字次公,魏郡人也。明经为郡文学,以孝廉为郎。……宽饶为人刚直高节,志在奉公。家贫,奉钱月数千,半以给吏民为耳目言事者。身为司隶,子常步行自戍北边,公廉如此。然深刻喜陷害人,在位及贵戚人与为怨,又好言事刺讥,奸犯上意。上以其儒者优容之,然亦不得迁。……是时上(宣帝)方用刑法,信任中尚书宦官,宽饶奏封事曰:"方今圣道寖废,儒术不行,以刑余为周召,以法律为《诗》《书》。"又引《韩氏易传》言:"五帝官

天下,三王家天下。家以传子,官以传贤,若四时之运,功成者去,不得其人则不居其位。"书奏,上以宽饶怨谤终不改,下其书中二千石。时执金吾议,此为宽饶指意欲求禅,大逆不道。谏大夫郑昌愍伤宽饶忠直忧国,以言事不当意而为文吏所诋挫。……上不听,遂下宽饶吏。宽饶引佩刀自刭北阙下,众莫不怜之。

考盖氏之易义,亦重四时之运,实与魏相同,此属当时对易学之基本认识。而或合诸人事,此以传子传贤当之,实为儒家重尧舜之精义,又与公羊家有关。然《庄子·秋水》有言:"昔者尧舜让而帝,之哙让而绝。"考燕之哙让位于宰相子之,当公元前 316 年。其于燕地必盛传其事,宜燕人韩婴之《易传》中取其义,今宽饶取而用之,时当神爵二年(前 60)。亦可见是时民间早有不满昭宣之世,宽饶所以继睢弘之思想。及元帝进一步用儒术,而民间尊信黄老者又进一步增多。如张禹之信易,民间之《太平经》自然开始产生。若魏相之易理未尝有儒道之辨,或尚有以为三家易之章句失传而汉易晦者,实未是。今不见三家易之章句,当然是文献的损失,然施雠嫡传之张禹已如此,重筮法之梁丘易亦可知。施梁之轻孟,翟牧之轻焦,其何以见整体之易学。此外继施家有张、彭之流,继梁丘家有士孙、邓、衡之流,继孟家有翟、白之流,主要能传《十二篇》而已。而对易学有发展者,宜归传焦延寿之术者京房。

《汉书·儒林传》:

> 京房受《易》梁人焦延寿。……至成帝时,刘向校书,考易说,以为诸易家说皆祖田何、杨叔、丁将军,大谊略同,唯京氏为异,党焦延寿独得隐士之说,托之孟氏,不相与同。房以明灾异得幸,为石显所谮诛。

又《汉书·京房传》:

> 京房字君明,东郡顿丘(河南清丰西南)人也。治《易》,事梁人焦延寿……赣常曰:"得我道以亡身者,必京生也。"……房用之尤精,好钟律,知音声,初元四年(前45)以孝廉为郎……是时中书令石显专权,显友人五鹿充宗为尚书令,与房同经,论议相非。……石显、五鹿充宗皆疾房,欲远之,建言宜试以房为郡守,元帝于是以房为魏郡太守。……房去月余,竟征下狱。初,淮阳宪王舅张博从房受学,以女妻房。……及房出守郡,显告房与张博通谋,非谤政治,归恶天子,诖误诸侯王。……房、博皆弃市。……房本姓李,推律自定为京氏,死时年四十一。

又《汉书·宪王传》:

> 有司奏请逮捕钦,上不忍致法,遣谏大夫王骏赐钦玺书……骏谕指曰……自今以来,王毋复以博等累心,务与众弃之。《春秋》之义,大能变改。《易》曰:籍用白茅,无咎。言臣子之道,改过自新,絜己以承上,然后免于咎也。……京房及博兄弟三人皆弃市,妻子徙边。至成帝即位,以淮阳王属为叔父,敬宠之,异于它国……上加恩,许王还徙者。

按元帝时京氏易已继三家易立学官,不幸而死,实与梁丘易有争。与于王位事咎由自取,弃市后五年而成帝即位,许王还徙者,京氏易仍立学官,其弟子皆为郎、博士,且京氏易流传独盛。《汉志》:"孟氏京房十一篇。灾异孟氏京房六十六篇。京氏段嘉十二篇。苏林曰:东海人,为博士。师古曰:苏说是也,嘉即京房所从受《易》者也,见《儒林传》及刘向《别录》。"

以上三书之内容，前者当为京房释孟氏易十一篇，或以章句为主。中者当为京房释孟氏灾异六十六篇，内当有卦气图等。后者为京氏弟子段嘉释京氏易十二篇，内当有八宫及今传之《易传》等（另详《论京氏易》）。

此外《汉志》另类之书，尚有《五鹿充宗略说三篇》，乃属梁丘易。总观书目，可概见西汉易学之一般。下作三家易之师承表。

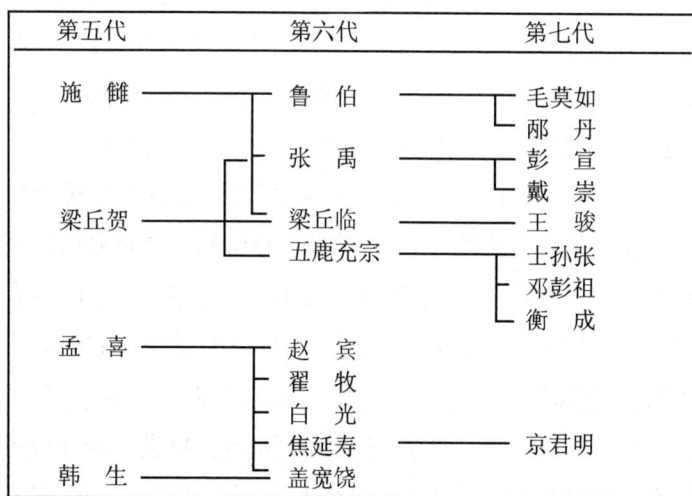

第五代	第六代	第七代
施雠	鲁伯	毛莫如
		邴丹
	张禹	彭宣
		戴崇
梁丘贺	梁丘临	王骏
	五鹿充宗	士孙张
		邓彭祖
		衡成
孟喜	赵宾	
	翟牧	
	白光	
	焦延寿	京君明
韩生	盖宽饶	

汉易师承表二

今知三家易之起大作用者，于施雠、梁丘贺二家得一张禹，且寿命长，卒于哀帝建平二年（前5）。凡成帝一代，自建始元年至绥和二年（前32—前7）共二十六年的政治思想，因禹持其帝师的地位，故有大影响。筮法盛行，此为原因所在。立京氏易的时代背景，亦可了解。又《易林》的成书，亦可视为在成帝时。若其所谓"儒家"的作风，以当时观之，成帝未负禹，而禹则有负于汉。以易理观之，尤属得其糟魄而全失其精华，盛行谶纬之学，禹等有以致之。上层社会的经学易，实不及民间易学的发展，此唯孟氏易略有可取。

若传孟氏易而能推进易学的认识论者，可得而言者有三。一蜀人赵宾,此决非孜孜于考据箕子与荄兹之同异所可解决的问题,所以破卦爻辞的原义。不破卦爻辞的原义,决难古为今用。虽可以史鉴之理读卦爻辞,是即所谓儒家的经学易。然历史有发展,今日的事实古代未必有,而今日与古代在时间上有必然联系,易学的象数就起此作用。若西周起逐步完成的卦爻辞,当然不切合于西汉时代。而赵宾者,正由此以发展易学。或谓赵宾后无继者则大误,蜀人扬雄著《太玄》,即承赵宾其人。其二焦延寿,谓孟喜不肯仞而不重其理亦大误,因孟氏虽有章句,亦有整体的认识。故焦延寿必认孟喜为师者,可知准筮法而深思四千有九十六种不同的形象,属孟氏易的要义。其法虽三家所同,其理盖由焦京而形成,亦即灾变的大用。故焦延寿亦为孟氏易的重要发展者,京氏易宜属之。唯京氏易立学官,故直承孟氏而忽略焦赣。考《易林》虽非焦赣最后完成,然其极意学易而认真分析客观现象的苦功,决不可忽视。其三盖宽饶。因孟喜学于田王孙外,当有其父之家学,此与专主一经者不同。当宣帝时,已渐以融通五经为贵。故向以主《诗》之韩婴至孙婴相之后,又有涿郡韩生以明其祖婴亦传《易》。可见五经既可贯通其义,于各经之本身又可进一步分成各种不同的内容。如韩生所论之易义,自然有异于三家易。今观宽饶之为人,具耿直勇决之性,刚毅深思之德,故学儒而重易,取其易简。于三家易中从孟氏者,取其灾变而不斤斤于卜筮。及韩生授易,又弃孟氏而从之者,取其已得灾变而不斤斤于灾变。因传子传贤而罹祸,求仁得仁又何怨。且因宽饶等之死,可见宣帝与元帝之性。

《汉书·元帝纪》:

> 孝元皇帝,宣帝太子也。……壮大,柔仁好儒,见宣帝所用多文法吏,以刑名绳下,大臣杨恽、盖宽饶等坐刺讥辞语为罪而诛,尝侍燕从容言:"陛下持刑太深,宜用儒生。"宣帝作色曰:"汉家自有制度,本以霸王道杂之,奈何纯任德教用周政乎。且俗儒不达

时宜,好是古非今,使人眩于名实,不知所守,何足委任。"乃叹曰:
"乱我家者,太子也。"由是疏太子而爱淮阳王,曰:"淮阳王明察好
法,宜为吾子。"而王母张倢伃尤幸。上有意欲用淮阳王代太子,
然以少依许氏,俱从微起,故终不背焉。

此见盖宽饶之自刭,曾引起上层建筑之内部矛盾。然当元帝即
位,未尝柔仁好儒而废汉家自有之制度,传贤事决不会考虑,因宪王事
而诛及京房,更见家天下之内部矛盾。这一矛盾始终存在于我国历史
中,自汉刘邦元年(前 206)起,至清溥仪三年(1911)止,凡二千一百零
七年,莫不受此制度之限制。一切文化思想包括宗教哲学风俗习惯等
等,莫不与此有关。而传贤之事徒存空言,孟子引孔子之言"知我者其
唯《春秋》乎,罪我者其唯《春秋》乎"。此言是否孔子自言固无证明,即
认为是孟子之言,亦当认真注意其思想。因有《春秋》一书之存在,始
可了解孔子对近代史的评价。亦即孟子了解当代史之是非,凡有不同
于同时代人的评论,乃或有据或杜撰孔子之言以自况,及公羊家起莫
不继承此志。今更进而观之,孟子可云已知《春秋》,惜尚未知《尚书》,
此所以"言必称尧舜"。因知孔子删《书》始于尧舜指"天之历数"言,而
所谓"明明扬侧陋",固为史迹乎? 即属史迹,亦难免过甚其辞。然二
千余年来我国的整体变化,莫不有与于此,故今日对孔子之认识,可曰
"知我者其唯尧舜乎,罪我者其唯尧舜乎"。京房之弃市,不若盖宽饶
之自刭,此宽饶之所以由喜而更事韩生。传子确不如传贤,于传子之
际,其间未尝无贤、不肖之辩,唯房之有志于此,宜延寿之预知其丧身。
若易学之变于此可见,宽饶之后未闻更学韩氏易者,而民间之《太平
经》等书出,若齐人甘忠可辈所以为后继者。若京房虽死而其学未废,
且大行于民间,所以有合乎淮南九师之说。易学兼通乎上下而历久不
衰者,孟京之说实为其主。故主要继三家易之三人中,京氏易又继焦
赣、盖宽饶二人。若继张禹者除彭宣、戴崇辈外,以易理观之虽史无明

237

文,而费直乃可承之。

《汉书·儒林传》:

> 费直字长翁,东莱人也。治《易》为郎,至单父令。长于卦筮,亡章句,徒以《彖》《象》《系辞》十篇《文言》解说上下经。琅邪王璜平中能传之,璜又传古文《尚书》。

又曰:

> 高相,沛人也。治《易》与费公同时,其学亦亡章句,专说阴阳灾异,自言出于丁将军。传至相,相授子康及兰陵毋将永。康以明《易》为郎,永至豫章都尉。及王莽居摄,东郡太守翟谊谋举兵诛莽,事未发,康候知东郡有兵,私语门人,门人上书言之。数月后,翟谊兵起,莽召问,对受师高康,莽恶之,以为惑众,斩康。由是《易》有高氏学。高、费皆未尝立于学官。

考翟谊起兵于居摄二年(7),康被斩略当其时。是时其门人已能上书言之,康之年纪约五十许,与王莽年纪相近。其父高相及同时治易之费直,年纪必小于孟喜,约在焦京之间,故既可与张禹同辈,亦可为下一辈。费直之"长于卦筮",正与张禹之"择日絜斋露蓍,正衣冠立筮"同。若高相之专说阴阳灾异,又与孟氏易同,自言出于丁将军,当属事实。宽之易传者必多,焦赣亦在梁,故近本孟喜远亦有承于宽,宜高氏易又与孟京易相近。

若儒家之传贤传子问题,基本未能解决。于汉正式继承秦制,渐定一姓一房继承制。若昭帝既无子,宜宣帝时有盖宽饶之言。当宣、元、成之继虽能正常,而民间对汉室统治之反感与日俱增。若张禹之生活情况,可喻上层之一切作风。更观王室尤不待言,如成帝之宠赵倢伃可见。不幸成帝无嗣而暴卒,赵昭仪自杀,固属家庭悲剧,然身当一国之主而亡,自然又有继承问题。他房不乏姓刘者,然能否胜任不无问题,外戚安得不多。而民间传贤之说未尝或忽,及哀帝不得已而听李寻之言。《汉书·李寻传》:

> 李寻字子长,平陵人也。治《尚书》,与张孺、郑宽中同师。宽中等守师法教授,寻独好《洪范》灾异,又学天文月令阴阳。事丞相翟方进,方进亦善为星历,除寻为吏,数为翟侯言事。帝舅曲阳侯王根为大司马票骑将军,原遇寻。是时多灾异,根辅政,数虚己问寻。寻见汉家有中衰尼会之象,其意以为且有洪水为灾。……根于是荐寻。哀帝初即位,召寻待诏黄门。……上虽不从寻言,然采其语,每有非常,辄问寻。寻对屡中,迁黄门侍郎。以寻言且有水灾,故拜寻为骑都尉,使护河堤。初,成帝时,齐人甘忠可诈造天官历、《包元太平经》十二卷,以言汉家逢天地之大终,当更受命于天,天帝使真人赤精子,下教我此道。忠可以教重平夏贺良、容丘丁广世、东郡郭昌等。中垒校尉刘向奏忠可假鬼神罔上惑众,下狱治服,未断病死。贺良等坐挟学忠可书以不敬论,后贺良等复私以相教。哀帝初立,司隶校尉解光亦以明经通灾异得幸,白贺良等所挟忠可书。事下奉车都尉刘歆,歆以为不合五经,不可施行。而李寻亦好之。光曰:"前歆父向奏忠可下狱,歆安肯通此道。"时郭昌为长安令,劝寻宜助贺良等。寻遂白贺良等皆待诏黄门,数召见,陈说汉历中衰,当更受命。成帝不应天命,故绝嗣。今陛下久疾,变异屡数,天所以谴告人也。宜急改元易号,乃得延年益寿,皇子生,灾异息矣。得道不得行,咎殃且亡,不有洪水将出,灾火且起,涤荡民人。哀帝久寝疾,几其有益,遂从贺良等议。……"惟汉兴至今二百载,历纪开元,皇天降非材之右,汉国再获受命之符,朕之不德,曷敢不通夫受天之元命,必与天下自

新。其大赦天下,以建平二年为太初元将元年,号曰陈圣刘太平皇帝。漏刻以百二十为度,布告天下,使明知之。"后月余,上疾自若。贺良等复欲妄变政事,大臣争以为不可许。贺良等奏言大臣皆不知天命,宜退丞相御史,以解光、李寻辅政。上以其言亡验,遂下贺良等吏……光禄勋平当、光禄大夫毛莫如与御史中丞、廷尉杂治,当贺良等执左道,乱朝政,倾覆国家,诬罔主上,不道。贺良等皆伏诛,寻及解光减死一等,徙敦煌郡。

此一事件的发生,有极长的酝酿期,表演出仅月余而结束。然对夏贺良、李寻等虽结束,其思想远未结束,且正在开始。今不宜视为夏李等个人之事,而宜视为时代的思潮,则其影响对我国文化史的发展,尤其是对易学的认识,有促进的作用。于此事件,可认识汉代的所谓灾异。

当阅读《汉书·五行志》,什九轻视之,尤其是研究社会科学者。至于研究自然科学者,尚有另一角度加以认识,即不论其感应,而重视其所发生的事实。既知发生的事实,且对客观事实加以分析研究,此属正常的思考方法。所用不同的思考方法,就形成不同的时代有不同的思潮。准生物进化社会发展的原则观之,历代的思潮本身在进步,对人类的发展更有利,对客观宇宙的认识更深入。然以较短时期的社会发展观之,时代思潮亦难免有反复。故以今日的知识,阅读《汉书·五行志》自然可笑,然能考察其所发生的事实,则并不简单。即以气象学论,今日人类之知识,尚未能全部掌握其变化规律,何况在二千年前。且由客观世界的变化,影响于社会组织,由生物学的进化原理而及人类的社会,其关系更复杂。然自古迄今,至少我国已有三四千年的史实是在考虑这种复杂关系,而易学发展的本身,就是研究天地人三才之道的关系。及西汉的末年,天地与人的不协调相当突出。事实是上层社会已形成了一套较完整的人类间的组织关系,就是儒家重视的君道。《史记·自序》：

> ……上记轩辕，下至于兹，著十二本纪。既科条之矣，并时异
> 世年差不明，作十表。礼乐损益，律历改易，兵权山川，鬼神天人
> 之际，承敝通变，作八书。二十八宿环北辰，三十辐共一毂，运行
> 无穷，辅拂股肱之臣配焉，忠信行道，以奉主上，作三十世家。扶
> 义俶傥，不令己失时，立功名于天下，作七十列传。凡百三十篇，
> 五十二万六千五百字，为《太史公书》。序略以拾遗补艺，成一家
> 之言，厥协六经异传，整齐百家杂语，藏之名山，副在京师，俟后世
> 圣人君子。

此即发展《论语》"为政以德，譬如北辰，居其所而众星共之"之象，
至于《八书》所述之天人之际，实即属于今日所谓自然科学，内亦包括
宗教的范畴。故了解全部《史记》的结构，始可知司马迁的哲学思想，
继承其父之尚黄老而尚儒，方可"不令己失时"，其时为太初元年（前
104）。至于"承敝通变"实未可忽视，然处北辰者必不能知，以一人之
知，何可通于宇宙，此即司马谈所谓"儒者则不然，以为人主，天下之仪
表也。主倡而臣和，主先而臣随，如此则主劳而臣逸。至于大道之要，
去健羡，绌聪明，释此而任术。夫神大用则竭，形大劳则敝，形神骚动，
欲与天地长久，非所闻也"。然则儒犹人，道犹天，天人之际宜通乎道
与儒。故司马谈所主张通乎六家之道，董仲舒所主张王在春、正之间，
皆有极深的以社会科学结合自然科学的认识。然合诸对事实的认识，
二百四十二年的《春秋》，是否可作为判断是非的标准，此亦成一问题。
于武帝太初前后，西汉已发展至最高阶段，时间恰一百年。自太初前
后至成哀之际又一百年，此百年间因政体已建成，主要发展在上层阶
级的矛盾。然上层阶级当起促进生产力发展的作用，如武帝之定太初
历，通西域以开辟丝绸之路等等，尚合乎"主劳"的形象。奈继之者莫

不坐享其成而未见更有兴起者,既未能促进生产力,则"鼫鼠"满朝,民间生活何能不贫穷,此即所谓灾异发生的根本原因。至于灾异的事实,有属于自然现象,亦有人为原因所造成,对之作综合的解释,必须有其整体的认识。这一认识的标准,初成于董仲舒、司马迁辈而完备于刘向、刘歆父子。而被否定者,即向非甘忠可,歆非夏贺良。其实是五十步笑百步,然当其时孰知灾异之实质。昭帝与成帝无后,属本人的生理现象,然确已造成整个社会的动荡,传贤之说自然因时而兴起。即以传子而言,王与外戚与父党之争又贯串在全部历史中,而我国历代哲学思想的形成与变化,莫不与人事密切联系。故李寻等之失败,在未能医治哀帝痿痹之疾。实则帝仅二十岁,真正之权何尝在帝,有损丞相御史之利,何能有成。治其狱者有毛莫如,为鲁伯之弟子,张禹之师侄,而张禹即于是年死,可见经学易尚在起作用。此传贤之说而言于汉,不啻与虎谋皮,故《太平经》惟能流传于民间。如李寻有言:"宜急博求幽隐,拔擢天士,任以大职。诸阘茸佞谄,抱虚求进,及用残贼酷虐闻者,若此之徒,皆嫉善憎忠,坏天文,败地理,涌趯邪阴,湛溺太阳,为主结怨于民,宜以时废退,不当得居位。"实能说明当时民间之具体思想。而李寻等之思想,又在为王莽作符命,此见人事之复杂性。更以具体的改革言,仅有漏刻以百二十为度一项。此必甘忠可的主张,因当时分一昼夜为一百刻,则刻与时未能有整数的换算,今漏刻改为百二十度,则一时恰当十刻。此实方便于计时,月余而废,似太可惜,幸已为王莽所用,研究我国时间间隔的划分史迹,不可不知其已混杂在灾异之中。故言灾异者,必有认识灾异的方法。此种方法,虽或未能说明灾异之理,而抽象观其方法,实为我国固有的认识论,此种认识论的原则就产生于易学中。更由观灾异的方法,可论及易学中的卜筮问题。凡观灾异的方法,必须重视时空。以西汉论,易学的卦气图、八宫、消息等等,莫不代表时空的变化,有此时空变化的坐标,始可说明变化的事实。若说明变化的事实,因限于时代的认识水平,未能认识其真相。这一问题迄今仍存在,然已知用变化的坐标,这一客观事实决不可小视,亦就是二三千年来易学仍有其价值的客观原因。唯其用变化的坐标认识客观事物,故当未能认识坐标的变化时,不得不用卜筮以求其变化。然卜筮的根本原理有其概率性,概率属数学原理,有统计价值。于易学中仅借此以得变化的坐标,得此坐标以认识灾异,仅以漏刻起划度的作用,划得恰当与否,与认识灾异完全是二回事。故既得变化的坐标,必须用之,则卜筮本身仍有统计价值。若张禹之所为,既不能以理而得变化之坐标,既借卜筮而得之,又不能用其有统计价值的变化坐标。乃以意用之,取吉舍凶而保其地位,故张禹辈确属阘茸佞谄,何足以语易。至于否定《太平经》之刘向、刘歆父子,则能起总结西汉文化的作用,唯其限于所谓儒,则不得不否定所谓道。天人之际之理,迄今之人类知识仍未能彻底了解,何可苛求二千年前之人。况向歆的理解,有其整体思想,亦可代表当时对易学的认识。

《汉书·楚元王传》:

> ……向字子政,本名更生。年十二,以父德任为辇郎。既冠,以行修饬擢为谏大夫。是时,宣帝循武帝故事,招选名儒俊材置左右。更生以通达能属文辞,与王褒、张子侨等并进对,献赋颂凡数十篇。上复兴神仙方术之事,而淮南有《枕中鸿宝苑秘书》,书言神仙使鬼物为金之术,及《邹衍重道延命方》,世人莫见,而更生父德,武帝时治淮南狱得其书。更生幼而读诵,以为奇,献之,言黄金可成。上令典尚方铸作事,费甚多,方不验。上乃下更生吏,吏劾更生铸伪黄金,系当死。更生见阳城侯安民上书,入国户半,赎更生罪。上亦奇其材,得逾冬减死论。会初立《穀梁春秋》,征更生受《穀梁》,讲论五经于石渠。复拜为郎中,给事黄门,迁散骑谏大夫,给事中。

此所记之事实,对西汉之整个思潮极有关系。唯向之亲历其事,故日后能校中秘书而总结我国西汉前的所有学术。考西汉的学术思潮,抽象其名而言,不外由黄老而儒。进而论其黄老与儒之实,则与先秦之黄老与儒早有不同。且先秦时的黄老与儒,亦在因时空而变。此仅论西汉时的思想,所谓黄老者,宜以《淮南子》为代表。今已得长沙马王堆中所发现的汉初文化,乃属战国时的部分楚文化,而为利苍轪侯之子所保存,尚无西汉思潮的特色,宜乎贾谊居此犹吊屈原而赋鵩鸟。考此类文献,已不能反映秦统一六国及经楚汉纷争而汉室统一后的思想。故汉初之尚黄老,欲免秦之苛法而已。能准其理而发展黄老之说者,刘安所聚宾客的总体思想有其象。故汉武帝之尊儒,实有《淮南子》思想为其中心。而刘向之父德,本为"修黄老术,有智略。少时数言事,召见甘泉宫,武帝谓之千里驹"者。能注意于此而藏有奇书,不足为奇。惟以时考之,武帝晚年,德尚年少,故不能与于治淮南狱。然其祖父辟强,亦"清静少欲,常以书自娱,不肯仕"。于昭帝即位,徙为宗正,数月卒,年八十,则治淮南狱时,辟强四十四岁,正可于宾客等手中得其书。故向所上之书及所读之书,其出于刘安家中,殊无可疑。而此类书,正属后世道教之具体方术。《枕中鸿宝苑秘书》中有关铸金者,即后世外丹。有关重道延命方者,即后世名内丹。且以邹衍名之,又见与医药有关的内丹有与于谈天衍,今日所传之《内经》当与此有关。宜中国医药的理论必合天文而言,方能显出中医的整体理论。然《邹衍重道延命方》未闻上于朝,所献铸黄金之书实属原始化学,不能打破原子核以得元素之互变,当然不能得真黄金。若于二千年前已能注意此一问题,决不可小视,亦应理解当时冶金术的水平,这一水平春秋战国时早已高度发达。汉初有大量失传的事实,刘安集宾客以保存其术,从《淮南子》观之,已见其层次分明,具体之资料未传的确可惜。至于向以此书未能得黄金而得死罪,实一不幸事件,父因之而死,兄为其出力,宣帝亦奇其材,向出狱而即受《穀梁》,尤见其有豁达之才。考地节中封德为阳城侯,十一年而向有铸伪金罪。地节凡四年(前69—前66),以四年论则出事于五凤二年(前56)。当元康中至甘露元年(前65—前53)积十余岁皆在讲《穀梁》,向即受之,以备石渠阁讨论《公羊》《穀梁》异同时所需,是年向二十七岁,少子歆约生于是年。向、歆父子始皆以治易为基础,故长子伋即以易教授,若向歆父子能由易而遍观当时的一切文化,斯为可贵。于元帝在位时(前48—前33),向又有其不幸遭遇,及成帝时始复进用。《汉书·成帝纪》:"河平三年秋,光禄大夫刘向校中秘书,谒者陈农使使求遗书于天下。"按是年向年五十三岁,于石渠阁会议后,又增二十余年之经验积累,乃可胜任其事。其子歆,年未满三十,亦参与其事。《汉书·楚元王传》:"歆字子骏,少以通《诗》《书》能属文召,见成帝。待诏官者署,为黄门郎。河平中,受诏与父向领校秘书,讲六艺传记,诸子、诗赋、数术、方技无所不究。向死后,歆复为中垒校尉。哀帝初即位,大司马王莽举歆宗室有材行,为侍中太中大夫,迁骑都尉,奉车光禄大夫,贵幸。"复领五经,卒父前业。歆乃集六艺群书,种别为《七略》。按向自五十三岁起校中秘书,直至七十二岁卒,足足有二十年的时间以条其篇目,撮其指意,录而奏之,且有其子歆于哀帝时总成《七略》。《汉书·艺文志》:"哀帝复使向子侍中奉车都尉歆卒父业。歆于是总群书而奏其《七略》,故有《辑略》,有《六艺略》,有《诸子略》,有《诗赋略》,有《兵书略》,有《术数略》,有《方技略》。"以时而言,刘向卒于哀帝建平元年(前6)。歆卒父业,亦在哀帝时,哀帝在位六年(前6—前1),即以元寿二年论(前1),仍在西汉本朝。故《汉书》基本成于班固(32—92),于史料之取舍,是非之评价,难免有其主观作用。而《艺文志》究其原则,实来自刘向父子,歆之《七略》实起大影响。以易学论关系尤大,宜详加研究。

首须注意者,刘向校书时早已分工。《汉志》:"诏光禄大夫刘向校经传诸子诗赋,步兵校尉任宏校兵书,太史令尹咸校数术,侍医李柱国校方技。"所谓《七略》者,《辑略》仅当六略之总序与分序。故分类凡六,刘向主其三,此三类犹后世四库分类中之经、子、集。因当时史籍尚少,故未独立一类。而此三类以今观之同属于社会科学者,其他三类文献的知识,今宜属于自然科学者。然直至清乾隆时编《四库全书》,尚以后三类的文献全部纳入子库,此实大误,可谓反落后于向歆父子。下录六略的分类:

六略分类数	分类名	家数	卷篇数	总计数	
				家数	卷篇数
六艺略九	易	13	294	103	3123
	书	9	412		
	诗	6	416		
	礼	13	555		
	乐	6	165		
	春秋	23	948		
	论语	12	229		
	孝经	11	59		
	小学	10	45		
诸子略十	儒	53	836	189	4324
	道	37	993		
	阴阳	21	369		
	法	10	217		
	名	7	36		
	墨	6	86		
	纵横	12	107		
	杂	20	403		
	农	9	114		
	小说	15	1380		
诗赋略五	赋	20	361	106	1318
	赋	21	274		
	赋	25	136		
	杂赋	12	233		
	歌诗	28	314		
兵书略四	权谋	13	259	53	790
	形势	11	92		
	阴阳	16	249	图	43
	技巧	13	199		

六略分类数	分类名	家数	卷篇数	总计数	
				家数	卷篇数
数术略六	天文	21	445	190	2528
	历谱	18	606		
	五行	31	652		
	蓍龟	15	401		
	杂占	18	313		
	形法	6	122		
方技略四	医经	7	216	36	868
	经方	11	274		
	房中	8	186		
	神仙	10	205		
六略 38 种		596 家	13269 卷		

总观上表,方可了解二千年前的我国文化。当时易学在学术中的地位,以刘向视之,莫不出于《易》。而《易》的内容,不外阴阳五行而已。《辑略》论六艺曰:

> 六艺之文,《乐》以和神,仁之表也。《诗》以正言,义之用也。《礼》以明体,明者著见,故无训也。《书》以广听,知之术也。《春秋》断事,信之符也。五者,盖五常之道相须而备,而《易》为之原。故曰《易》不可见,则乾坤或几乎息矣,言与天地为终始也。至于五学,世有变改,犹五行之更用事焉。

此以《乐》当春仁,《礼》当夏明,《诗》当秋义,《书》当冬知,《春秋》当中央信,犹五行之更用事,而五行之原即《易》之阴阳,乃与天地为终始者也。其理实即魏相之说,主要能使其他五经配诸五行,则散漫之经义得其归宿,此正刘向之功。以《易》道阴阳为五行之原,即以阴阳当五行中之生克。故易学之理可通贯其他五经,由是以观六艺大体可存。且言：

> 后世经传既已乖离，博学者又不思多闻阙疑之义，而务碎义逃难，便辞巧说，破坏形体，说五字之文，至于二三万言。后进弥以驰逐，故幼童而守一艺，白首而后能言，安其所习，毁所不见，终以自蔽。此学者之大患也。

唯知此方能得六艺之大体，以见《易》为之原。图以明之：

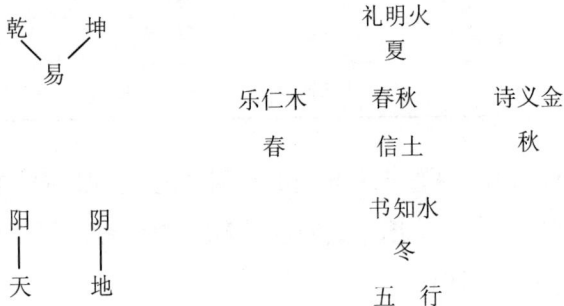

```
  乾    坤              礼明火
    \  /                 夏
     易            乐仁木   春秋   诗义金
                    春     信土     秋
  阳    阴
  |     |              书知水
  天    地               冬
                        五 行
```

此以《礼》、《乐》当东南之生，《诗》、《书》当西北之成，准《春秋》以断事，原于《易》而知天地之自然。向、歆总结西汉二百年之学术，实有所见。若阴阳五行之理，贵能得其旨。于象数本身，未尝有是非。二千年前已能利用象数考察思想文化，正见我国文化的特色，且与以下三略属于自然科学者有联系。先论《诸子略》之十类，尤能推及其本。《汉志》：

> 儒家者流，盖出于司徒之官，助人君顺阴阳明教化者也。……道家者流，盖出于史官，历记成败存亡祸福古今之道，然后知秉要执本，清虚以自守，卑弱以自持，此君人南面之术也。……阴阳家者流，盖出于羲和之官，敬顺昊天，历象日月星

辰,敬授民时,此其所长也。……法家者流,盖出于理官,信赏必罚,以辅礼制。……名家者流,盖出于礼官。古者名位不同,礼亦异数。……墨家者流,盖出于清庙之守。……纵横家者流,盖出于行人之官。……杂家者流,盖出于议官。兼儒墨,合名法,知国体之有此,见王治之无不贯,此其所长也。……农家者流,盖出于农稷之官。……小说家者流,盖出于稗官,街谈巷语,道听涂说者之所造也。

此实与司马谈之"论六家要旨"同义,杂家犹谈所认可的道家,已取各家之长。今以史迹论之,谈之时所见之各种文献,基本属战国时的思想。经百年尊儒术的努力,向、歆所尊的六艺,可属春秋时的思想。孔子所收集者,自然有夏商及西周的文化,划时代于尧舜,难免有知我罪我的恍惚。可见在武帝后的百年中,对整理古籍不可谓无成绩。惜自西汉后之一般所谓儒生,仅注意于《诸子略》中之儒而未能上及于六艺。及六艺者仅能皓首穷经而未得其通,此于东汉时所以唯郑玄为可贵者,庶能有继于向、歆之业。以易学言,诸子十家既可通于六艺,自然亦可以《易》为原。直接有与者,当以阴阳、杂家为主。又《诗赋略》可以观风俗,知薄厚。合上六艺而分言之,则诸子近于《礼》而诗赋近于《乐》。王者治天下,固须礼乐云。礼乐相对,亦即易学之阴阳。

以下三略各有具体知识,当时对具体知识的分析方法,即用阴阳五行。最可贵者,已知有数学模型。以数学之理深入各门学科,现阶段尚为全人类所利用。我国于二千年前已知借易学的象数,分入各种专门学问中,此实极可研究的思想方法。而易学的价值,就在能贯通社会科学与自然科学。更详考易学的文献,则十二篇之原文,于刘向初入校书时(前26)当然已定。经分上下,依《序卦》之次亦可无疑。然数十篇传文,或尚可与郑学之徒不同,最有疑问者,十篇中是否有《杂卦》,尚无明证。

于是时对易学另有一关键人物,当详为介绍,此人就是扬雄。《汉书·扬雄传》:

扬雄字子云,蜀郡成都人也。……五世而传一子,故雄亡它扬于蜀。雄少而好学,不为章句,训诂通而已,博览无所不见。为人简易佚荡,口吃不能剧谈,默而好深湛之思。清静无为,少嗜欲,不汲汲于富贵,不戚戚于贫贱,不修廉隅以徼名当世。家产不过十金,乏无儋石之储,晏如也。自有大度,非圣哲之书不好也,非其意,虽富贵不事也。顾尝好辞赋。……孝成帝时,客有荐雄文似相如者,上方郊祠甘泉泰畤,汾阴后土,以求继嗣,召雄待诏承明之庭。正月,从上甘泉,还奏《甘泉赋》以风。……赋成奏之,天子异焉。……哀帝时,丁、傅、董贤用事,诸附离之者或起家至二千石。时雄方草《太玄》,有以自守,泊如也。或嘲雄以玄尚白,而雄解之,号曰《解嘲》。……雄以为赋者,将以风也。必推类而言,极丽靡之辞,闳侈巨衍,竞于使人不能加也。既乃归之于正,然览者已过矣。往时武帝好神仙,相如上《大人赋》,欲以风,帝反缥缥有陵云之志。繇是言之,赋劝而不止,明矣。又颇似俳优淳于髡、优孟之徒,非法度所存,贤人君子诗赋之正也,于是辍不复为。而大潭思浑天,参摹而四分之,极于八十一。旁则三摹九据,极之七百二十九赞,亦自然之道也。故观《易》者,见其卦而名之,观《玄》者,数其画而定之。玄首四重者,非卦也,数也。其用自天元推一昼一夜阴阳数度律历之纪,九九大运,与天终始。故《玄》三方、九州、二十七部、八十一家、二百四十三表、七百二十九赞。分为三卷,曰一二三,与泰初历相应,亦有颛顼之历焉。揲之以三策,关之以休咎,絣之以象类,播之以人事,文之以五行,拟之以道德仁义礼知。无主无名,要合五经,苟非其事,文不虚生。为其泰曼漶而不可知,故有首、冲、错、测、摛、莹、数、文、掜、图、告十一篇,皆以解剥玄体,离散其文,章句尚不存焉。……客有难《玄》大深,众人之不好也,雄解之,号曰《解难》。……初,雄年四十余,自蜀来至游京师,大司马车骑将军王音奇其文雅,召以为门下史,荐雄待诏。岁余,奏《羽猎赋》,除为郎,给事黄门,与王莽、刘歆并。哀帝之初,又与董贤同官。当成哀平间,莽贤皆为三公,权倾人主,所荐莫不拔擢,而雄三世不徙官。及莽篡位,谈说之士用符命称功德获封爵者甚众,雄复不侯,以耆老久次转为大夫,恬于势利乃如是。实好古而乐道,其意欲求文章成名于后世。以为经莫大于《易》,故作《太玄》。传莫大于《论语》,作《法言》。史篇莫善于《仓颉》,作《训纂》。箴莫善于《虞箴》,作《州箴》。赋莫深于《离骚》,反而广之。辞莫丽于相如,作四赋。皆斟酌其本,相与放依而驰骋云。用心于内,不求于外,于时人皆忽之。唯刘歆及范逡敬焉,而桓谭以为绝伦。……家素贫,耆酒,人希至其门。时有好事者载酒肴从游学,而巨鹿侯芭常从雄居,受其《太玄》、《法言》焉。刘歆亦尝观之,谓雄曰:“空自苦,今学者有禄利,然尚不能明《易》,又如《玄》何,吾恐后人用覆酱瓿也。”雄笑而不应。年七十一,天凤五年卒。侯芭为起坟,丧之三年。……诸儒或讥以为雄非圣人而作经,犹春秋吴楚之君僭号称王,盖诛绝之罪也。自雄之没至今四十余年,其《法言》大行,而《玄》终不显。

按雄之生卒年可考。其奏《羽猎赋》当成帝元延二年(前11),是年雄已四十三岁,则雄为待诏时为四十二岁。然大司马车骑将军王音,于阳朔三年(前22)继王凤之死而居其位,且于永始二年(前15)死于位,继王音之位者为王商。故荐雄为待诏者,可能是商。音召为门下史,已有数年,则自蜀来游京师时,年尚未满四十。是时向正在校中秘书,较雄长二十四岁,故歆之年与雄相近。若歆之继父业以成《七略》,不可谓非向之志。而向之学得自淮南,歆已有所不同。此可与司马谈迁父子相比,即同为由父道而子儒。至于扬雄之学乃蜀学,远则有以继《吕氏春秋》之理,天文文学之私淑有武帝时之落下闳与司马相如,近则尚有严君平之易。《汉书·列传》第四十二:

> ……蜀有严君平,皆修身自保,非其服弗服,非其食弗食。……君平卜筮于成都市,以为卜筮者贱业,而可以惠众。人有邪恶非正之问,则依蓍龟为言利害。与人子言依于孝,与人弟言依于顺,与人臣言依于忠,各因势导之以善,从吾言者,已过半矣。裁日阅数人,得百钱足自养,则闭肆下帘而授《老子》。博览亡不通,依老子、严周之指,著书十余万言。扬雄少时从游学,以而仕京师显名,数为朝廷在位贤者称君平德。杜陵李强素善雄,久之为益州牧,喜谓雄曰:"吾真得严君平矣。"雄曰:"君备礼以待之,彼人可见而不可得诎也。"强心以为不然。及至蜀,致礼与相见,卒不敢言以为从事,乃叹曰:"扬子云诚知人。"君平年九十余,遂以其业终,蜀人爱敬,至今称焉。

雄之著《太玄》,所以综合其理而有以自得。卜筮若君平,始可承郑詹尹敬谢屈原之志,同时如张禹之筮,其何以见君平。扬雄献赋时张禹尚在,凡治经学易者,莫不尊禹为施雠、梁丘贺之嫡传弟子,视《太玄》为拟经而当诛绝之,此何能见汉易之精华所在。雄不为辞章而草《太玄》,自守泊如,尚得君平之旨。董贤封侯于建平四年(前3),时年雄五十岁,知天命以作《玄》,恰当其时。且向已死,歆非知音,及歆省悟,时已晚矣。班固著《汉书》时,距扬雄之卒为四十余年,知《太玄》之理者,尚未见其人。以今日观之,后世之扬子云,唯司马光(1019—1086)方可当之。时隔千年,此决非班固所可理解。此处宜详为阐明《太玄》与易学之关系。

《解难》有言:"日月之经不千里,则不能烛六合,燿八纮。泰山之高不嶕峣，则不能浡潏云而散歊烝。是以宓羲氏之作《易》也，绵络天地，经以八卦，文王附六爻，孔子错其象而象其辞，然后发天地之臧，定万物之基。"这一观点与刘向"人更三圣，世历三古"的观点，完全相同。然圣人必本天地万物之理即客观的自然界，此方为易学能包括天地人三才之道的整体理论。这一理论起源极早，然势必随时代的发展而发展。以易学之理观之，就是战国时人总结的"人更三圣"，亦就是三个时代的整体理论。要而言之，战国末年的整体理论，宜以《吕氏春秋》当之，尚以卜筮视《易》，今可作为秦易。及汉而由田何作传之易学，属齐易。丁宽东传于梁。梁孝王与淮南王之文化交流，九师之说经焦京之传，刘向盖得其蕴，此即所谓经学易。于阴阳五行中，易学为六艺之原。而扬雄之《太玄》，就是说明易学所以为六艺之原之理。唯其在说理，庶可完了了解当时对易学的认识。其一：宓羲氏始作八卦，刘与扬同准《系辞》之言。然宜与《淮南子》"宓羲为之六十四变"并论。此八卦为经，有经必有变，以八卦互变，可极于六十四种不同的形象，是即宓羲为之六十四变之义，与《周礼·春官》"其经卦皆八，其别皆六十有四"同其义。一言以蔽之，当时已知在文王前已有六十四卦。而文王所起的作用，《淮南子》曰"周室增以六爻"，刘向曰"于是重《易》六爻，作上下篇"，扬雄曰"文王附六爻"，大义皆同。此必须明辨卦与爻的不同意义。卦者以八卦为基础而极变于六十四卦。爻者当以六十四卦为基础，每卦各有六画。此六画中各可有变不变的情况，唯变者始名之曰爻，故重《易》的六十四卦乃有六爻，六爻之变化为文王所附。今合诸考古所得，大体未误。最重要的问题，在注意八卦与六十四卦的排列。唯其为卜筮，仅取某卦某爻而已，于整个六十四卦的次序殊无关系。然能进一步研究其象，不可不注意其次序。据刘向之义，"作上下篇"属诸文王。孔氏为之《序卦》，恐其韦绝后紊乱。扬雄谓孔子"错其象"，犹排六十四卦之次。又六十四卦之次，是否已分上下，如何分法，更属无标准，故《序卦》一文，于易学中实起重要作用。然刘向之言，扬雄未必从之，雄所取六十四卦之序，乃本孟氏易所用的卦气图。此图之次，有合乎自然现象，来原或早于《序卦》。今得汉初长沙马王堆帛书之次，又可反证《序卦》之次系汉后所新兴，基本属齐易。《序卦》取义以人事为主，卦气图以自然界为主，而易学之理必须兼取之。此从《太玄》一书，可得当时易学的流传事实，故作用极大。又刘向曰："孔氏为之《彖》、《象》、《系辞》、《文言》、《序卦》之属十篇。"未及《说卦》、《杂卦》，而其内容《太玄》中全有。且《杂卦》之作用，又为排列六十四卦之次。唯其能兼传《序卦》与《杂卦》，庶见《序卦》之次，以易学视之，决非绝对而不可变者。然自所谓经学易起，必以《序卦》为主，一切义理必以《序卦》而言，则易学之理乃隘。如卦气八宫之次，以及宋代所兴起的先天之次，莫不属于易学中所固有，唯其执于《序卦》之理而不知有他，此易学之所以于汉后进步较缓慢。今幸有马王堆帛书之卦序出土，始知次序之可变。而今而后之论易学，当去《序卦》之特殊地位，庶见其发展史实。

至于卦象，尤属易学的主要问题，阴阳用二种符号似在汉代所形成，先秦时反准数字为象。故六、七、八、九四字，乃先秦的卦爻象。而扬雄所用者，又本阴阳二种符号，化成天地人三种符号。此种符号史前石刻中皆有发现，然汉代起，《易》用二种，《太玄》用三种，各赋予新的意义，其实可归结为数学的进步。唯齐易太重视《序卦》之象，而忽乎卦象之原实本乎数，幸有《太玄》全本数以立象，象以准天地之自然现象以及人类之社会现象，则方可避免卦象本身的神秘性。惜自西汉末年起，始终乏人说明这一实质，亦就是《太玄》之理不易为人理解，且有意识欲保存卦象的神秘性。唯扬雄之见，方可认为是第一个说明卦象实质的学者。有此认识基础，自然可步入汉易的象数而不惑。此属汉代的思潮，然经王莽之乱此一思潮又起大变化，乃成班固等改变向歆之见，而经学之范围更隘。吾国先秦的整体理论，经秦汉之际与两汉之际之两次颠乱，终至精华失尽而全存糟魄，此于东汉末不得不使经学全部崩溃。此总结西汉之易学,可证三家易中唯孟京有发展前途,更作汉易师承表三。

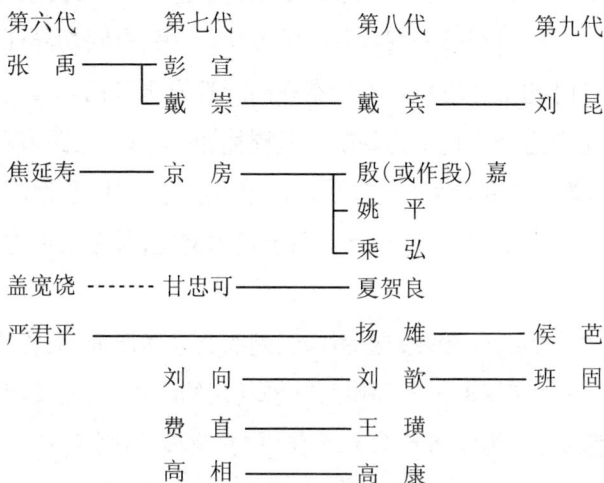

第六代	第七代	第八代	第九代
张　禹 ——┌ 彭　宣			
└ 戴　崇 —————— 戴　宾 —————— 刘　昆			
焦延寿 —————— 京　房 ——┌ 殷(或作段)嘉			
├ 姚　平			
└ 乘　弘			
盖宽饶 ------ 甘忠可 —————— 夏贺良			
严君平 ————————————— 扬　雄 —————— 侯　芭			
刘　向 —————— 刘　歆 —————— 班　固			
费　直 —————— 王　璜			
高　相 —————— 高　康			

汉易师承表三

　　师承之代数与时间未能相称,故相隔百年左右,同时间人而代数不同,则不得不以时间为准。又师承不明者即以年纪为准。此表如蜀易的严君平,未知其师承,而年纪基本同张禹,故以第六代视之,然扬雄的年代实已第八代。其实孟京确可相连,而焦延寿当早于张禹。因师生之年纪,可能很近亦可能很远。雠与禹二代,可当喜赣房三代。又西汉末沛人戴崇传施氏易,而东汉初刘昆受施氏易于沛人戴宾。宾与崇似当为同族之子侄辈而家传施氏易,先附于此。夏贺良虽伏诛,其学之后继者即成《太平经》,犹甘忠可之有以继盖宽饶。传扬雄之学者侯芭为巨鹿人,其地可与韩氏燕易相结合,亦将成为黄老道的重要据点之一。传向歆之学者,班固可当之。高氏易实与孟京易同原,皆出丁将军而更重灾变书,康诛于莽与房诛于元帝其因实同,后学论灾异者,既有立学官之京氏易在,故高氏易乏传人。大兴费氏易者,所以免说灾异者之自为说,必以经文为准,故费氏易能渐代施梁丘二家,而孟氏易尚有特色而其传较长。最后西汉之亡不可不述及王莽。莽,齐人,有标准的齐人思想,其代汉之作风犹法田氏之代齐。且武帝时已用董仲舒的尊儒,莽即进一步效法天人感应之一方面,其政见略同战国时的田齐。若《周礼》一书,与《吕氏春秋》一书,有同功异曲之妙,正可代表战国时的秦齐思想。不论秦齐而同其思想者,莫不因客观世界之自然变化作为社会科学的基础,即《周礼》的六官,《吕氏春秋》的"十二纪"是其义。故武帝后实在用《吕氏春秋》之理,而王莽乃欲用《周礼》之道,然食古不化,自取灭亡。而于我国文化,既有所促进,亦有所危害。

王莽之作用,其一继续支持刘向、刘歆之学术研究,对古文经学的发展起大作用。《汉书·王莽传》:"是岁(元始四年,公元4年)莽奏起明堂、辟雍、灵台,为学者筑舍万区作书,常满仓,制度甚盛。立乐经,益博士员,经各五人。征天下通一艺教授十一人以上,及有逸《礼》、古《书》、《毛诗》、《周官》、《尔雅》、天文、图谶、钟律、月令、兵法、史篇文字。通知其意者,皆诣公车。网罗天下异能之士,至者前后千数,皆令记说廷中,将令正乖缪,壹异说云。"此虽属莽之宣传,然由是而对文化之收集、保存、互通消息,在当时及后汉以至今日,尚有重要的影响。

其二重视医学。《汉书·王莽传》:"翟义党王孙庆捕得,莽使太医尚方,与巧屠共刳剥之,量度五藏,以竹筵导其脉,知所终始,云可以治病。"此一难得之记录,发生在天凤三年(16)。可见中医发展之经过情况,其初须经解剖阶段。当既知解剖之事实,然后再论其整体,至于解剖不得之经络,乃气之通道,以后仍将有所得。今于已得之内部结构,中医决不可忽视,如五藏之位置等等。或以五行配五藏,《内经》为肺金、肝木、肾水、心火、脾土。而当时之《太玄》为肺火、肾水、脾木、心土、肝金,除肾水相同外,其他四藏皆不同。今以方位观之,《太玄》较《内经》为合,此扬雄或有取于解剖之事实。然中医仍以行气为要,对五藏之具体位置,于五行之生克并不重要。或仅以方位言,则《太玄》

之配合,亦未可忽视,且有据于《吕氏春秋》。

其三尊信周公。此点全属作伪,然因其失败,反造成对周公之进一步圣人化,由是"复子明辟"之思想,深入儒者之心。王莽学之而失败,曹操乃吸取经验,由周公而文王,学之即成。而周文化之旨,绵延达三千年之久。故二千年前如无王莽,或继之者非刘秀,则传子之习惯或能早日结束,何至于迫清末始变。这一历史事实,因莽为第一人实行宫廷政变,不可不考察其思想对后代的影响。且田常在战国时而有成,莽在秦统一后而失败,此见家天下之思想,实大发展于秦。扬雄"剧秦美新"一文有其创见,符命乎! 俳优乎! 宜后人之不识《太玄》为何物也。

论《史记》的思想结构

　　秦始皇(前 259—前 210)与汉武帝(前 156—前 97)二人,在我国历史上起了不可磨灭的作用。从政治而及一切思想文化,迄今二千余年,尚在受其正反两方面的影响。至于二位古代帝王的思想结构,完全是政治家的作风。适当其特殊的时空条件,对我国思想文化的干扰,似无第三个帝王可与相比。本文观其干扰,以研究其反干扰的情况。若司马谈(前 190? —前 110)、司马迁(前 145—前 80?)父子一生皆在探讨我国客观的思想文化,所求得以易学为整体的思想结构,其实质恰在澄清秦始皇与汉武帝所兴起的干扰。凡司马谈的思想结构,因秦始皇而形成。司马迁的思想结构,又因汉武帝而形成。于不朽之作《史记》,除究其所记录的史迹外,当进而究其对易学的认识及其结构,足以见司马迁父子之志。

　　观秦始皇与汉武帝同为好大喜功,然时空条件完全不同。秦始皇的作用,肩负统一六国的任务,因前人的条件基本已成熟,故完成此任务并不费力。干扰我国文化,主要在统一后的愚昧思想。具体而论,秦始皇的一生宜分三个阶段。第一阶段,由初生至亲政。当一岁至二十二岁(前 259—前 238),此阶段秦之朝政由吕不韦掌握,虽于十四岁已即位(前246),尚未起作用。考是时的天下形势,西北西南早为秦所有,白起拔楚郢的重要战役,在秦政出生前二十年(前278)完成。接受名义上的周天子赧王来归,当秦昭王五十一年(前256),政亦仅四岁,尚匿于赵。十岁时,祖父安国君即位(孝文王),政因其父楚为太子,始与其母由赵归秦。未久孝文王卒,翌年太子楚即位为庄襄王,时为东周君七年(前249)。东周君与诸侯谋秦,庄襄王使相国吕不韦诛之,尽入其国。秦不绝其祀,以阳人地赐周君,奉其祭祀。然周社已屋,名义上的周天子,实亡于是年。尚保存三代思想的吕不韦,自以为已完成灭周兴秦的大业,视庄襄王二年秦为天下之主,乃称之为秦元年(前248)。《吕氏春秋·序意》:"维秦八年,岁在涒滩。"按涒滩当申,此年指庚申即始皇六年,而吕不韦必以秦八年视之,亦有轻视始皇以仲父自居之象,故自尊之始皇早已不能容。自嫪毐事发,始皇亲政起为第二阶段,由亲政至统一天下,当二十三岁至三十九岁(前237—前221)。此阶段始皇虽亲政,然天下形势尚未统一,有客观条件的限制,决不能为所欲为自作不合理的主张,必须计划统一六国的策略。始皇确能沉着应付,步步为营以击破各国。最重要的原则,与齐国始终保持联系,及最后于廿六年(前221)轻取之,方完成统一天下的大业。此为连横术的最后胜利,秦占其执法之严、地势之利,然亦不能忽视始皇之确有卓见。及天下即定,始皇的愚昧毕现,误认天下一切莫不由我一人决定,根本忽视历史进程,由是作威作福。自三十九岁统一天下至五十岁死,当第三阶段(前221—前210)。此阶段中因政治胜利而干扰一切思想文化,核实而论,仍宜分正反二方面加以评价。

至于汉武帝的作用,肩负巩固和发展汉朝江山的任务,亦能善于继承刘邦家天下的基业,形成汉民族的生活方式。对二千年来我国文化的演变,汉武帝的干扰实大大超过秦始皇的干扰。合诸汉武帝的一生,亦宜分三个阶段。其一,初生至太皇太后窦氏崩,当一岁至廿二岁(前156—前135)。武帝于十七岁即位,初即位之六年中,虽早有以儒术代黄老之志,然碍于太皇太后窦氏性喜黄老,尚未能一心尊儒。迫建元六年(前135)窦氏死后,始能于元兴元年(前134)重视董仲舒的天人三策。于元兴元年至太初元年为第二阶段,当二十三岁至五十三岁(前134—前104),此三十年中为武帝完成尊儒术以开通西域的业绩,其作用不小于秦始皇的统一天下。其间于三十五岁当元狩元年(前122)逼使刘安自杀,死者共数万人,为全国统一思想行动的关键。自太初元年改历完成后,进入第三阶段直至死亡,当五十四岁至七十岁(前103—前87),其间于征和二年(前91)迫使太子自杀为关键。此阶段当武帝之晚年,思想进入愤恨郁闷,殊无作为。尤其于六十五岁宫中起巫蛊,六十六岁太子死,其实仍有其志而力不从心。太子的观点有其不可信任的焦点,一如秦始皇之于扶苏。然秦已统一天下,汉武尚未完成开发西域的大志且无继承者,此为武帝之终身遗恨。视其信巫蛊而杀妻儿,不啻已成疯人,然影响仅及于继位问题,故武帝对文化之干扰,主要在第二阶段之三十年中。

先列下表以见秦始皇与汉武帝一生的事迹,各分三阶段,可见其有相似处:

		秦始皇	汉武帝
第一阶段	年龄	1—22岁(前259—前238)。14岁(前246)即位。	1—22岁(前156—前135)。17岁(前141)即位。
	作用	开始亲政。	开始亲政。
第二阶段	年龄	23—39岁(前237—前221)。30岁(前230)灭韩,为统一六国的基础。	23—53岁(前134—前104)。35岁(前122)迫使刘安自杀(干扰文化)。独尊儒术,开通丝绸之路。
	作用	统一六国(用水德)。	颁行太初历(用土德)。
第三阶段	年龄	40—50岁(前221—前210)。47岁(前213)焚书,48岁(前212)坑儒。	54—70岁(前103—前87)。65岁(前91)迫使戾太子自杀。
	作用	愚昧思想(干扰文化)。	愤恨思想(无人继承其事业)。

秦始皇汉武帝事迹简表

秦始皇卒后约二十年,司马谈生。从小成长时期的客观世界正在渐趋稳定,政治气氛已完全不同于秦制的专横及秦汉之际的混乱。然离战国末年尚未出百年,则父老相传之旧说、劫后残存之文献必甚多。又司马氏夏阳人,今约当陕西韩城,战国末年已属于秦。《史记·自序》:"昔在颛顼,命南正重以司天,北正黎以司地。唐虞之际,绍重黎之后,使复典之,至于夏商,故重黎氏世序天地。其在周,程伯休甫其后也。当周宣王时(前827—前782)失其守而为司马氏,司马氏世典周史。惠(前676—前652)襄(前651—前619)之间,司马氏去周适晋。晋中军随会奔秦(前620)(《春秋》文公七年:"晋人及秦人战于令狐,晋先蔑奔秦。"《左传》:"先蔑奔秦,士会从之。")而司马氏入少梁。自司马氏去周适晋,分散,或在卫,或在赵,或在秦……在秦者名错,与张仪争论,于是惠王使错将伐蜀(前316)……错孙靳,事武安君白起,而少梁更名夏阳……靳孙昌,昌为秦主铁官……昌生无泽,无泽为汉市长,无泽生喜,喜为五大夫,卒皆葬高门。喜生谈,谈为太史公。"以时考核之,自司马错伐蜀(前316)起,其孙靳及与白起于长平坑赵卒(前260)。靳孙昌而无泽而喜而谈,平均以三十年一代论,时间大致相合,可认为是司马氏之真实家谱。谈之祖父无泽约五十左右为汉市长,其家本有社会地位。昌仕秦为主铁官,属秦朝有大发展的工业。由无泽至谈三代,或已尚文。谈由典国史而重天象,欲直继西周宣王时。西周宣王时有天官国史,史迹可信,是否属于司马氏之祖,殊难肯定。以地域言,秦本西周而兴,汉既灭秦,一切尚可取则于西周之遗业,方能纠正秦政之弊,此正司马迁著《史记》对天官的认识态度。又自认天官起于"颛顼命南正重以司天……"相传秦之祖即起于颛顼,故《吕氏春秋》之十二纪,吕不韦亦认为是《颛顼历》。此证战国时早已上推孔子所认识尧舜能掌握"天之历数"的时间。

更具体研究司马谈的思想结构,须考察其直接的老师。《史记·自序》:"太史公学天官于唐都,受《易》于杨何,习道论于黄子。"此三种学问，足以认识一切。唐都、杨何、黄子三人，必属当时的有识者。

唐都的事迹，《史记·历书》中提及："……至今上即位，招致方士唐都，分其天部。而巴落下闳运算转历，然后日辰之度与夏正同，乃改元，更官号，封泰山。……"详读《史记》此节的文义，知唐都早于落下闳。武帝即位于公元前140年，招致方士唐都。以是年论，司马迁仅五岁，故为其父谈之师。唐都未必参与改元，然《汉书·律历志》记其事，认为唐都亦参与治历，其言曰："……愿募治历者，更造密度，各自增减，以造汉太初历。乃选治历邓平，及长乐司马可，酒泉侯宜召，侍郎尊及与民间治历者凡二十余人。方士唐都、巴郡落下闳与焉。都分天部，而闳运算转历。……"考武帝即位至议成太初历（前104），已隔三十六年。司马迁荐落下闳时当元封元年（前110），其父亦卒于是年。谈学于唐都，必早一二十年，正合武帝即位招致唐都之事。且都之分其天部，魏孟康曰："谓分部二十八宿为距度。"核实而论，当《史记·天官书》的内容。迁受于其父而谈学于唐都，其间每及天人相应之事，正方士所注意者。若观察客观的天象，如定天极星，明北斗与二十八宿的关系而曰"杓携龙角，衡殷南斗，魁枕参首"等，皆确有所得，足可代表武帝时所继承的天文水平，此为治历的基础。《史记》八书中，分《天官书》与《历书》为二，可见其义。而治历以落下闳为主，且迁为主持改历者，未提唐都亦参与改元。虽或都亦参与，年纪必高，而其"分其天部"的认识，于改元前数十年早已完成，故与落下闳的作用不同。此天文与历法的内容，以今而论，唐都所认识的天极星，其变化相应于岁差。落下闳所重视者，为日月的运行。计历代改历已超过百种，唯以建寅为岁首，自太初元年（前104）起，迄今二千年未变。此对我国汉民族的生活方式，有不可低估的潜意识影响。人的一生约百岁，基本不满百次的岁首，此一时间数量级，任何人莫不重视之，较岁差的影响尤大。至于恒星间的关系，谈学于唐都，以成流传于后世的《史记·天官书》，更属我国天文的基本坐标。天官的意识，实为我国的宗教。或仅准《汉志》的记载,未辨唐都和落下闳各有所主及时有先后,则都的天文知识每为人所忽视。且都属方士,虽未详其地域,似当与齐燕之风相应。落下闳巴人,改《颛顼历》作《太初历》,乃继承《吕氏春秋》而发展之,其学当由吕不韦及其门客传下。及武帝时之天文历法,由谈而迁,由唐都而落下闳,约以下表示之:

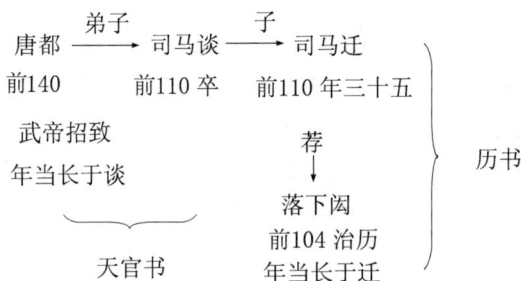

```
        弟子              子
唐都 ──────→ 司马谈 ──────→ 司马迁
前140       前110卒    前110年三十五    ⎫
武帝招致                荐                ⎬  历书
年当长于谈               ↓                ⎭
                      落下闳
             天官书   前104治历
                      年当长于迁
```

杨何的事迹,见《史记·儒林传》:"……孔子卒,商瞿传《易》六世,至齐人田何字子庄而汉兴。田何传东武人王同子仲,子仲传菑川人杨何,何以《易》元光元年征,官至中大夫……然要言《易》者,本于杨何之家。"此见迁亦自认为得易学的正传。然商瞿传《易》六世,殊未能尽战国传《易》的情况。此文仅论汉兴的三代,亦属部分之《易》,迁尚忽视另有丁宽一系的传《易》,亦极重要。即以认识杨何论,谈与迁亦未必同。先以时间与地域核之,田何由齐徙关中,当汉高祖九年(前198)。《汉书·高帝纪》:"……徙齐楚大族昭氏、屈氏、景氏、怀氏、田氏五姓关中,与利田宅。"考田何属齐之大族,徙关中后即传《易》,计其年约当五十许。且由田何授子仲更及杨何,何已学成而于元光元年(前134)征,官至中大夫,时间相距为六十四年。而子仲东武人当今山东诸城,杨何菑川人当今山东淄博,故田何、王同、杨何三传同为齐人,其易学当属战国晚期的齐易。以时间核之,王同当属田何的早期弟子,亦可能徙杜陵前所授。若田何所得的齐易,既有与燕的思想相近,亦可有与鲁的思想接近。经汉兴后的三传,虽同属杨何所授的齐易,于司马谈主要合诸阴阳道德,有重于齐燕易。其子迁已归诸儒,有重于齐鲁易。当杨何被征时,迁仅十一岁,其父或于被征前从之学。杨何与唐都专业不同,齐燕之学风当相似。至于战国的易学,决不限于燕齐鲁,故谓《易》本田何且不可,况本于杨何之家,此不可不辨。由杨何而上及田何,汉初易学之部分传授,约以下表示之:

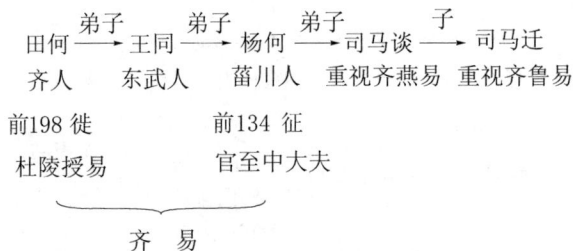

田何 —弟子→ 王同 —弟子→ 杨何 —弟子→ 司马谈 —子→ 司马迁
齐人　　　　东武人　　　蕳川人　重视齐燕易　重视齐鲁易

前198 徙　　　　　　前134 征
杜陵授易　　　　　　官至中大夫

齐　易

　　黄子的事迹其详已失考,其名亦未知。《汉书·儒林传》中作黄生,与辕固在景帝前争论汤武是否受命事。黄主张"汤武非受命乃弑也",要在正君臣之名位。固则曰"是高皇帝代秦即天子位非邪",要在论世事之是非。景帝曰:"食肉毋食马肝未为不知味也,言学者毋言受命不为愚",遂罢。此可见尚黄老与尊儒之异,当时窦太后即不以辕固为是。盖尚黄老以立本,能使世事安定为要,汉初当用之以休养生息,亦即汉代秦后所以能得民心。事实具在,息事宁神,何必空论受命与否,宜景帝以不辨止之。然客观事实有不可不辨其是非者,此见于景帝末儒术已有将兴之象。若谈主汉初的黄老学,要在有本于黄子的道论。当窦太后卒(前135),武帝一心崇儒。于唐都的天官,有具体的应用价值。杨何的易学,其子迁又可使之变成儒术易而用之。唯黄子的道论,必主黄老,与尊儒不可并存,宜其失传。幸有谈已能使黄老之道德综合六家之旨以传之,虽当武帝时,犹"愍学者之不达其意而师悖,乃论六家要指"。此文仅戋戋七百五十六字,足以显谈一生之所学,非仅传黄子的道论而已。《史记》保存于《自序》中,实有其深意。凡家学主黄老,趋时从儒术,宜并行而不悖。唯能以整体之易学当之,此又为司马迁之旨。

综上唐都、杨何、黄子三家的学术思想,融入司马氏的家学,益以秦汉之际的时代背景,仅准《论六家要指》一文,已可概见谈的思想结构,亦可喻汉初黄老学的内容及所以必须尚黄老的客观条件。考秦始皇的统一天下,实有合于时代之所需。所谓秦以代周者,几在平王东迁(前771)。当东周自平王元年至东周君七年(前770—前249),凡五百二十一年。虽有"周天子"在上,客观主宰时代之权在诸侯,周室早已合久必分。秦继幽王(前781—前771)而兴于西陲,犹于五百年间再创文武之业。至秦始皇乃分久而合,完成统一。以地理形势论,我国思想文化的发展,三千年来的主要趋势,在由西而东,相应于水之东流,由北而南,相应于寒流之南下。合成西北和东南一线,然仍多因人事的反复,且有热流的存在,南北之争变化尤多。当殷周之际,周由西陲向南东北三向发展,主要方向为东南。今已得周原甲骨,知当时曾南向"伐蜀",于秦相应于白起之拔郢(前221)。武王有牧野之誓以灭纣,用兵的路线,今由考古而得,于秦相应于长平之役(前260)。纣既灭,周公继之以东征,实继续纣之征东夷,唯形势所须,周公不得不东营洛阳,以建立东向的据点。且二南之化,南向继伐蜀又及汉水。周之东向南向之成功,此于秦犹依次灭六国。至于秦继周室之兴,相距约一千年,或以天地自然条件变化之时间数量级拟之,仍多相似。司马氏欲以继颛顼正宣王时之失,正谈、迁守太史主天官的可贵处。更合地势言,由关中而及天下,山川之险犹同,则周秦之兴何尝不可对比以明之。更合天地而以人事观之,则此千年中所以形成周民族为主的思想文化以布及天下,迄今仍在受其影响。司马氏父子的思想结构,实同以易道的三才为基础。今推原于周武王、成王的分封天下,正适合当时的条件。各国诸侯的始祖,结合相传的文献和近代考古所得,基本可信。距今三千余年前尚地广人稀,周民族的文化足以稳定当时的天下。然经历西周约三百年的发展,诸侯的国土各自扩大,且各国生产力的提高,思想文化的进步,于成康后可能速于宗周。若昭王南征而不复,已非"二南之化"。穆王的西征,以作用言亦在安其本土,以免西方民族的入侵。然穆王后,已无大有为的"天子"。厉王仅知严控本土,势必造成共和(前481)的局面。所谓"宣王中兴"(前827—前782)诗人多溢美之辞,于四十余年中仅起恢复正常生活的作用,殊无远虑。异族犬戎在旁而未加注意,宣王的不足贵可喻。及幽王即位后,又有继承之争,"哲夫成城,哲妇倾城"(《诗·大雅·荡之什·瞻卬》)"赫赫宗周,褒姒灭之"(《诗·小雅·节南山之什·正月》),当有其事,然非主因,此不可不辨。由是平王东迁而秦以代周,若东周后的事迹,幸存《春秋》等文献,正可观其逐年的变化。谈、迁父子所见的文献资料,必多于今日。然客观条件已经过秦始皇的干扰,虽有文献而人的思想意识大异于先秦之士,不先知此,仍将"师悖"。

今识天官之通于《易》,方可进一步以究司马谈的"论六家要旨"。此文的基本点为"务为治",所以重视"务为治"者,全受秦始皇的影响。考东周所发展的学术思想具备各种学科,分门别类,有分有合。最重要的分类为天地人三大类,已可包括今日所分的自然科学和社会科学两大类,凡自然科学犹天地,社会科学犹人。以司马谈提及的六家观之,阴阳家、名家以自然科学为主而及社会科学,儒家、墨家、法家以社会科学为主而及自然科学。总合天地人三才之道以成整体,谈以道德家当之,且通于从杨何所学的齐燕易,故全文引《易大传》"天下一致而百虑,同归而殊途"为六家的总冒,即《易》兼三才之道。且谈所认识的《易》,尚与经学易不同。唯《易》未经秦火,故易学之理汉初与战国末没有划时代的变化。虽七雄各有学风,应用易学早有所偏重,然认为《易》本三才之道以卜筮,当时决不会有人否定。又《易》有制器尚象的重要作用,亦为先秦各国的制器者所重视。概而言之,秦楚易比较重视卜筮及尚象的应用。三晋易因卜筮而重视卦爻的象数,更能利用固定的卦爻辞以测吉凶,则较单纯的卜筮已有深一层的认识。今所存的文献,以部分《系辞》及《大象》为代表。齐易以《周礼》为代表,重视天地四时的卦气,稷下派的理论已北兼燕而南兼鲁,今以《彖》与《小象》为代表。以齐燕易论有方士气,然自邹衍后能进一步结合自然科学,五行之理已可结合于阴阳,此所以能形成龟卜衰而蓍筮盛,且已取三晋易的长处,今以《说卦》象数为代表。谈所学于杨何者,主要属齐燕易之整体,自然能合于唐都之天官,此为谈的认识基础。若齐鲁易有儒士气,今以部分《系辞》及《文言》为代表,由子思的后学传出。迁与其父谈于认识的变化,要在由齐燕易而齐鲁易。以上概述各国的易学,然经秦始皇的干扰,各国的学风消灭殆尽,幸易学尚存,犹可概见战国时代各国的思想。谈准杨何易学的整体作为一致同归,于六家之指视为百虑殊途,此见谈之深于易理。然易学整体的作用,可诚合外内而不仅“务为治”。要而言之,于内圣外王两部分中,“务为治”属外王,或不据于内圣之德,何能成外王之业。惟秦始皇赖其客观条件,既已统一六国而外王,但未久即亡,此与兴周的史迹完全不同。宜谈考虑六家的“务为治”,其中心思想系总结先秦六个学派的概貌,由其得失两方面,以正始皇的愚昧。或误认为先秦的学术思想即此截然分明的六家,则更为“师悖”。依时间上推以言之,准《韩非子·显学》“儒分为八,墨离为三”的“取舍相反”,则何能定“真孔墨”。准吕不韦《吕氏春秋》的内容,不得不更以杂家名之,可见秦将统一六国时,未尝有泾渭分明的六家。更如《荀子·非十二子》大非子思孟子之儒,则自认子弓之儒,未尝同于孔子之孙,即见子思已不同于其祖孔子。而墨子约生当子思之时,其后墨离为三。有重视《墨辨》者,实通名家。有通于自然科学者,可属阴阳家。有通于明鬼者,亦有方仙道之象。故巨子与墨子本人的思想又何可相同。秦始皇统一后,车同轨,书同文,惜东周的客观事实,各国不同的学术风气,皆不幸为秦始皇的统一所干扰,各种学派于各国的分辨,入汉已未能究其详。谈不得已而合论之,以六家之指概论各国所有学派之原,如能取六家之长,方可继秦以成代周之业,此所以有望于汉室者,亦所以恢复秦始皇所干扰的学术思想。然各民族与七雄的统一,这一历史的进步决不可忽视,宜谈亦不从各国的具体学风言,仅总结学派的同异,以归诸六家而畅论其得失。或未究谈之说所以反秦始皇的干扰文化,误认先秦的七雄皆有此六家学说,未能分辨各国的具体学风,此所以二千余年来对先秦的文化每有复杂错乱之感。故论先秦的学术思想,必须以六国为出发点,决不可以六家为出发点,乃可由《韩非子》《吕氏春秋》《荀子》等逐步上推,方能明确了解东周各国的学术思想。或忽视秦始皇的干扰,及司马谈的反干扰,仅扩充为九流十家,以研究先秦的学术思想,仍难正确了解当时的具体情况。进而观司马谈所论者,于六家中首论阴阳家,即太史公的本业,今属天文学。由天文的客观事实以观时间的变化,要在能从变化中见其不变的周期,此属自然科学的问题。继之论儒墨法名而总结于道德之能"因阴阳之大顺,采儒墨之善,撮名法之要,与时迁移,应物变化,立俗施事,无所不宜",是即汉初文景之治尚黄老以休养生息之象。然《易》三才之道既可在六家之内,亦可出六家之外,是之谓"出入无疾"。唯宜归诸善于"与时迁移,应物变化",是之谓《易》,实已得六家之要,当时宜以黄老易名之。依时而论,自汉兴而逐步平稳,人民能正常生活,经济自然有所发展,然对先秦的学术思想,包括所认识的自然科理论及科技知识,可云一落千丈。主要以冶金术论,其冶金法基本全部崩溃。武帝得宝鼎,尚认为是天赐而改年号为元鼎,《考工记》的记录,必须以今日的化学知识加以论证方能知其内容,诚令人浩叹。又如秦兵马俑的出土,可见当时的雕塑艺术,而秦后即茫然不知。若非编钟的屡屡出土,何能认识先秦的音乐艺术水平。且七雄各有建筑工艺,秦之阿房宫犹能保存。历代工匠所继承之艺术,及秦统一而聚于秦,秦亡后无所施其技,一二代后什九失传。虽文献可存,惜以文字到文字,多糟粕而少能斫轮,故反诸实践者极有限。由是有科技价值的文献逐步散失而知识大步倒退,此二千数百年来,所以痛恨于秦,然汉亦未可辞其咎。若司马谈之认识道德,有其天官的基础,且能兼及六家之长,同时又可以黄老之术归诸《易》之整体,似已得先秦文化之要,斯诚能反秦始皇的干扰。惜继之又有汉武帝排斥百家、独尊儒术之干扰文化。由汉武帝后之一般思想仅知痛恨秦火,其实秦火确有不可恢复的损失,而汉武帝的独尊儒术,对中国二千余年的文化干扰并不小于秦火。

汉武帝独尊儒术以斥百家亦非偶然,有其历史根源。因战国末期的学术思想,基本以秦齐两国为主,秦既失败,当反求诸齐。齐学本为孔子之儒,然战国末期之儒,早已与方仙道合一。故武帝所尊之儒术,实同《吕氏春秋》以儒为主的杂家。进一步须认识秦皇汉武的同异。考秦始皇统一六国之势,由西北而东南,基点在西北"天极"。顺水而东,奇在海上之仙,最后至禹陵而返,已中途亡故。以事实论,幸有秦始皇之统一全国,方能形成今日之中国,其功亦未可忽视。所谓"功高三皇,德败五帝"者,能控制地域之广,实未有先例。惜各国的空间皆为破坏,且各有其时间,必欲以一人之子孙继之,何能有肖子。如扶苏继位兼重齐学,历史的进程或有所变化,然不必幻想,客观史事何能改变。而武帝之独尊儒术,在否定秦学以实行齐学,正有以继扶苏之志。更以司马谈论六家观之,同属"务为治",实必须综合之。以《吕氏春秋》为证,当战国之末,各国之"务为治",莫不具有杂家之风。及汉初休养生息以尚黄老,司马谈论六家,犹取黄老为主的杂家。武帝之愿反诸齐学,亦当取儒术为主之杂家。惜武帝之失与始皇同,当秦始皇大有作为时,其何能以《吕氏春秋》为是,乃专以严酷独断之制度为主,既统一六国,更肆无忌惮,自速其亡。汉武帝在将大有作为时,仍须专于一术,最不能容者,若司马谈之思想。然一人之言论,固不必介意,其重点必须消灭食客众多且求得民心之淮南王刘安。因淮南王不仅尚黄老,而且仍具战国末孟尝、平原、春申、信陵四公子及吕不韦的作风,此大不利于全国统一。更观汉武帝大有作为与秦始皇统一全国,于发展方向恰相反。汉武帝事业志在通西域,有以开拓秦始皇的"天极"。因刘邦起义于沛,对东南的地形基本已了解,海上既未可更求神仙,乃面向西北和西南。西南夷又为地势所限,唯西北之路确可前进,宜有见西王母的传说。武帝即位未久,即命张骞第一次通西域,骞于十三年后当元朔三年回国。武帝对之有极大的兴趣,乃于五年命卫青将兵十余万人出朔方,于六年封骞为博望侯,然将命霍去病及张骞第二次再通西域时,必先于国内消灭淮南王刘安,以稳定汉朝开国于东南的基础。因淮南的地位一如秦始皇的"天极",东南一致后,方能一心开发西域。至于武帝能开拓西域以沟通丝绸之路,有不可磨灭的业绩,不仅直接导致了东汉以后往来不断的中印文化大交流,而且匈奴受汉之迫力逐步西迁引起的多米诺骨牌式的欧洲民族大迁徙,对欧洲西罗马帝国的崩溃有重要作用,后来竟间接造成了延续一千年的欧洲中世纪时期(476—1453)。唯武帝于国内独尊儒术,使尚能保存于黄老及其他诸子中的先秦文化,因刘安自杀而大量散失。且战国末期之秦学和齐学,同属黄河流域的两大杂家。而楚学之杂家,兼及长江流域的传统文化,当时唯刘安能收集之。故淮南王灭,对楚文化更有大损失。且汉武后尊儒之原则久久不变,《汉志》尚保存之书目中,凡有关专业学问之著作什之七八陆续失传,此尊儒所造成对思想文化之束缚因长期存在,宜较秦火之害尤大。若汉武帝所尊之儒术,实由鲁而齐,已结合方士为一。最有影响者,在孔子对颜渊论为邦中的"行夏之时"一语。自太初历(前104)恢复建寅为岁首后,迄今汉民族仍在"欢度春节",此于民族感情确已深入人心。孔子重视农业春耕而有得于适当的岁首,太初历准之,固未可为非。然孔子有取于三代损益之事,允执其中之理,余欲无言之道,武帝何尝注意。况由孔子(前551—前479)至太初元年(前104)已经四百年许,其间殊多惊人的发展,而武帝一概否定之,尚从董仲舒以《春秋·公羊》断狱,等人事于天道,其何能有得。且由孔子而重视尧舜,妨碍对古史之研究。既斥黄老,亦即限于尧舜而孔子,以否定黄帝而老子。且从方士说,尊信神化的黄帝,实与秦始皇之愚相似。考孔子之《书经》所以始于尧舜者,取其已明天之历数而允执其中,且不为家天下所限,非谓尧舜之前无史。孔子卒后未久,田齐既兴,已自认其始祖为黄帝,当战国之时而上推,由尧舜——黄帝——神农——伏羲——燧人……足证对自然科学认识的提高,始能扩充时间长流,然贵能证实其为人,而不可视之为神。若方仙道视黄帝为神,实仿儒术以始祖配天之象。其后道术使黄帝老子结合,正有以破儒术之尧舜孔子,产生之时间约当孟子之时,且小视孟子言必称尧舜之说。在当时已见及黄帝之史实,司马迁《五帝本纪》认为百家言黄帝,其言不雅驯者即是,而秦亦自认为属颛顼之子孙。且方仙道之说既盛于战国晚期,秦始皇与汉武帝,莫不为其所圈。而汉初尚黄老之可贵,仍能视黄老为人。若医学经典著作《内经》必托名于黄帝与岐伯等的对言,正欲化《书经》虞廷之对言。虞廷分职以务治于外,属社会学的人,《内经》论人身的生死疾病,属生物学的人。以生物视人而发展医学,亦属汉初尚黄老的重要部分之一。其视黄帝为人而仙,非本属不可方物之神。而武帝之观点实以黄帝为神仙,故于"务为治",必须以《公羊》之绝笔获麟。且田齐既可伐,宜灭淮南王刘安以及数万人而无憾。且西域有西王母,中土宜有色尚黄数取五之黄帝。由是黄帝之事迹已在有无之间,且宋学重视孟子后,更言必称尧舜而神化尧舜之治,则尧舜之事迹又在有无之间。故经过汉经学宋理学之二次推尊孔子,吾国各民族的古史消灭殆尽。直至西方考古学之发展,今尚在逐步证实古史之真实性。而司马迁之《史记》,于十二本纪能始于五帝纪,其次为黄帝、颛顼、帝喾、帝尧、帝舜,实有以否定汉武帝以黄帝为神之干扰古史。于尧舜前当有黄帝,犹取尚黄老之长而不因尊儒术而废,此由尧舜而黄帝,实由鲁而齐。故以《易》而论,谈属齐燕易,迁属齐鲁易,父子相传,见整体易学之大义尚有所同,而当时之董仲舒似未知用《易》。以易理归诸儒,迁有其功,且使《易》与《春秋》之理相对,所谓"《春秋》推见至隐,《易》本隐以之显"(见《司马相如传赞》),非司马迁之兼通黄老与儒术,何足以明此。唯其能取整体易理以补《春秋》之隘,庶足以正孔子之旨以反汉武帝之干扰文化。若准齐鲁易之认识情况,《史记·孔子世家》曰:"孔子晚而喜《易》,序彖、系象、说卦、文言。读《易》韦编三绝,曰:'假我数年,若是我于《易》则彬彬矣。'"此义于儒术,当属子思后所形成之易学。孔子晚年喜《易》可有其事,惜假年学《易》之愿,殊难有所创作,且所谓"序彖、系象、说卦、文言"八字,当二字加逗,"序彖"不宜包括《序卦》,读《彖》自有其序,决非《序卦》之序。"系象"亦不宜包括《系辞》,实仅当《小象》。以《彖》与《小象》解释卦爻辞,为齐易之特色,必由汉初齐杜田生始传及天下,宜汲冢本及最近出土的长沙马王堆帛书本皆无。成"说卦"、"文言"较早,于子思后不久即有,皆准《中庸》的思想,且"文言"不当限于乾坤两卦,凡《系辞》中有关解释爻辞者皆可属之,况解释者非一人,且认识之程度有深浅。如马王堆帛书本中的《二三子问》,亦可视作"文言",义犹《系辞》中所谓"玩辞",占卜者渐知玩辞,自然有哲理而非徒迷信。"说卦"者,亦未必全同于今本,其间最可贵及最早存在者为卦象,《左传》提及"易象在鲁"者或指此,然其原为数字卦之象,尚早于编成四百五十节卦爻辞,在战国之初改成八卦之象。故《史记》提及之四事,虽非出于孔子之手,成文可较早,且地点在齐。由商瞿之传,约于战国初起六传而及杜田生,时间乃合。至于必使上接于孔子,且明六艺皆出孔子,齐易中本有其说,况当武帝尊儒术之时,自然不可不信。况孔子曾见卦爻辞,虽未必全同于马王堆帛书本,亦确有其事。故司马迁之言决非杜撰,今深入考核之,则《彖》、《小象》、《说卦》、《文言》之作者决非孔子,然《易》有其整体性,谓孔子已知亦未尝不可,是犹知禘之说。若《史记》既尊孔子为世家,必宜兼及六艺。《滑稽列传》首曰:"孔子曰:六艺于治一也,《礼》以节人,《乐》以发和,《书》以道事,《诗》以述意,《易》以神化,《春秋》以道义。太史公曰:天道恢恢,岂不大哉,谈言微中,亦可以解纷。"此所引之"孔子曰",必出七十子之徒。当子思后之儒家,不乏有兼善六艺者。取六艺中之《易》更兼六家之旨,始见整体之易理,故《易》归儒术,且能包括黄老道之旨。太史公又引及老子之"天网恢恢",结合六艺与黄老,是之谓滑稽之解纷。且既置黄帝于尧舜前,又使老庄申韩同传,乃见黄老道分于两端之大用。秦始皇不用申韩之说,何能统一六国,汉起所尊之儒术,仍在利用秦制。及武帝晚年悲在乏人继承,秦赵高李斯之所为,汉武自作之。故秦始皇虽卒于途中,心尚坦然,武帝之死于五柞宫,何能信二日前仓猝所立年仅十二三岁的昭帝。外形似疯,内心实痛,不惜造成对叔父安、太子戾之两狱,然开通西域之事业,孰能继之。更观武帝使张骞出使西域之事,因属逆地球之旋,宜乏人后继。然丝绸之路既通,中国汉后文化之发展大半来自西域,故武帝之作用有大于始皇者。秦始皇以西而东统一六国,车驾东游,终于目睹沧海之波涛,可算心愿已了。汉武之志直欲上追秦始皇,自秦西北"天极"更西出,探索未知方向,已由海角而转"天涯",海上缥缈之三神山,极西之西王母或可实之。然秦皇能亲自东游,汉武仅遣张骞,本人西出未远即惧而返。此为汉武终生之憾,严惩李陵,实有其不可忍者。此意司马迁尚有所不理解,太子戾自然更不理解。唯武帝对黄老儒术的重大干扰,司马迁能善继家学,以《易》兼六家之整体,归诸儒而反之。其"究天人之际,通古今之变,成一家之言"之志,经毕生之努力,已化为不朽之作《史记》。惜继之者未能发展易理之整体,反而以儒术之思想囿之,此非但未知易理,尤未知司马迁在汉武帝干扰下,有以保存古代思想文化之旨。最后参照唐司马贞《史记索隐》,宜说明全部《史记》的结构,亦有遵于易学的象数。特以下表示之,并明其所指(表见下页):

本纪十二,当十二地支之数。首《五帝本纪》取五帝当五行,始黄帝终尧舜,以黄帝的五数明尧舜的执中,仍尊尚黄老之黄。

表十,当十天干之数。以时为准,立史学的基本原则,犹继《春秋》

的编年体。

书八,取八卦之数,以此八者作为内圣外王的整体。

世家三十,结合纪、表、书之数。纪犹位属地,表犹时属天,书犹整体之务为治属人。又三十年一世犹人类之生物钟,当遗传一代的平均时间。尊孔子为世家,确认为圣之时者。

列传七十,合世家共百篇,以明百世可知之象。末篇为自序,自明其父子的思想结构,仍尚黄老而归诸易道三才的整体。

下更附秦始皇、汉武帝的年谱,以见当时的客观史迹,方可喻《史记》可贵的作用。

秦 始 皇 年 谱

公元	干支	秦纪年	周纪年		
前259	壬寅	秦昭王48年	周赧王56年	1岁	秦昭王48年正月生于赵邯郸,母赵豪家女,父楚,即秦庄襄王,或谓吕不韦。
前258	癸卯	49年	57年	2岁	
前257	甲辰	50年	58年	3岁	父楚由赵亡赴秦军,遂得以归。
前256	乙巳	51年	59年	4岁	周赧王归秦。秦王受献,归其君于周。
前255	丙午	52年	东周君1年	5岁	赧王卒。周民东亡,九鼎入秦,周初亡。立东周君。
前254	丁未	53年	2年	6岁	
前253	戊申	54年	3年	7岁	
前252	己酉	55年	4年	8岁	
前251	庚戌	56年	5年	9岁	秋秦昭襄王卒。子孝文王立。

前250	辛亥	孝文王 1年	6年	10岁	楚为太子,赵奉楚夫人及子政归秦。孝文王除丧,十月己亥即位,三日辛丑卒。子庄襄王立。
前249	壬子	庄襄王 元年	7年(周 纪元亡)	11岁	东周君与诸侯谋秦,秦使相国吕不韦诛之,尽入其国,秦不绝其祀,以阳人地赐周君,奉其祭祀。
前248	癸丑	2年	吕不韦 之秦纪 元1年	12岁	
前247	甲寅	3年	2年	13岁	
前246	乙卯	4年 始皇 1年	3年	14岁	五月丙午庄襄王卒,子政立,是为秦始皇帝。
前245	丙辰	2年	4年	15岁	
前244	丁巳	3年	5年	16岁	
前243	戊午	4年	6年	17岁	
前242	己未	5年	7年	18岁	
前241	庚申	6年	8年	19岁	秦八年,吕不韦成《吕氏春秋》。
前240	辛酉	7年	9年	20岁	
前239	壬戌	8年	10年	21岁	
前238	癸亥	9年	11年	22岁	九月嫪毐毒三族。
前237	甲子	10年	12年	23岁	免相国吕不韦,吕就国河南,始皇亲政。李斯上书止逐客令。

前236	乙丑	11年	不用吕 不韦之 秦纪年	24岁	徙处吕不韦与家族于蜀。
前235	丙寅	12年		25岁	
前234	丁卯	13年		26岁	
前233	戊辰	14年		27岁	韩非使秦,秦用李斯谋留非。非死云阳,韩王请为臣。
前232	己巳	15年		28岁	
前231	庚午	16年		29岁	
前230	辛未	17年		30岁	秦灭韩,内史腾攻韩得韩王安。
前229	壬申	18年		31岁	
前228	癸酉	19年		32岁	
前227	甲戌	20年		33岁	燕太子丹使荆轲刺秦王未成。
前226	乙亥	21年		34岁	得太子丹首。燕王东收辽东而王。
前225	丙子	22年		35岁	秦灭魏。王贲攻魏,引河沟灌大梁,大梁城坏,请降。
前224	丁丑	23年		36岁	虏荆王。荆将项燕立昌平君为荆王,反秦于淮南。
前223	戊寅	24年		37岁	秦灭楚,王翦、蒙武攻荆军。昌平君死,项燕自杀。
前222	己卯	25年		38岁	秦灭燕,使王贲将攻燕辽东,得燕王喜。
前221	庚辰	26年		39岁	秦灭齐,统一六国。废封建立郡县。称始皇帝,以水德王。一法度衡石丈尺,车同轨,书同文。

前 220	辛巳	27 年	40 岁	巡陇西北地,作信宫更命为极庙,象天极。
前 219	壬午	28 年	41 岁	东巡郡县。上邹峄山,与鲁诸儒生议刻石颂秦德。上泰山,封树为五大夫。又登之罘,南登琅邪,遣徐市发童男女数千人入海求仙人。过彭城,渡淮水,之衡山,浮江之湘山,伐其树,自南郡由武关归。
前 218	癸未	29 年	42 岁	东游,博狼沙遇击,登之罘,之琅邪,道上党入。
前 217	甲申	30 年	43 岁	
前 216	乙酉	31 年	44 岁	始皇与武士四人微行咸阳,夜出逢盗兰池见窘。武士击杀盗,关中大索二十日。米石千六百。
前 215	丙戌	32 年	45 岁	始皇之碣石,使燕人卢生求羡门、高誓,刻碣石门。使韩终、侯公、石生求仙人不死之药。巡北边,从上郡入。卢生奏录图书曰:"亡秦者胡也。"使将军蒙恬发兵三十万人北击胡,略取河南地。
前 214	丁亥	33 年	46 岁	发诸尝逋亡人、赘婿、贾人,略取陆梁地,为桂林、象郡、南海。以适遣戍西北,斥逐

				匈奴。使蒙恬渡河,以逐戎人,徙谪实之。
前213	戊子	34年	47岁	适治狱吏不直者筑长城及南越地。置酒咸阳宫,博士七十人前为寿,仆射周青臣为颂,博士齐人淳于越斥之,李斯议越非。下烧书令。
前212	己丑	35年	48岁	作阿房宫,为阙为复道。自阿房渡渭,属之咸阳,以象天极阁道。阿房宫未成,成欲更择令名名之。作宫阿房,故天下谓之阿房宫。卢生以恬淡劝说,又与侯生亡去。坑诸生四百六十余人。扶苏谏,诸生皆诵法孔子,重法绳之恐天下不安。乃使扶苏北监蒙恬于上郡。
前211	庚寅	36年	49岁	坠星下东郡,至地为石,或刻石曰:"始皇帝死而地分。"尽取石旁居人诛之。华阴道有人持璧遮使者曰:"为吾遗滈池君。"又曰:"今年祖龙死。"使御府视璧,乃廿八年行渡江所沉璧,始皇卜之卦,得游徙吉。

前 210	辛卯	37 年		50 岁	（岁首）十月出游，十一月至云梦，望祀虞舜于九疑山，浮江下，过丹阳，至钱塘临浙江，上会稽祭大禹刻石。还过吴，从江乘渡并海上北至琅邪。
					及九年前徐市事，诈曰："为大鲛鱼所苦。"始皇梦与海神战。自琅邪至荣成山弗见，至之罘见巨鱼，射杀一鱼，遂并海西。至平原津而病。为玺书赐公子扶苏曰："与丧会咸阳而葬。"书已封，在中车府令赵高行符玺事所，未授使者。七月丙寅，始皇崩于沙丘平台。
前 190	辛亥				始皇已卒二十年，当汉惠帝五年，司马谈约生于是年。

汉 武 帝 年 谱

前 156	乙酉	景帝前元元年	1 岁	景帝中子，母王美人。祖父文帝，祖母窦太后。司马谈约35 岁。
前 155	丙戌	2 年	2 岁	
前 154	丁亥	3 年	3 岁	吴楚反。

前153	戊子	4年	4岁	四月立为胶东王。正月斩晁错以谢七国。
前152	己丑	5年	5岁	
前151	庚寅	6年	6岁	
前150	辛卯	7年	7岁	立为皇太子,母为皇后。
前149	壬辰	中元元年	8岁	
前148	癸巳	2年	9岁	
前147	甲午	3年	10岁	
前146	乙未	4年	11岁	
前145	丙申	5年	12岁	司马迁生。父谈约46岁。
前144	丁酉	6年	13岁	
前143	戊戌	后元元年	14岁	
前142	己亥	2年	15岁	
前141	庚子	3年	16岁	正月景帝崩。甲子太子即位。
前140	辛丑	武帝建元元年	17岁	卫绾奏请罢治申商韩非苏秦张仪之言。
前139	壬寅	2年	18岁	赵绾请毋奏事太皇太后。绾及郎中令王臧皆下狱自杀,丞相婴、太尉蚡免官。淮南王刘安入朝。
前138	癸卯	3年	19岁	张骞第一次通西域。
前137	甲辰	4年	20岁	
前136	乙巳	5年	21岁	春置五经博士。
前135	丙午	6年	22岁	五月丁亥,太皇太后窦氏崩。
前134	丁未	元光元年	23岁	初令郡国举孝廉各一人。五月诏贤良。董仲舒对策。
前133	戊申	2年	24岁	举兵伐匈奴。

前 132	己酉	3 年	25 岁	
前 131	庚戌	4 年	26 岁	
前 130	辛亥	5 年	27 岁	皇后陈氏废。捕为巫蛊者,皆枭首,诛者三百余人。
前 129	壬子	6 年	28 岁	卫青出上谷伐匈奴。
前 128	癸丑	元朔元年	29 岁	立皇后卫氏,卫青出雁门。
前 127	甲寅	2 年	30 岁	赐淮南王、菑川王几杖,毋朝。卫青出云中。
前 126	乙卯	3 年	31 岁	张骞出使十三年回国。
前 125	丙辰	4 年	32 岁	
前 124	丁巳	5 年	33 岁	卫青将兵十余万人出朔方。
前 123	戊午	6 年	34 岁	封张骞博望侯。
前 122	己未	元狩元年	35 岁	淮南王谋反,刘安自杀,死者数万人,立皇太子。
前 121	庚申	2 年	36 岁	公孙弘卒。霍去病出北地。
前 120	辛酉	3 年	37 岁	穿昆明池习水战。
前 119	壬戌	4 年	38 岁	李广自杀,张骞第二次通西域。
前 118	癸亥	5 年	39 岁	
前 117	甲子	6 年	40 岁	霍去病卒。
前 116	乙丑	元鼎元年	41 岁	得鼎汾水上。
前 115	丙寅	2 年	42 岁	起柏梁台,张骞回国,董仲舒卒。
前 114	丁卯	3 年	43 岁	
前 113	戊辰	4 年	44 岁	
前 112	己巳	5 年	45 岁	登空同西临祖厉河而还,西羌匈奴反。
前 111	庚午	6 年	46 岁	李息平西羌。
前 110	辛未	元封元年	47 岁	祠黄帝于桥山行封禅。司马谈卒,约八十岁。迁荐落下闳。

前 109	壬申	2 年	48 岁	击朝鲜。
前 108	癸酉	3 年	49 岁	作角抵戏,三百里内皆来观。
前 107	甲戌	4 年	50 岁	
前 106	乙亥	5 年	51 岁	卫青卒。迁定《史记》论次。
前 105	丙子	6 年	52 岁	京师民观角抵于上林平乐馆。
前 104	丁丑	太初元年	53 岁	五月正历,以正月为岁首,色尚黄,数用五。
前 103	戊寅	2 年	54 岁	
前 102	己卯	3 年	55 岁	
前 101	庚辰	4 年	56 岁	
前 100	辛巳	天汉元年	57 岁	闭城门大搜。
前 99	壬午	2 年	58 岁	大搜,李陵降。东方群盗起。
前 98	癸未	3 年	59 岁	
前 97	甲申	4 年	60 岁	令死罪入赎钱五十万,减死一等。立皇子髆为昌邑王。
前 96	乙酉	太始元年	61 岁	
前 95	丙戌	2 年	62 岁	
前 94	丁亥	3 年	63 岁	幸甘泉宫,飨外国客。登之罘,浮大海,入称万岁。
前 93	戊子	4 年	64 岁	
前 92	己丑	征和元年	65 岁	巫蛊起。
前 91	庚寅	2 年	66 岁	诸邑、阳石公主皆坐巫蛊死。掘蛊太子宫,死者数万人,皇后太子自杀。
前 90	辛卯	3 年	67 岁	
前 89	壬辰	4 年	68 岁	临大海。
前 88	癸巳	后元元年	69 岁	昌邑王髆卒。

| 前 87 | 甲午 | 2 年 | | 70 岁 | 二月幸鲞屋五柞宫,乙丑立皇子弗陵为皇太子,丁卯武帝崩。 |
| 前 86 | 乙未 | 汉昭帝始元元年 | | | 司马迁约卒于是年。 |

东汉的易学与经学

　　两汉之际最盛行的思潮，是谶纬之学。扬雄"剧秦美新"乃承司马相如"封禅文"，符命与谶纬，其实一也。莽所网罗天下异能之士，间有"图谶"一目，位在天文钟律之中，其重视可知。继莽而开东汉之刘秀，亦信之若狂。时有信扬雄之学而不信图谶之桓谭（前33—39），可云有坚强之自信，简为介绍。

　　《后汉书·桓谭传》：

　　　　桓谭字君山，沛国相人也。父成帝时为太乐令。谭以父任为郎，因好音律，善鼓琴。博学多通，遍习五经，皆诂训大义，不为章句。能文章，尤好古学，数从刘歆、扬雄辩析疑异。性嗜倡乐，简易不修威仪，而憙非毁俗儒，由是多见排抵。……世祖即位，征待诏，上书言事失旨，不用。后大司空宋弘荐谭，拜议郎给事中，因上疏陈时政所宜。……书奏，不省。是时帝方信谶，多以决定嫌疑。……谭复上疏曰："……今诸巧慧小才伎数之人，增益图书，矫称谶记，以欺惑贪邪，诖误人主，焉可不抑远之哉！臣谭伏闻陛下穷折方士黄白之术，甚为明矣。而乃欲听纳谶记，又何误也。

其事虽有时合,譬犹卜数只偶之类。陛下宜垂明听,发圣意,屏群
小之曲说,述五经之正义,略雷同之俗语,评通人之雅谋。……"
帝省奏,愈不悦。其后有诏会议灵台所处。帝谓谭曰:"吾欲以谶
决之,何如?"谭默然良久,曰:"臣不读谶。"帝问其故,谭复极言谶
之非经。帝大怒曰:"桓谭非圣无法。"将下斩之。谭叩头流血,良
久乃得解。出为六安郡丞,意忽忽不乐,道病卒,时年七十余……

今宜分析其学术思想。在家天下之社会组织下,桓谭的思想极难
发展。谭能知扬雄《太玄》之价值,数从刘、扬辩析疑义,则对律历之
学,五经之大义,确能有得。唯其有得,乃能否定图谶。考莽置图谶之
次,犹董仲舒所谓王在春正之间。及刘秀竟欲以谶决事,与莽又有所
不同。莽属齐学,重天人之感应。秀为南阳蔡阳人(今湖北枣阳西
南),出自景帝之裔,其处属楚学。楚风盛卜筮,秀本从宛人(宛属南阳
郡)李通等因图谶而举事,事成而为帝,何能忘其本,故图谶之学因刘
秀而大兴。综而言之,图谶之学当合于象数之学。桓谭所得在于天文
律历之象数,既得其本,一切以理而作判断,何必更信图谶。以莽而
言,重在天人之感应,故最重灾异。唯其信古而为古所缚,乃其图谶仍
贵于古。如《汉书·王莽传》:"又闻汉兵言,莽鸩杀孝平帝。莽乃会公
卿以下于王路堂,开所为平帝请命金滕之策,泣以视群臣。命明学男、
张邯称说其德及符命事,因曰《易》言'伏戎于莽,升其高陵,三岁不
兴'。莽皇帝之名,升谓刘伯升,高陵谓高陵侯子翟义也。言刘升翟义
为伏戎之兵于新皇帝世,犹殄灭不兴也。群臣皆称万岁。……"此以
同人卦九三爻辞为谶,可喻图谶之有与于易,亦见图谶与灾异之不同。
至于光武所信之图谶,实来自民间。其初李通等以图谶说光武云:"刘
氏复起,李氏为辅。"强华自关中奉赤伏符曰:"刘秀发兵捕不道,四夷
云集龙斗野,四七之际火为主。"赤伏符又曰:"王梁主卫作玄武。"而光
武即信之而成帝业。擢拜王梁为大司空,封武强侯。若此等不一而

足,宜光武决不能听桓谭之说。

进而宜一论易学与图谶之关系。《易·说卦》有言:"数往者顺,知来者逆,是故《易》逆数也。"这种数往知来之概率,可推至有史之前,亦就是生物钟与客观时间结合时自然产生之概念,这种概念必须经认识论深入而逐步明确。然认识论似无极限,故对往来的概念,亦难完全明了,只能说在某种范围内已可掌握。如思作无止境的外推,势将陷入困境。然数往知来之理,决不可不加研究,而易学之旨就在两方面的结合。数往者今曰史学学,知来者今曰未来学,唯数往愈久,知来亦愈长。或执史学之陈迹,非糟粕而何,能于陈迹中得其规律而逐步纳入于未来学中,始可称精华。而易学逆数之理,就贵在能继往开来。然开来之认识方法,实难有定则。以两汉之际论,可云王莽以图谶而亡,刘秀以图谶而兴。今核实而论,同人九三爻辞,不论系于西周或东周何时,至少距王莽已三百年以上,在系辞时,是否此辞系者所撰,或取古史之记录,尚待考证。即以数百年前的系辞者论,可云决不可能知后世有王莽、刘伯升、翟义诸人,及有起义灭莽而为莽所败之事。又即以王莽论,是否读此爻辞而取名莽。且封翟方进为高陵侯,是否已知其子翟义将升其高陵以伏戎于莽。取名莽或有可能,封高陵侯当然无此意。可见所谓金縢之策,全属以意释经而附会。唯其如此附会,乃见当时对易学之认识及王莽所执之古。

莽之鸩杀平帝,当属事实。唯其有得国之心理,必认为此属不得不经过之步骤。欲人信此步骤,乃认为文王周公系辞时即如此,《金縢》既法周公,其辞即取爻辞,其情即本莽当时之处境。如此附会,欲以体周公之心,奈文王周公既未系此辞,此辞之义实非如此。此以图谶观之,古今之时有相同之今,得其今则古今之今可通,此图谶之所以能形成风气,而非常情能加以简单化的否定者。惜王莽所取之辞,殊非文王周公之情,且受命之符仍须复子明辟,故既鸩杀平帝,尚须立孺子婴。如此步步深入,其何以为人所理解,终乃执古不化而自取灭亡。

反观刘秀所信之图谶，自知姓刘者仍当兴，其兴由客观时势所造成，故四七二十八宿之旋，今正当火德王，当其时而即天子位，自心乃安。且虽由符命而封王梁为武强侯，然对梁之行动仍加控制。此见信图谶虽同而成败相反者，其实无与于图谶。更进而言之，莽以异姓为帝而败，秀以同姓兴汉而成，是非在其作风，决不在"卯金当兴"之图谶。奈传子传贤之辨，在吾国历史上绵延数千年而不决，重点在汉室定型而受命之符连续至清。道教每能据此而存在，此即吾国的宗教。孔子尧舜禅让之寓言，化成道教受天命之图谶，此为儒道极深邃处的联系，可当我国思想的特色。当既能受命而控制社会组织，又本家天下这一集宗教、哲理、家长制的社会形式，造成吾国独有的思想文化，其可贵处能有整体理论，其流弊各科未能深入发展。而此整体理论的代表方式，就是用易学之理渗入各科而总摄之，故于西汉司马迁既知《易》与《春秋》之互根，而向、歆父子又视《易》为六艺之原。其后经新莽之变，自然成上下二股思潮之交流。莽承西汉所形成的正统思潮，不得不为民间思潮所冲毁。所谓民间思潮，以盖宽饶、甘忠可、夏贺良、李寻等为代表，于新莽之时这一思潮乃广泛流传，刘秀即信此图谶而成。此有与于易学者，莽早已见此，其诛高康即是，尚有对刘昆之事实。

《后汉书·儒林列传》：

> 刘昆字桓公，陈留东昏人，梁孝王之胤也。少习容礼，平帝时，受施氏易于沛人戴宾。能弹雅琴，知清角之操。王莽世，教授弟子恒五百余人。每春秋飨射，常备列典仪，以素木瓟叶为俎豆，桑弧蒿矢，以射菟首。每有行礼，县宰辄率吏属而观之。王莽以昆多聚徒众，私行大礼，有僭上心，乃系昆及家属于外黄狱，寻莽败得免。既而天下大乱，昆避难河南负犊山中。建武五年，举孝廉，不行，遂逃，教授于江陵。光武闻之，即除为江陵令。时县连年火灾，昆辄向火叩头，多能降雨止风。征拜议郎，稍迁侍中，弘

农太守。先是崤、黾驿道多虎灾,行旅不通。昆为政三年,仁化大行,虎皆负子度河。帝闻而异之,二十二年征代杜林为光禄勋。诏问昆曰:"前在江陵,反风灭火,后守弘农,虎北度河,行何德政,而致是事。"昆对曰:"偶然耳。"左右皆笑其质讷。帝叹曰:"此乃长者之言也。"顾命书诸策。乃令入授皇太子及诸王小侯五十余人。二十七年,拜骑都尉。三十年以老乞骸骨,诏赐洛阳第舍,以千石禄终其身。中元二年卒。子轶,字君文,传昆业。门徒亦盛,永平中为太子中庶子。建初中,稍迁宗正,卒官,遂世掌宗正焉。

由刘昆父子之读易,可睹东汉初施氏易之内容。

综论郑氏易、荀氏易及虞氏易

　　东汉经学的形成,关键在许慎(约58—147)。许慎于和帝(89—105 在位)时完成《说文解字》十五卷,可谓集古文经学文字训诂之大成,二千年来文字的发展基本在其范围之内。今天仍能认识距今三千年前的甲骨文,实有赖于《说文解字》,其"六书"说在理解中国文化文字方面,卓然显其特色。

　　《易经》有"六经之原"之称,它与其他诸经的不同之处,在于除文字外贵有卦爻象。于《易经》不能不解其文字,但是仅以文字训诂为限,决不能通易。反之,仅知象数而不察其文字所示义理,则象数所示的信息难免有恍惚之感。此易学所以当兼及象数与义理两方面。推及其他五经,《乐经》以声音乐曲动人的性情,《礼经》以行动进退示人的仪则,皆须以文字以说明其理。《诗经》以文字吟咏其情性,《书经》则以文字记录史事为后人作鉴,更以文字为主。最可重视的是《春秋》,因东周是中国文化大发展的时代,孔子取之以为近现代史的教材,且注入儒家的观点。孔子生前尊重客观史实,决不以己意擅改变历史,然何尝不可对史实加以评论。其弟子所记述《春秋》时代的得失,有《公羊》、《穀梁》及《左传》三种传记。今究其评论得失的标准,

《公羊》、《榖梁》相近,取其微言大义,以一字之褒贬为主,皆认为孔子修《春秋》的思想比较保守。《左传》则大异其趣,直接记录事实和当时人们的评论,思想比较前进。由是对孔子本身的思想,亦有不同的了解。再看西汉末已有今古文之争。今文者,直接得自战国学者秦博士所授,自武帝始所立的博士皆属之。又于武帝前后有读出春秋战国时的文献,即视之为古文。要在《尚书》一经,其后诸经皆有类似的情况。于"《春秋》三传"即以《公羊》、《榖梁》为今文,《左传》后出为古文。其实孔子的思想,岂可以今古文分,且对古文献的真伪,失在未能以客观史实加以考核,先秦学术又何可聚于孔子一人。宜清末犹以今古文争论为鹄之经学必须淘汰,而武帝起已有整体概念之儒家经学又何可不知。故宜重视文字训诂,尤宜重视文字训诂外的象数信息。此能结合今古文的郑玄(127—200)所以和许慎不同,方足以总结东汉的经学。至于六经的关系,东西汉已基本认清,《汉书·艺文志》有言:

> 六艺之文,《乐》以和神,仁之表也。《诗》以正言,义之用也。《礼》以明体,明者著见,故无训也。《书》以广听,知之术也。《春秋》之断事,信之符也。五者著五常之道相须而备,而《易》为之原。故曰:《易》不可见,则乾坤或几乎息矣,言与天地为终始也。至于五学世有变改,犹五行之更用事焉。

此节文义精深之至,识见层次极高,决不可忽视。明"《易》为之原"者,归诸天地自然,更非贸然之言。分六艺为阴阳五行的象数,先以下表示之:

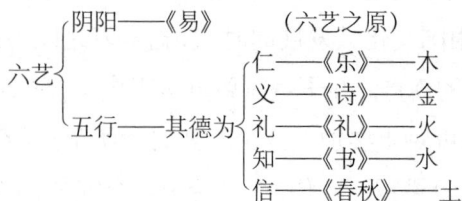

```
                    ┌ 阴阳——《易》     （六艺之原）
                    │
           六艺 ┤         ┌ 仁——《乐》——木
                    │         │ 义——《诗》——金
                    └ 五行——其德为 ┤ 礼——《礼》——火
                              │ 知——《书》——水
                              └ 信——《春秋》——土
```

在当时已限《易》于阴阳。然当整体的六艺,《易》即包括其他五艺与五行,易道的阴阳深化而变成五行中的生克。唯后世不知五行者,仅知《易》论阴阳而不论五行,且于经学易仅知义理而不知象数,则已失《易》为六经之原的原则。

凡其他五经分当五行,间以《春秋》属土为主,故欲说明《易》为六经之原,先须说明《易》与《春秋》的关系。

《史记·司马相如传赞》曰:"《春秋》推见至隐,《易》本隐之以显。"司马迁认为《春秋》这部书记录二百四十二年(前 770—前 481)史迹,但研究这段时间的历史,不能单看表面现象,当有隐在其中的原因。而隐在其中的原因,就是易理。且易理更能本于隐在里面的理论,发展成为明显的世事。推而广之,时时有显在表面的现象,亦时时有隐在里面的原理。故于显明的世事不应执着于《春秋》二百四十二年的历史,隐在里面的理论亦不应执着于《易经》十二篇的文字。然则显事隐理并存的概念,确可以用易学的象数加以说明,则《易》为《春秋》之原,并非空谈。此外《诗》、《书》、《礼》、《乐》同有事理的变化,下以易学象数示之:

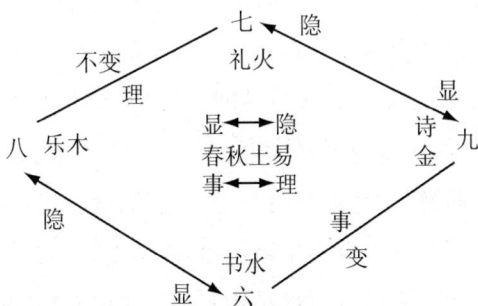

```
                      七    隐
            不变      礼火
                理                    显
                                      诗  金
        八  乐木      显←→隐              九
                      春秋土易
            隐        事←→理
                                事
                      书水        变
                显    六
```

由上图可喻整体的经学及《易》为六经之原的形象。或以今日的分类喻之,则《诗》犹文学,《书》犹史学,《春秋》犹哲学。而整体的经学,为六艺之原的易学,乃应重视由《诗》《书》以及《礼》《乐》的实践。由文字以及整个的信息,庶足以认识易学的整体。故于许慎有得于文字外,必及郑玄之结合今古文,始能体验经学的整体。由何休的《公羊墨守》、《左氏膏肓》、《穀梁废疾》而作《发墨守》、《针膏肓》、《起废疾》，始足以见《春秋》之旨。由显而隐，易理乃见，此为读郑氏易的基础。以下综论郑、荀、虞三家注《易》的大义。

（一）郑玄（127—200）字康成，北海高密（今山东高密县西南）人。二十一岁（147）时师事京兆第五元先，于易学之理始通京氏易。三十三岁（159）时复从马融（79—166）通费氏易。其他诸经无不贯通，又善天文算术。不幸自四十五岁至五十八岁遭党锢之禁十四年。于七十岁（196）有"传家"之意，曰："所好群书，率皆腐敝，不得于礼堂写定，传与其人。"因身当乱世，难免有所感慨，其自序曰："遭党锢之事，逃难注《礼》。党锢事解，注《古文尚书》、《毛诗》、《论语》。为袁谭所逼，来至元城（今河北大名东），乃注《周易》。"考袁谭逼玄随军在建安五年（200），是年六月玄卒，则知《易经》为最后写成。其腐敝之稿肯定积聚已久，历代书目著录的卷数不同，内容当同。全书流传至唐，约五代时散佚。到北宋时仅存《周易文言注义一卷》，此卷于南渡时亦佚。及宋末王应麟始辑得一卷，清惠栋因之而加补正成《郑氏周易》三卷，其后孙堂复加补遗，丁杰、张惠言亦本惠辑而有所考订，故郑注之存于今者，其辑已备。这个辑本是今存易注中最早的一家。在郑玄前的易注皆片言只句，已不足以见整体的易理。且"十翼"之定亦出于郑学之徒，故所谓经学易，实以郑氏易为主。

观郑玄著"易赞"、"易论"曰："《易》一名而函三义：易简一也，变易二也，不易三也。"此三义今尚见诸《易纬乾凿度》。或以为郑氏取诸纬书为非，其实据此三义，方可尽《易》的含义。《说文》："易，蜥易、蝘蜓、守宫也，象形。《秘书》说：日月为易，象阴阳也。一曰从勿。凡易之属皆从易。"如据《说文》则取二义，其一指生物，蜥易即蝘蜓亦即守宫，贵能因客观条件而变化；其二指日月为易，则指自然界的变化。此二义可并存，即日月属天地为自然界，蜥易及人同为生物界。易学的内容就是研究人参天地的变化。至于变化的情况，凡变者必当有不变者为准,今谓之"坐标"。如无不变者,何能知其变。或仅知《易》的可贵在变,尚当了解必有不变之理,始能见无穷的变化。且于变不变之间,自然有化繁杂成易简的能力。故能知此三义而体此三义,方足以论《易》。经纬一致,始见郑氏易的可贵。所谓经学易,岂斤斤于今古文之辨及琐碎考订蜥易与日月之不可得而兼。另外郑氏深通乐律与天文,以爻辰合观之,尤见其取象的旷达无碍。以乐律言,较之于京氏易于乾坤取法不同。京氏易乾由下而上,坤由上而下。郑氏易则取乾坤同为由下而上。此方法不同,合于隔八相生的律吕仍相同。郑玄重比爻,义取律生吕为娶妻,吕生律为生子,理亦有趣。至五世而仲吕不生,可合于礼制。现详以下表示之:

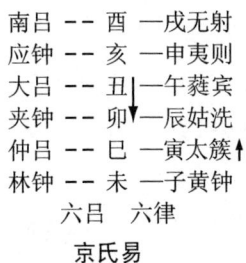

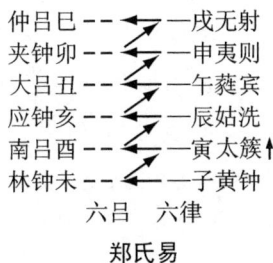

南吕 -- 酉 一戌无射　　　仲吕巳 -- 一戌无射
应钟 -- 亥 一申夷则　　　夹钟卯 -- 一申夷则
大吕 -- 丑 一午蕤宾　　　大吕丑 -- 一午蕤宾
夹钟 -- 卯 一辰姑洗　　　应钟亥 -- 一辰姑洗
仲吕 -- 巳 一寅太簇　　　南吕酉 -- 一寅太簇
林钟 -- 未 一子黄钟　　　林钟未 -- 一子黄钟
　　六吕　六律　　　　　　　　六吕　六律
　　　京氏易　　　　　　　　　　郑氏易

由是以合诸天文的十二辰次,理仍相同。凡律历相通者,中国于战国时已以卦象象之。之所以能相通的原理,是因为十二律吕的三分损益律必有音差(京房知此,乃另立一名曰执始,且推至六十律,见《后汉书·律历志》)。以天象的十二辰次,合于日月运行,如太岁超辰等亦不能无余数,一年的冬至点亦然。推究其所以有余数,历本自然变化,律由人耳所辨,人天感应所以不可能绝对正确,就是有此余数。相互比较以求其故,此律历所以须并观,且以卦象示其不变的坐标,乃《易》有人参天地的整体。至于具体所余,历以星术历元于日月运行以求闰,律兼准谐律以中和音差,此易象之所以必通律历。依今日的分科论,天文与音乐可以说是风马牛不相及。兼通中外天文学(略早期如朱文鑫等）、中外乐理(略早期如王光祈等)者尚多,然由哲理以喻律历当通者较少。乃一般尚多误认中国结合律历的理论为非,却不知这是自汉以来(东周时已然)早已形成整体易学的内容之一。或有忽于此,则易理势必沦为空说的义理,也即经学中最可贵的礼乐实质荡然无存。故特于郑氏易中提及,凡是有价值的易注必须以律历的象数为本。

至于郑氏的具体注易,除简单解释文义外,每用相应于十二辰次的星象及方位,则非一般读者所能理解。现举二例,详为说明当时取象的方法。其一,注比初六曰:"爻辰在未,上值东井,井之水,人所汲,用缶,缶汲器也。"此注观上表即知初六的爻辰在未,更当参考分十二辰次的古天文图,未当鹑首,上值二十八宿中的井宿,由是得用缶于井中汲水的易象。其二,明夷二郑本作"睇于左股",注曰:"旁视为睇。六二辰在酉,酉在(一作是)西方。又下体离,离为目。九三体在震,震东方,九三又在辰,辰得巽气为股。此谓六二有明德,欲承九三,故云'睇于左股'。"亦观上表,可见六二爻辰在酉,九三爻辰在辰。又取酉在西方者,本地支配方位。震在东方者,本八卦配方位。且巽于八卦方位在东南,于地支为辰,故曰得巽气。易象离为目,巽为股,震东方为左,此谓六二有明德欲承九三,即西方能重视东方的情况而有以承之,故睇于左股。详以明夷的卦象示之:

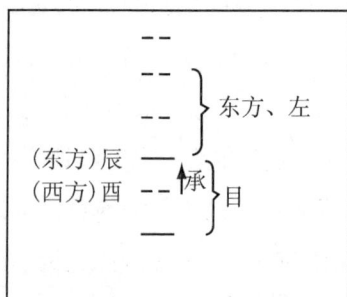

以上为郑氏易用爻辰的取象法,亦为读易的基本方法之一。当先有客观的事物为准,继则抽象其事物之理,且借阴阳组合的卦爻为象,

而象有种种不同的结构。凡卦爻辞本由观象而系辞,读易时则玩其辞以见卦爻之象,由此抽象的象可因读者自喻于本身有关的客观事物,犹日月之光普照大地,人自取于日月之光以自见之。郑氏本诸十二辰次的律历为象,准此不变者可应无穷之变。如"有孚盈缶"与"睽于左股",前者喻缶中常有不尽之水,可免"四海困穷天禄永终",而方合此卦之象。后者喻西方常关心于东方,乃可明而不夷,诗人亦无《大东》之怨。更深入而论其义,则人人可有其情,是之谓"六爻发挥,旁通情也"。故读易能通易象,始与本身有关,《易》为补过之书,决非贸然之言。

(二)荀爽(123—190)字慈明,一字谞,颍阳(今河南许昌)人,荀卿十二世孙。父淑,博学高行,兄弟八人,时人谓之八龙,又曰荀氏八龙,慈明无双。延熹九年(166)拜郎中,对策陈伦常,语极恳切,后弃官去。献帝即位(189),董卓辅政复征之,欲遁不得,拜司空,从迁长安。见董卓忍暴滋甚,必危社稷,与司徒王允及卓长史何颙等为内谋,会病卒。其著《易传》当在弃官时,即灵帝在位(168—188)期间。亦流传至唐,唐后佚,清张惠言、孙堂、马国翰等皆有辑本。又有《荀九家注》,是六朝时选注本,亦以荀注为主,大义相同。荀注与郑注不同处,取象不用爻辰,且重视卦爻象及卦爻变。

其注曰:"阴阳相和,各得其宜,然后利矣。"又曰:"阴阳正而位当,则可以干举万事。"义以正位解"利贞",犹说明既济《彖》:"利贞,刚柔正而位当也。"故于乾《彖》注曰:"乾升于坤曰云行,坤降于乾曰雨施,乾坤二卦成两既济,阴阳和均而得其正,故曰天下平。"此属爻变"之正"之义,所以继承《彖》、《象》作者的思想结构。然荀氏取"升降"二字明阴阳卦爻的变化,间有不同的内容,总观其注约有三义。上引乾升坤降为云行雨施为一义,指爻变之正言。又于困卦曰:"此本否卦,阳降为险,阴升为说也。"此为又一义,指否卦上阳降为二成坎险,二阴升为上成兑为说,则否成困卦,此当卦变义。见下图:

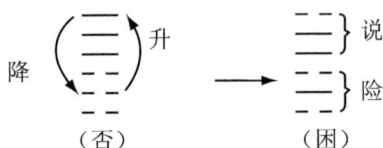

又于升卦曰："巽升坤上。"指由升卦成观卦,见下图:

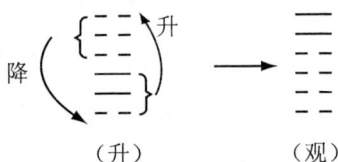

名之曰"一体俱升",属观象之一例。如能明辨此三种意义的升降,于荀氏易思过半矣。

(三) 虞翻(约 170—239)字仲翔,会稽余姚(今属浙江余姚)人。其易学自高祖起世传孟氏易,自述家谱如下:

高祖虞光,零陵(今属湖南)太守,少治孟氏易——曾祖虞成,平舆(今属河南)令,缵述父业——祖虞凤为之最密——父虞歆,日南(今属越南)太守,最有旧书——虞翻仕于吴。

翻性梗直,晚被孙权徙交趾,在南十余年,讲学不辍。今广州光孝寺,传说即当年虞翻所居处。其后权思之,特召回,适卒,年七十,其家属皆还乡。其易著曾因孔融上呈献帝,已有评论郑玄注之内容。考孔融被杀于建安十三年(208),郑玄注易成于建安五年(202),所以虞翻的易传约成于建安七年(205)前后,年约三十余岁。虞氏易的主要特点在于能继承《参同契》纳甲之理,实已兼及西汉末完成经学易时之易学,宜对郑玄颇多不满,亦即三家易中孟京之易实与施雠、梁丘贺二家不同。又魏伯阳著《参同契》虽本黄老之旨,而于卦次已用《序卦》。若虞注则全本纳甲之理,于六十日卦尚不以《序卦》之次为主,乃有得于《史记》所谓"序象"之旨。于八卦之方位,亦不以《说卦》所记录的方位为是,仍以消息为主,然与宋陈抟所发现的"先天图"方位亦截然不同。

自张伯端《悟真篇》起，乃误解《参同契》的象数即陈抟的"先天图"，今必须加以纠正，并见《悟真篇》不同于《参同契》。下示虞氏易的纳甲方位及"序象"之旨：

一、八卦的纳甲方位

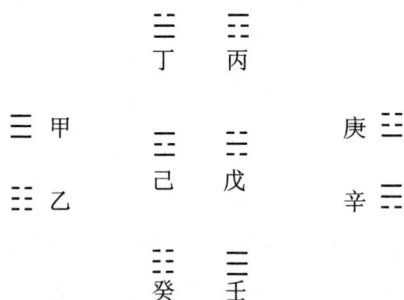

丁　　丙

甲

乙　　己　　戊　　庚

辛

癸　　壬

二、六十四卦"序象"之旨（犹卦变）

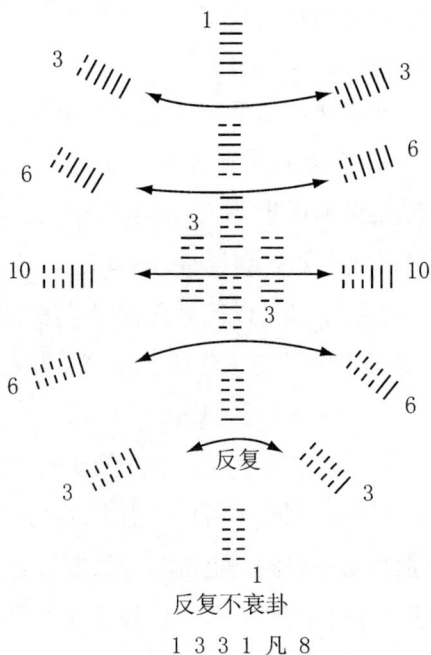

1

3　　　　　　　　3

6　　　　　　　　6

3

10　　　　　　　　10

3

6　　　　　　　　6

反复

3　　　　　　　　3

1

反复不衰卦

1 3 3 1 凡 8

297

上示(一)八卦方位同《参同契》之纳甲,依月行的方位为准。前此仅知用京氏易的卦次,现在已知京氏易的卦次实同于马王堆帛书的卦次。上示(二)六十四卦消息,有本于卦气图,除辟卦外其他诸卦各由辟卦变出,合诸《彖》所言的往来,犹如《史记》所谓"序彖"之义(另详)。虞氏特取反复卦十及反复不衰卦八,由一阴一阳反复卦合本卦共变十二卦,二阴二阳反复卦合本卦共变二十四卦,三阴三阳反复卦合本卦共变二十卦,这就是虞翻准"序彖"的卦变法,可喻一切现象的来源。而历代易注,本可有种种卦变法,虞翻的卦变法其例尚存。或则否定卦变,于《彖》的文义未合。或则仅取某一种变法,未免固执有碍,未合以变为主的易理。且有执于《序卦》后,每有忽于"序彖"之旨,此研究易学的一大损失。凡研究虞氏易者,对此二例宜特别加以重视。

此外,虞氏易中的"体象"、"之正"、"消息"、"旁通"、"取象"诸义,各有极深刻的认识,此不及详(另详拙著《周易虞氏易象释》)。最后可论述虞氏对三古的见界。

虞注"《易》之兴也其于中古乎,作《易》者其有忧患乎"曰:"兴《易》者,谓庖羲也。文王书经,系庖羲于乾五。乾为古,五在坤中,故兴于中古。《系》以黄帝尧舜为后世圣人,庖羲为中古,则庖羲以前为上古。"又曰:"谓忧患百姓未知兴利远害,不行礼义,茹毛饮血,衣食不足。庖羲则天八卦通为六十四,以德化之,吉凶与民同患,故有忧患。"于"当文王与纣之事耶"注曰:"马荀郑君从俗,以文王为中古,失之远矣。"

自《汉志》定三古之次,究其文义,刘向、刘歆或班固有极大的疏忽处。因视十篇为孔子所作,则孔子所作时为今,何可自视为下古,则文王又何能是中古,而伏羲亦何尝是上古。所以视孔子为下古必属汉代人之称,"易之兴也其于中古乎",乃可属诸文王。今虞翻反推之,此《系辞》既为孔子所作,则当时为今,数百年前的文王方属下古,而在神农氏前的伏羲则为中古,更在伏羲之前方属上古。这种对时间的认识极有见地,今更可反证,所谓十翼实非孔子所作。定作者孔子为下古,文王为中古,伏羲为上古,以成三圣三古的观点,的确假定于东西汉之际,何可信以为真。

魏晋南北朝的三玄易(220—589)

一、三玄易的形成

研究中国的文化思想,应注意其变化情况及时代思潮的演化过程,有不同的现象而仍有相似的实质。此变化时期的大纲凡六。其一为殷周之际;其二为东西周之际;其三为春秋末期至战国之际,亦即老子、孔子的生前;其四为秦汉之际;其五为汉武帝尊儒术斥百家之际;其六为西汉至东汉之际。上述六个时期的变化情况,各与易学的变化有密切联系。其一,殷周之际已有数字卦;其二,在东西周之际,中国的象数形成了河图洛书的组合数学,这一形式可代入极深的哲学思维;其三,老子、孔子的生前,能重视文献的记录与保存,其时前后始完成《周易》卦爻辞四百五十节的编辑工作,而所谓易传亦开始形成,如《说卦》中的易象等尚早于卦爻辞;其四,秦始皇统一中国后,发展齐燕易以建亥;其五,西汉武帝实行太初历以建寅,实由齐燕易归诸齐鲁易;其六,以《太玄经》为证,可推知三家易的《易经十二篇》,内容尚多于郑学之徒所数的"十翼"。其后经学易凝固于东汉,当重视许慎的《说文》及郑玄的贯通今古文。以仅存的文献论,东汉易注中有其整体理论者,唯郑、荀、虞三家,论其易注的同异,可喻《易经》十二篇的大意。所谓《易》为六经之原,有当时固定的内容,岂可取汉后设想的内容以认识《易》与其他五经的关系。且于东汉(25—220)的二百年中,主要思想虽在完成经学,而深入考察民间的具体情况大不相同,经学琐碎之理,远离日常生活所应用的礼乐制度,早为民间所否定。成于熹平四年(175)的五经刻石,未及十年即在黄巾起义中被毁,而能识大纲以结合今古文并结合经纬的郑玄思想,尚能得黄巾的尊重,可见同为经学家,亦有是与非两方面。至于恢复黄老易的思想,《参同契》本有此义,虞翻取则之,故其易注中尤多。然而时代所趋,对易象和文字内容的认识,不可不改弦更张。以汉代的传统观之,经学易之前当注意黄老易,然黄老易本以象数为重,对四百五十节卦爻辞弃之已久,故如《太平经》中所提及的易学,根本不谈经文。况经学易对文字的实质能精微取象以喻其变不变之理,这一高度抽象的思维方式,在当时亦为仅少数学者所能了解的阳春白雪,故势必脱离群众。且对经文卦爻辞的内容,能知其由卜辞而来,本属取象为主,故极难有易简的注解。此汉代的读易法所以可贵,而于汉末时又不得不变。

更合诸汉朝灭亡的史实观之,当灵帝光和七年(184)之前,早有利用黄老道的象数主张甲子年(184)黄天当兴。其后,黄巾起义虽失败,然此起彼伏连续十余年未已,而曹操(155—220)利用其时逐步得专汉政,献帝终成傀儡,且曹操之知更能取法文王变其手段以待其子之代汉。下录《后汉书》以见丕即位的事实。

《后汉书·孝献帝纪》:

> 二十五年(220)春正月庚子,魏王曹操薨,子丕袭位。……三月,改元延康,冬十月乙卯,皇帝逊位,魏王丕称天子。奉帝为山阳公,邑一万户,位在诸侯王上,奏事不称臣,受诏不拜,以天子车服郊祀天地,宗庙、祖、腊皆如汉制,都山阳之浊鹿城。四皇子封

王者,皆降为列侯。明年(221)刘备称帝于蜀,孙权亦称王于吴,于是天下遂三分矣。魏青龙二年(234)三月庚寅,山阳公薨。自逊位至薨十有四年,年五十四(181—234),谥孝献皇帝。八月壬申,以汉天子礼仪葬于禅陵,置园邑令丞。太子早卒,孙康立五十一年,晋太康六年(285)薨。子瑾立四年,太康十年(289)薨。子秋立二十年(290—309),永嘉中(指三年即 309)为胡贼所杀,国除。论曰:传称鼎之为器,虽小而重,故神之所宝,不可夺移,至令负而趋者,此亦穷运之归乎。天厌汉德久矣,山阳其何诛焉。

按研究中国的史籍,不啻在读帝王的家谱。这一读史法当然应有改变,然处于家天下的时代,帝王主要起组织社会关系的作用,且在中国农业生产的情况下生产力的变化不大,故考察秦汉以来的史学事实,对历代学术思想的发展,仍应注意帝室的变化,亦不应全部不知帝王的家谱。范晔(198—445)论曰:"天厌汉德久矣,山阳其何诛焉",早已一语中的。考汉室因循秦制,仍取家天下的原则,对二千余年来的封建制添加了巨大的基石。然汉代帝王中起作用者,仅西汉高祖、武帝,东汉光武、明帝等数人,此外皆继承家法而已。唯继承者未能因时而变,势必坐待其弊,此与遗传性有明显的关系。远而言之,西汉宣帝诛盖宽饶(前 60),哀帝诛夏贺良(前 5),已见天厌之象。王莽代之,泥于孔子梦周公,取周公摄政的思想而不知其化,宜其自取灭亡。近而言之,张角起兵(184)而全国响应,黄巾虽灭,汉的支柱大半折断,安得不亡。观察曹操的手段,已有王莽可鉴,故其法古由周公而尧舜,献帝何能不禅。此禅让政治可云是孔子的理想国,及汉代经学家的大力宣传,已成为儒家的标志,且逐步增益其幻想,与古史的事实相去日远。盖宽饶由孟氏易更传韩氏易,明辨传子传贤而不得不自刎,凡执政者何能自愿让位。夏贺良等尚为汉祈命,然大臣何能让权,亦死而后已。此知符命的后面,当有具体的实力。唯曹操知之甚深,经学之理正可为其所用。于民间早已借黄老道之理形成黄巾组织,尤为天厌汉德的具体行动,然挟天子以令诸侯的统一领导究不可忽。汉末的趋势正在争夺继汉的领导权,以古史取象,周公摄政于成王年幼时,成王年长理当复子明辟,然王莽立平帝而鸩之,何能再得人心以继汉。三分天下有其二犹服事殷,此正文王之德,武王继之以伐纣,何与于文王。故丕之继操,既无《牧野》之誓,更有禅让之美,何乐而不为。此对儒家的理论,亦即汉武帝起所竭力宣扬的经学,全部为曹氏父子所玩弄。试问六艺之书,当曹丕称帝后,有何现实意义,继续研究者自然日少,此为经学崩溃的主要原因之一。

易学为六经之原,当然首当其冲。然《易》之为书,秦视为卜筮而未废,黄老道中早已有取于易理,宜汉代经学可随汉亡而失其用,而经学之原的易学,非但未失其用,反能另辟途径而更有发展。然史事虽有周期之变而决非简单的循环,如由黄老易而经学易,似可由经学而反诸黄老,然魏晋所发展的易学,已非黄老易而成为庄老易。至于三玄之名,总结于南北朝将统一时的颜之推(卒于隋开皇中),《颜氏家训·勉学篇》曰:"……直取其清谈雅论,剖玄析微,宾主往复,娱心悦耳,非济世成俗之要也。洎于梁世,兹风复阐,《庄》《老》《周易》,总为三玄,武皇简文,躬自讲论,周弘正奉赞大猷,化行都邑,学徒千余,实为盛美……"此极简要之言,已概括三玄易的始末,今宜研究其具体实质。观此黄老与老庄的思想结构,似同而差别极大,汉后形成的《易》《老》《庄》三玄,有独特的内容。以易学的本身论,因亡失甚多,乃进一步割裂先秦的整体易理,凡象数与义理,由是而殊难再合。周弘正所恢复的儒易,早已非汉代的"《易》为经学之原"。且汉后的易学除儒道争胜外,正开始与佛教理论相互交流而相互影响。由是萌芽于东汉而在魏晋形成并发展的三玄易,约可分三个阶段。其一,形成魏晋思潮(220—420),其二、三两个部分,有二种分法。以空间分,一为南朝思潮,一为北朝思潮。以时间分,南朝陶弘景于三十七岁入茅山

(492),对中国的思想,尤其对易学的认识,当时有所变化。这一时期,北朝北魏于癸酉年(493)迁都洛阳,且佛教大发展,二年后(495)在嵩山建立少林寺。对达磨事迹的真实性,当然仍可进一步研究,然对北朝佛教教义的认识及对儒释道关系的变化等,确可取此数年间为分界线。前一阶段由三玄而三教,后一阶段已能三教合一,且三教本身的思想仍在不断变化。

先以魏晋思潮论,要在王弼(226—249)著有《周易注》及《老子道德经注》二书。此二书之成至今已一千七百余年,代代有学者读之,盛传不衰。迄今的一般学者对《周易》及《老子》的认识基本以王弼的注本为主,则王弼的思想就成为《周易》与《老子》的思想。或有另据古义以说明《周易》与《老子》,反被认为是对《周易》《老子》的穿凿附会。此种情况已极普遍,今必须以史实为之说明,而对王弼的思想结构,当然应了解并作深入研究。但王弼思想决非汉代及先秦的思想,否则亦未能见其时代的特色。王弼于《易》仅注六十四卦及《彖》《象》与《文言》,于《系辞》以下未注。陆德明(556—627)著《经典释文》,于《释文叙录》中谓"有十家注《系辞》",今九家皆佚,唯韩伯注附于王弼注而仅存。韩伯时已当东晋简文帝(371—372在位)时,后王弼百余年,其注大义与王弼同。故王韩易注成,方有属于三玄易的《周易》注本。王韩注《易》的特色为扫象,有取于庄子之义而自加变化,对《老子》的原义亦每多抽去其征实之言而全部空论之,尤其是有关养生的部分,是即三玄易在魏晋时期的主要内容。然黄老易与经学易,当然未能全部消灭。以黄老易论,就在继承汉代的黄老道,主要有文献流传者,以葛洪(283—363)的《抱朴子》内外篇为主,兼及儒道,所谓外儒内道是其主旨。同时,有梅赜的《古文尚书》,其作用在于继承经学。东晋起儒家能复兴,当知梅赜之功,而易学思想之混乱,经学易与黄老易之不能分辨,仅知尧舜而不知黄老,大量黄老的古籍失传,梅赜编辑成《古文尚书》有其责任。事实上,自东汉起佛学思想源源而来,及东汉末早有相当作用,然民族的保守思想极严重,上面已述因曹丕代汉而经学崩溃,仅四十五年后,曹魏又为司马炎所代,所谓司马昭之心路人皆知。禅让之戏剧再演,尧舜的地位自然一落千丈,而《春秋》的事实触目皆是。西晋初杜预研究《左传》,确有其现实意义,且有功于史实。其时于汲冢得战国时的古籍,对尧舜古史的真实情况更起疑情,于易学方面尤见无《彖》《象》的三晋易不同于由杜田生传出的齐鲁易。若西晋的客观变化,所谓八王之乱,实仅极小的爆发点而已。主要是西域既通,异族入主中原之事频繁,佛教的理论亦渐有整体性,故当东西晋之际,可云已当中国整体文化崩溃,岂仅经学而已。宜于东晋初有梅赜与葛洪二位学者出,梅以《尚书》重振经学,欲明古史之旨,已不同于仅取孔子生前"近现代史"的《春秋》,葛以黄老重振道学,犹战国初推原孔子尧舜至黄老。二位学者的基本目的,皆有以抵御佛教思想,以易学观之,就是补王韩易注之不足。及东晋之百年中,一则有《易》与道的密切结合,主要文献为葛洪的从孙葛巢甫著成《度人经》,一则有郭象的注《庄》,庶见"庄子注我"的"现代化"庄子。由是《老》《庄》及《周易》的玄思,经僧肇之智慧,化成《肇论》数篇,乃成玄易与佛学的结合。此为魏晋思潮与三玄易的关系。

至于南北朝的情况更非三玄所可尽,因三教早有具体的文献与组织,执政者亦有所偏爱。要而言之,北朝尚儒道结合以排佛为主,故郑玄的经学仍流行于北朝。南朝则尚三教结合而相互争胜,自然产生三教合一的理论,及梁陶弘景(456—536)为关键的人物,继之有周弘正(495—573)、马枢(?—581)等。其时的学者莫不略通三教之理,既能各有所知,而本身的所主又各有专信一教的观点,如周则尚儒,马则尚道,约于陶逝后二十年,亦隐于茅山以终老。北朝的思想,以崔浩的儒结合寇谦之的道为基础,虽寇卒于元嘉二十五年(448),崔浩处死于二十七年(450),然崇道尚儒的思想原则基本未变,于佛则或严禁或解禁,殊多变化。因佛教教义的传入大影响于北朝,北朝如无基本观点,极难稳定思想的变化。况民族内移连续不断,北魏迁都洛阳,其势正失,宜佛教大兴,数十年间排佛之事时有发生,终有禁佛之事。卫元嵩的《元包》,产生在这一思想背景之下。

二、王弼与韩康伯的易学

王弼,字辅嗣(226—249),魏山阳(今河南焦作市)人。当其出生时,曹丕已登基七年,弼亡于正始十年,年仅二十四岁。故王弼生死于魏而尚未及见三国的统一,此为不幸之事,亦为大幸之事。不幸者,弼之思想结构尚未完备,殊难客观理解易老之旨,全凭少年气壮得时风之先,窃取初步传入但尚未完备的佛教"般若"之说,以发其玄思而已。大幸者,弼能留此恍惚之言,以开后人理解易老的无穷法门。

若王弼能再增若干年寿命,迨司马炎开国(265)后亡,则其对易学的认识,可肯定有变化。此处先以杜预作为比较。弼与预二位学者为同时人,所处客观的时代思潮基本相同,如无晋之代魏,预之才能极难显出。虽预与弼的性格各有其遗传性,然同为治学,同为发展经学而主张改变经义,此不可不见其同。《易》与《春秋》本属经学中的核心,且神化易学,正有赖于《左传》。杜预、王弼,分别注释《左传》与《周易》,其后又同为唐本注疏所用,但其基本观点大有差别,此于王弼早卒有莫大的关系。合诸汉魏时代的思想变化论,若无以晋代魏的事件,浮躁之风尚难压制,竹林七贤及其影响之思潮难以平息,精神世界亦不能安定。至于竹林名士之是非另文详论,此仅论其要。凡人类社会之组织,必经若干年的反复实践,始能有其宝贵的经验。当经学崩溃,一切虚幻的思想及放诞不羁行为的流行,此实受佛教小乘教义的影响,这在当时亦何能适应一般人的正常生活。故以晋代魏与汉魏故事,不必为一姓论其是非,而实可止息竹林学风的浮夸。至于杜预治史,不究《尚书》而究《春秋》,不究《春秋》三传而仅取《左传》,亦属当时的时代思潮。与汉武帝时生活已平稳,宜有董仲舒治《春秋》仅贵《公羊》之褒贬,实为同一取向。若亦贵《公羊》之褒贬,此在魏晋之际,何能再得魏晋人之喜爱。混乱的时代,正可治《左传》以见其是非,且亦何暇及《尚书》此一纲领性文献。况尧舜已为魏晋二代所玩弄,势必乏人专治《书经》,若有治之者,亦极难有代表性的著作。此见经学于魏晋之际的情况。以易学论,《易》本可合诸《老》,王弼径取《易》《老》以注之,有其慧思。至于有关三圣的经学易内容,弼实一无所知,于黄老易的思想更不屑一顾。当时郑学之徒所数的十翼,已积累数百年而形成,而弼之改变经义,就是在十翼中。王弼于十翼诸篇,仅取《彖》上下、《象》上下、《文言》、《序卦》六翼,而不取《系辞》上下、《说卦》、《杂卦》四翼,且以自著的《周易略例》代之。进而考核卦爻辞的意义,本可以意为之发挥,弼之注基本准《文言》玩辞一法,既未及了解传统经学及阴阳五行之具体原理,其于庄子之言亦断章取义,故王弼对卦爻辞的理解,为魏晋清谈派的易学学风开了先锋。

今研究王弼注易的核心思想,宜以《略例》中的"明象"一节为主,先录原文而为阐释,以见弼所认识的易象:

> 夫象者,出意者也。言者,明象者也。尽意莫若象,尽象莫若言。言生于象,故可寻言以观象。象生于意,故可寻象以观意。意以象尽,象以言著。故言者所以明象,得象而忘言。象者所以存意,得意而忘象。犹蹄者所以在兔,得兔而忘蹄。筌者所以在鱼,得鱼而忘筌也。

按此节之理,全准《庄子·外物》之言而以意用之。庄子原文为:"筌者所以在鱼,得鱼而忘筌。蹄者所以在兔,得兔而忘蹄。言者所以在意,得意而忘言。吾安得夫忘言之人而与之言哉。"大意明造筌以捕鱼,造蹄以捕兔,人类能有语言以表达心中的意思。当既由筌得鱼,由蹄得兔,由言得意后,可不须筌蹄与言。然在庄子所以借筌蹄为喻以明得意忘言的重要,且未尝废言,尚希望能与忘言之人而与之言,庶可免终身致力于方法论之失。当然,亦未尝可舍弃筌蹄与言而不知方法论。故庄子之言殊无流弊。进而阅读《周易·系辞上》之言:"子曰:书不尽言,言不尽意,然则圣人之意其不可见乎? 子曰:圣人立象以尽意,设卦以尽情伪,系辞焉以尽其言,变而通之以尽利,鼓之舞之以尽神。"此为《系辞》中有名的"五尽",实与庄子之义相同而以正面论之,犹已得忘言之人而正在与之言。究此《系辞》之人,亦在说明如何了解圣人之意。因当时战国中后期,竹简木刻帛书之类已多,然书写尚不方便,难免未能尽当面对言的清楚明白。又当时纵横家盛行,言语可滔滔不绝,然仍未能尽所要表达的中心意义。故自然可形成"书不尽言,言不尽意"的命题,由是即产生能否了解圣人之意。若幸而与圣人同时,则尚能对言,否则仅能私淑以读其书,然书既不尽言,能有对言的机会而言又不尽意,则圣人之意如何可见。而作此《系辞》中之"五尽"者,正在说明如何见圣人之意。其一尽意在立象,其二尽情伪在设卦,其三尽言在系辞,其四尽利在变通,其五尽神在鼓舞。此"五尽"正是易学哲理的重点所在。因"易者象也",分类以辨易象,属卜筮的原理而实具可贵的哲理。在系卦爻辞前先已存在易象,故成象而立象,自然可尽意,圣人之意即应象而见。凡《易》之象,皆由卦以示之,卦象所示之意,在尽情伪。情伪者,犹总结人的一切人情,与孔子论《诗》所谓"《诗》三百,一言以蔽之,曰思无邪"的意义相似。凡能尽情伪者,方能彻悟正邪之思而归诸无邪。若读《诗》而能理解无邪之思,则能不为无病呻吟,强作欢笑所惑。读《易》的四百五十节文辞,亦应理解为圣人尽情伪之言,然必须忘系辞之言而得其卦象之情伪者,方可与之言。进一层分辨之,卦辞六十四所以"尽言",爻辞三百八十四所以"尽利",九六二用所以"尽神"。合而观之,要在立卦爻二用之象,方可尽圣人之意,亦即圣人观象系辞而成此《周易》之目的,学者亦必须观象玩辞方可得圣人之意。而或不知立象,不知卦象所示的情伪,则亦何能玩辞,亦何贵有卦爻象与卦爻辞的易,亦何能与忘此卦爻辞的言而共言卦爻象的情伪以尽圣人之意。此为"五尽"的大义,至汉末的易学者尚能继承之,然至王弼注易,旨在破此原则,故继之曰:

> 然则言者,象之蹄也。象者,意之筌也。是故存言者,非得象者也。存象者,非得意者也。象生于意而存象焉,则所存者乃非其象也。言生于象而存言焉,则所存者乃非其言也。然则忘象者,乃得意者也。忘言者,乃得象者也。得意在忘象,得象在忘言。故立象以尽意,而象可忘也,重画以尽情伪而画可忘也。

读此可喻王弼之旨,乃在象外立意,皆有以邪曲《系辞》"五尽"及庄子筌蹄之喻。而或得鱼得兔得意而忘筌蹄与言,此不可谓非。然未得者,若已无筌蹄与言,其何能得鱼兔与意。试问王弼本人,其已得圣人之意否?况其读易旨在扫象,最后曰:

> 是故触类可为其象,合义可为其征。义苟在健,何必马乎?类苟在顺,何必牛乎?爻苟合顺,何必坤乃为牛?义苟应健,何必乾乃为马?而或者定马于乾,案文责卦,有马无乾,则伪说滋漫,难可纪矣。互体不足,遂及卦变,变又不足,推致五行。一失其原,巧愈弥甚。从复或值,而义无所取。盖存象忘意之由也。忘象以求其意,义斯见矣。

此上为王弼《明象》的结论,其破乾为马、坤为牛及互体、卦变、五行等,后人总名之曰扫象。当东晋时,范宁(339—401)已斥之为"罪深桀纣"。然唐孔颖达(574—648)则取其注而疏之,且誉之为"独冠古今",且自唐迄今,弼注始终未衰。今必须明确指出,王弼所注之《易》

《老》,乃其一家之说。或误以为其注即为易老之旨,则对中国的思想文化产生莫大的邪曲。从这一史学角度考虑,当为之彻底纠正,庶可深入理解易老之旨。不知改进筌蹄而仅思忘却筌蹄,此尚非庄子之理论而为王弼之创见,而此一创见则与王弼所处时代印度"般若"学说的传入有莫大的关系。王弼即以贵空为主的"般若"学说,直接引入《易》《老》之注。而此一引入,直至僧肇方以庄子之理,结合鸠摩罗什所传入已完备的般若理论而成《肇论》,方始完成"般若"与三玄理论的融合。故于王弼之创见,应以客观的态度明其得失所在。自王弼不注《系辞》以下,于易学的认识渐趋狭隘,对《系辞》中所提及的读易原则,每不为学易者所理解,由是各可以意读易,直至唐宋后之易注犹然。凡各家所注的易,大半仅有得于《系辞》或《说卦》中的某一章、某一句之义,为之敷演成书,此所以王弼之注一千七百余年来,犹能得学者之重视的原因。

王弼之后,由魏而晋,虚浮的思潮已有所改变。由西晋而东晋,对中国整体文化的认识又有大变。故对易学的二篇十翼,不可不视之为整体,乃为足成王弼未全的易注。据陆德明所注,注《系辞》者有谢万、韩伯、袁悦之、桓玄、卞伯玉、荀柔之、徐爰、顾欢、明僧绍、刘瓛等十家。其意在弥补弼注之缺,大义当同,惜九家注本皆佚失,今仅存韩伯注,以之补入王注,始备二篇十翼的三玄易学。

韩伯字康伯,颍川长社(今河南长葛)人,为人清和有理思,善文艺。东晋简文帝(371—372年在位)居藩,引为谈客。其成《系辞》以下注,略可当简文帝咸安元年(371),则王弼已卒一百二十余年。考康伯之思想基本与王弼同,更在深究忘象后的情况。其注"一阴一阳之谓道"曰:

> 道者何? 无之称也,无不通也,无不由也。况之曰道,寂然无体,不可为象。必有之用极,而无之功显,故至乎神无方而易无

体,而道可见矣。故穷变以尽神,因神以明道,阴阳虽殊,无一以待之。在阴为无阴,阴以之生,在阳为无阳,阳以之成,故曰一阴一阳也。

按此释无体为三玄易的特点,依易道言仍为无体之象。"寂然无体",何故"不可为象"? 此仍属执名之弊。"道可道,非常道,名可名,非常名",象之为名,亦何必执之或扫之。此论有无生生,本属消息之象,可见经学易若未经三玄易之玄思,亦何能发挥易学之蕴。凡今日读易,不以史观之,殊难说明易学之精微处。即此有无相对变化,以明象数、精神之转机,理仍相似。其注"至精、至变、至神"曰:

> 夫非忘象者,则无以制象。非遗数者,无以极数。至精者,无筹策而不可乱。至变者,体一而无不周。至神者,寂然而无不应。斯盖功用之母,象数所由立,故曰:非至精、至变、至神则不得与于斯也。

或能深味其旨,则可知康伯虽承于弼,且早已融合郭象(252—312)之注《庄》,而实为僧肇(374—414)著《肇论》时所取则。故自南北朝起之三玄易,已在形成融通三教之象。因三教本身皆在魏晋南北朝时期有所发展,王韩的易注实仅发展易学的一小部分。且这一时代的易义,不仅在王韩的易注,还必须重视道教的发展及其所继承的易学。

三、葛洪梅赜对易学的认识

由汉而魏,魏仅四十五年(220—265)。由魏而晋,以西晋言,亦仅五十一年(265—316)。何况司马炎灭吴以统一天下,还在咸宁六年(280)。虽曰统一,早已危机四伏,故晋的一统三十余年,纯属表面现象。究其未能安定的实质,起源于汉武帝(前 140—前 87 在位)通西域。考察通西域以建成丝绸之路,能形成中国与世界文化交流的主要渠道,这是武帝对后人的一大功绩。然当汉之盛,势力外出,及汉之衰,西域民族内迁,成为中国历史上有影响的史实。且商旅往来络绎不绝,思想文化的交流日日在进行中,此与汉代起中国文化的发展有莫大的关系。或简而言之,认为中国的文化主要是儒道之争。儒代表黄河流域的文化,道代表长江流域的文化,这一观点有其可取处,但是不可以不知道时间。当汉武帝前确有此现象,及汉武帝后因参入西域文化而有变化。以哲学思想论,自汉武帝后西域的浮图思想不断输入,及王莽时传入尤多,终能造成楚王英崇祀黄老与浮图的事实。至东汉末,佛教思想的传播者已能组织信仰者,与中国的儒道思想早在相互排斥,相互渗透。又经魏、西晋约百年的混杂交流,认识儒道的内容正在深入变化。主要的问题是中国的武力用在内战上,已未能阻止西域民族的内迁,及西晋不得不东迁而成东晋,学术思想何能不生成更大的变化。所以汉而魏,时代趋势未明,以易学论,宜以王弼注《易》《老》为代表。魏而西晋,则以杜预注《左传》为代表,凡春秋战国时的易学情况,具体对筮占及认识自然界的知识基本保存在《左传》中。然当西晋而东晋,与汉魏与魏晋的禅让情况大不相同,主要由君民的矛盾变成民族的矛盾,西域民族的内迁,直接影响汉民族的生存空间,中华民族的固有文化有全部崩溃的危机。于是东晋初元帝时(317—323年在位)的有识之士,自然应反思固有的文化。此时的文化特色宜以葛洪于建帝时的《抱朴子·内外篇》及豫章内史梅赜于元帝时所上的《古文尚书》为代表。

此二书皆与易学的思维结构有极密切的联系。写成这两部书的基本目的,就是想用中国的固有文化对抗由西域传入的一切文化,主要是佛教思想。通观全书,它们全部只字不提当时已极盛行的佛教,此种做法当属民族思想的表现。葛洪与梅赜虽有所成就于西晋之际,而其思维的时间,梅赜置身于汉武帝的尊儒术,葛则置身于为汉武帝所排斥的尚黄老,故梅则与于儒林,葛则外儒内道,东晋初所认识的中国文化即此黄帝老子与尧舜孔子,亦就是儒道二家而已。以下分述二位学者对易学的认识:

葛洪(283—363)字稚川,丹阳句容人,家贫困,少好学,有志道之心。祖辈有从政学道二途,洪能兼之,且以从政为外(犹外王)学道为内(犹内圣),以下表示其所承:

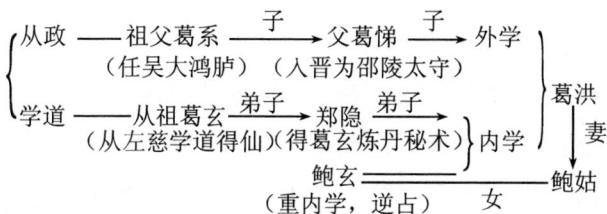

```
          ┌── 从政 ── 祖父葛系 ──子──> 父葛悌 ──子──> 外学        ┐
          │          (任吴大鸿胪)  (入晋为邵陵太守)              ├ 葛洪
          │                                                    │  ↓
          └── 学道 ── 从祖葛玄 ─弟子─> 郑隐 ─弟子─>            │  妻
                     (从左慈学道得仙)(得葛玄炼丹秘术)}内学     ┘
                              鲍玄 ────────────── 鲍姑
                           (重内学,逆占)      女
```

据洪的自叙,自认始祖为葛天氏,属南方民族。西汉末,上辈曾为荆州刺史,及王莽时弃官而归,后又从光武,可见本有入世之志,即有隐遁的思想,亦所以待时。洪的思想实同,且曾习武,组织武力以平石冰的农民起义,曾得朝廷封赠。是时西晋将崩溃,于是避乱南方。行动也由外而内,一心以炼丹为事。于内外儒道的认识,基本取之于司马谈的《论六家要旨》的观点。自叙其旨曰:"其内篇言神仙方药鬼怪变化养生延年禳邪却祸之事属道家,其外篇言人间得失世事臧否属儒家。"且所谓道即本诸《易》,于《明本篇》中曰:"夫所谓道,岂唯养生之事而已乎。《易》曰:'立天之道曰阴与阳,立地之道曰柔与刚,立人之道曰仁与义。'又曰:'易有圣人之道四,苟非其人,道不虚行。'……凡言道者,上自二仪,下逮万物,莫不由之,但黄老执其本,儒墨治其末耳。……今苟知推崇儒术,而不知成之者由道。道也者,所以陶冶百氏,范铸二仪,胞胎万类,酝酿彝伦者也。"即此可喻葛洪全书之旨。必信人可服丹而得长生者,固可属于医药的最终目标,事实是否达到,今

313

日仍可有此幻想,所谓宇宙人等的概念,仍宜相应于科学的进步而渐渐为之证实。故相信有长生的神仙,可代表其思想,这一思想由炼外丹而得之。在当时的情况下较佛教论永生论不灭之纯属思想性而全部放弃物质性,反觉合理,何可肯定其为绝对不可能。至少当东晋初期在佛教教理输入后,理论方面应该有进一步认识汉初黄老易的情况。而《内经》与易学的结合,基于此亦可深入一步,此葛洪的思想及其行动,所以能对中医的发展有所贡献。又其自序曰:"世儒徒知服膺周孔,桎梏皆死,莫信神仙之事,谓为妖妄之说,见余此书,不特大笑之,又将谤毁真正,故不以合于世。……虽不足以藏名山石室,且欲缄之金匮以示识者,其不可与言者不令见也,贵使来世好长生者有以释其惑,岂求信于不信者乎。"读此序可见其感慨甚多,因为佛教之义输入无已,惟长生之理确可对抗之,奈何又为周孔所桎梏,则仅尚儒墨而无本于道,其何以能陶冶百氏以御佛教。这一思想极有见地,然学者莫不为时代思潮所限,葛氏一生亦何能炼成他所想象的金丹,所以其书仅能缄之金匮。时至今日,似宜阐明其可贵的思想结构。易学中所谓"道",可包括孔子所谓"朝闻道夕死可矣"的道,莫不与道家的道基本相通,惜数代继承后,学派之旨因时空变化而变化,于老子、孔子之道何能不起儒道之辨。以战国时的黄老易论,重见于东晋初亦已相距五百余年。其间为经学易所隔,尚能见其道者已少,唯葛洪知之,特为郑重指出。

同时有梅赜,字仲真,汝南(今湖北武昌)人,曾任豫章内史,于东晋元帝时上《古文尚书》。当其查阅先秦古籍以编辑成书的勤劳精神殊可钦佩,而一定说得自汉武帝时的古籍则用心尤苦。实因晋室由西而东,国人的处境莫不有悲愤之情。为振奋士气,以破佛教任意增加时间的观点,特取古文献中的资料编纂成尧舜三代的史迹,以树立中华民族的民族性以抵御西域的外来民族,的确起了不可思议的作用。为魏晋所玩弄的禅让政治,亦能恢复其尊严。且经学的不绝,孔子学说的始终受人重视,当知《古文尚书》已收的效益。且当时或尚未知,迨唐朝韩愈即据此以排佛老,宋起的理学亦据此以尊"言必称尧舜"的孟子。故其书虽伪撰,其情可取。进而以易学及古史论,此书实不利于文化的发展,有闭关自守之弊。其一过分重视儒家的尧舜,反而使战国时已认识的尧舜以前的黄老文化全部不论,重蹈汉武帝尊儒术斥百家之失。其二太重视尧舜时代及三代的文献,而其纂成的文献不甚合尧舜时代及三代的事实,此可造成后人不信有尧舜时代,何况尧舜以前的黄帝,所以不利于对古史的认识,于易学的伏羲神农由是而更属恍惚。尊之则已由人而神,卑之则视为后人所想象而成,实无其人。对易学亦以文王孔子的文字为重,无文字的伏羲象数易于经学易中又进一步忽视之。这些都是仅知尧舜的过失。

据《抱朴子》与《古文尚书》以认识东晋初的学术思潮尚有汉代遗风,但是西域文化特别是佛教思想怎能视而不见。东晋的百余年较之于同时的北方十六国要安定,在思想文化方面自然更有创新,也就是能面对事实以认识佛教而加以深化。此对佛教、道教的具体人物,不可不提出若干位有大作用者。佛教在北方有佛图澄的神通及鸠摩罗什的大量译经,始可见般若的概貌。道安则由南而北,其徒慧远在庐山创莲社数十年。道则有魏夫人、王羲之等的五斗米道,如传出《黄庭经》《大洞真经》等,皆对中国文化的发展起决定性的作用,对易学思想的发展亦起了间接的作用。必经此情况而出葛洪的族孙葛巢甫及鸠摩罗什的弟子僧肇,则一道一僧的思想结构,当东晋之末各与易学有密合无间的关系,下文详之。

四、葛巢甫与僧肇的时空观

某一家族对某种学术特别感兴趣,故能历代继之而出有名的学者。如东汉的浙江上虞虞氏对易学有兴趣,据最后一代虞翻记录,凡五代好《易》，故汉末的虞氏易有其独特的价值。又自汉末起，江苏丹阳有葛氏，则世传对道学有深入的研究。计有左慈的弟子葛玄（164—244），其孙辈为葛洪（283—363），又洪的从孙为葛巢甫，此同族人研究道教延及五世，可见其家风崇道，且玄、洪与巢甫，皆对道教有特殊的贡献。葛玄于七十岁（233）入江西靖江县阁皂山炼丹，葛洪于晚年入广东罗浮山炼丹，此皆与中医药有联系。至于葛巢甫之有得于道教，乃由黄老易的基础进一步继承家风，使道教最高理论密合于易理。其所创作，准《灵宝经》之理，以构成《灵宝度人经》。且塑造元始天尊及其宝珠，作为道教中最高的神灵与法器。传说《灵宝经》的继承情况此处从略，仅述葛洪至葛巢甫的联系。在唐代孟安排所著的《道教义枢》中记有《灵宝经》之事，谓葛洪"以晋建元二年（344）三月三日付弟子海安君望世等，至从孙葛巢甫以晋隆安（凡五年，397—401）之末（401）传道士任延庆、徐灵期之徒，相传于世，于今不绝"。今所取者建元二年及隆安之末二个年代，合诸事实基本可信。而《灵宝经》的内容，由洪至巢甫已全部变化。又据《真诰叙录》的记载，谓"复有王灵期者，才思绮拔，志规敷道，见葛巢甫造构《灵宝》，风教大行，深所忿疾。……"更可证实世传的《灵宝无量度人上品妙经》与《抱朴子》中所提及的《灵宝经》未可并观，实已经葛巢甫造构，于东晋末已风教大行，于南北朝时更能南北风行。唐朝起历代《道藏》中皆收录，今日仅存的明正统《道藏》以此经为全藏之首，决非偶然。

今当为之说明，自《灵宝度人经》起，在道教的文献中树立了"元始天尊"的名号，南朝梁陶弘景著《真灵位业图》即以元始天尊为道教中最高之神。《灵宝度人经》第一个注释者是北齐人严东，故知南北朝皆风行。及《隋书·经籍志》记述道教曰："道经者，云有元始天尊，生于太元之先，禀自然之气，冲虚凝远，莫知其极，所以说天地沦坏，劫数终尽，略与佛经同。"记此元始天尊于道教中的地位，方可理解葛巢甫对道教的贡献。当东晋初的学风，不顾佛教思想者，尚有儒道之辨。儒则局促于尧舜,仅知方内而不知方外。其实孔子"予欲无言",已知"天何言哉,四时行焉,百物生焉",亦未尝不关心自然,而继之者有执于世事,此亦未尝不可。至于道家则不然,以自然为本,贵在不忘世事而不执世事,能以深入考察自然为主。以文献论,《易》兼及两方面的理论。合诸东晋初的史实,梅赜的思想纯属世儒之见,故于《易》的认识仅及于二篇十翼的文字,于卦爻象的实质已无暇兼及。至于葛洪的思想殊有发展前途,然对佛教思想尚以排斥为主,及其从孙巢甫更有进于此,已不可能不知东晋时佛教中的般若思想。造构《灵宝度人经》的目的,就在撷取佛学之长以补足中国固有文化所未及,于《易》尤能神而明之。最重要的观点,能继承《庄子》、《淮南子》以认识时空,由是以阐明长生之说。其说非空论,且决非全部抄袭佛教之说,能得易学中固有理论的精华,又因佛教关系而加以神化,合诸古义有取于兼及易老的汉严遵(约前85—前10)之说。遵著《老子指归》中有言:

> 道德变化陶冶元首,禀受性命乎太虚之域,玄冥之中,而万物混沌。始焉神明文,清浊分,太和行乎荡荡之野,纤妙之中,而万物生焉。天圆地方,人纵兽横,草木种根,鱼沉鸟翔,物以族别,类以群分,尊卑定矣而吉凶生焉。由此观之,天地人物皆同元始,共一宗祖,六合之内,宇宙之表,连属一体。

考严遵之时将形成经学易,而遵在四川尚能善继黄老易之旨,若葛洪及葛巢甫所研习的易学,自然以此派学说为准。其间所谓"天地人物皆同元始",已得易学之蕴。乾《彖》有言:"大哉乾元,万物资始,乃统天。"此即"元始"连用的含义。既为"万物资始",故时在万物之先。又《系辞上》有言:"天尊地卑,乾坤定矣。"以易理言,乾天为尊,其元为万物所资取之始,即万物中莫不取乾元为始,方可统天,又见乾天之所以为尊。考葛巢甫的思想,实已深察于"六合之内,宇宙之表,连属一体"之象,由是使此象人格化,特为道教立元始天尊的形象,则六经之原的易学决不为尧舜所限而可通于黄老,且本应合诸自然,以见有物混成先天地生的元始天尊。下录《灵宝度人经》的原文,庶见葛巢甫合易老以构造此经时的思想结构。

道言:昔于始青天中,碧落空歌,大浮黎土,受元始《度人无量上品》。

元始天尊当说是经周回十过,以召十方,始当诣座,天真大神,上圣高尊,妙行真人,无鞅数众,乘空而来。飞云丹霄,绿舆琼轮,羽盖垂荫,流精玉光,五色郁勃,洞涣太空,七日七夜,诸天日月星宿,璇玑玉衡,一时停轮。神风静默,山海藏云,天无浮翳,四气朗清,一国地土,山川林木,缅平一等,无复高下,土皆作碧玉,无有异色。众真侍座,元始天尊,悬坐空浮五色狮子之上。

以上录第一段,表面观之全受佛教影响,而究其内容实有所本。元始天尊的形象,骑在五色狮子之上,狮子当然有取于西域文化,然定名为元始天尊,确得易学的精义。在始青天中的天、碧落空歌的人、大浮黎土的地,就是易学本诸天地人三才之道的大纲。归诸十过、十方决不是取法《华严经》,当时《六十华严》是否译出尚可进一步研究,然十进位制为各国本有的概念,中国尤重阴阳五行的理论,故决不可误认为《灵宝度人经》之取十数有得于佛教。至于《八十华严》之五十三参,则确属佛教的精华部分,然在东晋时尚无,故不可误认为葛巢甫已知唐代的贤首宗。凡元始天尊说《灵宝度人经》十遍,每遍有东方、南方、西方、北方、东北方、东南方、西南方、西北方、上方、下方的天真大神无鞅数众来,且能恢复种种病痛,起死回生而咸得长生。其间应特别重视经中写有"诸天日月星宿,璇玑玉衡,一时停轮",这就是葛巢甫已了解时间的本质,亦就是深入体验《庄子·庚桑楚》中论及宇宙而归诸"无有一无有,圣人藏乎是"的思想,四时不行,百物不生,不生不死,是谓长生。长生者,每人各得最佳时刻的现在之象,由今日的现在推至百年前的现在,则百年前已死者的白骨当然可"复活",此即了解"现在"的重要。以下再录《灵宝度人经》中有关宝珠的一节:

> 道言,是时元始天尊说经……十遍周竟,十方无极天真大神一时同至,一国男女倾心归仰,来者如细雨密雾,无鞅数众,迮国一半,土皆偏陷,非可禁止。于是元始悬一宝珠,大如黍米,在空玄之中,去地五丈,元始登引天真大神,上圣高尊,妙行真人,十方无极至真大神,无鞅数众俱入宝珠之中,天人仰看,唯见勃勃从珠口中入,既入珠口,不知所在。国人廓散,地还平正,无复欹陷,元始即于宝珠之内说经都竟,众真监度以授于我。当此之时,喜庆难言,法事粗悉,诸天复位,倐欻之间,寂无遗响,是时天人遇值经法,普得济度。

此节可喻宝珠之象,"迮国一半,土皆偏陷"是犹二仪,十数化成阴阳五行,无鞅数众俱入宝珠,是犹复二仪归太极。二仪犹过去未来,其时无穷,能合诸现在,则太极的空间亦无穷,此宝珠之妙用。且元始悬空珠于去地五丈,犹五行之象。五行有时间结构之义,而元始说法必于宝珠之内,庶见有整体概念的易道。文中有一主要的"我"字,今日读之,似可以葛巢甫代入,则一切神秘感自然可解决。而易学发展与道教的关系,本由《太平经》经《抱朴子》而成此《灵宝度人经》,足以说明由三玄将至三教的演变过程,重视对时空结构的认识的确是易学之蕴,亦是宗教哲理所必须注意的关键问题。

略迟于葛巢甫,又一伟大的宗教思想家也于东晋末崭露头角,这就是鸠摩罗什的得意弟子,有青出于蓝地位的僧肇(384—414)。僧肇本姓张,京兆长安(今陕西西安)人。家贫以佣书为业,历观经史,志好玄微,每以庄老为心要,后见《维摩诘经》,遂出家为僧,二十余岁名振关西,师事鸠摩罗什,助其译经,善般若。惜未长寿,后人集其所著,有《物不迁论》、《不真空论》、《般若无知论》、《涅槃无名论》等,名之曰《肇论》,基本特色能进一步结合中国当时盛行的三玄,更使之与佛教中的般若并论。当时的情况必须重视产生的地点,因与葛巢甫可云同时而一南一北,宜其研究的体验时空观可云相同,而葛则塑造元始天尊,僧肇则表彰维摩诘居士(僧肇有《维摩诘经注》),可云异曲同工。按《周易·乾彖》有言:"大哉乾元,万物资始,乃统天。"继之又言:"六位时成,时乘六龙以御天。"这"统天"与"御天"的概念,莫不本诸时空的相应变化,且所谓位有空间的意义,以六龙属于六位,又各合诸时间,则不仅统天而又能"时乘六龙以御天"。以统天论乾之元为无体之体,以御天论乾之利为有用之用。或合诸般若言,元犹真谛,利犹俗谛,僧肇于《不真空论》引《放光经》而发挥其经义曰:"第一真谛,无成无得。世俗谛故,便有成有得。夫有得即是无得之伪号,无得即是有得之真名。真名故,虽真而非有。伪号故,虽伪而非无。是以言真未尝有,言伪未尝无。二言未始一,二理未始殊。故经云真谛俗谛,谓有异耶? 答曰:无异也。此经直辩真谛以明非有,俗谛以明非无,岂以谛二而二于物哉。"即以此节论,必分真谛俗谛,犹《易》之阴阳,亦犹葛巢甫所谓"连国一半,土皆偏陷,非可禁止",故僧肇之同其二谛,犹元始天尊在宝珠中说法,统天与御天,一本于时位之际的现在,"岂以谛二而二于物哉"。僧肇又于《物不迁论》中,直接说明现在之旨,其原文为:"故《成具》云:'菩萨处计常之中,而演非常之教。'《摩诃衍论》云:'诸法不动,无去来处。'斯皆导达群方,两言一会,岂曰文殊而乖其致哉? 是以言常而不住,称去而不迁。不迁,故虽往而常静。不住,故虽静而常往。虽静而常往,故往而弗迁。虽往而常静,故静而弗留矣。然则庄生之所以藏山,仲尼之所以临川,斯皆感往者之难留,岂曰排今而可往?"此节更可了解僧肇的思想结构,实已洞察儒道之理而合诸佛,其实质与道教的长生亦可相通。考核《易》重专直大生与翕辟广生之理，本已致思于阴阳动静之迁不迁，空不空之象。且先秦辩者也有"飞鸟之景未尝动也，镞矢之疾而有不行不止之时"，要在反身体验以得其几，合诸当时的情况，有郭象之注《庄》，早已远出王弼的思想。乃于东晋末的南北方，各能深究玄思而道归三教，佛学而能发扬于中国，未尝可不究三玄之理。何况时空结合的思想结构本属易学的特色，来自先秦而深入于东晋之末。今以易学论，于汉则不宜受经学之拘，于魏晋又不宜受佛道之束，且秦汉以来易学结构的变化，就在会通三玄三教之理，否则亦何以见易学象数变化的奇妙。

刘兆之易学

《晋书·儒林传》：

刘兆字延世，济南东平人，汉广川惠王之后也。兆博学洽闻，温笃善诱，从受业者数千人。武帝时（265—289）五辟公府，三征博士，皆不就。安贫乐道，潜心著述，不出门庭数十年。以《春秋》一经而三家殊涂，诸儒是非之议纷然，互为仇敌，乃思三家之异，合而通之。《周礼》有调人之官，作《春秋调人》七万余言，皆论其首尾，使大义无乖。时有不合者，举其长短以通之。又为《春秋左氏》解，名曰《全综》，《公羊》《穀梁》解诂，皆纳经传中，朱书以别之。又撰《周易训诂》，以正动二体互通其文。凡所赞述百余万言。

按刘兆之学仍继汉学。《春秋》三传之辨，汉末儒者讨论热烈的问题。刘兆思以同人，愿任周礼调人之职。《春秋调人》、《春秋全综》之书，大义犹可喻。其于《周易》，亦兼通正动二体，是即《春秋内外传》所引及之"之卦"。然"之卦"之法，经汉儒之发展，且已成《易林》。或以经学观之,仍须合诸卦爻辞以辨之,刘兆之易,所以通正动卦象之变以及卦爻辞之文,此当如蔡墨之论龙。合诸卦辞而互通其文,以一爻变论,及宋始有沈该、都絜之书当与此同,惜《周易训注》已佚,未能肯定其互通之法为一爻变。及《隋志》尚录《春秋公羊、穀梁传》十二卷,晋博士刘兆撰,则今虽佚,隋时尚存,而易书早佚于南北朝。以时而论,如刘兆处于汉,其学当为世所用,奈已由魏而晋。武帝虽五辟三征而仍不就者,其时未行经学。且时代思潮早已深入对本体之思维,兆虽就亦未必能起作用。宜《晋书》又记曰:

> 尝有人着靴骑驴至兆门外,曰:"吾欲见刘延世。"兆儒德道素,青州无称其字者,门人大怒。兆曰:"听前。"既进,踞床问兆曰:"闻君大学,比何所作?"兆答如上事,末云:"多有所疑。"客问之,兆说疑毕,客曰:"此易解耳。"因为辩释疑者是非耳。兆别更立意,客一难,兆不能对。客去,已出门,兆欲留之,使人重呼还。客曰:"亲亲在此营葬,宜赴之,后当更来也。"既去,兆令人视葬家,不见此客,竟不知姓名。兆年六十六卒,有五子:卓、炤、燿、育、脐。

读此可见晋之学风。若兆之坚守汉儒旧说,其何能解疑。此未知名之客,反能由汉学而发展其说,宜可解兆之疑而客难兆不能对。然则数千受业者何所得,仅能保存汉代文化而已。司马迁合《春秋》与《易》对言,兆尚能继承之,惜执其迹而未能加以变通,又见魏晋时汉易不得不亡之故。客在此营葬,正欲葬此当时已无用之汉学,奈兆尚未悟乎。

马枢之易学

《南史·隐逸下》：

> 马枢字要理，扶风郿人也。……枢数岁而孤，为其姑所养。六岁，能诵《孝经》、《论语》、《老子》。及长，博极经史，尤善佛经及《周易》、《老子》义。梁邵陵王纶为南徐州刺史，素闻其名，引为学士。纶时自讲《大品经》，令枢讲《维摩》、《老子》、《周易》，同日发题，道俗听者二千人。王欲极观优劣，乃谓众曰："与马学士论义，必使屈服，不得空立客主。"于是数家学者，各起问端。枢乃依次剖判，开其宗旨，然后枝分派别，转变无穷，论者拱默听受而已，纶甚嘉之。

按马枢于太建十三年(581)卒，纶于普通五年(524)以西中郎将权摄南徐州事，枢约二十岁许，当时兼三教之理早已形成风气。《大品经》即《大品般若经》，罗什译，与《维摩诘经》同为流行的佛法。枢讲《维摩》、《老子》、《周易》，已非三玄。盖当魏晋之易，以三玄为贵，发展至南北朝，基本由罗什来。而《肇论》出，三教以渐代三玄而生。唯枢

324

之颖悟,必能依次剖判而理通空有,虽未详枝分派别之实,其本易象生生之次,仅须有本,自然可转变无穷。

> 寻遇侯景之乱,纶举兵援台,乃留书二万卷付枢。枢肆志寻览,殆将周遍,乃喟然叹曰:"吾闻贵爵位者以巢由为桎梏,爱山林者以伊吕为管库。束名实则乌芥柱下之言,玩清虚则糠秕席上之说。稽之笃论,亦各从其好也。比求志之士,望涂而息,岂天之不惠高尚,何山林之无闻甚乎。"乃隐于茅山,有终焉之志。

侯景之乱当戊辰(548),枢约四十五岁左右。能得纶书而读,所叹之言乃其心得,"亦各从其好",庶见枢之造诣已不为三教所限。约五十岁隐于茅山,陶弘景已逝约二十年,其志足以承陶,撰有《道觉论》,已佚。其学盖能知所会通,此得力于易学之整体观。

贾公彦六十四卦卦次图

　　贾公彦,沧州永年人(今属河北),永徽(公元 650—655,凡六年)中官至太学博士,撰有《周礼》、《仪礼》义疏,年与孔颖达(公元 574—648)相近或略小。于注《周礼·春官》论及八卦与六十四卦之次,记述如下:

兑	艮	离	坎	巽	震	坤	乾	悔＼贞
兑 ㊐	损 64	睽 63	节 62	中孚 61	归妹 60	临 59	履 58	兑
咸 56	艮 ㊾	旅 55	蹇 54	渐 53	小过 52	谦 51	遯 50	艮
革 48	贲 47	离 ㊶	既济 46	家人 45	丰 44	明夷 43	同人 42	离
困 40	蒙 39	未济 38	坎 ㉝	涣 37	解 36	师 35	讼 34	坎
大过 32	蛊 31	鼎 30	井 29	巽 ㉕	恒 28	升 27	姤 26	巽
随 24	颐 23	噬嗑 22	屯 21	益 20	震 ⑰	复 19	无妄 18	震
萃 16	剥 15	晋 14	比 13	观 12	豫 11	坤 ⑨	否 10	坤
夬 8	大畜 7	大有 6	需 5	小畜 4	大壮 3	泰 2	乾 ①	乾

326

　　贾氏之次八卦，本诸《说卦》之乾坤三索，即以乾(父)坤(母)震(长子)巽(长女)坎(中男)离(中女)艮(少男)兑(少女)为次。而于六十四卦贞悔皆依此次序相重，惟仍法《易林》，先及贞悔相同者。其理可列成方阵，详上图。

　　由上图可知贾氏之次即始于乾而终于损。此一次序及基本的序卦方法，与今得马王堆帛书的卦次相似。若符合于方阵之理，必待陈抟之先天图。唐有此次序，可消除发现马王堆次序后之特殊感。

由《汉书·艺文志》到《隋书·经籍志》

理解每一时代的学术思潮,必以所有的文献考核之,且思潮的形成当在成此文献之前。中国最早的文献目录,以所存者论为《汉书·艺文志》,当时已以董仲舒所提倡的"六艺略"为主。今略论刘向、刘歆所编定的《七略》。

其一为"辑略"。犹总纲,书目的大类实为六。

其二为"六艺略"。后以"四库"分,犹经部。以此略为主,突起于汉武帝(前140—前87在位)的尊儒。当时史籍尚少,分别归诸"六艺略"的"书"与"春秋"类。

其三为"诸子略"。后以"四库"分,犹子部。

其四为"诗赋略"。后以"四库"分,犹集部。

其五为"兵书略",其六为"数术略",其七为"方技略"。此三略后为"四库"分,皆入子部,是为"四部"分类的最大缺点。《汉书·艺文志》:"至成帝时(前32—前7年在位),以书颇散亡,使谒者陈农求遗书于天下,诏光禄大夫刘向校'经传'、'诸子'、'诗赋',步兵校尉任宏校'兵书',太史令尹咸校'数术',侍医李柱国校'方技'。……"此见最后三略属专业知识,皆有专业人员校勘,"兵书略"属军事专业,"数术

328

略"属数学专业,"方技略"属医学专业,即此可喻汉代分类的合理。自晋荀勖(? —289)更改七略为四部,唯以六艺略分为经史两部,专业知识皆入子部,则子部庞杂而专业混杂,直至清代的《四库全书》仍未能纠正,此为中国有关自然科学专业未能发展的症结所在。然由《汉书·艺文志》经荀勖改为四部后,概而言之,凡儒家的目录学皆未有改变。而于《隋书·经籍志》,四部之分虽同,于四部之末不得不有所增补。因有大量文献未可收入四部,其所增补有道佛两大类。总计《隋书·经籍志》所收书的部数及卷数如下示:

一、凡六艺经纬	627 部	5371 卷
二、凡史之所记	817 部	13264 卷
三、凡诸子	853 部	6437 卷
四、凡集	554 部	6622 卷
四部经传	3127 部	36708 卷
道经	377 部	1216 卷
佛经	1950 部	6198 卷
道佛经	2329 部	7414 卷

观此所增补的道佛经,足可与四部分庭抗礼,宜自隋唐起自然有儒道释三教并存之势,其势非一日所成,尤非一人之力。此《隋书·经籍志》包括在《隋书》十志中,于永徽三年(652)由令狐德棻监修,后于显庆元年(656)成书,改由长孙无忌监修。考自《汉书·艺文志》至此《隋书·经籍志》,其间凡六七百年。此六七百年间,表面观之东汉以凝固经学,实际情况自汉武帝通西域后,西域的商旅即源源而来,佛教的教义亦非系统地逐步传入中国。且通西域前武帝不得不促使刘安自杀(前 122),方能完成尊儒术斥百家的方针。然民间的尚黄老未尝或息,况武帝所尊的儒本已结合方仙道的道。及东汉初,汉明帝之弟楚王英已在收养西域商旅而兼信黄老浮屠,此为佛教传入中国的最初记录。而于永平十四年(71)楚王英亦不得不自杀,因当时的学术思想

仍欲以经学为主。事实上东汉起早有三教并存,相互间有相吸相斥的复杂变化,后经魏晋南北朝之酝酿,终成此三教,各有其大量文献。虽有灭道灭佛之事件,亦何能见效。此处须重点说明的问题,就是中国本有易学文献,既在武帝之前可属于黄老道,然早已归诸经学而视之为六经之原。及曹丕代汉而演出传禅台,经学贵尧舜禅让的理论何能不崩溃,而《易》有王弼注为之一变,即由六经之原成为易老庄三玄之主。且更有佛教理论渗入而渐具三教的思想,及南北朝统一而归隋唐,则黄老与老庄又在逐步结合而成为有深邃哲理的道教,则方可与佛教相抗衡。而中国固有的易学本于结合三玄的能力,又将产生融合三教的现象,明显的文献记录始于梁陶弘景,直至唐五代方能完成。此为本章将叙述的大纲,故必须确切了解唐初如何认识三教及对三教的态度。《隋书·经籍志》曰:"道佛者,方外之教,圣人之远致也。俗士为之,不通其指,多离以迂怪,假托变幻乱于世,斯所以为弊也。故中庸之教,是所罕言,然亦不可诬也。故录其大纲,附于四部之末。"此见当时对道佛的认识,既属圣人之远致,自然可同行而并存。或以易学论,由汉至唐早已肯定为儒家经学之原,进而考察具体的内容则变化极大。唐代的经学何可与汉代的经学并论,因易学与道佛的关系日趋密切,宜分道佛二方面论述之。以道经论,文献数尚不足佛经的五分之一。

一行的大衍历

僧一行,俗姓张名遂,魏州昌乐人(今河南南乐)。祖父名公瑾,任襄州都督,封郯国公,父名檀,任武功令,皆唐室名臣。遂生于高宗永淳二年(公元 683 年),卒于玄宗开元十五年(公元 727 年),年四十五。少聪慧,博览经史,尤精历象及阴阳五行的学问。对于天文知识的来源,全本实测,而于理论本于易学,且有得于扬雄的《太玄经》。《旧唐书》尚记录一件大可玩味的事实。

《旧唐书·方伎传》:

> 时道士尹崇,博学先达,素多坟籍。一行诣崇,借扬雄《太玄经》,将归读之。数日复诣崇,还其书。崇曰:"此书意指稍深,吾寻之积年尚不能晓,吾子试更研求,何遽见还也。"一行曰:"究其义矣。"因出所撰《大衍玄图》及《义诀》一卷以示崇,崇大惊,因与一行谈其奥赜,甚嗟伏之。谓人曰:"此后生颜子也。"一行由是大知名。……

这一事实发生在武则天称帝时,一行当二十岁左右。由此事实,可喻一行本实测的治历基础。尹崇为当时有名的羽士,约年长于一行数十岁,亦学识渊博,对于天文历法之理能本诸《太玄经》,不期一行仅以数日之功即能晓其义。唯一行有此知识,始可与尹崇相互谈其奥赜。然所谈的奥赜何在?已失其传。幸一行的大衍历法尚存于新旧《唐书》的《历志》,今评论其大衍历,仅知其实测的可贵。或谓其既本实测已足,何必更附会于易学的大衍之数。此实未喻唐代的时代思潮及当时已有极精微的认识水平,况大衍之数有其深邃的哲理,决非如今日一般未究其实者动辄以迷信视之,且中国的天文学有其不同于西方天文学的思路。能认识易学象数的科学价值,始能了解一行治历归诸大衍之数,实有其可贵的原因。考察其原因,先须说明大衍历法与《太玄经》的关系,亦就是一行与尹崇所谈的奥赜。

中国的天文学,本分恒星与行星二部分,《史记》八书有《天官书》与《历书》,足够说明当时的认识水平。若推其源,孔子所谓"为政以德,譬如北辰,居其所而众星共之",此于《史记》属《天官书》。又孔子对颜渊问为邦曰"行夏之时",此于《史记》属《历书》。于汉后的治历,实兼此二者。于今日的认识凡《天官书》当银河系,《历书》当日月运行的太阳系,有其不同的时空数量级。于太阳系可以"年"计之,于银河系当以"光年"计之。在中国当然未知"光年"的概念,然其下限在东周时,早能明确分辨恒星与行星的不同,且能视恒星为不变的形象,行星为变化的形象。于天象的变化,当以不变为准为坐标。扬雄的《太玄经》贵能进一步结合《天官书》与《历书》,凡"八十一岁事咸贞",所以从易学卦气图的卦次,化成八十一首七百二十九赞,且分阴阳而当364.5日,增加踦赞、嬴赞,以当太玄历的岁实,这就是《历书》。最重要处在"求星从牵牛始",由是八十一首各可合诸二十八宿,此始于牵牛的标准,就是汉代所实测的行星与恒星于冬至日的结合点。事实上此点在移动变化,这就是"岁差"。《周易·系辞》:"范围天地之化而不过,曲成万物而不遗,通乎昼夜之道而知,故神无方而易无体。"这四句的含义圆混深奥,决不能仅以文学角度读之。概而言之,前二句指恒星,后二句指行星。以易学论,可同以十二消息卦示之。荀九家注曰:"范者法也,围者周也,言乾坤消息,法周天地,而不过于十二辰也。辰,日月所会之宿,谓娵訾、降娄、大梁、实沈、鹑首、鹑火、鹑尾、寿星、大火、析木、星纪、元枵之属是也。"今于《晋书·天文志》中,尚保存汉代易学家费直所认识的十二辰,其言曰:"寿星起轸七度,大火起氐十一度,析木起尾九度,星纪起斗十度,元枵起女六度,娵訾起尾十四度,降娄起奎二度,大梁起娄十度,实沈起毕九度,鹑首起井十二度,鹑火起柳五度,鹑尾起张十三度。"准此注释,可知在汉代早已结合十二辰次与二十八宿的关系。荀爽注曰:"昼者谓乾,夜者坤也,通于乾坤之道,无所不知矣。"犹以乾坤十二消息卦,既通《天官书》的十二辰次,又可通卦气图当《历书》的十二月。此虽属汉注,义可上推而见战国所谓"范围天地""通乎昼夜"的含义。且于十二辰次,《左传》襄公廿八年(前 545 年)已记录有梓慎之言(另详拙稿"论《左传》与易学"),当时尚以十二辰次本诸十二地支,自盛行阴阳符号卦后,始以十二消息卦当之。其后取五行之数结合成辟、诸侯、大夫、卿、公五者各十二卦,共为六十卦周期的卦气图,亦就为扬雄取则而成《太玄经》,其要能合于二十八宿的《天官书》,并及日月运行的《历书》。而一行的大衍历的可贵,亦有此基础。且与尹崇所谈的奥赜有进于此,因当时虞喜、何承天、祖冲之等人的认识,已知牵牛的初度在变化,况岁差之变,唐代有见的天文学家基本已了解,要在研究岁差一度的时间。更有进者,一行与尹崇所认识尚不止于此,能以实测并合诸古代文献的记录,于思想中已发现恒星星座间可能亦有变动。今于道教中尚保存有变化北斗七星的"卧斗法"形象,此为一行与尹崇所讨论所研究的最根本的奥赜所在。宜尹崇嗟伏之,并以后生颜子称之,二十岁左右的一行,由是而大知名。惜是时当武则天称帝,武三思愿与结交,一行世属唐室旧臣,由是竭力避之,终至出家为僧,以绝世事之扰。初入嵩山师事沙门普寂(651—739),普寂为神秀之弟子,长一行二十三岁。及睿宗即位(710),以礼征一行,一行仅二十八岁,以疾固辞,旋避往荆州当阳山,依沙门悟真以习梵律,所以进一步"勤拂拭"而归于律宗,此见一行的重视礼法。开元五年(717),一行三十五岁,玄宗令其族叔礼部郎中洽赍,敕书就荆州强起之。一行不得已至京,居于光太殿,玄宗屡次访之,问以安国抚人之道,一行所言皆切直可行而为玄宗所用。时李淳风所撰的《麟德历》,自麟德二年(665)起已应用了近六十年,难免有误差,由是命一行从其事。

《旧唐书·方伎传》:

> ……时《麟德历经》推步渐疏,敕一行考前代诸家历法,改撰新历。又令率府长史梁令瓒等与工人创造黄道游仪,以考七曜行度,互相证明,于是一行推《周易》大衍之数,立衍以应之,改撰《开元大衍历经》……

由此记录,以见一行于四十岁前后治大衍历的情况。实测的条件,当然优于一人所观天象。不过对天象的观察,必须考核前代天文家所得的记录。一般的认识,包括《旧唐书》的叙述,亦仅重视《历书》一方面,其实,一行的特色在重视《天官书》一方面。以《历书》方面论,《大衍历》与《麟德历》不同点示于下:

	岁实	朔策
《麟德历》	365. 24477611	29. 53059701
《大衍历》	365. 24440789	29. 53059210
合诸今日的实测	回归年	朔望月
	365. 24219879	29. 5305882

由此可见当时的认识水平。且《大衍历》与《麟德历》基本相似,况

此岁实与朔策,自吕不韦的《颛顼历》起,早已有此相近似的水平。宜一行卒后,于开元十六年即行《大衍历》。计《麟德历》行六十三年,而《大衍历》仅行三十四年,又为《五纪历》所代替,故知一行于天文的心得,并不在《历书》而在《天官书》。至于"岁差"的情况,因周期长,须七十余年始有一度之差,则一生的实测,如未能用精密的仪器,尚不可能知其变,故必须根据古文献的记录。当时极有名的天文学家李淳风尚不知用"岁差",一行既信虞喜等所创立的"岁差",又能进一步创立恒星间亦可能有位置的变化,这一创见较岁差的周期更长,且每颗恒星的变化亦不同,此在当时天文水平,不可能有实测的证明。据此创见,将失却说明天象变化的标准,亦就是不能见到天象的不变点,而此一不变点,不得不归诸观察者的认识。此在一行的认识,当然不可不信当时最高的学术精华,就是易学的大衍之数及《太玄经》等。于《易》的筮法有"大衍之数五十,其用四十有九"的原则,准此不用的"一",方可作为"易无体"的体。合诸《太玄经》,则此不用的一又变为三,然必有或一或三的不变者,方可说明"曲成万物而不遗"的变化。凡研究易学而不知其象数之具体应用,亦何能认识易学的重要。于《唐书》历书中所记述的易学象数,皆由此原理演化而出,此不用之体方属根本的原理,可喻一行的思想基础所在。故于唐代的易学,如仅知孔颖达的《正义》,何能说明五经的作用。何况《周易》为群经之首,当时的具体知识颇多为僧道所掌握。唯能了解三教的思想及其具体的知识,方可说明唐代的知识水平及唐代的易学。韩愈排佛老以显儒,有其发生的时代背景,然唐代并存三教的具体知识因此而大量损失。故研究唐代的易学,一般的感觉误以为唐代的易学文献太少,其实如一行的大衍历等,皆应属于继承中国的易学文化且有发展的精华,更何可以一行为僧、尹崇为道而忽之。

今知一行的著作,书目如下:

《大衍玄图义诀》一卷

《大衍论》三卷

《摄调伏藏》十卷

《天一太一经》一卷

《太一局遁甲经》一卷

《释氏系录》一卷

《开元大衍历经》

以上著作,除《大衍历经》尚存外,其余全佚。又宋《中兴书目》载有"《一行易传》十二卷,元阙四卷"。朱震曰:"孟喜京房之学,其书概见于一行所集,大约皆自《子夏传》而出。"按一行之易可信其本诸孟京,朱震所谓《子夏传》尚未知其确指何书,可知其决非《四库全书》所托始的《子夏易传》。总以一行的著作观之,在说明不用之一即《天一太一经》,大衍之一、玄图之三即太一下行九宫归诸天地人三盘的《太一局遁甲经》。故一行所取的易学象数,实有其人参天地的精深哲理。合诸实测的天象,必有哲理以总摄之,何可认为属于不应有的附会。

东乡助之易

《唐志》："东乡氏助《周易物象释疑》一卷。"此书虽佚,尚存其《自序》等,犹可考见其内容。

《自序》曰:

> 《易》以龙象乾,以马明坤,随事义而取象。是故《春秋》传辞多因物象,而六十四卦三百八十四爻之文,触类而长。洎甲子以六十为运,而卦则六十四卦为周,六十四而参六十,合九百六十年为一元纪。助今采于往疏未释后学滞懵者标出,目为《周易释疑》,属象比事,约辞理伸云尔。朝散大夫守江陵少尹柱国赐紫金鱼袋东乡助上。

《崇文总目》:

> 唐东乡助撰,取变卦互体,开释言象,盖未始见康成之学而著此书。

按东乡助当唐代何时人,已失考。理与李鼎祚辑《周易集解》同,皆未释于孔疏之说。《崇文总目》已言其内容有变卦互体,尚遵汉易之例。本其自序,更明其有准于数之大义,即六十与六十四之合为一元纪。凡取九百六十者,即准互体之数,亦即同一互卦之四卦当一花甲。其具体之卦象之次序不知,理则已得。如以先天卦次合诸中互,则其序自然整齐,可作《一元纪》之图表。

癸亥至己酉	戊申至甲午	癸巳至己卯	戊寅至甲子	六十甲子年十六 / 六十四卦 / 四卦互当 / 六十九百九当	
卦象	卦象	卦象	卦象	卦象	1 × 60 = 60
卦象	卦象	卦象	卦象	卦象	2　 = 120
卦象	卦象	卦象	卦象	卦象	3　 = 180
卦象	卦象	卦象	卦象	卦象	4　 = 240
卦象	卦象	卦象	卦象	卦象	5　 = 300
卦象	卦象	卦象	卦象	卦象	6　 = 360
卦象	卦象	卦象	卦象	卦象	7　 = 420
卦象	卦象	卦象	卦象	卦象	8　 = 480
卦象	卦象	卦象	卦象	卦象	9　 = 540
卦象	卦象	卦象	卦象	卦象	10　 = 600
卦象	卦象	卦象	卦象	卦象	11　 = 660
卦象	卦象	卦象	卦象	卦象	12　 = 720
卦象	卦象	卦象	卦象	卦象	13　 = 780
卦象	卦象	卦象	卦象	卦象	14　 = 840
卦象	卦象	卦象	卦象	卦象	15　 = 900
卦象	卦象	卦象	卦象	卦象	16　 = 960

一元纪表

凡十六卦之次，虽不必同先天，然必有其次。四象亦必有次，其次尤简单。合而观之，由三画八卦之次兼及二画与四画，则六画当然亦可有其自然之次，是即陈抟继之而成先天六十四卦之次。故东乡助之卦次可不同于先天图之次，然四象与互卦必当有次，已可无疑。退一步言，约唐之中晚期，直接对卦象之研究，至少如东乡助、陆希声等等，已有具体之史迹文献。故陈抟发明先天图之排列法，决非突然。今得其《一元纪》表，足为陈抟先天图之先声。

又东乡助为江陵少尹，其地之易属长江流域之易学，或有与于蜀易，且对易象殊有发展，当继承《周易集解》之理。又汉易之取象为王弼所扫，乃时势使然。对汉易取象之理，魏晋易实有所误解，迨唐而重兴，由东乡助之阐述，竟为北宋末蔡攸所理解。攸于宣和四年（1122）上此书于徽宗，且留有一序，攸曰：

> 昔者圣人之作《易》也，始画八卦而象在其中。象与卦并生，以寓天下之赜，故曰《易》者象也。盖俯仰以观，远近以取，神明之德可通，鬼神之情状可得，而况于人乎，况于万物乎。及因而重之，发挥于刚柔而生爻，则拟诸形容者，其变不一而象亦为之滋矣。故邑屋宫庭，舟车器械，服带簪屦，下至鸟兽虫鱼，金石草木之类，皆在所拟，至纤至悉，无所不有，所谓其道甚大，百物不废者，此也。其在上古，尚此以制器。其在中古，观此以系辞。而后世之言易者，乃言得意在忘象，得象在忘言，一切指为鱼兔之筌蹄，殆非圣人作易前民用以教天下之意也。助之作书，尽推互体变卦之法，以明爻象，可谓有意于此矣。而学之不明，言之不择，往往傅致牵合，先后牴牾，学者盖疑焉。虽然，后之学易而观易者，必自助发之，故著其书以示来者。

按攸为蔡京之子，其人可议，然不必以人废言。其上东乡助易，同时亦上干宝易等,皆未可为非。对汉象之认识,亦较正确。然由象而已及数,在北宋尚未有重视者。而唐有东乡助《周易物象释疑》一书,庶可代表唐易风格之一。

李翱之易

《宋志》:"李氏翱《易诠》三卷。"其书已佚,然其事迹及书之内容尚有所存,足为一家之言。

李翱(772—841)字习之,陇西成纪人,凉武昭王暠之裔。贞元十四年(唐德宗戊寅,798)进士,官至山南东道节度使,会昌中卒于镇,谥曰文。其时唐室已衰,李为韩愈侄婿,亦继其排佛尊儒之见。《周易·系辞下》有言:"于稽其类,其衰世之意耶。"考作此之时,正当战国之乱。翱当唐衰而读此,其境有相似处,有得于卦象之理亦相似。王得臣曰:"李翱作《易诠》论八卦之性,古今说《易》者未尝及。"考李鼎祚上《周易集解》于代宗即位时(762),而易象为王弼所扫已五百余年,翱是否得见《集解》无文献可据,然其论八卦之性,实同汉易之取象。凡健、顺、动、入、陷、丽、止、说者,即春秋战国以及汉末所取的八卦之性,而李翱更为说明,是否据于健顺等论之虽不可知,然稽《周易》全书之旨而类辨之,大旨仍必相似。然以扫象为主之见观之,自然会有"古今说易者未尝及"之言。董真卿读后曰:"《李氏易》七卷(七与三并存,不知所从,然无关宏旨),先说八卦,次列六十四卦并《杂卦》。"则知翱之易以认识八卦之性为主,然后以分六十四卦不同的性。并及《杂卦》,尤见其不专主《序卦》,亦为应有之观点。

王得臣又引其言曰:"道生一,一生二,二生三,三生万物。故自道而下数至于三,则天地人之道备矣。圣人画卦始止于三,谓三才之道,因而重之,乃可以观变。予观重卦之内,至于三位则有小成。变革之理,如乾之九四则曰乾道乃革,革之九三曰革言三就是也。推此而求其变,则可以思过半矣。"此全合"八卦成列,象在其中矣,因而重之,爻在其中矣"之理,亦就是内贞外悔,《洪范》稽疑中以阴阳为贞悔亦同。至于已明言三画当三才,即同老子"道生一,一生二,二生三",则应了解唐易已在玄易后,本可合一。然则李氏继韩愈之排佛老,实仅排佛而不排老。翱死数年后兴起的排佛,即未排老。至于引乾之九四、革之九三,殊难深信,引作一证亦未尝不可。且"乾道乃革"出于《文言》,与爻辞何可并论。或论注易者喜穿凿附会,此类皆是。然能得其由八卦因重而得六十四卦之象,则此象即是,于辞为第二层次之思想。如提高辞为第一层次之思想,则凡易象之思想决难企及。或明其层次,则观象玩辞,必能并行而不悖。

王得臣又引其言曰:"自古小人在上最为难去,盖得位得权而势不得摇夺,以四凶尚历尧至舜而后能去。尝玩《易》之夬,夬一阴在上五阳并进,以刚决柔宜若易然,乃爻词俱险而肆,盖一小人在上,故《易》曰刚长乃终也。"读此可完全理解李翱谈易之象。如夬卦之性可见四凶难除,而必将刚长乃终,知性知时,益以内外贞悔之位,则易道远乎哉。虽然易道之本于时位德(犹性),自古皆然,若时位德之变化,于不同层次观之截然不同。此所以历代之易著繁杂,或不合诸作者之时代背景,决难定其是非得失。若李氏之易,因其地位及其思想,已能深得易学之蕴。虽可未见《周易集解》,而其读易之法,已不同于《注疏》而与《集解》为近。反之亦可见《集解》之出,正因《注疏》之易已渐为有见者所不取。

张辕之筮法

《宋志》："张氏辕《周易启玄》一卷。"其书已佚，然程迥、赵汝楳皆曾见其书。

程迥曰："唐人张辕作《周易启玄》，曰老阳变成少阴，老阴变成少阳。"此二语赖程迥而传，其于老少之变，尚存古法，惜张辕之始末未详。今据其说自然得九八六七之周流，亦即与《易纬乾凿度》同。详示如下：

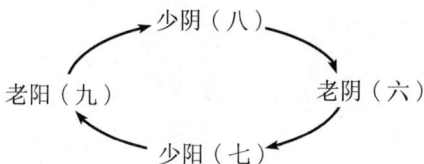

又赵汝楳述其筮法，可见张氏略加简化，成象仍同。汝楳非之，乃责其形而未知其实。后二揲不挂一，概率有变。

下录赵氏之言，凡已知筮法者可喻张氏简化之理。

张氏筮法初揲挂一，次两揲不挂。左手不揲，右手但以右手之蓍足满左手之余。初揲余一余二足满五,余三余四足满九。次两揲余一余二足满四,余三余四足满八。为九为六者各八,为七为八者各二十四。按次两揲不挂则不合四营,不挂右手则不合再扐。且初变左余一右必余三,左余二右必余二,与挂而为五者,乃左右揲四之所余,盖理之自然,势有不容易者。今既不揲右,但视左所余而益之,则多寡直可任情,何必满五满九耶。

由赵氏之言,可见张辕于筮法确有心得,且已知其概率,或三次皆挂一,概率更有变化。至于赵氏之筮法,仅知准其言而演之,根本未究其实质,此亦见唐宋治学之不同。唐人尚知深入,宋人尤其是南宋后,于五代宋初之开创精神已衰退殆尽。由《易》之筮法,亦可见及时代精神。

陆希声之易

《新唐志》:"陆氏希声《周易传》二卷。"《宋志》作十三卷,《中兴书目》作六卷,《周易会通》作十卷。卷数虽不同,内容当同,其书已佚,然留有自序,尚可考见其内容。核诸时代,对易学的发展,宋易的兴起,曾起重要作用。先录其自序:

予乾符初任右拾遗,岁莫端坐居。梦在大河之阳,旷野数百里,有三人偃卧东首,长各数十丈。有告者曰:"上伏羲,中文王,下孔子也。"三圣皆无言。意中甚愕,寤而震悸,伏而思之,河与天通,图之自出,三圣卫列,乾之象也。天道无言,示人以象,天将以易道畀予乎。由是考核少小以来所集诸家注说,贯以自得之理,著《易传十篇》,传《上经》为第一,《下经》为第二,所以列《彖》、《象》之微辞,测卦爻之奥义。第三篇演《文言》之纯粹,以显圣人之赜。第四篇伸《系辞》之微意,以彰易道之神。第五篇原作《易》之始,述列卦之序。第六篇释《说卦》之义,辨反对之相资。第七篇穷画卦象之由,生著奇耦之极。第八篇明权舆律吕之末,制作礼乐之原。第九通天下之理,第十成天下之务。别撰作《易图》一卷,《指说》一卷,《释变》一卷,《征旨》一卷。又以《易经》文字古今谬误,又《撰证》一卷。

按乾符凡六年(874—879),于是时已发生王仙芝、黄巢起义。希声之梦正见其时代动荡,一切须反本思原之象归诸一梦。凡唐儒释道三教鼎立,治国究以儒为本。儒以十三经为法,汉起以《易》为主。而《易》之理如何,前人之说是否可从,此唯当动荡之时,启有心人深思。

当唐之开国,于太宗李世民贞观十六年(642)孔颖达成孔疏,乃以王弼注为本。而唐之儒易,莫不准之。然唐之思想,主要在发展释道,至于三教之关系,仍有帝王掌握。及安史之乱后,帝室已由盛而衰,当玄宗至蜀,迎驾者中有李鼎祚,于《易》之见已发展孔疏之观点。继于代宗即位时上《周易集解》(762),距孔疏之成已一百二十年,而唐室早现衰落气象。于《集解》之内容,既未得为上者之重视,影响思想界亦极有限。及乾符时,僖宗再次至蜀,形势更不如前。若陆希声之思想,乃与李鼎祚相似,亦即更进一步欲得易理整体之象。读其自序,已见其能明辨卦象、二篇、十翼之不同。于一二两篇指文王,三四两篇指孔子,五六七三篇指伏羲,八九十三篇乃指易之用。其综论又有以下五卷。

《崇文总目》:"……初,陇西李阮学其说,以为上下经传二篇思属甚妙,故希声自为之解,余篇差显,不复为注,盖近世之名家歟。今二篇外,余篇逸。"

晁说之曰:"虞翻梦吞三爻而通《易》,陆希声梦三圣人而舍《彖》、《象》作传意。夫二子者,可语伏羲之《易》也。翻乃蔽于互体旁通,希声不出王辅嗣之藩篱,惜哉。"此合虞翻言且可语伏羲易,极有见地。然谓其不出王辅嗣之藩篱,或仅见其自为注之二篇,以其他各篇篇目观之,其书必不为孔疏所囿。

朱震曰:"陆氏《易传》,削去爻象,自谓弥缝其阙。谐音以发其辞,体正如子云作《太玄》，俾学者为进《易》之梯阶。至于言义，则自有中否。"此以《太玄》为喻，当有相似处，惜未评"谐音以发其辞"之旨，如清端木国瑚之《周易指》，亦有谐音的观象之例。此从律吕中化出，《易》通律历，自然可合而言之。

晁公武曰："希声大顺中弃官居阳羡，自号君阳遁叟。"冯椅曰："希声本苏州吴县人。"葛立方曰："希声隐居宜兴君阳山，今金沙寺其故宅也。尝著《易传》十卷，自序谓梦在大河之阳，有三人偃卧东首，上伏羲中文王下孔子，以易道畀予，遂悟八卦小成之位。质之象数有符契，且云今年四十有七，已及圣人之年，于是授门人崔澈、王赞之徒，复自为注。今观其书无可取者而怪诞如此。后避难死于道路，盖不能终君阳之居也。"

合上诸家之说，乾符初梦三圣时年已四十七。以乾符元年论，则生于大和元年(828)。事迹见《新唐书》本传：

希声博学善属文，通《易》、《春秋》、《老子》，论著甚多。商州刺史郑愚表为属，后去，隐义兴。久之，召为右拾遗。时恁腐秉政，岁数歉，梁宋尤甚。希望见州县刓敝，上言当谨视盗贼。明年王仙芝反，株蔓数十州，遂不制。擢累歙州刺史。昭宗闻其名，召为给事中，拜户部侍郎，同中书门下平章事。在位无所轻重，以太子少师罢。李茂贞等兵犯京师，舆疾避难，卒。赠尚书左仆射，谥曰文。

希声为陆元方子，景融之四世孙，善书法。四十七岁前既去郑愚，即隐义兴。四十七岁时召为右拾遗，上言当谨视盗贼，后王仙芝反，希声擢累歙州刺史，盖有功于镇压农民起义者。且名为昭宗所闻，当有大功，然召而在位，无所轻重，实唐室已不可为。能有陇西李阮、崔澈、王赞等传其学，重教育以传其所悟，反较一心于治国作用大。公武谓其大顺中弃官居阳羡,则在位仅二三年。以大顺二年(891)论,其年六十四。所避难而死于道路,其详未可考。然尚死于唐,且有谥,其行未可是,而其《易》未可忽。百余年后(1041)成《崇文总目》仅见其二篇,而《中兴书目》复得《征旨》,陈振孙又得《解说》(或即《指说》)。然有关伏羲易的五六七三篇,未闻有见之者,亦未详其内容,当时诸弟子必能传之。此对陈抟彭晓当有所影响,至少可了解在唐末时已有究及伏羲易者。

宋易叙论

今论易学,必分汉易、宋易为二大系统。核实而观之,确有不同的内容及不同的研究方法。自清代乾嘉朴学盛行,不期而汉易兴宋易衰,然继承宋易者未尝无其人。然而自朴学兴起后,形成汉宋对立之势,此大不利于学术发展。主汉学、宋学者相互攻击,而治汉易、宋易者各执是非,不相容尤明显,由是对吾国整体文化殊多损失。此以易论,须直探汉易宋易之内容,并了解汉易如何发展成宋易之原委,及宋易如何继承汉易而另辟门径之史迹。且以史论,先当明确时间标准,汉易起自汉高祖元年迄于汉献帝禅位(前 206—220),其后尚经魏晋南北朝易及隋唐五代易,有此二段发展时期,方能产生宋易。宋易起自宋太祖建隆元年迄于宋度宗咸淳七年,即元世祖至元八年元朝开国(960—1271),其后尚有元明易之发展宋易。及明清之际始挑剔宋易之弊,且整个学风渐变,乃由汉学、宋学而立汉易、宋易之名,其内容实有其大异处。此论宋易,决不可取清代主汉易者之说。如宋初而知此观点,宋易何能发展而绵延三四百年不衰。况宋易之形成,实为时代所需,乃当时思想之结晶。以吾国整个文化史观之,宋兴理学有其深邃之哲学思想,而理学之核心确在易学。理学之形成非一人之功,宋

349

易之形成亦然。及后人之总结,归理学为程朱,且以朱为主,此不可不认为是影响及今之史实。然朱子生前未必如此,何况北宋时之理学情况。以宋易论,必推原于陈抟,此说有可取处,然北宋初之事实,亦非如是。唯有此执,乃否定宋易者必去陈抟之说而后快。肯定宋易者,又必神其说而后已。爱之欲其生,恶之欲其死,惑亦太甚。此皆失在未能核诸宋初之时代背景及当时之思想概况。陈抟之画先天图,岂无所据,亦岂无内容。及清不察其所据,不了解其内容,而大力讥为排比黑白,何不思乃尔。况排比黑白,现正在电子计算机中起大作用,然此决非陈抟始料所及。唯知阴阳变化之规律,陈抟实有所悟。除先天图外,尚有河图洛书之数,太极之图象。此宋易之三大系统,今全部归诸陈抟,其然乎否乎?况宋易亦未尝仅限于图书象数而不定二篇十翼,唯重视图书象数而认为是易学之源,此确属宋易之特色,实即对文化有新认识新发展。一言以蔽之,对汉易所谓三古中之上古易有新观点,其言之旨在二篇十翼外。这一思想的形成,实受佛教的影响。考佛教教理经唐代之推崇,有玄奘、义净之亲临印度以取经,盖已得其全。产生在印度、西域之佛教理论,几乎全在我国。奈唐室渐衰,已无力负担弘扬佛法之经济,终有武宗灭佛之事实(发生于公元845年)。不期不落文字之禅宗,早有达摩种其根,迨武后时六祖惠能开南宗,其理乃备。由是经书可毁,其理难消,宜唐末五代禅师辈出。此风所扇,儒、道安得不受其化。道则因外丹无验,内丹大兴,钟吕派之兴于唐末,亦为对《三洞琼纲》所起的反作用。推想间丘方远(?—902)钞《太平经》的思想,就是认为唐末之情况又如汉末之混乱,必当有新思想新文化有以安定之。以道教论,不得不反诸汉代之《太平经》,当然有未能合于唐末需要之内容,则自然有选钞之举。此仍用保守之法,未若钟吕之能创新。然保守亦好,创新亦好,当有所据,乃卦象之符号正在起特殊作用。况仅从部分之《太平经钞》,仅从《灵宝毕法》、《钟吕传道集》等书,其何以能代替《三洞琼纲》而创出新道教?此因于变化之时,不在文献之多,贵得本旨。更以佛教为喻,澄观之《华严疏钞》结构精微,丝丝入扣,于华严之理,可云迄今为止未有能胜其说者。奈当散乱之时,深入观玩者有几人,而不尚阅读经典之禅宗,恰于其时大行,决非偶然。于禅师中当然有已得华严、般若之旨者,如澄观、宗密等亦兼通禅。故自唐末起佛教之禅宗大兴,一如道教中另兴钟吕派。尤要者在重视卦象,既本诸《太平经》,钟吕派安得不用之。可见上古之易,正可交流儒道之思想。再者能认识自黄巢起义至五代十国约百年间(875—960)之局势变化,庶可进一步了解儒释道三教间之相互影响。影响的结果,终于形成不以文字为主要依据之传道方法。此一方法在我国传统思想中早已存在,亦就是《周易》的符号本在起传递信息的作用。

至于《周易》符号的形成,自有其历史渊源,归结成象数殊得其实。当宋初之时,不可能有今日之考古知识,然以传统之卦象而拟议伏羲氏始作八卦之情德,亦为治学方法之一。且宋初学者之思维,已能继承卦象与数之结合,此法为汉易之最可贵处,而为魏易王弼所扫者。若王弼所得之意,已由三玄而三教。唐初之孔疏,使弼之意为儒家所限,则得意忘象之思虽被誉之为天纵之圣,然纵于魏初而孔颖达未能使之纵于唐初,此见孔颖达之智实在王弼之下。研易者早有所知,宜有汉易宋易而未能有唐易,盖唐初之易不足以示唐代文化之几,意失象疏,何能通德类情。其实唐易之精已散及于佛道,儒释道三教合一之易理,始可当唐易之旨。此须迫安史之乱后,有李鼎祚辑成《周易集解》时始提及。故论汉易不必有与于佛,论宋易而不知三教之内容,鲜能得宋易之旨。清人不知佛老而斥宋易,所以语不及质,不足以窥宋易之妙。况陈抟适当其机,见几而作开一代学风,此之谓"天纵之圣"。或与辅嗣并观之,彼乃得意而扫象,此为立象以尽意。象意兼及,宋易之所以继汉易。其间变通之几微,有据于文化之发展,已详于魏晋南北朝易与隋唐易之史实。故陈抟识见之来源,其时远则七百年(汉末至宋初),近则百年,既有其时空之机,仍须有其人之智,始足以开创划时代之宋易。后人总结陈抟及其传授之迹,较详者见于朱震。

朱震进《易集传》表曰:

> 国家隆兴,异人间出濮上,陈抟以先天图传种放,放传穆修,修传李之才,之才传邵雍。放以河图洛书传李溉,溉传许坚,坚传范谔昌,谔昌传刘牧。修以太极图传周敦颐,敦颐传程颢程颐,是时张载讲学于二程、邵雍之间。故雍著《皇极经世》之书,牧陈天地五十有五之数,敦颐作《通书》,程颐述《易传》,载造《太和》《三两》等篇。或明其象,或论其数,或传其辞,或兼而明之。更迭唱和,相为表里,有所未尽,以待来学。

按朱震(1072—1138)成书于绍兴四年(1134),旋即上进于朝,时已在南宋,距宋之开国已一百七十余年。其考核宋易之史迹亦未必正确,而能主于异人陈抟,此不可不重视之。因先天图于后世有大贡献,其道及邵雍而显。又河图洛书之传,今尚有刘牧之书。况范谔昌之书虽佚,其内容尚可考见,范亦自谓学于李溉、许坚。且依时考之,李许之年龄相近。李尚有卦气图流传,实与《太玄》所法者同。且天地五十五数之图,皆属古书中所本有。若陈抟特创之先天图,此一派之易书,直至刘牧尚未见一言提及,故是否出于陈抟、种放,不可不疑。至于今存题名为陈抟所著之《龙图序》一文,究属何人作,殊难肯定。而可肯定者,此文实与图书有关,且能以图书数贯通于《序卦》及忧患九卦,将以通三古,其见甚高。惜全书已佚,未能知其详,虽或非陈抟所作,必系此派之著作,宋易中有此谈数派,亦未可忽视。此外为太极图之形象派,则陈抟如有,亦仅○而已。周敦颐之图属南方之流派,唐时已有,不必归诸陈抟。以史迹考之,穆修之卒周敦颐仅六岁,六岁之孩提,其何以能受太极图,朱震所记确未可信。又当宋初之时天下尚散乱,陈抟属北方华山之学,辗转传于洛阳邵雍,可确信无疑。若刘牧在东,范谔昌亦在毗陵,其师李溉、许坚。李传卦气,李之图尚在,又见于刘牧之书中。唯五十五天地之数,牧得于谔昌,谔昌之师除李传卦气外,当得于许。许在庐山,似在推敲五十五数之变化,正与华山相对,属南方长江流域之学。其间早有交流,然不可不分辨主次。周敦颐属南方,其为道州营道人(今湖南道县)可证,及南宋朱子始大力推尊之。于北宋之关洛学派,未尝特别重视之,尤其是太极图。朱震在朱子前,对太极图即未能得其实。此纯属长江流域之产物,可云与北宋时华山关洛之易学无关。故论宋易,不可不察唐末五代时巴蜀之易学。其原渐与陈抟之先天图合流,易学中之上古易,始完成直与史前文化可沟通的易学来原。仅以汉易之观点斥之,决不能得其旨,因所用之时间数量级不同。况易学之源,必推本于象数,舍象数而言易,则其理无穷。凡任何思想不可皆谓之易学思想者,因未能以其思想合诸易学象数耳。今易学象数经宋易继承汉易而大加发展,且得阴阳五行基本表示方法,用此方法足以说明大量客观世界的变化情况,方是宋易的主要成就。唯其为抽象的象数,故与自然科学可通而绝不为社会科学所囿。易学之整体理论,至宋易又完成其纯以象数为基础的整体模型。在千年前吾国有此认识,不可不加重视。

以上概述宋易在上古易之发展,然未尝止于此。如《易龙图序》的作者,早已准象数之规律,考察《序卦》与忧患九卦。范谔昌除著《大易源流图》外,又著《易证坠简》,即以明辨二篇十翼之关系及其作者。欧阳修能疑十翼非孔子作,亦受宋初尚变化的时代背景所影响(欧阳略迟于范,范为毗陵从事时,欧阳仅十余岁)。宜宋易中对古易之认识,于二篇十翼的作者编法等,有种种不同之观点。最后定于朱子准吕祖谦本而明辨三古之易,实全准《汉志》及"郑学之徒"之数十翼。而朱子之可贵,已能认识卦象为易学之本,又知卦象方位次序的形成当有先天图。

宋易的授受及其著作

《易》者一而已矣,有汉宋之分者,时不同也。时异而其言异,途殊耳,若其归莫不同。必是汉非宋,是宋非汉,此儒者之陋也。此文述宋易之授受关系及各家之著作。

夫《易》之有宋易,实本王弼之扫象。盖汉易重象,其流弊琐碎而穿凿。故王弼起而扫之,以归象于本爻之阴阳及其应比,然其理虚,乃以老庄解《易》。魏晋之风气如是,唐兴孔颖达撰《五经正义》,《易》本王弼之注而疏之,由是学者十九不知有汉象。故《周易正义》,宋易之先驱也。

再者,宋易之形成,尚有图书一派。图书谓河图洛书及先天图等,此派本诸陈抟。

《宋史》:

> 陈抟字图南,亳州真源人。……读经史百家之言,一见成诵,悉无遗忘,颇以诗名。后唐长兴(长兴凡四年,930—933)中,举进士不第,遂不求禄仕,以山水为乐。自言尝遇孙君仿、麛皮处士,二人者,高尚之人也。语抟曰:"武当山九室岩可以隐居。"抟往栖

焉,因服气辟谷历二十余年,但日饮酒数杯。移居华山云台观,又止少华石室,每寝处多百余日不起。⋯⋯

又据《宋史》,周世宗显德三年(956)陈抟至阙下月余。太平兴国中见宋太宗,九年又入朝(984,按太平兴国凡八年,太宗九年即雍熙元年)。赐号希夷先生,数月放还山。端拱二年(989)七月二十二日卒。自言经承五代离乱,则年当八十以上,故暂定生于梁开平元年,为907年。又抟好读《易》,手不释卷,常自号扶摇子。著《指玄篇》八十一章,言导养及还丹之事。又有《三峰寓言》及《高阳集》《钓潭集》,诗六百余首。《宋史·艺文志》载:"陈抟《易龙图》一卷。"宰相王溥传其《指玄篇》,亦著八十章以笺其指。此修养之事,若其易学,《宋史》本传中未载其传人,依朱震言传于种放。

按陈抟之著作,《指玄篇》为丹书,《高阳集》《钓潭集》皆诗文集,《三峰寓言》未知其内容。关于《易》唯有《易龙图》一卷,惜亦已不传。其自序尚载于吴一桂《周易启蒙翼传》中篇内,附有自注,然文意艰晦,且原图未见,故语多不可解。元张理《易象图说》内篇卷上为之释,清江永之《河洛精蕴》外篇亦由此序文而作"河图变体图"。近人黄元炳《易学探原河图象说》即首载此序文而为之释,并引明末王弘撰之说。故此文之注有张理、王弘撰、江永、黄元炳数家,或尚有他家,容补。又吴氏加案语云:"《龙图序》希夷正以五十五数为河图,则刘牧乃以四十五数为图,托言出于希夷者,盖亦妄矣。"夫吴氏之学出自朱子,今以希夷之语以证刘牧之误,可谓有功于朱子矣。图书九十之辩,可由《龙图序》以决其是非,故附记于此。

《宋史》:

种放,字明逸,河南洛阳人也。⋯⋯与母俱隐终南豹林谷之东明峰,结草为庐,仅庇风雨。以讲习为业,从学者众,得束脩以养母，母亦乐道薄滋味。放得辟谷术……性嗜酒，……号云溪醉侯。……性不喜浮图氏，尝裂佛经以制帷帐。所著《蒙书》十卷及《嗣禹说》，表《孟子》上下篇，《太一祠录》，人颇称之。多为歌诗，自称退士，尝作传以述其志。淳化三年（992），宋惟干言其才行，诏使召之。……放称疾不起，其母尽取其笔砚焚之，与放转居穷僻，人迹罕至。……咸平元年（998），母卒，水浆不入口三日，庐于墓侧。……四年（1001），兵部尚书张齐贤言放隐居三十年（按约自公元 971 年起隐居，则已当宋太祖开宝四年），不游城市十五载，孝行纯至，可励风俗。……复诏本府遣官诣山，以礼发遣赴阙。……放辞不起。

以上为隐居事迹，迨五年（1002）张齐贤再荐而再召，即于九月见真宗。是后每年入朝，有官职，人或嘲其出处之迹。……放终身不娶，尤恶嚣杂，故京城赐第为择僻处。然禄赐既优，晚节颇饰舆服。于长安广置良田，岁利甚博。亦有强市者，遂致争讼，门人族属依倚恣横。……杜镐诵《北山移文》以讥之。放尝上《时议》十三篇。大中祥符八年（1015）十一月乙丑，晨兴忽取前后章疏稿悉焚之。服道士衣，召诸生会饮于次，酒数行而卒。

按放隐终南与华山近，三十年间与陈抟确可有往来。朱震言陈抟以先天图传种放，必有所据。然晚节似有疵，不及图南多焉。朱子《本义》图解，以穆修直接得于陈抟而不经种放，或亦讳之欤。且种放于《易》亦未有著作，邵伯温《易学辨惑》于其父邵雍之授受即不及种放。又谓放传陈象而授庐江许坚，许坚授范谔昌，则与朱震同。

以上陈抟、种放入《宋史·隐逸列传》，穆修则入《文苑列传》。
《宋史》：

穆修字伯长，郓州人。幼嗜学，不事章句。真宗东封（按封禅

泰山当大中祥符元年,即公元 1008 年),诏举齐鲁经行之士。修
预选赐进士出身,调泰州司理参军。负才与众龃龉,通判忌之,使
人诬告其罪。贬池州,中道亡至京师,叩登闻鼓诉冤,不报。居贬
所岁余,遇赦得释。迎母居京师,间出游句以给养久之,补颍州文
学参军徙蔡州,明道(仁宗年号,凡二年,1032—1033)中卒。

穆修,文士也,善为古文,苏舜钦兄弟多从之游。于《易》亦未闻有
著作,乃传陈抟之说,由道而成儒,修有功焉。《宋史》又载:"宰相欲识
修,且将用为学官,修终不往见。"盖刚介之士也。赐进士出身,至明道
中凡二十五年。故虽未知赐进士时修之年,然可知其享年或未必久。
其不为豪士题名,母死日诵《孝经》、《丧记》(皆据《宋史》)等事,足为士
人法。

《宋史·儒林列传》:

> 李之才字挺之,青州人也。天圣八年(仁宗年号,1030)同进
> 士出身,为人朴且率,自信无少矫厉。师河南穆修,修性卞严寡
> 合,虽之才亦频在诃怒中,之才事之益谨,卒能受《易》。时苏舜钦
> 辈亦从修学《易》,其专授受者惟之才尔。修之《易》受之种放,放
> 受之陈抟,源流最远。其图书象数变通之妙,秦汉以来鲜有知者。
> 之才初为卫州,获加主簿,权共城令。时邵雍居母忧于苏门山百
> 源之上,布裘蔬食,躬爨以养父。之才叩门来谒,劳苦之曰:"好学
> 笃志,果何以。"雍曰:"简策之外,未有迹也。"之才曰:"君非迹简
> 策者,其如物理之学何。"他日则又曰:"物理之学学矣,不有性命
> 之学乎。"雍再拜,愿受业。于是先示之以陆淳《春秋》,意欲以《春
> 秋》表仪五经。既可语五经大旨,则授《易》而终焉。其后雍卒以
> 《易》名世。……泽人刘羲叟从受历法,世称羲叟历法,远出古今,
> 上有扬雄张衡所未喻者,实之才授之。……丁母忧,甫除丧,暴卒

于怀州官舍,庆历五年二月也(1045)。

尹洙、石延年尽力荐之才。尹洙兄渐守怀,哭之才过哀,感疾,不逾月亦卒,友情至矣。读之才于邵雍之循循善诱,其学识可见。学自穆修,又极谨慎,诚君子人也。易著唯于《汉上易卦图》中载有九图,即变卦反对图八,六十四卦相生图一。朱子《本义》前所载之卦变图,即本李氏六十四卦相生图而更为排列。若八篇变卦反对图,一谓乾坤二卦为《易》之门;二谓不反对卦六,即除乾坤外之六自综卦;三谓乾卦一阴下生六卦,即六一阴卦;四谓坤卦一阳下生六卦,即六一阳卦;五谓乾卦下生二阴十二卦,即二阴卦十五中除二阴之自综卦三;六谓坤卦下生二阳十二卦,即二阳卦十五中除二阳之自综卦三;七谓乾卦下生三阴十二卦;八谓坤卦下生三阳十二卦。此二图即三阴三阳之二十卦而泰、否、既济、未济重复。夫李氏此二图,所以开卦变之例。盖虞氏已有卦变例,惜书已不全,于残注中必求其全,诚难焉。张惠言"虞氏六十四卦消息图",其用心苦矣,然虞氏之果如是乎,究亦未知。若李氏此二图反能补虞氏之不足,且与虞氏二阴二阳必从临、观、遯、大壮来,三阴三阳必从泰否来,反复不衰卦不从其例之语,亦可相合。奈清代之汉易家必不究宋易,何自隘其范围,今所不取。此后言卦变者甚多,而始于李氏。

朱震曰:"李挺之六十四卦相生图一篇,通变卦反对图为九篇。康节之子伯温传之于河阳陈四丈(忘其名),陈传之于挺之。"

朱震《进周易表》曰:"放以河图洛书传李溉,溉传许坚,坚传范谔昌,谔昌传刘牧。"夫朱氏之说必有据,然《宋史》中皆无传,事迹不详。《汉上易卦图》中载有李溉卦气图,即汉易所用者,其次初见于《易纬稽览图》,扬雄《太玄经》即准之,由李氏仍用此图,故知陈抟所传出先天图,必由邵子而显。若李氏传自陈抟、种放,然仍未能用六十四卦先天之次序。

许坚之事迹易著皆未见,据《易学辨惑》知为庐江人。其详或已失传,待考。

范谔昌事迹未详,《宋志》:"范谔昌《大易源流图》一卷,又《证坠简》一卷。"此二卷皆不传,《四库》已无其目。胡一桂《周易启蒙翼传》中尚记其要曰:"范谔昌《大易源流图》一卷,其说先定纳甲之法,以见纳音之数。又撰《证坠简》一卷,谓诸卦《彖》《象》、爻辞《小象》、乾坤《文言》并周公作,自《文言》以下孔子述也。朱汉上《周易丛说》极辨其非。谔昌,建溪人。晁公武云:如震卦象辞内云脱'不丧匕鬯'四字,程正叔取之渐上六,疑'陆'字误,胡翼之取之。自谓其学出溢浦李处约,李得于许坚,其书类郭京《举正》。"

夫纳甲之法起自虞翻,范氏之《大易源流图》中或即用之,是犹李氏用卦气图。若《证坠简》以十翼中之数篇为周公作,其误自不待言,朱震已辩之。由是知《本义》以二篇十翼分成十二卷,其功大焉。然清末有黄巩著《周易述礼》,于十翼中又谓周公作六十四卦《彖》《象》传,孔子作《文言》《系辞》传,且不计《说卦》《序卦》《杂卦》,乃重蹈范氏之弊而甚之,故附记于此。至于范氏之改经文,此宋易之弊也,胡氏、程氏虽用之,今仍不取。夫范氏书内容如是,宜其不传。

《宋元学案》:

> 刘牧字先之,号长民,衢之西安人。年十六举进士不第,曰:"有司岂枉我哉。"乃买书闭户治之。及再举,遂为举首。……范文正公至,先生大喜曰:"此吾师也。"遂以为师。文公亦数称先生,勉以实学,因得从学于泰山之间。……先生又受易学于范谔昌,谔昌本于许坚,坚本于种放,实与康节同所自出,其门人则吴祕、黄黎献也。祕上其书于朝,黎献序之。《卦德通论》一卷,《钩隐图》三卷,《先儒遗论九事》一卷。

《宋志》：

> 刘牧新注《周易》十一卷，又《卦德通论》一卷，《易数钩隐图》
> 一卷。

《周易启蒙翼传》：

> 刘牧《周易解》十二卷（晁氏《志》作十五卷），又撰《卦德通论》
> 一卷（《宋志》有），又撰《钩隐图》一卷（晁《志》作三卷）。案晁氏
> 曰：仁宗时（在位四十三年，即 1023—1063）言数者皆宗之。庆历
> 初（仁宗年号，1041—1048）吴祕献其书于朝，田况为序（此《易解》
> 也）。又曰《钩隐图》五十四图（廷按：今通志堂本有五十五图）并
> 遗事九，欧公序，其文不类。愚尝见其《钩隐》一书，自易置河图洛
> 书二图外，余皆破碎穿凿。江西李觏泰伯只存其图书及八卦三
> 图，余尽删去。且云牧又注《易》，所谓新意者，合牵象数而已，其
> 余则援辅嗣之意而往往改其辞。此即谓《易解》十五卷是也。

刘牧之书，今存《钩隐图》三卷及《遗论九事》一卷。若《卦德通论》
一卷已失传而未知其内容，《易解》十数卷或即《宋志》名新注者，其内
容由李觏之言知为合象数而解《易》。又曰援辅嗣之意而改其辞，则宋
易莫不如是。李氏不信刘氏之图，故语有轻视意。然书既失传，未能
知其是非，今以所存之书而言。

夫图、书二图传自陈抟，《龙图序》已言五十五数，则河图为五十
五，洛书为四十五，与孔安国之言亦合。然刘牧以五十五为洛书，四十
五为河图，则恰相反。朱子曰："安在图之不可为书，书之不可为图。"
故知此乃名之不同耳。既有蔡元定正之，亦不必由名之误而非刘氏之
说。刘氏以 ⚊ 为乾象、⚏ 为坤象、⚍ 为震象、⚎ 为坎象、⚌ 为艮象、

为巽象、🔸为离象、🔹为兑象，故其数为三四五六。若三索图等（即三十四图—四十二图），皆可备一说。又八卦之方位仍同《说卦》，遗论之二推荡诀仍用卦气，其八卦变六十四卦仍用八宫。故知所谓先天之学必自邵子始，刘牧亦未用，盖刘氏唯传陈抟之图书耳。

《宋志》：

> 吴祕《周易通神》一卷。黄黎献《略例》一卷，又《室中记师隐诀》一卷。

《启蒙翼传》：

> 献学于刘牧，采摘其纲宗以为《略例》，又以《易》学于牧，笔其隐诀目为《室中记》。又郑氏《通志》云：有《续钩隐图》一卷。

《宋元学案》：

> 吴祕字君谟，瓯宁人，景祐元年（仁宗年号，公元 1034）登第。……所著有《周易通神》一卷，今世所称《长民周易新注》十卷，盖合黎献之三卷（《宋志》载二卷，《通志》载一卷）及先生《通神》一卷皆在其内。其记《师说》一卷，《指归》一卷、《精微》一卷，又不知何人所作，盖亦其门人之笔也。

按吴、黄二氏为刘氏之门人，其说盛行于仁宗时，今其书皆不传。见其书名及胡氏之言，知为补足刘氏之言者也。幸刘氏书存有四卷，则吴黄二氏之书虽亡而仍能知其要。

《宋志》：

徐庸《周易意蕴凡例总论》一卷,又《卦变解》二卷。

《启蒙翼传》:

庸东海人,皇佑初撰(皇佑凡五年,1049—1053)。以注疏漶漫,故著论九篇,始于《易蕴》,终于《大衍》。又《卦变序》云:皇佑初述《周易凡例》,粗验彖辞,然未罄万事之变。阅唐李氏所集诸儒易注,遂成《周易卦变解》二卷,益明卦有意象,爻有通变,以矫汉魏诸儒旁通互体推致之失。

《宋元学案》:

徐庸三衢人,直集贤院,著《周易意蕴》,亦长民之学,当是私淑弟子也。

祖望谨案:

先生皇佑时人,其论《易》九篇,祖刘长民兼本陆秉。

徐氏书今亦不传,《学案》言其《周易意蕴》而未及《卦变解》二卷,由胡氏说知九篇乃始《易蕴》终《大衍》,或亦述象数之义。若卦变之矫汉魏之失则误,盖卦变与旁通、互体等不可混而为一。未识徐氏之所谓卦变何指,书既未见,未能详言。若汉虞氏等之卦变至宋李之才之卦变,虽有不同,其理尚可相合。旁通成既济,互体谓取象,其于卦变本非一事。徐氏即以卦变而尽之,宜其以汉儒有失,实则非也。

《厚斋易学》:"《中兴书目》:'《易源》一卷,本朝太常博士常豫撰.'

范阳卢经序云:'《易》之蕴数世莫得传,刘既能窥其端,常乃善继其序,
总斯大旨,著乎六篇,命曰《易源》。'刘谓牧也,豫字伯起,河内人。"按
常氏之书今已不传,知为传刘氏之学者。《宋元学案》中无其名,亦未
知宋代何时人,今列于徐庸旁可也。

以上略述图书一派之授受,乃由陈抟而至刘牧及邵雍。又邵氏详
下,今先作图以明之。

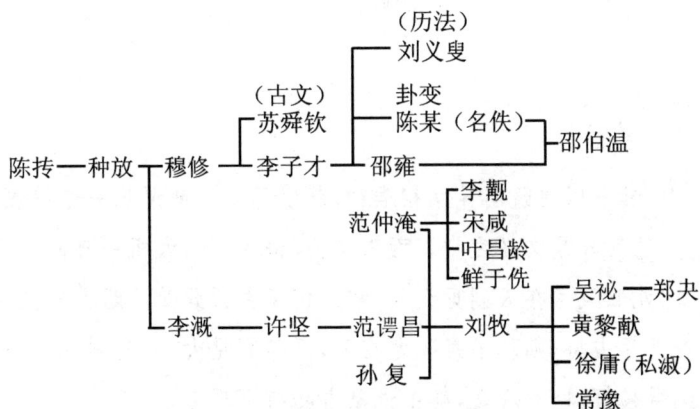

```
                          （历法）
                          刘义叟
              （古文）       卦变
              苏舜钦        陈某（名佚）────邵伯温
陈抟──种放──穆修──李子才──邵雍
                                    李觏
                          范仲淹   宋咸
                                    叶昌龄
                                    鲜于侁
              李溉──许坚──范谔昌──刘牧   吴祕──郑夬
                          孙复         黄黎献
                                       徐庸（私淑）
                                       常豫
```

图一

《宋史·儒林传》:

> 王昭素,开封酸枣人。少笃学不仕,有至行,为乡里所称。常
> 聚徒教授以自给,李穆与弟肃及李恽皆常师事焉。乡人争讼,不
> 诣官府,多就昭素决之。昭素博通九经,兼究庄老,尤精《诗》
> 《易》。以为王、韩注《易》及孔、马疏义或未尽是,乃著《易论》二十
> 三篇。开宝中(太祖年号,凡八年,968—975)穆荐之朝,诏召赴
> 阙,见于便殿,时年七十七(生于唐末,亦身历五代之乱,与陈抟
> 同),精神不衰。太祖问曰:"何以不求仕进,致相见之晚。"对曰:
> "臣草野蠢愚,无以裨圣化。"赐坐,令讲《易》乾卦,召宰相薛居正
> 等观之。至"飞龙在天",上曰:"此书岂可令常人见。"昭素对曰:

"此书非圣人出，不能合其象。"因访以民间事，昭素所言诚实无隐，上嘉之。以衰老求归乡里，拜国子博士致仕，赐茶药及钱二十万，留月余遣之，年八十九卒于家。

《宋志》：

王昭素《易论》三十三卷。

《启蒙翼传》：

其书以注疏同异互相难诘，蔽以己意。愚谓此书专辨注疏同异，往往只是文义之学。而朱文公《语录》云：太祖一日问王昭素："乾九五飞龙在天利见大人，常人何可占得此爻。"昭素曰："何害。若臣等占得，则陛下是飞龙在天，臣等利见大人，是利见陛下。"此说得最好，以此观之，解中说象占必有可观者。

王氏之为人，君子人也。处五代之乱，尚能优游而过，其学识可知焉。识穆之为廊庙器，决讼而民信之，化盗、假驴、市物而不论高下（皆见《宋史》），皆足为民式，晚境安闲，有以也。所著《易论》今已不传，于吕氏《音训》中尚有所引，观胡氏之言，似亦未读其书。解乾五而文公善之者，能得其体而活用之也。然《音训》中所引者，计有十二条，有可用者，有不可用者，盖已有轻易改经之弊。又据胡氏言，乃以注疏同异互相难诘，蔽以己意，故知其学仍未能出王弼之注。盖王昭素亦兼究庄老者也。

《宋史》：

李穆字孟雍，开封府阳武人。父咸秩，陕州大都督府司马。

穆幼能属文，有至行，行路得遗物，必访主归之。从酸枣王昭素受《易》及庄老书，尽究其义。昭素谓曰："子所得皆精理，往往出吾意表。"且语人曰："李生异日必为廊庙器。"以所著《易论》三十三篇授之。周显德初（周世宗年号，凡五年，954—958）以进士为郓汝二州从事，迁右拾遗。宋初（960 为宋太祖元年）以殿中侍御史选为洋州通判。……召李煜入朝，以穆为使。……太平兴国之八年（983）十一月，擢拜左谏议大夫参知政事，月余丁母忧，未几起复本官。穆三上表乞终制，诏强起之，穆益哀毁尽礼。九年（984）正月晨起，将朝，风眩暴卒，年五十七。……上闻其死，哭谓近臣曰："穆国之良臣，朕方倚用，遽兹沦没，非斯人之不幸，乃朕之不幸也。"……穆深信释典，善谈名理，好接引后进，多所荐达，尤宽厚，家人未尝见其喜愠。

按李穆受王氏之易，政绩孝行足为世法。惜深信释典而未闻以易道传人，且亦无易著。故宋易义理之学必自安定起，不及王氏、李氏者，其学尚未纯也。

《宋史·儒林传》：

> 胡旦字周父，滨州渤海人。少有隽才，博学能文辞，举进士第一。……旦喜读书，既丧明，犹令人诵经史，隐几听之不少辍。著《汉春秋》、《五代史略》、《将帅要略》、《演圣通论》、《唐乘》、《家传》三百余卷。

《宋志》：

> 胡旦《易演圣通论》十六卷。

胡一桂曰：

> 其说多引"记跋"（记跋二字误，当为注疏，见《厚斋易学》）及王昭素《论》，为之商确。

按据《宋史》胡旦当太宗时（较胡瑗等早），与时政颇多不合。著述甚多，以《春秋》史学为主。《演圣通论》一书，乃各经兼论，计《易》凡十六卷，《书》凡七卷，《诗》凡二十卷等，惜皆不传。依胡一桂之说，知为商确王昭素之论。引人之说而商确之，亦说经之一法。奈只字未见，何能知其论之是非，录之以备一家而已。

以上三氏，时当宋初，《宋元学案》中皆无。今书虽不传，仍宜及之，略述于此。旦之《易》乃商确王氏者，又徐徽见下。故合以下图：

```
王昭素 ———— 李穆
           ┃——— 徐徽
           ┗——— 胡旦
```
图二

《宋史·儒林传》：

> 胡瑗字翼之，泰州海陵人。以经术教授吴中，年四十余。景佑初（仁宗年号，凡四年，1034—1037）更定雅乐，诏求知音者，范仲淹荐瑗，白衣对崇政殿。……教授湖州，从之游者常数百人。庆历（凡八年，1041—1048）中兴太学，下湖州取其法著为令。……皇佑（凡五年，1049—1053）居太学，其徒益众。……嘉祐初（1056—1063，凡八年）擢太子中允天章阁侍讲，仍治太学。既而疾不能朝，以太常博士致仕，归老于家。诸生与朝士祖饯东门外，时以为荣。既卒，诏赙其家。

《宋元学案》：

> 年六十七,谥文昭。

《宋志》：

> 胡瑗《易解》一十二卷,《口义》十卷,《系辞》、《说卦》三卷。

《启蒙翼传》：

> 胡瑗《周易口义》十卷,《系辞》、《说卦》二卷。授其弟子,记之为《口义》,大抵祖王弼。

朱彝尊《经义考》引李振裕之说云：

> 瑗讲授之余,欲著述而未逮。其门人倪天隐述之,以非其师手著,故名曰《口义》。后世或称《口义》,或称《易解》,实无二书也。

晁公武《读书志》云：

> 胡安定《易》,其门人倪天隐所纂,非其自著,故序首称先生。

《四库总目》据以上二说而以《易解》、《口义》为一书,《宋志》误分为二。今据胡一桂之记亦然,其书今尚存,惜未见。由程传引及一桂所谓大抵祖王弼,则内容约略可知,亦系轻易改经,与王昭素同。然虽祖王弼而能以义理为主,一转王弼之虚无而成理学之祖。门下出伊川之贤，又讲授有条理，则其书未可轻视也。程子与谢湜书言："读《易》当先观王弼、胡瑗、王安石三家。"或此三家各有创见也。

安定门人极多，因《口义》倪天隐所记，故先及之。

《宋元学案》：

> 倪天隐字茅冈，桐庐人，古灵先生妹婿也。……学于安定，安定讲授之余，欲著传而未逮，先生述之。以非其师之亲笔，故不敢称传而名之曰《口义》。……先生官至县尉，晚年主桐庐讲席，弟子千人。

夫倪氏本人无易著，故发挥安定之易说，而成宋代理学者，必待程子之《易传》。

《厚斋易学》：

> 《中兴书目》："《周易口义》十卷，本朝直集贤院石介撰。"建本作《解义》，说本王弼。介字守道，号徂徕先生，兖州人，传孙明复之学。

《宋史》：

> 石介字守道，兖州奉符人。进士及第，历郓州南京推官。笃学有志尚，乐善疾恶喜声名，遇事奋然敢为。……丁父母忧，耕徂徕山下。葬五世之未葬者七十丧。以《易》教授于家，鲁人号介徂徕先生。入为国子监直讲，学者从之甚众，太学繇此益盛。介为文有气，尝患文章之弊佛老为蠹，著《怪说》、《中国论》，言去此三者，乃可以有为。

石介出泰山,然泰山以《春秋》为主,其门下刘牧之易乃出自范谔昌。若介之易,则仍主王弼而变之。盖王弼尚虚,而介已视佛老为非,则其《口义》必切于人事,惜不传。自程子、石介等排佛老,宋之理学渐兴焉。然石氏喜名太甚,终有斫棺之祸,虽有人保之而未发,亦云险焉。

《宋史·隐逸传》:

> 戚同文,字同文,宋之楚丘人。世为儒,幼孤,祖母携育于外氏,奉养以孝闻。祖母卒,昼夜哀号不食数日,乡里为之感动。始闻邑人杨悫教授生徒,日过其学舍,因授《礼记》,随即成诵,日讽一卷。悫异而留之,不终岁毕诵五经,悫即妻以女弟。自是弥益勤励,读书累年不解带。时晋末(晋凡十一年,930—946)丧乱,绝意禄仕,且思见混一,遂以同文为名字。悫尝勉之仕,同文曰:"长者不仕,同文亦不仕。"悫依将军赵直家,遇疾不起,以家事托同文,即为葬三世数丧。直复厚加礼待,为筑室聚徒,请益之人不远千里而至,登第者五十六人。……年七十三。

《宋史》:

> 范仲淹,字希文,唐宰相履冰之后。其先邠州人也,后徙家江南,遂为苏州吴县人。仲淹二岁而孤,母更适长山朱氏,从其姓,名说。少有志操,既长知其世家,乃感泣辞母,去之应天府依戚同文学。昼夜不息,冬月惫甚,以水沃面,食不给,至以糜粥继之,人不能堪,仲淹不苦也。举进士第,为广德军司理参军,迎其母归养。母丧去官,服除,以殊(晏殊)荐为秘阁校理。仲淹泛通六经,长于《易》,学者多从质问,为执经讲解亡所倦。尝推其俸以食四方游士,诸子至易衣而出,仲淹晏如也。每感激论天下事,奋不顾

身，一时士大夫矫厉尚风节，自仲淹倡之。……卒年六十四。

戚同文纯粹儒者也，与王昭素略异。其师杨悫妻以女弟，盖能见其有为也。同文门下人才甚众，范仲淹其尤著者也。同文未有所著，仲淹于《易》有《易义》，仅存二十余卦。乃述逐卦之大义，语多中肯，或有汉丁将军举大谊之风。再者安定、泰山皆由范氏荐之于朝，张载、刘牧等皆出其门，故理学之兴，范氏实为先驱。

夫范氏之《易义》无单行本，附见于全集中。其言乾二为君德，乾五为君位，言家人之内外为礼则著内而孝弟形外，皆为理学之本义。又曰艮止之道乃止得其时，非君子其孰能与于此乎。周子人极之主静，其义略同，非知时之君子焉能与于此。不识而非艮止主静之说，何其陋邪。

《宋史》：

> 欧阳修字永叔，庐陵人。四岁而孤，母郑守节自誓，亲诲之学，家贫至以获画地学书。幼敏悟过人，读书辄成诵。及冠，嶷然有声。宋兴且百年（宋兴于960），而文章体裁犹仍五季余习，镂刻骈偶，淟涊弗振，士因陋守旧，论卑气弱。苏舜元、舜钦、柳开、穆修辈咸有意作而张之而力不足，修游随，得唐韩愈遗稿于废书簏中，读而心慕焉。苦志探赜，至忘寝食，必欲并辔绝驰而追与之并。举进士试南宫第一，擢甲科调西京推官。始从尹洙游，为古文，议论当世事，迭相师友。与梅尧臣游，为歌诗相倡和，遂以文章名冠天下。……年六十即连乞谢事，帝（神宗）辄优诏弗许。及守青州，又以请止散青苗钱为安石所诋，故求归愈切。熙宁四年（1071）以太子少师致仕，五年卒（1072）。赠太子太师，谥曰文忠。（据《年谱》，卒年六十六。）

《宋志》：

> 欧阳修《易童子问》三卷。

《启蒙翼传》："愚案欧公不信图书，以为怪妄。又因图书之疑，并与《系辞》不信，以为非夫子作，见于《童子问》中。朱子尝谓此是欧公无见处。"

欧阳修以古文胜，上承韩愈，一起八代之衰，一救五代之弊。苦于经学造诣未深，今《童子问》尚存，其不信图书或尚可说，竟以《系辞》等亦疑之，其害甚焉。朱子谓其无见，信然。若各卦释其义，亦颇有可取处。如曰："为无咎者，本有咎也，犹曰善补过也。""通天下之志者，同人也。类族辨物者，同物也。""圣人处乎人上而下观于民，各因其方顺其俗而教之。民知各安其生而不知圣人所以顺之者，此所谓神道设教也。"（按此即"不与圣人同忧"之义，欧阳文《丰乐亭记》亦此意也）"王者富有九州四海，万物之象莫大于萃，可以有庙矣。功德流行达于天下，莫大于涣，可以有庙矣。"

书名《童子问》者，设童子问以答之也。上中二卷言六十四卦，乃述各卦之大义，与范氏《易义》略同。下卷言《系辞》以下，其所以不信非圣人之言者，谓众说淆乱，非一人之言也。此实未知各有所指，后杨简不信《系辞》，乃承欧阳氏之谬。

《宋史》：

> 王洙字原叔，应天宋城人。……预修《崇文总目》。……与胡瑗更造钟磬，而无形制容受之别。皇佑五年（1053）有事于南郊，劝上用新乐，既而议者多非之，卒不复用。……洙泛览传记，至图纬方技阴阳五行算数，音律诂训篆隶之学，无所不通。……著《易传》十卷，杂文千有余篇。子钦臣。

《厚斋易学》：

> 《崇文总目》：《周易言象外传》十卷，《中兴书目》云十二篇，本朝王洙撰。洙字原叔，应天人，以通经侍讲天章阁。集诸儒易说，折衷其理，依卦变为类。自序云：论次旧义，传以新说，以王弼传为内，摘其异者，表而正之，故云外传。

《宋志》：

> 王洙《言象外传》十卷。

按此书今已不存，据自序知其仍宗王弼，然以卦变为类，未知何从。卦变者，京氏之八宫乎，李之才之相生图乎，抑自有新意，皆不可知，惜哉。其书既以卦变为类，且通阴阳五行之说，故其名符于李之才、胡瑗间。今于吴仁杰《集古易》中，尚存王氏《古易》。

《宋元学案》：

> 阮逸字天隐，建阳人。天圣（凡九年，1023—1031）进士，官太常丞。皇祐中与安定同典乐事，迁尚书屯田员外郎，著有《易筌》。

《厚斋易学》：

> 《中兴书目》：本朝太常院丞阮逸撰，凡三百八十四筌。

《宋志》：

> 阮逸《易筌》六卷。

其书今亦不存,名筌者,取庄子得鱼忘筌之义,或宗王弼。凡三百八十四筌者,必逐爻言其义也。逸与王洙同与安定典乐事,故名亦并列之。

《宋史》:

> 司马光字君实,陕州夏县人。……宝元初(仁宗年号,凡二年,1038—1039)中进士甲科,年甫冠。……元祐元年九月薨,年六十八。……光于物澹然无所好,于学无所不通,惟不喜释老。曰:"其微言不能出吾书,其诞吾不信也。"

《宋志》:

> 司马光《易说》一卷,又三卷,《系辞说》二卷。

《厚斋易学》:

> 《中兴书目》:《易说》一卷,本朝尚书左仆射司马光撰。首篇设问答语,后有《系辞杂说》。晁氏云:"杂解易义,无诠次,未成书也。"光字君实,陕州人,封温国公。又有《系辞说》二卷,前袁州分宜主簿刘彦校正本。

胡一桂曰:

> 朱子云:"尝得温公《易说》于洛人范仲彪炳文,尽随卦六二之半,其后缺焉。"炳文言:"使人就誊公手稿,适至而兴亡之(按此句或有误字),故所存止此。"后数年乃得全书,云好事者于北方互市得版本,始亦喜其复全,今不无疑,然亦无以考其真伪也。

按温公《易说》宋时已不全,今所存者乃《四库》本,录自《永乐大典》。更有所缺,若随卦即无说。且逐卦唯有一爻二爻为之说者甚多,盖本为未成书,今仍有所存,已云幸焉。是书之说极正大,纯儒者之言。乾坤十二爻以十二律吕言,本《国语》(景王)韦昭注,与郑康成之爻辰同。释屯曰:"经纶者何,犹云纲纪也。屯者结互不解者也,结而不解则乱,乱而不绪则穷。是以君子设纲布纪以辑其乱,解其结,然后物得其分,事得其序,治屯之道也。"释履曰:"其曰辨上下定民志者何,夫民生有欲,喜进务得而不可厌者也。不以礼节之则贪淫侈溢而无穷也,是故先王作为礼以治之。"此二条,一以礼制民,一以纲纪济屯,皆为治国之大道,司马氏执政盖用之焉。又释泰三当天地际,故曰:"必也执节守道而独行其志乎,故曰艰贞无咎。"当居洛十五年,亦此象也。释剥上引《诗》云:"人之云亡,邦国殄瘁。"诚确切,《宋史》亦引此二句以赞司马氏。再者以坎离为阴阳之交际,变化之本原,象能尽言外之意,皆为易道之精义。然以"虽正犹凶"释贞凶,似有语病,正犹凶,将不正焉。盖贞者无凶,人或以为凶,本身不以为凶,且君子计其正不正,不汲汲于吉凶者也。《易》言"贞凶"者,贞之失序耳,非因贞正而凶。

又温公著有《潜虚》一卷,乃上承扬雄《太玄》,而下开晁说之《易玄星纪谱》及蔡沈《洪范皇极内篇》等。司马氏答韩秉国书曰:"王辅嗣以《老》《庄》解《易》,非《易》之本旨,不足为据。"由此语可知温公之易已出王弼之囿而上及于汉,反虚无以归于义理,其见远焉。乃未究汉易之象而入于《太玄》一派,则似非汉易之正。

《宋史》:

> 王安石字介甫,抚州临川人。……其属文,动笔如飞,初若不经意,既成,见者皆服其精妙。友生曾巩携以示欧阳修,修为之延誉,擢进士上第。……元祐元年卒,年六十六。……初,安石训释

《诗》、《书》、《周礼》既成,颁之学官,天下号曰《新义》。晚居金陵,又作《字说》,多穿凿傅会,其流入于佛老,一时学者无敢不传习。主司纯用以取士,士莫得自名一说。先儒传注,一切废不用。黜《春秋》之书,不使列于学官,至戏目为断烂朝报。

《宋志》:

> 王安石《易解》十四卷。

《厚斋易学》:

> 《中兴书目》:《易解》十四卷。《读书志》云:《易义》二十卷,建本二十七卷。本朝司空王安石撰。安石字介父,临川人,始封荆公,后封舒王。有上下经至《杂卦》,外有《卦象论》统解易象。《读书志》云:介父《三经义》皆颁学官,谓之"新经"。独《易解》自谓少作,不专以取士,故绍圣后复有袭原耿南仲三书偕行于场屋。

胡一桂曰:

> 案《程氏遗书》:"介甫以武王观兵为九四,大无义理,兼观兵之说亦无此事。"又曰:"介甫以知至至之为九三知九五之位,可至而至之,大煞害事。使人臣常怀此心,大乱之道,亦自不识汤武知至至之只知至其道也。"

按王氏《易解》今已不传,程子谓易注先读三家书而及王氏,则其义或有可取处,盖不可以人废言。有《卦象论》统解易象,未识其内容若何,与汉易之取象未知同否。程氏所引二条,九四为武王观兵,王氏乃承干宝之说。以"知至至之"为九五确非,至者四爻也。临四曰"至临",即六四应初九,四为"至哉坤元"。

夫司马光与王安石同于元祐元年卒,年皆为六十八,而宋之党祸起焉。若使王氏而能从司马氏之劝同心为国,则宋代历史必有所异,奈其刚愎自用,害人亦所以害己,悲哉。

《宋史·道学传》:

> 周敦颐字茂叔,道州营道人。……以洗冤泽物为己任,……卒年五十七(据《年谱》当熙宁六年癸丑,1073)。……著《太极图》明天理之根源,究万物之终始。……又著《通书》四十篇,发明太极之蕴。序者谓其言约而道大,文质而义精,得孔孟之本源,大有功于学者也。掾南安时,程珦通判军事,视其气貌非常人,与语知其为学知道,因与为友。使二子颢、颐往受业焉。敦颐每令寻孔颜乐处,所乐何事,二程之学源流乎此矣。

朱震曰:

> 陈抟以先天图传种放,放传穆修。……修以太极图传周敦颐,颐传程颢、程颐。

朱子曰:

> 尝读朱内翰《进易说表》,谓此图之传自陈抟、种放、穆修而来。夫以先生之学之妙,不出此图,以为得之于人,则决非种、穆所及。

按《太极图说》、《通书》二书实为理学之祖,其原本于《易》,与陈抟之学不无关系。震之言或有所据,朱子否之者,严儒道之界限也。然此图即使出于抟,亦决不损周氏之名,景迁谓或传出于释寿涯,则妄言也,故今从震之言列周氏之名于穆修下。

《宋史·道学传》:

邵雍字尧夫,其先范阳人。……葬其亲伊水上,遂为河南人。雍少时自雄其才,慷慨欲树功名,于书无所不读。始为学即坚苦刻厉,寒不炉,暑不扇,夜不就席者数年。已而叹曰:"昔人尚友于古,而吾独未及四方。"于是逾河汾,涉淮汉,周流齐鲁宋郑之墟,久之幡然来归曰:"道在是矣。"遂不复出。北海李之才摄共城令,闻雍好学,尝造其庐,谓曰:"子亦闻物理性命之学乎。"雍对曰:"幸受教。"乃事之才,受河图洛书宓羲八卦六十四卦图像。之才之传远有端绪,而雍探赜索隐,妙悟神契,洞彻蕴奥,汪洋浩博,多其所自得者。……富弼、司马光、吕公著诸贤退居洛中,雅敬雍,恒相从游。……熙宁十年卒,年六十七(1077)。所著书曰《皇极经世》、《观物》内外篇。

《宋志》:

邵雍《皇极经世》十二卷,又《叙篇系述》二卷。《观物外篇》六卷,门人张湣记雍之言。《观物内篇解》二卷,雍之子伯温编。

《朱子语录》:

《经世》以元经会,以会经运,以运经世。

又曰:

邵子之学只把元会运世四字贯尽天地万物。

377

《四库总目提要》曰:

> 邵子云:"治生于乱,乱生于治。圣人贵未然之防,是谓《易》之大纲。"则粹然儒者之言,非术数家所能及,斯所以得列于周程张朱间欤。

按邵子自有其见,后人徒以《皇极经世》以推算,得其迹而忘其神,此未知乎邵子者也。再者先天图亦由邵子而显,其功大焉,朱子置于《本义》前,见亦远矣。

《宋史·道学传》:

> 程颢字伯淳,世居中山,从开封徙河南。……神宗素知其名,数召见。……颢被旨赴中堂议事,安石方怒言者,厉色待之。颢徐曰:"天下事非一家私议,愿平气以听。"安石为之愧屈。……哲宗(1086)立,召为宗正丞,未行而卒,年五十四。颢资性过人,充养有道,和粹之气,盎于面背,门人交友从之数十年,亦未尝见其忿厉之容。遇事优为,虽当仓卒,不动声色。自十五六时,与弟颐闻汝南周敦颐论学,遂厌科举之习,慨然有求道之志。泛滥于诸家,出入于老释者几十年,返求诸六经而后得之。

《宋史·道学传》:

> 程颐字正叔,年十八上书阙下,欲天子黜世俗之论,以王道为心。游太学,见胡瑗。……闻帝(哲宗)在宫中盥而避蚁,问:"有是乎。"曰:"然,诚恐伤之尔。"颐曰:"推此心以及四海,帝王之要道也。"……苏轼不悦于颐。……年七十五(时当大观元年,1107)。颐于书无所不读,其学本于诚。以《大学》、《语》、《孟》、

《中庸》为标指而达于六经,动止语默一以圣人为师,其不至乎圣人不止也。……著《易》、《春秋》传以传于世。

《宋志》:

> 程颐《易传》九卷,又《易系辞解》一卷。

《厚斋易学》:

> 《中兴书目》:《易传》六卷,解六十四卦,本朝崇政殿说书程颐撰。元符二年(1099)自序。颐字正叔,河南人,号伊川先生,其学出于周茂叔。自汉以来,言《易》者局于象数之偏,展转推测,流于方技。自王辅嗣一扫群说,独据义理人事言之,虽未能尽识经旨,而《易》可寻矣。本朝诸君子如胡石亦只是依近注疏,王苏又太阔略,至正叔《传》出,义理彰明,而辅嗣之学浅矣。其答张闳中书:"《易传》未传,自量精力未衰,尚觊少进。"其不苟如此。尝以《易传》示门人曰:"止说得七分,后人更须自体究也。"正叔兄颢,字伯淳,号明道先生,亦有说《易》处,载之《语录》。曾穜裒之为《大易粹言》云。

胡一桂引晁氏曰:

> 朱震言颐之学出于周敦颐,敦颐得之穆修,亦本陈抟,与邵雍同。然考其辞不及象数,颇类胡瑗耳。

按二程出,理学始成,初学于周敦颐,伊川又得之于胡瑗。明道于《易》无专著,伊川有《易传》而《系辞》未传。杨时跋语称伊川先生著

《易传》未及成书,则《宋志》所载《系辞解》一卷,或即集语录而成欤。冯椅谓:"正叔《传》出,义理彰明,而辅嗣之学浅矣。"此语诚确。

《宋史·道学传》:

张载字子厚,长安人。少喜谈兵,至欲结客取洮西之地。年二十一,以书谒范仲淹。一见知其远器,乃警之曰:"儒者自有名教可乐,何事于兵。"因劝读《中庸》。载读其书犹以为未足,又访诸释老累年,究极其说,知无所得,反而求之六经。尝坐虎皮讲《易》,京师听从者甚众。一夕二程至,与论《易》,次日语人曰:"比见二程,深明易道,吾所弗及,汝辈可师之。"撤坐辍讲。与二程语道学之要,涣然自信曰:"吾道自足,何事旁求。"于是尽弃异学,淳如也。……与有司议礼不合,复以疾归。中道疾甚,沐浴更衣而寝,旦而卒。……关中士人宗师,世称为横渠先生。著书号《正蒙》,又作《西铭》。

《宋志》:

张载《易说》十卷。

《厚斋易学》:

《易说》三卷,题横渠先生。韩元龙刊于建康府,漕台主管文字胡大元校勘。按张载字子厚,秦人,号横渠先生。旧坐虎皮与诸生讲《易》,一日见程伯淳兄弟,及讲《易》辄彻去虎皮,谓诸生曰:"有二程明《易》,前此所讲说未是,可往见之。"不知此书子厚晚年以所得删正邪,或好学者以门人所记录与《正蒙》类为此书也。多所发明,有二程未到处。

《四库总目提要》：

> 横渠《易说》三卷，宋张子撰。《宋志》著录作十卷，今本惟上经一卷，下经一卷，《系辞传》以下至《杂卦》为一卷，末有《总论》十一则，与《宋志》不合。然《书录解题》已称横渠《易说》三卷，则《宋志》误也。

按今存三卷即冯椅所见三卷，《宋志》十字必三字之误。冯氏谓有二程未到处，未知何指。以理言，张子能下二程，其学识足多焉。今读其书，如释"元亨利贞"曰："天下理得元也，会而通亨也，说诸心利也，一天下之动正也。"则理甚明。别谦二、上之"鸣谦"曰："体柔居正，故以谦获誉，与上六之鸣异矣，故曰正吾。下应于三，其迹显闻，故曰鸣谦。最上用谦，为众所服。……一云鸣谦则师有名。"夫二之"鸣谦"，中心自得，多誉之位而获誉，非有志于誉者也。上之"鸣谦"有志于用谦，鸣谦而师有名，可得其志焉。此二爻"鸣谦"之象同，然位异而志异，张氏分言之极是。又《总论》中言："《系辞》反复惟在明《易》所以为《易》，撮聚众意以为解，欲晓后人也。"此语亦是，与《童子问》因《系辞》含众说而疑非圣人言，则得于《系辞》者略同而结论各异，此张氏之见所以高于欧阳氏而与于六君子也。又曰："在《易》则是至理，在孟子则是气。"此亦深究于《易》孟之言也，夫孟子即用《易》之至理而成其浩然之气者也。再者解履三之武人曰："武人者，刚而不德也。"此或由于范氏"何事于兵"一语而云然。若以聚训屯，以逸训牧（谦初象），似未确切。

《宋史》：

> 苏轼字子瞻，眉州眉山人。生十年，父洵游学四方，母程氏亲授以书。……嘉祐二年(1057)试礼部，主司欧阳修置第二。……

熙宁二年(1069)上议曰:"夫性命之说自子贡不得闻,而今之学者耻不言性命,读其文浩然无当而不可穷,观其貌超然无著而不可挹,此岂真能然哉。盖中人之性安于放而乐于诞耳,陛下亦安用之。"议上,神宗悟曰:"吾固疑此,得轼议意释然矣。"……建中靖国元年卒于常州,年六十六(1101)。……洵晚读《易》,作《易传》未究,命轼述其志,轼成《易传》。

《宋志》:

  苏轼《易传》九卷。

《厚斋易学》:

  《中兴书目》:《易传》九卷。《读书志》云:毗陵《易传》,当是蜀本。本朝翰林学士苏轼撰。父洵作此传未竟,疾革,命轼卒其业。轼字子瞻,眉州人。晁氏云:卦不可爻别而观之,其论卦必先求其所齐之端,则六爻之义未有不贯者,未尝凿而通也。

胡一桂曰:"愚案文公有辨苏氏易,即此书也。尝观《闻见录》晁以道问东坡曰:'先生《易传》当传万世。'曰:'尚恨其不知数学耳。'东坡亦可谓不自欺者矣。"

按朱子谓其"惟发明爱恶相攻情伪相感之义",诚确。又苏氏亦有改经文之弊,《杂卦》最后一节实寓以大义,苏氏始为之另改易其次,其后效尤者甚多,而苏氏不免有作俑之诮。其解六十四卦各爻之关系亦颇有可取,乃深究于世道之言。盖其不信性命之学,故于保合太和之理不免涉于虚,此朱子所以目之为杂学也。

  由胡瑗起皆为北宋之主要各家,下辈学者什九出于以上数家之门。今作图以示此数家关系及其学术渊源：

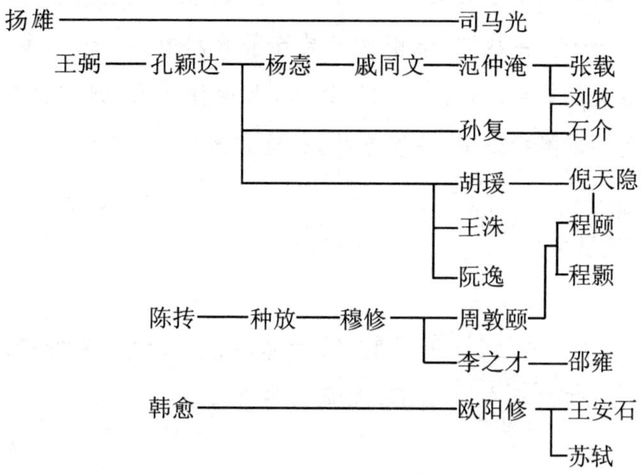

扬雄 ———————————————— 司马光

王弼 —— 孔颖达 —— 杨悫 —— 戚同文 —— 范仲淹 ┬ 张载
　　　　　　　　　　　　　　　　　　　├ 刘牧
　　　　　　　　　　　　　　　 孙复 ┴ 石介

胡瑗 —— 倪天隐

王洙
阮逸

　　　　　　　　　　　　　　　　　　　　┬ 程颐
　　　　　　　　　　　　　　　　　　　　└ 程颢

陈抟 —— 种放 —— 穆修 ┬ 周敦颐
　　　　　　　　　　　 └ 李之才 —— 邵雍

韩愈 ———————————————— 欧阳修 ┬ 王安石
　　　　　　　　　　　　　　　　　　　　└ 苏轼

图三

冯椅曰：

> 徐徽撰《易论纂要》一卷。王介父题云：予尝苦王先生《易论》（指王昭素）晦而难读，徐徽生删取其略以示予，又取其义可传及虽不足传而犹可论者存之。

按徐徽盖出介父之门，然《宋元学案》中无其名。据王氏之题，知其《易论纂要》乃本王昭素《易论》而删取之，然王氏徐氏之书皆不传，徒存书名而已。徐氏之易一本于王氏，故其名又列于王昭素下。

《宋史》：

> 耿南仲，开封府人，与余深同年登第（按余深于元丰五年进士及第，即 1082）。……政和二年（徽宗年号，1112）以礼部员外郎为太子右庶子，改定王、嘉王侍读，俄试太子詹事徽猷阁直学士，

改宝文阁直学士。在东宫十年，钦宗辞内禅，李邦彦曰："皇太子
素亲耿南仲，可召之入。"南仲与吴敏至殿中侍疾，明日帝即
位。……多主战守，唯南仲与吴开坚欲割地。……二帝北行，南
仲与文武官吏劝进。高宗既即位，薄南仲为人，曰："朕尝欲手剑
击之。"命降授别驾，安置南雄，行至吉州卒。

《厚斋易学》：

　　《中兴书目》：《周易解义》十卷，国子祭酒耿南仲撰。《读书
志》云：注二十卷，建本题《进周易解义》。

《宋志》：

　　耿南仲《易解义》十卷。

《四库》本名"《周易新讲义》十卷"，《提要》云："是书旧本或题《进
周易解义》。"

按晁氏云："注二十卷，二字当衍。"今此书尚存。夫耿氏之为人似
不足取，然不可因人废言。此书中引用《孟子》之言甚多，以"见于面，
盎于背，施于四体"释坤五，诚合。又以《老子》之"夫唯不居，是以不
去"释谦三，亦合于此爻有终之义。又曰"言初以有终也，言上以有下
也，初终言乎其时，上下言乎其位"，则于时位之理说得极明白。至若
合二爻并言之，谓乾初《象》"下也"，二《象》"时舍也"，与井之初二《象》
同而合其义，亦颇可取。然"师左次无咎"与"井甃无咎"合言，似觉穿
凿。《易》言"无咎"之处甚多，何必此二爻合观。再者谓"肥遁"亦犹剥
上之"硕果"，则误矣。剥上之心，耿氏何足以知之。且以夬之"不利即
戎"而曰："盖戎事本非圣人之所尚，而今所尚在即戎则必穷也。"噫，此

言大谬。戎事确非圣人所尚，然亦因时而异，《易》言"利御寇"数见，耿氏不知时而妄解经义，其害大焉。绍圣后此书行于场屋，实有误当时学者，北宋之弱，此书有罪焉。

《宋史》：

> 龚原字深之，处州遂昌人。少与陆佃同师王安石，进士高第，元丰中为国子直讲。……陈瓘击蔡京，原与瓘善，或谓原实使之。……卒年六十七。初，王安石改学校法，引原自助，原亦为尽力。其后司马光召与语，讥切王氏，原反覆辨救不少衰。光叹曰："王氏习气尚尔邪。"为司业时，请以安石所撰《字说》《洪范传》及子雱《论语孟子义》刊板传学者，故一时学校举子之文靡然从之，其敝自原始。

《厚斋易学》：

> 《中兴书目》：《周易续解》十七卷。《读书志》云：注二十卷，工部侍郎龚原撰。原字深之，括苍人。学者多师之，一十五卷后乃《杂义》，有《释卦》《释象》《释象辨》《重卦辨》《上下位辨》《上下系辨》《古今篇》。按（冯氏之言）二家《解义》（指耿氏、龚氏）而晁氏为之注，且卷数多于《书目》，岂蜀本以注行邪。杨中立颇不然之。

《宋志》：

> 龚原《续解易义》十七卷，又《易传》十卷。

按二家《解义》皆所以续介父之《易解》，《宋元学案》亦以耿氏为出王氏门下而名列于《荆公新学略》，今亦从之。当时此三书行于场屋，故必有为之注者。晁氏载卷数多者，注也。今龚氏之书已不传，故其大义或可于耿氏书中见之。夫龚氏为人可谓忠于荆公者也，其《续解义》必较耿氏为优。由《杂义》数篇之名，可见当时对此数者之解纷然不一。又《宋志》别有《易传》十卷或有误。

《厚斋易学》：

> 《读书志》：《易传》十卷，王逢撰。逢为国子直讲，其学宗王弼，号广陵，为王介父客。年虽不寿，著述甚富。

按王逢学宗王弼，则其内容已可知。今书已不传，盖为介父客，故记于此。

图四

因王昭素下已及徐徽之名，徐出介父门下，故先述介父之传，此下述攻刘牧之各家。

《厚斋易学》：

> 《中兴书目》：《易训》三卷，本朝至和中（仁宗年号，凡二年，1054—1055）屯田郎中宋咸撰。咸以既补注《易》，以其余义百余篇大可疑者三十有六，题曰《易训》，谓训其子而已。

又：

《中兴书目》:《刘牧王弼易辨》二卷,凡二十八篇,石介撰。又云宋咸撰。其说取王弼,谓刘牧以五十五数天五退藏为四象者,为《钩隐图》之精义,非是,独摘乾坤二卦以见其余。

胡一桂引宋咸《易辨》自序:

康定元年(仁宗年号,1040)自序《易辨》曰:近世刘牧既为《钩隐图》以画象数,尽刊文王,直用己意代之。业刘者实繁,谓刘可专门,王可焚窜。咸闻骇之,摘乾坤二卦中王刘义及《钩隐图》以辨之也。凡二十篇,为二卷,题曰《王刘易辨》云。

《宋志》:

宋咸《易训》三卷,又《易补注》十卷,又《刘牧王弼易辨》二卷。

按宋咸亦仁宗时人,《易辨》有自序存,则冯椅引“石介撰,又云宋咸撰”,可明非石介撰。此书主王弼非刘牧,夫牧主数而忽文王之辞,确非所宜。然王弼之义亦虚,殊非文王之意也。胡氏引及:“至谓孔子不系《小象》于乾卦以尊文王周公,不知《易》本各自为篇,岂孔子旨哉。”胡氏之言是也,故知宋咸之易亦多穿凿。按宋咸此书作于康定元年(1040),是时刘牧之说正盛,然尚未献于朝。迨明年庆历初(1041),吴祕、黄黎献始上牧书于朝,而宋咸之书于宣和四年(1122)始由蔡攸上之,则于八十年后。胡氏又云:“咸尝注《扬子法言》,纠李轨之误五百余义,盖亦工于诃人者。”由此更可知宋咸之性格。对人喜言其误,对己自然有疑,《易训》三十六疑,或亦多疑耳。于《易》之三书今皆不传,其详不可知焉。

《宋元学案》以李觏时较后,故以为文正门人:

李觏字泰伯,南城人,学者称为盱江先生。俊辩能文……皇祐初(1049)范文正公荐为试太学助教,上《明堂位定制图》。嘉祐(1056—1063)中用国子监奏,召为海门主簿太学说书而卒。

冯氏引《中兴书目》:

《删定易图序论》六卷,本朝李觏撰,凡十九篇。

胡氏亦引:

李觏《易论》十三篇,《自序》云:援辅嗣注以解义,急于天下国家之用而已。又删定刘牧易图,复详说成六论。

按胡氏曾读其书,乃与《钩隐图》同刊,谓:"不过文义之学,象数概乎其未有闻也。"则其内容可知焉。未闻象数,故欲删定刘牧之图,其急于天下国家之用,本为《大象》"君子以"之大义也。援王注而不从其虚,此所以成宋易也,惜书亦不传。是时或于皇祐,已晚于宋咸约十年,李氏书《宋志》未载。

冯氏引《中兴书目》:

《周易图义》二卷,治平中(凡四年,英宗年号,1064—1067)职方员外郎业昌龄撰。昌龄钱塘人,以刘牧《钩隐图》之失,遂著此,凡四十五门。

《宋志》:

业昌龄《图义》二卷。

按书既不存,其详已不可知。若以撰于治平,则又后于李觏十余年。前后二十余年,由宋、李、业三氏之书出,刘牧之书或传者已寡焉,继刘氏者即邵氏之书也。又宋李之攻刘牧,似皆本王弼而不究象数者也。业之《图义》或本象数以攻之,亦未可知。四十五门或即对《钩隐图》五十五图也。再者叶氏与宋氏,其学之源流未知,盖同为攻刘氏者,故名列于李氏旁(见图一)。

冯氏引《中兴书目》:

> 《周易圣断》七卷,元祐中(哲宗年号,凡八年,1086—1093)左谏议大夫集贤殿修撰鲜于侁撰。每卦为一篇,皆斥王弼之失。侁字子骏,阆州人。晁氏云:本之王弼、刘牧而时辨其非,且云众言淆乱则折诸圣,故名曰圣断。

按鲜于氏之书又后于叶氏约二十余年。据晁氏言,其非者不仅刘牧,乃并王弼而非之。或当时皆是王弼而非刘牧,故鲜于氏之书一以圣人之言为断,则颇有其见。以十翼解二篇,费氏之家法也。故此书略有上承汉易之意,惜只字未见,未知其究竟也。每卦为一篇,或略说一卦之大义也。《宋元学案》无其名,今亦列于宋叶氏之旁而略下。

冯氏引《中兴书目》:

> 本朝郑扬庭撰《时用书》二十卷,《明用书》九卷,《易传辞》三卷,《传辞后语》一卷(《宋志》同)。扬庭江东人,其传云:夬字扬庭,皇祐中(1049—1053)登进士第,复中说书科。后以字为名,而字明用,盖为说《易》也。林侁序《时用》云:扬庭补《春秋传》,测《易》赞《连山》《归藏》外,撮群经大要诸子余论成书一十九卷,《明测》至《明象》十五篇,皆以《易》为说。明《书》、明《诗》、明《春秋》、明《礼乐》四篇并次例一篇,共二十卷。谓古今圣贤与六经无非出

于《易》，亦无非可用者。扬庭自序《明用书》云：先儒已具乎用从而明，非己作也。

当冯氏时其书已有详略不同，故冯氏云："窃意扬庭初为《时用书》，后著《易传》，却删《时用书》为《明用书》，以与《易传》并行。后人或以为传辞，或循其《时用书》之旧，是以复出如此。"冯氏之言必可信，则《明用书》即《时用书》。此书近术数，邵伯温非之者，此书也。传辞则为切人事而不泥于阴阳者，司马光荐之者，此书也（此书或本《易测》，犹《时用书》之成《明用书》也）。

冯氏又曰：

> 姚嗣宗谓刘牧之学授之吴祕，祕授之扬庭，虽不及黄黎献，而要是牧之源流不疑。邵尧夫乃言扬庭窃其学于王豫，沈存中亦谓扬庭之学似尧夫云。

司马光《进郑夬〈易测〉札子》称其"不泥阴阳，不涉怪妄，专用人事，指明六爻，求之等伦，诚难多得"。据司马光言，夬之易殊有可取处，其源必出于刘牧无疑。惜是时牧之易已受人指责而衰，故夬又欲学于尧夫，尧夫未授而夬得于王豫处，是以伯温非之焉。由是邵之书代刘之书而盛，据郑自序亦云非自作也，伯温必以为窃，亦过矣。

邵伯温《辨惑》云：

> 夬江东人。客游怀卫，欲受教先君。先君以其志在口耳，又多慕外，不许。秦玠在河内（玠字伯镇，知怀州。长于先君一岁，亦自称门人。先亦从先君学，以其好任，数未详），尝语夬以王天悦（豫名）传先君学，有所记录，夬力求之。天悦恶夬浮薄不与，不幸天悦感疾旦卒，夬赂其仆就卧内窃得之，遂以为己学。初著《易

传》、《易测》、《宋范》、《五经明用》数书,皆破碎穿凿,后以卦变图示秦玠。沈存中《笔谈》云:"夬书皆荒唐,独此卦变说未知是非。其说曰:乾坤大父母,复姤小父母。乾一变生复,得一阳;坤一变生姤,得一阴。乾再变生临,得二阳;坤再变生遯,得二阴。乾三变生泰,得四阳;坤三变生否,得四阴。乾四变生大壮,得八阳;坤四变生观,得八阴。乾五变生夬,得十六阳;坤五变生剥,得十六阴。乾六变生归妹,本得三十二阳;坤六变生渐,本得三十二阴。乾坤错综阴阳各三十二,生六十四卦。"后因见兵部员外郎秦玠论之,玠骇然曰:"夬何处得此法,又谓自得之异人。玠曾遇一异人授此数,历推往古兴衰,运历皆验。西都邵某闻其大略,已洞吉凶之变。此人乃形之于书,必有天谴,此非世人得闻也。"夬窃书秦实知之,乃为此言,亦近乎自欺矣。夬入京师补国子监,得解省试策,问八卦次序,夬以所得说对,擢优等登第。调太原府司录,以赃败。遇赦,复事游谒,卒以穷死。

按伯温为人正直,当不妄言,然学术派别之争,或亦难免。司马光之荐,当亦不妄,故知夬亦必有所得。于邵氏之易得于王豫之仆,或亦事实,得邵氏易而自改其书,或亦不免。此伯温所以辨之也。

至若郑夬之卦变图,乾坤六变生归妹、渐,未知何意,此与邵氏之先天图亦不同。今夬之名列于吴祕下,从姚嗣宗之说(见图一)。《中兴书目》有刘郑注《周易》六卷,乃集刘牧、郑夬二家所注,集者不知其名,由此更见姚说之是也。

《宋史·儒林传》:

> 邵伯温字子文,洛阳人,康节处士雍之子也。雍名重一时,如司马光、韩维、吕公著、程颐兄弟皆交其门。伯温入闻父教,出则事司马光等,而光等亦屈名位辈行与伯温为再世交,故所闻日博

而尤熟当世之务。光入相,尝欲荐伯温,未果而薨(元祐元年,1086)。后以河南尹与部使者荐,特授大名府助教,调潞州长子县尉。绍兴四年(1334)卒,年七十八。……尝论元祐、绍圣之政曰:"公卿大夫当知国体。以蔡确奸邪,投之死地何足惜,然尝为宰相,当以宰相待之。范忠宣有文正余风,知国体者也。故欲薄确之罪,言既不用,退而行确词命,然后求去,君子长者仁人用心也。确死南荒,岂独有伤国体哉。刘挚、梁焘、王岩叟、刘安世忠直有余,然疾恶已甚,不知国体,以贻后日缙绅之祸,不能无过也。"赵鼎表伯温之墓曰:"以学行起元祐,以名节居绍圣,以言废于崇宁世。"以此三语尽伯温出处云。著书有《河南集》、《闻见录》、《皇极系述》、《辨诬》、《辨惑》、《皇极经世序》、《观物内外篇解》近百卷,三子溥、博、傅。

《宋志》:

> 邵伯温《周易辨惑》一卷。

按伯温易学乃传其父,然于辨郑夬时未免有过,《四库提要》言其憎及储胥是也。然尧夫之学赖伯温以传,可谓有子矣,国体之论亦极是(名见图一)。

胡氏引:

> 白云子述《周易元统》十卷,不著名氏。其书成于庆历乙酉岁(1045),大略谓乾坤阴阳之根本,坎离阴阳之性命,坎为乾之游魂,离为坤之游魂。仲尼云"游魂为变",神机泄矣,易道明矣。乃作《元统》,其一明混元,其二明五太,其三明天地,其四述乾坤,其五示龙图,其六画八卦,其七衍揲蓍,其八明律候,其九敷礼乐之

元,其十说《序卦》之由。凡二十八宿、五行、十日、十二辰、四时、八节、六律、六吕、三统、五运以至一人之身五藏六气,皆总而归之于《易》,故备存之以广异闻云。臣蔡攸谨上。

此书已佚,由胡氏引蔡攸之言,则其内容尚可知,其本在"游魂为变"一语。以乾坤坎离言,即《参同契》之言。"游魂"之义,京房已用之。然白云子与京氏恰反,即京房之游魂归魂乾为离而坤为坎。再者京房以六十四卦言,白云子似唯以八卦言,故名同而实异。若其十篇之大义,或皆有图,盖亦道家之言。由用白云子之号而不用名,已可知矣。今《道藏》中或尚有此类书,乃易教之支流也。此书冯氏未引,《宋志》亦无。

《宋志》：

石汝砺《乾生归一图》十卷。

胡氏曰：

嘉祐中撰(1056—1063)。取乾为生生之本,万物归于一也,画图著论。晁氏《志》作二卷,云：先辨卦象爻象之别,后列数图,颇杂释老之说(英州人)。

按书已不传,读晁氏《志》知为以《易》通于释老,与白云子或可类焉。

论百卷本《宋元学案》

　　冯云濠、王梓林、何绍基校刊之百卷本《宋元学案》(共二十二册)，成于道光二十五年(1845)，上距黄梨洲草创已百余年，迄今(1985)亦百余年。三百余年来学风变化甚大，虽宋元之学者依然，而于取舍之间难免有不同观点，则今日于《宋元学案》不可不有所增补与重为编辑。然继承之理决不可忽，必当先从百卷本而观其不足处，作为重编之资。

　　卷首《宋元儒学案序录》，犹全书之提要。内有"儒"字，为对学者取舍之标准。惜所谓"儒"者难免有执，以有执之见，观整个时代学者，难免有偏。此为此书最大缺点，如最后五卷为"党案"与"略"，殊未可，似当以时代先后插入全书，不必歧视。

　　依时代论《宋元学案》，应有明确的时间界限，宋初至元末时间为960—1367。而今本为首四学案之次为：

　　　　安定学案卷一——胡瑗(993—1059)
　　　　泰山学案卷二——孙复(992—1057)(册一止卷二)
　　　　高平学案卷三——范仲淹(989—1052)(册二始卷三)
　　　　庐陵学案卷四——欧阳修(1007—1072)

其中最早之范仲淹,已生于开国后三十年。此因为儒字所限而致,认为初开国时尚未形成所谓儒,然未可谓开国时无学者。今为重编,当补入宋初之学者,于学者之次全以生年为准。至于编辑时以略同时之各地域学者合成一学案,此法可取,以下两学案一取闽、一取齐鲁,亦兼及其他各地。其时在庆历(1041—1048)之际

古灵四先生学案卷五——陈襄(1017—1080)(闽)为四先生主

士刘诸儒学案卷六——士建中、刘颜(齐、鲁)等

由此两学案,庶见各地兴起讲学之风。以下六学案,为北宋理学之主,实三苏与荆公亦应该在其中。

涑水学案卷七、八——司马光(1019—1086)(册二止卷七)(册三始卷八)

百源学案卷九、十——邵雍(1011—1077)(册三)

濂溪学案卷十一、十二——周敦颐(1017—1073)

明道学案卷十三、十四——程颢(1032—1085)

伊川学案卷十五、十六——程颐(1033—1107)(册四止卷十五)(册五始卷十六)

横渠学案卷十七、十八——张载(1020—1077)(册五止卷十八)

荆公新学略卷九十八——王安石(1021—1086)

苏氏蜀学略卷九十九——苏洵(1009—1066)

苏轼(1036—1101)

苏辙(1039—1112)(卷98—99 在册二十二)

以学言,欧阳修尚文,宜能造成王苏两大家。胡瑗之执,实与僧无异,乃有二程之拘。邵年龄最长,司马光好之,长于知史。张载关中之学,有整体之实,然未可独尊。宋学之所以成宋学,必须合此八学案,庶足见一代之学风。尤要者周敦颐属长江流域南方之学,与关洛有所不同。刘牧之学由范谔昌而及许坚,所谓图书之学似出南方庐山,许坚亦与北方华山之陈抟有异。此皆异于地域,而于易学的认识或象(先天)或数(河洛),其旨盖同。《易》自然是本诸陈抟,曾见太宗,卒于

395

己丑(989),年在百岁左右。以百岁论,生于唐末(890,唐昭宗大顺元年),身历五代之乱,晚见宋之开国。于《易》有先天图之创作,正可为宋学之祖,其传以邵雍为主。以刘牧入于泰山学案,未能见其源。

范吕诸儒学案卷十九——范缜(1007—1087)
　　　　　　　　　　　吕公著(1018—1089) ⎫ 涑水同调
　　　　　　　　　　　吕大防(1027—1097)——横渠同调

以上范吕诸儒学案与卷五、六同例,盖当其时各地学者并行而未有所主。全书中"诸儒"有二十一(卷五、卷八十二称"四先生",实同"诸儒"之例),如须深入研究,皆可进一步分析。

元城学案卷二十一——刘安世(1048—1125),涑水门人
　　　　　　　　　　李光(1078—1159),安世门人
华阳学案卷二十一——范祖禹(1041—1098)
景迂学案卷二十二——晁说之(1059—1129)

以上三学案皆出涑水之门,以年论,刘范宜互易。涑水重史,宜安世之门人李光于《易》,纯以史事明其理,开宋易中以史读《易》之先例。

荥阳学案卷二十三——吕希哲(政和 1111—1118 中卒,年 78)
上蔡学案卷二十四——谢良佐(1050—1103)(六册)
龟山学案卷二十五——杨时(1053—1110)
廌山学案卷二十六——游酢(1045—1115)
和靖学案卷二十七——尹焞(1061—1132)
兼山学案卷二十八——郭忠孝
　　　　　　　　　　郭雍(1104—1200)
震泽学案卷二十九——王蘋(1082—1153)
刘李诸儒学案卷三十——刘绚
　　　　　　　　　　└李籲(七册)

吕范诸儒学案卷三十一┬──吕大忠
　　　　　　　　　　└──范育

周许诸儒学案卷三十二┬──周行己
　　　　　　　　　　└──许景衡

　　以上学案中,基本属二程弟子。由与小程年龄相若而师之之吕希哲,及虽及门而已从弟子为师之王蘋,可见二程先后及门之情况,亦有先师而卒之刘李,又有兼承关洛之吕范等。再者由关洛道南之传,永嘉学派亦由是而兴。此因地而异其见,学术思想之形成,不可不考虑地域之风气,周许诸儒所以兴浙派。凡诸儒学案仅采其主要者。

王张诸儒学案卷三十三┬──王豫
　　　　　　　　　　├──张峋(附张峒)
　　　　　　　　　　├──周长孺(周纯明)
　　　　　　　　　　├──杨贤宝(1031?—1100?),1098授晁以道
　　　　　　　　　　├──郑夬　｝入门而邵去之
　　　　　　　　　　└──秦玠

　　此学案为百源门人,惜入门者王豫、张峋皆先于师卒。能知不能再见张峋,实亦不必介意,亦不必贵能前知。此偶然之事,与学术本身系二事。若能感化周长孺气质,确为理学之长,此不限于邵子。其子纯明娶伊川之侄女,亦入伊川之门,可喻理学盖邵、程相通。唯杨贤宝于绍圣戊寅(1098)行年将七十而授先天图于晁以道,可谓真传。郑夬之易,司马光荐之,未可谓康节拒之,即不能知先天之学,秦玠亦然,邵伯温之言殊未是。康节之不愿授于郑,其为江南人或亦有因,伯温更有地域之偏见。此学案之恍惚不明,可证百源之学,实无嫡传。今知郑夬之图可信(见《梦溪笔谈》),玠所谓异人即陈抟。

397

["

范许诸儒学案卷四十五——┬范浚

　　　　　　　　　　　├许翰

　　　　　　　　　　　└许忻,紫微讲友

以上第四代终。张浚、杨万里重《易》。

玉山学案卷四十六——┬汪应辰(? —1176),在隆兴二年

　　　　　　　　　　(1164)帅蜀

　　　　　　　　　　└赵汝愚(1140—1196),宗室

艾轩学案卷四十七——林光朝

晦翁学案卷四十八、四十九——朱熹(1130—1200)(十册 48)(十一册 49)

南轩学案卷五十——张栻(1133—1180),张浚子,胡宏门人

东莱学案卷五十一——吕祖谦(1137—1181),紫微从孙(十一册止)

以上第五代,以朱子为主,刘在永嘉学派之前

　　　艮斋学案卷五十二——薛季宣(1134—1173)

　　　止斋学案卷五十三——陈傅良

　　　水心学案卷五十四、五十五——叶适(1150—1219)(十二册)

　　　龙川学案卷五十六——陈亮(1143—1194)

以上永嘉学派,可当第四代,然薛叶陈确年轻于朱子。

　　　梭山复斋学案卷五十七——┬陆九韶

　　　　　　　　　　　　　　　└陆九龄(1132—1180)

　　　象山学案卷五十八——陆九渊(1139—1183)

　　　清江学案卷五十九——┬刘靖之

　　　　　　　　　　　　　└刘清之

　　　说斋学案卷六十——唐仲友

　　　徐陈诸儒学案卷六十一——┬徐谊

　　　　　　　　　　　　　　　└钱文子(十三册)

以上为三陆(57、58)及其同调(61)，又永嘉之同调(60)时亦相近。可见此书所注意者唯程朱，永嘉亦程门之传，陆与朱有辨，皆不得不录。此外之学术皆为所忽。

西山蔡氏学案卷六十二——蔡元定(1135—1198)
　　　　　　　　　　　　　│ 子
　　　　　　　　　　　　蔡渊(1148—1236)

勉斋学案卷六十三——黄榦(1152—1221)

潜庵学案卷六十四——辅广

木钟学案卷六十五——陈埴
　　　　　　　　　　董楷
　　　　　　　　　　赵复斋
　　　　　　　　　　胡一桂(十四册)

南湖学案卷六十六——杜煜

九峰学案卷六十七——蔡沈(1167—1230)

北溪学案卷六十八——陈淳(十五册)

沧洲诸儒学案卷六十九、七十——李燔
　　　　　　　　　　　　　　　└张洽

以上为朱子门人。始于蔡元定。在朱子师友之间。黄榦为其婿，传学甚起作用，蔡氏之子与有功焉。最后集于沧洲学案，尚可细分之。

岳麓诸儒学案卷七十一——胡大时(十六册)

二江诸儒学案卷七十二——宇文绍节

以上二学案，同属南轩门人。

丽泽诸儒学案卷七十三——叶邽，东莱门人

慈湖学案卷七十四——杨简，象山门人

絜斋学案卷七十五——袁燮(十七册)

广平定川学案卷七十六——舒璘

槐堂诸儒学案卷七十七——傅梦泉

以上五学案,或传东莱,或传象山,或兼传数师,皆以见朱学流传之辅佐者。

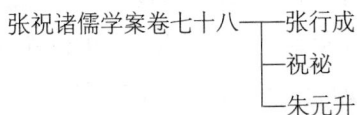

张祝诸儒学案卷七十八——张行成
——祝泌
——朱元升

此学案以时间言,张行成略长于朱熹,今编在朱子弟子后,殊失序。且当时未解数之客观作用,必与"先知"并论。此所以我国有极深之数学原理,迄今尚在神秘气氛中,今后似宜逐步加以阐明。此学案的资料,颇有重要者。

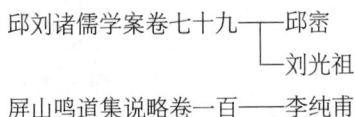

邱刘诸儒学案卷七十九——邱崈
——刘光祖

屏山鸣道集说略卷一百——李纯甫

入此学案者,不入诸先生学派而重视圣学,时当淳熙至嘉定间(1174—1224)。以时间论李纯甫宜在此,乃理学之变。

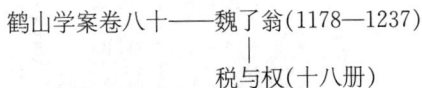

鹤山学案卷八十——魏了翁(1178—1237)
|
税与权(十八册)

魏为私淑朱子者,实提前张祝学案。至此皆属朱子之弟子,属第六代。

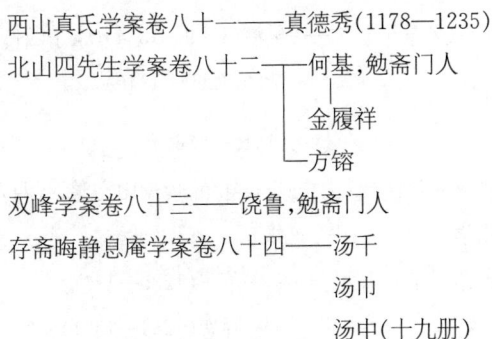

西山真氏学案卷八十一——真德秀(1178—1235)
北山四先生学案卷八十二——何基,勉斋门人
——金履祥
——方镕

双峰学案卷八十三——饶鲁,勉斋门人
存斋晦静息庵学案卷八十四——汤千
汤巾
汤中(十九册)

以上四学案已当朱子再传,恰巧魏了翁与真德秀同年,或以私淑视之,或以再传视之,其实盖同。三汤之学已由朱而归陆,亦真氏之门人,以私淑陆言,仍可视为第七代。师授时间相差甚多,况以私淑言,故每隔五六十年,当以学者之年纪为准,不可仅视其师承关系。然确有师弟子之关系者,仍应注意。以上当第七代。

深宁学案卷八十五——王应麟(1223—1296)

东发学案卷八十六——黄震

静清学案卷八十七——史蒙卿

巽斋学案卷八十八——欧阳守道

介轩学案卷八十九——董梦程
　　　　　　　　　　　|
　　　　胡方平——子——胡一桂
　　　　　　　　　　　|
　　　　　　　　　董真卿(二十册)

是时已当宋元之际,深宁、静清皆隐之,东发死之,皆尚节之士。介轩之门多通易者。

鲁斋学案卷九十——赵复
　　　　　　　　　　└许衡

静修学案卷九十一——刘因

以上两学案明朱子理学北传,赵复有其功。许衡、刘因皆传之。

草庐学案卷九十二——吴澄(1249—1334)(朱子四传)
　　　　　　　　　　└黄泽(1260—1346)
　　　　　　　　　　　| 门人
　　　　　　　　　赵汸(1319—1369)

静明宝峰学案卷九十三——陈范,传象山之学,江西人

师山学案卷九十四——郑玉

萧同诸儒学案卷九十五——萧斠(1230—1307)
　　　　　　　　　　　└同恕(1254—1331)(廿一册)

402

以上四学案,略见元代之理学。对元朝之它族必有不满,能负传道之责,吴澄等自有其作用,与黄泽实易地皆然。最后结束于萧同,尚可斟酌。最不幸者郑玉为明兵所拘而自缢,实以殉书非殉元,因书为明兵所焚。其易著尚存自序,能见其理解先天之旨。书名《程朱易契》,所以通程朱,乃当时之学风。

以下五卷,皆宜合于上。98—100 三卷已见上。此外尚有:

元祐党案(1086—1094)卷九十六——司马光、王安石同卒于元祐元年(1086)

庆元党案(1195—1200)卷九十七——朱熹卒于庆元元年(1200)

已属政治而非学术。然学术何尝能全部脱离政治,而政治亦未尝不凭藉学术思想。以后世观前代则比较可以客观,此历史唯物主义之原则所以不可忽视。

总观学案百卷,以辈分分学者之师承,且应合诸生卒年略示如下:

辈分	卷数	主要人物
一	1—6	胡瑗、孙复、范仲淹、欧阳修等
二	7—19 又 98—99	司马光、邵雍、周敦颐、程颢、程颐、张载、王安石、苏轼、范镇、吕公著、吕大防等
三	20—35	刘安世、晁以道等涑水百源门人。谢良佐、杨时等二程门人,又陈瓘等私淑二程
四	36—45 78	朱震、胡安国(34)、沈该、张浚等,基本取二程再传。张行成、张九成
五	46—61	朱熹、张栻、吕祖谦、叶适、陈亮、陆九渊等
六	62—77 79—80、100	蔡元定(及子)、黄榦、杨简等,又魏了翁
七	81—84	真德秀等朱子再传
八	85—90	王应麟、董梦程等朱子三传(已当宋元之际)
九	91—95	吴澄、黄泽等朱子四传

龙昌期之易

《通志》:"龙氏昌期《周易注》十卷,《周易绝笔书》四卷。"

其书已佚,然其内容及其事迹,仍可考见一二,于蜀易甚有影响。以史而言,三苏之蜀学在昌期后,其年长于洵近三十岁。文彦博曰:"武陵先生龙君平,陵阳人也。藏器于身,不交世务,闭关却扫,开卷自得。著书数万言,穷经二十载,名动士林,高视西蜀。"范仲淹曰:"岷山处士龙昌期,论《易》深达微奥,福唐部将延与郡人讲《易》,率钱十万遗之。范公雍以所著书奏御,遂行于时。"

由文、范二家之言,可见龙氏之学。然以儒学视之,其学未纯。王辟之曰:"龙昌期陵州人,祥符中别注《易》、《诗》、《书》、《论语》、《孝经》、《阴符》、《道德经》。携所著游京师,范雍荐之朝,不用。韩魏公安抚剑南,奏为国子四门助教。文潞公又荐授校书郎讲说,府学明镐再奏授太子洗马,明堂泛恩改殿中丞。又注《礼》、有《政书》、《帝王心鉴》、《八卦图精义入神》、《绝笔书》、《河图照心宝鉴》、《春秋复道》、《三教图》、《通天保正名》等。昌期该洽过人,著撰虽多而所学杂驳。"又据《四川总志》:"龙昌期字起之,仁寿人。"《宋史》:"嘉祐中诏取其书,昌期时年八十余,野服自诣京师,赐绯鱼绢百匹。欧阳修言其异端害道,不当推奖,夺所赐服,罢归卒。"

　　考昌期于嘉祐(1056—1063)中,年已八十余,则其生时陈抟尚未死。抟重三教合一,昌期之易亦取三教之象。以蜀地言,自唐李鼎祚认易为"权舆三教",上《集解》于代宗元年(762),而彭晓自序《明镜图》于丁未(947),若昌期可继之而三(尚有其他易家)。此见三教合一之易理,蜀地有其渊源。今以易书言,先成《易注》十卷,犹章句。儒书外唯及道家之《老子》《阴符》。然三十余岁至京师未遇,追归蜀后著述更多。《易》有《八卦图精义入神》《绝笔书》《河图照心宝鉴》《三教图》等,定有所见。惜其不取周公之为人,乃欧阳修辈大力斥之。嘉祐中年已八十余,尚野服自诣京师,结果得而复失,实自贻伊戚。至于八卦图、河图等虽未传,或与彭晓之图有关。河图之象,或亦已用数。此见蜀与关中之易,常有交流。更以书名观之,所谓《绝笔书》有传灯之义,照心、入神等名皆有禅意。

范谔昌之易

　　《宋志》：“《大易源流图》一卷，范谔昌；《易证坠简》一卷，范谔昌。”此二书已佚，然宋元人读其书者尚有所记述，其内容仍未佚，其时代当早期之宋易。

　　《东都事略》：“华山陈抟读《易》，以象学授种放，放授许坚，坚授范谔昌。”

　　晁公武曰：“皇朝天禧（1017—1021）中毗陵从事建溪范谔昌撰。其书酷类郭京《举正》，如震卦彖辞内云脱‘不丧匕鬯’四字，程正叔取之。渐卦上六疑‘陆’字误，胡翼之取之。自谓其学出于溢浦（今江西九江）李处约、庐山许坚。意者果有师承，故程胡有所取焉。”

　　胡一桂曰：“《大易源流图》一卷，其说先定纳甲之法，以见纳音之数。《证坠简》一卷，谓诸卦《彖》、《象》、爻辞《小象》、乾坤《文言》并周公作，自《文言》以下孔子述也。朱汉上《周易丛说》极辨其非。”

　　雷思齐曰：“谔昌著《大易源流图》，称龙马负图出河，羲皇穷天人之际，重定五行生成之数，定地上八卦之体。故老子自西周传授孔子造《易》之原，天一正北，地二正南，天三正东，地四正西，天五正中央，地六配子，天七配午，地八配卯，天九配酉，地十配中寄于末，乃天地之数五十有五矣。"

晁说之曰:"谔昌受《易》于种征君,以授彭城刘牧。而聱隅先生黄晞及陈纯臣之徒,皆由范氏知名者也。其于康节之《易》,源委初同而浅深不伦矣。"

按范谔昌于元禧中为毗陵从事,是时刘牧未满十岁,年约长廿岁左右,故以授刘牧可信。其二书之内容不同,《大易源流图》所以授刘牧者。晁说之传康节之学,故能知浅深不同。实则范氏仅言数,未言象。据雷胡之说,大义可全见,全同郑玄以注《易纬》之数,其原先秦时当有。其图如下示:

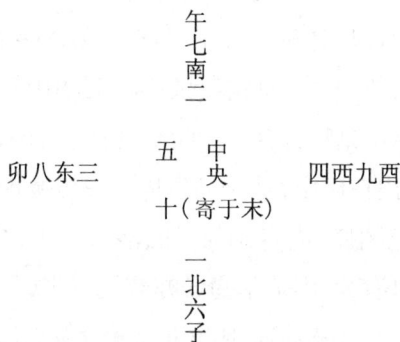

```
              午
              七
              南
              二

卯八东三    五   中        四西九酉
              央
            十（寄于末）

              一
              北
              六
              子
```

此能以五行生成之数,定地上八卦之体,正宋易恢复汉易之基本纲领。自魏王弼扫汉象起,《易》尚玄虚,未能合诸客观世界之天文地理知识。宋易重兴以数字定时位之坐标,又见有价值之古代文化,已进一步理解抽象之数学思维,正属宋易在千年后发展汉易之事实。考天地十数之义,史前文化中已可知之。继之有甲骨钟鼎之记录,及《周易·系辞》记有"天一地二天三地四天五地六天七地八天九地十"之文,势必经过万年以上亿兆兆次数学计算之实践经验,方能在春秋战国时总结成此图。据《洪范》五行数及《月令》、《吕氏春秋》之四时数,又邹衍之五德相胜之次,已可证实此图之形成过程。然汉至宋千年间乏人重视,范氏视之为大易源流,实有其心得。亦见宋初时,经唐末五代之乱,文化散失,正待重振之象。刘牧得范谔昌之传,进而思考形成天地数图之交流情况及配合八卦之变化,又有天地数图而合诸"河出图洛出书"的文句,因有河图洛书之名,另详《刘牧之易》。或不辨九、十数之实,纷纷以争九、十数当河图洛书之名,殊觉无谓。于宋初以《易龙图》名天地十数,殊切。九、十数结构成河图洛书,皆属《易龙图》之产物。范氏称为龙马负图出河,实已说明龙图之义。陈抟著有《易龙图》,可能有其事。

若范氏之易自谓得于溢浦李处约及庐山许坚,《东都事略》之言或亦有据。至于李处约,朱震兼取之。故曰:"放以河图洛书传李溉,溉传许坚,坚传范谔昌,谔昌传刘牧",李溉号或即处约。李、许亦可视为范谔昌二师。至于许坚之易已未详,李溉之易尚传有卦气图一帧,实即扬雄《太玄经》所取法者。刘牧《易数钩隐图》中确已收入,则谓之由李溉经范谔昌而传于刘牧甚合。然此非主要之龙图,若河图洛书之传似宜本诸许坚,其出在庐山,是否仍为华山陈抟所传,必须推究《龙图序》之作者。因《龙图序》内容确与河图洛书有关,且合诸忧患九卦。至少于范谔昌或可有关,因范于易学亦兼及三古,于《大易源流图》即明龙图当伏羲,于《易证坠简》即明文王孔子之易,其结论虽非,然亦属当时一家之言。理解忧患卦之次与龙图有关亦有可能,至少重视十、十五、廿四三数之重要,确与河图洛书有关。若范刘所言数与易象之配合,不论数之变化如何,其于易全本汉易相传之古义,绝无陈抟之先天易象。故图书数如出于陈抟,不当不合于先天卦次,故疑图书数当宋初有庐山之许坚传出,未尝不可能。《东都事略》之记录,亦未可全信。然李溉、许坚即属范所自言,则不可不信。许坚之年龄以正常之标准推算,约与种放(966—1015)相近。今人论宋易之图书数什九推原于刘牧,因其书尚在。实则其师范氏之书仍可得其内容,尚知其师李溉与许坚,则宋易所传之数,推至许坚已完全可靠。可能与先天图不同,为另一系统之发展。

郑夬卦变图

乾坤大父母也： ䷀乾大父　　䷁坤大母

复姤小父母也： ䷗复小父　　䷫姤小母

乾一变生复,得一阳： ䷗复

坤一变生姤,得一阴： ䷫姤

乾再变生临,得二阳： ䷒临　䷆师

坤再变生遯,得二阴： ䷠遯　䷌同人

乾三变生泰,得四阳： ䷊泰　䷭升　䷣明夷　䷎谦

坤三变生否,得四阴： ䷋否　䷘无妄　䷅讼　䷉履

乾四变生大壮,得八阳： ䷡大壮　䷟恒　䷶丰　䷽小过
䷵归妹　䷧解　䷲震　䷏豫

坤四变生观,得八阴： ䷓观　䷩益　䷺涣　䷼中孚　䷴渐
䷤家人　䷸巽　䷈小畜

乾五变生夬,得十六阳：䷪夬　䷛大过　䷰革　䷞咸　䷹兑
䷮困　䷐随　䷬萃　䷄需　䷯井　䷾既济　䷦蹇　䷻节　䷜坎
䷂屯　䷇比

坤五变生剥,得十六阴：䷖剥　䷚颐　䷃蒙　䷨损　䷳艮

409

䷕ 贲　䷑ 蛊　䷙ 大畜　䷢ 晋　䷔ 噬嗑　䷿ 未济　䷥ 暌　䷷ 旅

䷝ 离　䷱ 鼎　䷍ 大有

乾六变生本,得三十二阳:

坤六变生本,得三十二阴:

乾坤错综,阴阳各三十二,生六十四卦。

此图既画出,毫不足奇,然邵氏所传者为由内向外观之,此为由外向内观之。又乾六变用坤之一至五变,坤六变用乾之一至五变,且次序相反,郑夬名之曰乾坤错综,概言其象。迨明来知德之易始赋予错综以具体概念,实与夬之义相似。

此图及此变,本属先天图之次,仅有正反之异(即综),由陈抟创造之而邵雍发挥之。奈邵氏神其说而秘之,夬阐明之而又秘之,于六变生后故意另加卦名,而千年以来未见有说明之者。沈括《笔谈》中记之,仍神其说。伯温本大误,或根本未知先天之次,亦可视之为故作玄言。如迄今尚为其所迷,则未免失之拘,特为绘出,可一览而明。由六变使小父母成大父母,所以示一代人的变迁。人事之传,果同乎异乎?此可深思者也。此即生物学的人,与社会学的人,其变化有不同之数量级。今能知此,对古人之神其说者,基本可迎刃而解。

司马光有札子荐郑夬,郑之易说成一家言,似可无疑。晁公武又谓其学得于吴祕,祕又得于刘牧,或是时先天图与河图洛书数已通,此须进一步考核。由夬道之,或因夬江南人可得刘牧之说,又略知邵子之图,乃能成其易著。吴仁杰谓郑夬:"《序卦》为文王六十四卦,《杂卦》为伏羲六十四卦。"可见其勇于创新,因《杂卦》最后八卦正与先天图可合,诚好学深思者。又夬之年龄,据沈括所言"今夬与雍、玠皆已死",《笔谈》成于元祐三年(1088)后数年中,已知雍卒于 1077 年,年六十七,则夬与玠之年纪,既未言其早夭,故与雍之年纪当相差不大。夬易著甚多,惜皆佚,其说尚可考见一二,正属当时未可忽视之易学之一。

王阳明之易

王守仁(1472—1528),字伯安,自号阳明,浙江余姚人。其一生之学问得于颠沛流离之中。当武宗正德元年丙寅(1506年),宦官刘瑾窃柄逮南京科道戴铣等系狱,伯安首抗疏救之,亦下诏狱。已而廷杖四十,既绝复苏,寻谪贵州龙场驿驿丞。戊辰(1508年)于龙场始悟格物致知之学。于易无专著,而于龙场作《玩易窝记》一文(戊辰),已得易理之本。全文宜录之:

> 阳明子之居夷也,穴山麓之窝而读易其间。始其未得也,仰而思焉,俯而疑焉。函六合,入无微,茫乎其无所指,孑乎其若株。其或得之也,沛兮其若决,瞭兮其若彻,菹淤出焉,精华入焉,若有相者而莫知其所以然。其得而玩之也,优然其休焉,充然其喜焉,油然其春生焉。精粗一,外内翕,视险若夷,而不知其夷之为阨也。于是阳明子抚几而叹曰:嗟乎,此古之君子所以甘囚奴,忘拘幽,而不知其老之将至也夫。吾知所以终吾身矣,名其窝曰"玩易"而为之说曰:夫《易》三才之道备焉,古之君子居则观其象而玩其辞,动则观其变而玩其占。观象玩辞,三才之体立矣。观变玩

占，三才之用行矣。体立故存而神，用行故动而化。神故知周万物而无方，化故范围天地而无迹。无方则象辞基焉，无迹则变占生焉。是故君子洗心而退藏于密，斋戒以神明其德也，盖昔者夫子尝韦编三绝焉。呜呼！假我数十年以学易，其亦可以无大过已夫。

此文仅三百余字，而了解易学殊深刻，合居动之观玩成体用，归诸无方无迹之神化，知吾所以终吾身矣，此即有悟乎洗心斋戒之旨。至于退藏于密为何？其德之神明何指？此固人人不同。而《易》确有所退藏于密，确有所能神明其德。此于以数字表示阴阳变化之时已具备，其后编辑成二篇亦有所得而成，发展成十翼更是从各种角度以说明其义，乃自秦汉以来读易者可各抒己见以成其易著。王阳明于正德戊辰居于龙场，其年三十七岁，始有此悟。忽此具体条件而论王阳明之易，似未得其精，而其终身视易之理，即此而已。且对卜筮的认识有独见，说见《传习录》，摘录如下：

> 著固是《易》，龟亦是《易》。
>
> 《传习录上》

> 卜筮是理，理亦是卜筮，天下之理，孰有大于卜筮者乎？只为后世将卜筮专主在占卦上看了，所以看得卜筮似小艺，不知今之师友问答、博学、审问、慎思、明辩、笃行之类，皆是卜筮。卜筮者，不过求决狐疑，神明吾心而已。
>
> 《传习录下》

考《左传》所记载之易，早有二类。一以占卦之小艺视之；一以理性之判断，如宣公十二年传知庄子知师之殆是其义。而王阳明即以后者理解卜筮，确属易学归诸哲理之方向。

至于王学之要。旨在致良知。而所谓良知之实质,归诸精、气、神三者之合,此既承道教之说,义亦出于十翼,即"精气为物","神也者妙万物而为言者也"。而王阳明之理,颇有悟于此。其言如下:

> 夫良知一也,以其妙用而言谓之神,以其流行而言谓之气,以其凝聚而言谓之精。
>
> 《传习录》中

凡此等语,重在切身体味,忌用简单的概念加以认识。此王阳明的理学比较朱熹的理学更精细,亦即时代的进步。而有得乎易学之理,朱、王有所同。

分裂的清易

　　秦始皇统一中国,在中国文化史上起了超乎寻常的变化,继之的社会制度迄清未变。二千余年间,计有汉、唐、宋三大统一的时代,在文化上各有其特色且各有相应的变化,于易学尤见其不同。而清代易学的特色,则不可与汉、唐、宋三个时代相比。虽然易著众多,详加研习后仅能以"分裂"二字总结。所谓分裂,是指认识时间的方向。凡时间永远有过去与未来的箭头,要能以现在为基础,以过去为经验,以未来发展为目的。《礼记·大学》中所谓"修齐治平",由个人及天下莫不如是,故于回顾与展望必须结合为一,方能有正常的进化。上及汉、唐、宋三大时代对易学的研究,各有可贵的进化史迹。其后由明而清,由清初而及康熙,尚在正常发展,且已能接受牛顿的科学理论。然经雍正而乾隆,主要的易著由康熙的《周易折中》而变为乾隆的《周易述义》,则对时间箭头的认识就转成仅知过去而不知未来,亦即由宋而汉,致使后学者必以古为是,此与数以藏往,神以知来,以逆数为贵的易理全不相应。过去未来之时间,无刹那之间可分裂,既有重视过去者,亦当有重视未来发展者,其数量之比必须相称。若清易自乾隆后之仅知是汉非宋,造成大部分学者莫不致力于究古而忘今,且当时正值西方世界日益发展之时,与此相反,清代国势则不期而日衰。虽然以易言,能由魏王弼之易,推原而认识虞翻、荀爽、郑玄三家之东汉易,其回顾的功绩决不可小视,奈未见有相应之面向未来的发展情况。进而论之,当时对唐李鼎祚所辑成的《周易集解》一书,终清之世,莫不视为研究汉易的唯一资料书,竟无一人能认识其由"钤键九流"之汉易,已发展成"权舆三教"之唐易。且陈抟发现先天图的宋易,实即完成李鼎祚之旨。此一原则方为今后统一汉宋易学的认识点,然由乾隆时直至清末可云无人知之,故不得不用"分裂"二字,以喻清易之失。

一、《古今图书集成》与 《四库全书》的同异

清代编辑的主要文献,似当以《古今图书集成》及《四库全书》为代表。此二书的内容,除编辑的体例不同以外,主要为观点的不同。先述成此二书的过程。

《古今图书集成》一万卷,是康熙帝命陈梦雷(1650—1741)充三子成亲王胤祉侍读时编成,所用时间凡四年有半(康熙四十年十月至四十五年四月,1701—1706)。此书为梦雷一生的主要成就,其后如胤祉继位,当重用梦雷而重视此书。然十余年后为雍正帝胤禛继位而有兄弟之争,乃先去胤祉的辅佐梦雷,此书亦命蒋廷锡重编而更成于雍正三年(1725)。所谓"厘定三千余卷,增删数十万言",仅略加润色,实未变其纲领体例。此为雍正帝掩盖的真相,以廷锡代梦雷,犹以胤禛代胤祉,此事今可加以澄清。进而考其纲领,实与易理密合。

《周易·系辞下》有言:

> 古者庖牺氏之王天下也,仰则观象于天,俯则观法于地,观鸟兽之文与地之宜,近取诸身,远取诸物。于是始作八卦,以通神明

之德，以类万物之情。

梦雷于其所著《周易浅述》中注曰：

> 象以气言属阳，法以形言属阴。鸟兽之文，谓天产之物，飞阳而走阴也。土地之宜，谓地产之物，草阳而木阴也。神明之德，不外乎健顺动止陷入丽说之德。万物之情，则不止天地雷风山泽水火之情。《本义》云：俯仰远近，所取不一，然不过以验阴阳消息两端而已。盖万物不外乎八卦，八卦不外乎阴阳，阴阳虽二，而实一气之消息也。

此节极简单的注解，内含极丰富的思想，其后汇编《古今图书集成》，即准此原则以通贯古今。观此一万卷《古今图书集成》，分汇编凡六：

一、《历象汇编》——即"仰则观象于天"。

二、《方舆汇编》——即"俯则观法于地"。

三、《明伦汇编》——即"近取诸身"。由修身为本而推及家庭国家的社会组织，所谓"亲亲而仁民"。

四、《博物汇编》——即"远取诸物"。由人之艺术、神异推及"鸟兽之文与地之宜"，所谓"仁民而爱物"。

五、《理学汇编》——即"以通神明之德"。

六、《经济汇编》——即"以类万物之情"。

合诸《周易浅述》注观之，于"神明之德"不外乎健顺动止陷入丽说八者，此理学之德而有得于易学者，贵能体验乎身，而梦雷早已深味于心。而于"万物之情"，则不止天地雷风山泽水火之情，用"不止"二字，以发展朱子之说，乃梦雷早有法自然以成其治平之志。在失意时注的《周易浅述》（成于康熙甲戌 1694）何必明言，今观其以礼乐治天下的

《经济汇编》，应见其济世之情及发展理学以合于当时的情况。奈有兄弟争夺之事发生，其后产生了康熙时代治学的分歧。

当乾隆继雍正为帝，表面情况确已太平，乃可一心致力于古代文化的研究，虽也借此以收毁反清的文献，然大体尚能以考证古籍为主。且由宋学而汉学的学风已在形成，故于乾隆三十七年(1772)起，收遗书编《四库》，具体有纪昀主其事，完成于乾隆四十七年(1781)，凡十年左右，共收入3461种书，凡79309卷。《四库全书》融合如此众多的文献，确能继《汉书·艺文志》《隋书·经籍志》而三。然此书有其主要的缺点，迄今仍应特别重视之。

其一，仍以《汉志》"六艺略"为主，未考核先秦的情况。

其二，仍取荀勖的四部分类，忽乎《七略》中有专业知识的"兵书略""术数略""方技略"三略。因当时已可与世界交流，必须重专业知识始能顺应时代的发展，此与魏晋的情况完全不同。在康熙时完成仿《永乐大典》的《古今图书集成》，殊有时代气息，此未可为非。然于乾隆时仍取闭关自守的政策而一心复古，孜孜于由宋而汉，徘徊于汉宋之间而不知汉前宋后，故虽以考据为重而收效甚微。

其三，《隋志》虽已用四部分类，尚知附有"道经"、"佛经"。而《四库全书》更以"释家""道家"附于子部之末，尤未合思想发展的具体史实。

有以上三点原则的错误，故清代的考据仅止于汉，再次尊经，风格尤低。

下录经部总叙以指出其误。

> 经禀圣裁，垂型万世，删定之旨，如日中天。无所容其赞述，所论次者，诂经之说而已。

按此为清代经学的最大缺点，不能论十三经删定之旨，仅论其诂经之说,则言不及质,虽多亦何所用。

自汉京以后,垂二千年,儒者沿波,学凡六变。其初专门授受,递禀师承,非惟诂训相传,莫敢同异,即篇章字句,亦恪守所闻,其学笃实谨严,及其弊也拘。王弼、王肃稍持异议,流风所扇,或信或疑,越孔、贾、啖、赵以及北宋孙复刘敞等,各自论说,不相统摄,及其弊也杂。洛闽继起,道学大昌,摆落汉唐,独研义理,凡经师旧说,俱排斥以为不足信,其学务别是非,及其弊也悍。学脉旁分,攀缘日众,驱除异己,务定一尊,自宋末以逮明初,其学见异不迁,及其弊也党。主持太过,势有所偏,材辨聪明,激而横决,自明正德、嘉靖以后,其学各抒心得,及其弊也肆。空谈臆断,考证必疏,于是博雅之儒,引古义以抵其隙,国初诸家,其学征实不诬,及其弊也琐。要其归宿,不过汉学、宋学两家互为胜负。夫汉学具有根柢,讲学者以浅陋轻之,不足服汉儒也。宋学具有精微,读书者以空疏薄之,亦不足服宋儒也。消融门户之见而各取所长,则私心祛而公理出,公理出而经义明矣。盖经者非他,即天下之公理而已。

按读此可见清代所重视的考据仅及汉。所评论的六变,其一即汉,在初步形成经学的情况。其二即汉末至宋初,实由六艺经三玄三教而增佛道,如仍此六艺视之,何能不"杂"。其三即宋学,然不知佛老及三教统一的理论,何能得理学之蕴。其四自宋末至明初,造成学派道统之争乃理学之弊。其五即明中叶至清初,即因否定王阳明心学而引起以古为是的思想。其六即乾隆后清代所重视的治学原则,且仅知辨汉宋而不知其他,此为乾嘉学派不可弥补的缺点。而穷变通久的易学,仅为汉宋所拘,其何以见易学的本来面目。进而观易类的总序,可一览而知其非。

　　圣人觉世牖民,大抵因事以寓教。《诗》寓于风谣,《礼》寓于节文,《尚书》《春秋》寓于史,而《易》则寓于卜筮。故《易》之为书,推天道以明人事者也,《左传》所记诸占,盖犹太卜之遗法。汉儒言象数,去古未远也。一变而为京、焦,入于机祥。再变而为陈、邵,务穷造化,《易》遂不切于民用。王弼尽黜象数,说以老庄。一变而胡瑗、程子,始阐明儒理。再变而李光、杨万里,又参证史事。《易》遂日启其论端。此两派六宗,已互相攻驳。又易道广大,无所不包,旁及天文、地理、乐律、兵法、韵学、算术以逮方外之炉火,皆可援《易》以为说,而好异者又援以入易,故易说愈繁。六十四卦《大象》皆有"君子以"字,其爻象多戒占者,圣人之情见乎词矣。其余皆《易》之一端,非其本也。今参校诸家,以因象立教者为宗,而其他易外别传者亦兼收以尽其变。

　　此以汉儒言象数归诸《左传》为正,然未尝理解《左传》之得失,若神化易学的应验,今日何可再信。其后为一变而京焦,再变而陈邵,乃易学由卜筮之理上出的两大进步,不究其得而视之为不切于民用,恰为是非颠倒。至于以王弼说以老庄,一变而胡程始以儒理,再变而李杨参证史事,全属表面现象。王弼之老庄与汉初之黄老全然不同,而胡程的儒理何可合诸春秋时的孔子。即此二派六宗的互相攻驳,仍属汉宋之间的争论。至于天文、地理、乐律、兵法、韵学、算术及方外的炉火,本属易学所当重视者,仅认为是好异者援以入《易》而非其本,则易学的范围仅为二篇十翼的文字所限,此不知文字所指三才之道的具体形象,何其陋哉。如是经学易何能为六经之原,又何能为《四库》之首。故《古今图书集成》与《四库全书》,不论其体例之同异,亦不论其主宋主汉的同异,而对易学认识的深浅若此,则以乾嘉学派之琐碎,尚何能见整体易学的伟大面貌。

二、清代的宋易及其外传

——为德国莱布尼茨所重视的情况

宋易起于陈抟(？—989)，由宋初至清初盛传了七百余年，及清康熙(1662—1722在位)中期发展到最高峰。且理学的程朱学派主要人物已由程颐转移到朱熹，易学的重点亦由程颐的《程传》归诸朱熹的《本义》。这一变化，对易学的认识确能深入一层。然顾亭林(1612—1682)尚认为数百家解说《易经》的文献莫善于《程传》，此义未可谓非，但若以整体易理观之，则《本义》的观点远超过《程传》。这一对易理的认识，康熙帝玄烨确能了解，且在这一认识转变过程中起了决定性的作用。故《本义》一书已为当时的学者所必读，《本义》前所载的九图，亦早已家喻户晓。此为清初认识易学的学风。

合诸世界文化的发展，经千余年黑暗时代的西方，始进入文化与思想发展的新时期——文艺复兴。以地理交通论，哥伦布于1492年(明弘治五年)发现新大陆，麦哲伦于1522年(明嘉靖二年)绕地球一周，由是世界交通日益发展。以宗教思想论，马丁·路德(1483—1546)正掀起改革宗教教义的事业，且传教士的性格有远超出传教的热忱，海路的传教自然兴起。然当时传入中国的是天主教，尚有意不提马丁·路德的情况。首批有作用的传教士有意大利人利玛窦(1552—1610)，曾于万历二十九年(1610)见到万历帝。利玛窦能利用当时西方的自然科学知识，结合中国儒家之说以传播其天主教。故以正面论，不可忽视其有交流文化的贡献。中国方面接受其文化思想者，当以徐光启(1562—1633)为代表。继之法国的航海地位上升，路易十四(1638—1715)又派遣天主教教士张诚、白晋等五人来中国传教，是时中国已由明而清。此五位教士于康熙二十七年(1688)到达北京，受康熙帝召见并得到任用。与传播宋易有关者，就是传教士白晋

(J. Bovvet)。白晋能继承利玛窦的方式,著有《古今敬天鉴》,亦大量引用儒家经典。且进一步翻译《实用几何学》等,颇能得康熙帝信任,数年后曾返回巴黎,著有《康熙评传》。当白晋回到巴黎后,于1697年10月18日第一次与莱布尼茨(1646—1716)通信,并赠以《康熙评传》及提到有汉学书三百卷,后者现收藏于法兰西王家图书馆。其后,莱布尼茨复信,希望白晋多多了解中国的情形,尤其是历史、文学、数学,更劝白晋应研究中国医学,且自述了一种极重要的想法:

> 我抱有多年的默想,而且很想拿来试验。但是,因为时间的缺乏和帮手的难找,迄今没有着手。我认为数或代数的证明,是一种最确实的证明,如果拿来解说抽象的必然的真理,这是最科学的方法。此种方法,所谓"言语道断",空一切的依傍,而以之对语言隔阂、居住辽远的国民讲解真理,真有不可思议的效用。例如,我们认为启示宗教之连续的自然宗教,要使一般人了解她的抽象的真理最好是应用此种方法。

因为莱布尼茨有此想法,故白晋的第二封信,就谈到《易》的故事,这封信是在法国的洛瑟(Roscher)寄出的。此后,白晋又到中国来,于1699年9月11日(康熙三十八年)从北京寄出第三封信,且将中国的法律书送给莱布尼茨,主张有必要以哲学作为传道工具,并说明近代的哲学不如古代的哲学更有用。

以上二信,未见莱氏的复信。继之白晋于1701年11月4日(康熙四十年)又给莱氏写了第四封信。由此信的内容看,莱氏曾有复信,于复信中已谈到二元算术的问题,并有一张从64约为32的数表送给白晋。白晋看后,认为全同于易卦的配合,并赞成莱氏所提倡的普遍文字,且提出此种数学的引申运用,可以把《易》的原理应用上去。就在这封信中,寄去了《本义》前的易图。以当时的通信速度,莱氏于

1702 年初看到其信,其时年龄已五十六岁,一切知识当然很丰富,故见到易图(主要是《伏羲六十四卦方位图》)就大加赞赏,心情非常喜悦。以下摘录莱氏这一内容重要的回信,信中说:"中国人有长久的经验,所以与其留意他们的理论,毋宁留意他们的实际。他们的技术亟宜研究,例如造纸和不透风不透水的布,都是最精的技术。"其次谈到政治,又谈到科学,论及微积分与力学,以下则说:

> 这里,再回到贵翰的重要问题罢,这就是我的二元算术与伏羲易图的关系。大家都相信伏羲是中国古代的君主,世界知名的哲学家,并且是中华帝国和东洋科学的创造者。这易图是留于宇宙间的科学中最古的纪念物。但是依我愚见,这四千年以上的古物,数千年来没有人能了解她的意义。她和我的新算术完全符合,当贵师(指白晋)正努力于理解这记号时,而我在接到贵翰以后,即与以适当的解答,这是不可思议的。我告诉你,我若没有早发明二元算术,我也不能明白六十四卦的体系和算术画图的目的,望洋兴叹,不知所云。我发明这算术,距今二十年前。我认定这以 0 与 1 简括的算术,把数的科学,从来局限于某部分的,而进于更完全的领域,这是有不可思议的效果的。但是,我在没有成功更大的效用的时候,我暂时保留公布了。以后又因种种的事业和默想,把我对于这点上的努力妨碍不少,因而在任何刊行的书物上,我遂没有把她公开于世。不料到了现在,偏于阐明中国古代的纪念物上,发生了重大的效用,并以献于贵师参考,不胜喜悦之至。我想,这是冥冥中若有主宰之者,是天助也。若果有适当的人,更好好地应用算术,对于贵师的解释,更加入一种新方法,可以唤起中国皇帝及大官的注意。

由此段内容,可见莱氏发明二元算术与伏羲图的关系,亦就是视

阴阳为二进位制。以下更论述具体的配合法,莱氏说:

> 伏羲的方图与圆图,是同样的东西。可以由方图说明圆图。怎么样呢?因为圆图的顺序稍稍乱了的缘故。我在圆图上,先从右方的下面数起,即从䷁与䷖等开始,换句话说,即从 0 与 1,亦即从 000000 与 000001 开始。何以故呢?我们看圆图的时候,视线先放到中心,定要从近于中心的边线数起。(圆图的卦,从近乎中心的一方数起,更改为 0 与 1 的算用数字。例如 011111 改为 31,000011 改为 3。)汉字本身,有方向性的表示。换句话说,汉字可以从中心一方看起。若以离中心远的一方,为文字的上部,旋转图形时,亦可以达到同样的结果。方图的顺序是同样的,与圆图亦相适合,这恰如地球离中心远的一方常在最高的部分是同样的,我想伏羲是仿地球而制圆图的吧。
>
> 贵师啊!你必须在圆图里边的上图,写上 drw 与 kdjw 才对。但是,圆图的卦,从右方的下面 0 与 1 开始,而到左方的最高,与中心最近的一线,即 011111 或 31,此后,不从左的上部通过而下行,却从左的下部 100000 即 32 而上行。邵康节圆图顺序的这样不规则,是完全要符合于伏羲方位图的不规则的缘故。
>
> 这多少有点麻烦,圆图与方图之间,是显然有外形的差别。左方从下而上,遂终于䷀或 111111 即 63。方图的秩序是完全自然的,䷁、䷗、䷆、䷠等即 000000,000001,000010,000011 等的顺序,从左到右,每到终止,又从左右行,全体八列,从上而下。这若从各卦看起来,是反于中国人的爻要从下画上的习惯。
>
> 在古波斯所发现的纪念物,文字是欧洲式的,从左读到右边,又有不同的地方。

这就是莱氏具体认识伏羲方圆图与他自己发明的二元算法的关

系。今日观之,莱氏的发明的确重要,合诸伏羲方圆图亦极自然,决不是有意附会。其次序于圆图为由内向外,于方图为由左至右,由上至下,于卦象就成为由坤到乾,于中国的看法当视之为由乾到坤,此向量的不同,大义仍同。今考察莱氏的情况,虽在二十年前(1682年,莱氏36岁)有此发明,然莱氏对数学的贡献,已有实际应用价值的,是发明了微积分,且尚在与牛顿争取微积分的发明权。当时虽归诸牛顿,然莱氏所创建的对微积分的一整套运算符号及对微积分的认识,其作用实与牛顿相伯仲,此历史的评价,尤能合于当时科学院的判断。故莱氏虽认识用二元算术以表示抽象的必然的真理,惜在当时未能产生更大的效用,故在二十年中未发表决非偶然。及看到伏羲易图,而以二元算术可解释此图,则不得不引起高度的喜悦,且认为若有主宰者。此易图可不用文字以会通人类之思想文化,实有其不可思议的作用,然确应归诸数学语言、符号哲学的范畴,仍不应增加其神秘性。至于莱氏更以宗教角度认识易学,且以接受马丁·路德的观点等,另详《易学史》。白晋接到莱氏信后,更于1702年11月8日回信,可见当时往返一信约需一年。凡此信札及莱氏于伏羲易图上亲手所加的数字等,今仍保存在德国的汉诺威(Hansnover)图书馆,下附莱氏已加数字的《伏羲六十四卦方位图》。至于白晋了解莱氏对易图的认识后,是否告知康熙帝,尚无明证。而白晋与康熙帝的关系,仍极融洽,且康熙时的确重视宋易。康熙四十四年(1705)康熙帝召李光地(1642—1718)论易,命李光地开始纂辑《周易折中》,康熙帝亦于五十二年至五十三年中阅读之,此书故有御纂之名,最后成于康熙五十四年(1715)春。序文能言得其要,全录于下:

御制《周易折中》序

　　易学之广大悉备,秦汉而后,无复得其精微矣。至有宋以来,周邵程张阐发其奥,唯朱子(1130—1200)兼象数天理,违众而定之,五百余年无复同异。宋元明至于我朝,因先儒已开之微旨,或有议论,已见渐至启后人之疑。朕自弱龄留心经义,五十余年未尝少辍,但知诸大全之驳杂,奈非专经之纯熟,深知大学士李光地素学有本,易理精详,特命修《周易折中》。上律河洛之本末,下及众儒之考定,与通经之不可易者,折中而取之。越二寒暑,甲夜披览,片字一划,斟酌无怠,康熙五十四年春告成而传之天下,后世能以正学为事者,自有所见欤。

康熙五十四年春三月十八日书

即此一序,可喻此书之旨。即此一书,可尽宋易之理。而清代宋易,亦以此书为极。在此期间,康熙帝亦曾命白晋等绘制《皇舆全览图》,始于康熙四十七年,成于康熙五十八年(1708—1719),这一工作不仅属中国文化史上的大事,也是世界地理学史上的大事。且证明地球是扁圆的事实,亦是由白晋等在此次测绘中发现的。可见康熙帝崇尚科学的精神,在当时的情况下已能达到国际水平。然阴阳消息,成毁相依,当能合诸科学的宋易在极盛之时,已未能进一步发展。且整个学风已变,另起由尚宋而尚汉,由是造成清易的分裂。观此陈抟易图正可合诸世界文化有以发展之际,国内忽自生复古之风。虽考古观点未可为非且亦有所得,奈有科学价值的易图受到不应有的攻击,并视之为左道旁门,为当时视为正统的乾嘉学派所排斥。再者,对外的政策方面竟采取闭关自守而妄自尊大,尤未合易理,终造成鸦片战争之祸。故今日推究中国衰落的原因,于康熙、乾隆之异其政纲,亦不胜感慨系之。

三、清代的汉易仅能恢复东汉易

宋易当起于陈抟,此在北宋唯邵雍能知之,及南宋朱熹已了解整体易理,始重视陈抟的易图。至于朱学的发展,极于清代康熙时。上节已说明《周易折中》所总结的以朱学为主的宋易,此节当论清代的汉易。由宋易而汉易发生于雍正时,若观时代思潮的变化,实起于明末。当时因否定王阳明(1472—1528)的心学,遂造成古是今非的概念,初则是朱熹而非陆象山,继则并朱陆而非之,如毛奇龄(1623—1706)《四书改错》为专非朱熹之一例。由是当南宋而北宋,逐步不信理学,主要在排斥陈抟之易图,如胡渭(1633—1714)《易图明辨》可为代表。略早之黄氏兄弟,即黄宗羲(1610—1695)《易学象数论》及黄宗炎(1616—1686)《图书辨惑》等,则具斥历代的易学象数。宗羲主"八卦之象、六爻之象、象形之象、爻位之象、反对之象、方位之象、互体之象"七者而非"纳甲、动爻、卦变、先天"四者,此对易学的发展尤多障碍,因七者固是而四者亦未尝非。由是整体易理及清乃进一步分裂,且分裂的情况,并不限于宗羲、宗炎所指的象数图书,因整个思潮旨在好古,乃由非宋非唐而非梅赜。如阎若璩(1636—1704)集前人之说而成《古文尚书疏证》,则梅赜之伪作原形毕现。凡此类重要作品,以考古角度观之,当然有得,故亦不可谓非,且阎若璩尚不废宋之理学更为有见。然梅赜辑《古文尚书》、陈抟绘先天图的作用丝毫不作考虑,则考伪之风既成,不期而产生愈古愈好的思想结构,终学唐韩愈的不读汉后之书,必排佛老以坚执所谓的儒家。这一乾嘉学派学风的缺点,对中国后来的衰弱有直接的关系。非宋而非唐,自然非孔颖达之疏,非唐而非魏晋,当然非王韩之注,非魏晋而是汉,故必须探索汉易之资料。由是寻得《周易集解》一书,确为保存汉易资料的唯一古籍,但误认李鼎祚仅知汉易,故直至清末犹视《周易集解》为汉易,却不知李氏实为"权舆三教"的唐易。其后始深入钻研所保存的汉易资料,渐成清代的汉易这一学风,发展地点在江南。初有吴人惠士奇(1671—1741)著《易说》,可云是清代汉易的嚆矢,其子惠栋(1697—1758)著《周易述》、《易汉学》、《易微言》等,始能略见汉易的规模。由是收集汉易的资料成为当务之急,然十之八仍得自《周易集解》,其间唯虞注独多,犹可考见其思想结构。乃有常州人张惠言(1761—1802)著成《周易虞氏义》、《周易虞氏消息》等,虽未可谓其全同虞氏的思想,然深究残存的易注而求得其整体,用功之勤可喻。主要绘成"虞氏六十四卦消息图",此图前所未有,如能详考虞注而会通之,其大纲确可成此结构,数卦有出入,然无碍于整体。且总于"否泰反类"而消息成"连环",实可视为虞氏有取于《参同契》的主要易象。《参同契》有言:"……先迷失轨,后为主君,无平不陂,道之自然,变易更盛,消息相因,终坤始复,如循连环,帝王承御,千载常存。"其间"无平不陂,道之自然",即指泰"九三,无平不陂,无往不复",象即"否泰反类"。由是"终坤始复"不仅一圈,因已"反类"而成为"如循连环"的二圈。这一虞氏继承《参同契》的消息,竟于一千五六百年后为张惠言所悟得,实为易学中的大事。然张氏此图于清代已评价不一,是之非之各有其人,今则精读虞氏易注者甚少,原义既未知,孰能分辨此图之是非。若有取于"否泰反类"而成"连环"之象,确有精义在,当静心体验之。详下消息连环图。

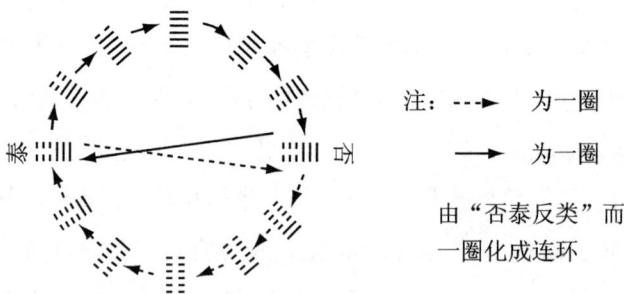

注: --→ 为一圈
　　 ─→ 为一圈

由"否泰反类"而
一圈化成连环

消息连环图

至于清代汉易的进一步发展,当重视全面考察易学本身与各经之会通,庶能复得汉代易学的整体。这一原则,基本完成于《周易姚氏学》。

姚配中(1792—1844),字仲虞,安徽旌德人。能继承张惠言之说,

且更由虞氏经由郑玄、荀爽等易说而旨在会通各经。其一生的思想结构,学易的成就,见于《周易姚氏学》的自序,下录其首节:

> 天一、地二、天三、地四、天五、地六、天七、地八、天九、地十。何也? 一也。一者,元也。元者,易之原也。是故不知一者,不足与言易。元藏于中,爻周其外,往来上下而易道周,是故不知周者,不足与言易。日月为易,坎离相推,一阴一阳,穷理尽性,是故不知太极之始终者,不足与言易。爻画进退,变化殊趣,差之毫厘,谬以千里,是故不知四象之动静者,不足与言易。圣人设卦,观象系辞,拟议动赜,言尽意见,是故不知《系辞》之旨者,不足与言易。《乐》《诗》《礼》《书》《春秋》五者,五常之道,而易为之原,是故不通群籍者,不足与言易。师儒授受,别派专门,见知见仁,百虑一致,是故不深究众说之会归者,不足与言易。以十翼为正鹄,以群儒为弓矢,博学以厚其力,思索以通其神,审辩以明其旨,则庶几其不远也夫。

此序中以"一"、"周"、"太极之始终"、"四象之动静"、"《系辞》之旨"、"通群籍"、"深究众说之会归"七者,作为读易的基础。"以十翼为正鹄,以群儒为弓矢"作为读易的标准,更以"博学"、"思索"、"审辩"三者,作为读易的方法。故姚氏理解并体验的易学思想结构较为完备,基本已符合于《汉书·艺文志》之象。故清代恢复汉易的著作不下百种,今总其要以惠氏父子及张姚二名家,略可见其概貌。因主要的资料来源为《周易集解》,其中集虞氏注独多,宜有张氏之成就,惠氏父子为开创,姚氏已能总结而归诸《易》为六经之原。而或更求西汉的易学,决非为三古经学易所限的清代人所能理解,故清代的汉易仅能由王弼的魏晋以恢复东汉易。虽然,东汉的易学亦有极可贵者,如为黄宗羲所非之四者中"纳甲、动爻、卦变"三者即为东汉易。于虞荀易义中常用卦爻变,纳甲则为先秦之说,两汉时代的易学犹多用之。而"先天"之象,虽为陈抟所作,理则实有所本,且清初既将为西方科学所了解,而在国内反有弃之之意。乃读黄氏兄弟及胡渭之著作时,心中不期而产生是非标准何在的感觉。此节主要介绍惠张姚三家,似可作为清代研究汉易有得者。若仅知否定宋易,否定某种象数者,实不足以语易。姚氏自序中必始于天一地二等十数,庶见易学以象数为本,此与宋易盛传之图书数实有所同。故必通象数,方能认识易学之理,何必分裂汉宋、分裂象数以见易理。然而在清代殊难填此鸿沟,此实为经学易所误,今日研易者当以此为戒,决不可重蹈覆辙。

四、焦理堂的易学三书
——清代的魏易

清代的治学,处处有分裂的形象,其实是对时间认识的不同。考察易学的可贵,早已在结合时空。故认识时间,本可有二种看法:一种为自今推至古,一种为自古推至今。这二种研究历史的方法,似同而实有极大的差别。上节论清代的汉易,即由今推至古,关键点在由王弼而虞翻。然于古的时间当有所限,其限为当时的时代背景,亦即当时的空间,故能结合时空者,庶可见到时空的结合点——现在。这样则不论何时,处处有现在,处处可改变其时间向量。故宋有宋的现在,唐有唐的现在,魏有魏的现在,汉有汉的现在。对古代文化的认识,当合诸"现在"而论其得失,方能为今日的现在作鉴。前节论清代的宋易,所考察的时间向量为自古推至今,故陈抟于北宋开创的宋易,至南宋朱熹方能喻其理而大为推广,且经元明而清初,学风仍同。既得康熙时的现在,则其作用自然可及康熙时的空间,此莱布尼茨所以能见到陈抟所画的伏羲易图。然时间向量随时可变,既可由宋而清,亦可由宋而汉。在清代有极明显的向量变化,其机在雍正之时。

分裂的清易

雍正帝在位十三年(1723—1735),就是局部由外向而内向,由向今而向古。其向量的变化各有是非,雍正之时失在不知现在。至于家族兄弟继位之争,在家天下的条件下,是不可免的事实。唐有玄武门之变,宋有烛影摇红之谜,明有永乐之兵,及清之康熙,不免有传位之争。至于以历史角度视之,当重视继位者对时代思潮的影响及其本人的思想结构。此以雍正帝论,因继位情况复杂,康熙帝的寿命又长,故其继位必花去大量精力,对人事方面的猜忌势所难免,这一狭隘的精神状态决不能与较为宽容的康熙帝相比。故其时虽仍与西方交流天文历算等,而雍正本人对自然科学的兴趣与康熙大不相同。于人事方面,唯在巩固其封建统治,虽能见到与其统治有关的学术,而并不重视学术研究本身。如是的思想结构,虽能保护其子乾隆有六十余年的安乐帝座,而中国近代的衰落起因于乾隆时兴起的乾嘉学派,其学风就是由宋至今变成由宋至汉。由是中国的思想文化,则脱离时代而仅沉醉于古文化,且进一步不知现在。而对朱熹的思想结构,既否定其最基本的伏羲易,且对其封建的道德意识,非但未能参照古文化而有所变化,反而进一步凝固之。故清人的治学,难免于穷理尽性两方面有分裂的感觉,此与汉满民族的矛盾有关。当康熙前民心尚未全部稳定,而康熙之作风较合时代精神。迨雍正而乾隆,自恃全国已太平,国外既可拒之,乃引导学者脱离现在以好古。

以易学论,康熙的《周易折中》能总结宋易而有待后人之发展,而乾隆于二十年(1755)又纂成《周易述义》,其间仅相隔四十年,而学风即变成由宋而汉。《周易述义》之内容所以重视汉学,其价值未可与惠氏《周易述》等著作相比,而为上者作,下必好之。此后或好《周易折中》,或好《周易述义》,尤见乾隆后治学的分裂。当时的儒者,不知深考汉宋的同异及汉宋学术文化对当时的作用,仅知主汉主宋以辨汉宋之是非,是岂治易之精神。况时代先后为客观的历史事实,必以汉在宋前而是汉非宋,更非结合时空的读易原则。一言以蔽之,乾嘉学派之弊,弊在不知现在。当时的"现在",早已可与世界交流,若仍沉醉于古,难免有执古不化之失。其时有焦理堂之治易,其思想结构方能改变时间的箭头,成为当时特出的人才。

焦循(1763—1820),字理堂,江苏江都人。他花了十八年时间成《易图略》、《易通释》、《易章句》,世称"易学三书",成书时间为嘉庆十八年(1813)。此三书的核心在《易图略》,是时张惠言已卒,而焦氏治虞氏易与张氏大不相同,竟主张非虞是王(弼),此实焦氏有得于时代精神。能知虞翻与王弼为同时代人,虞翻七十岁卒,王弼已十余岁,十年后王弼亦短命而亡。故虞翻与王弼可同时见面,年纪仅一二辈之差,而其思想结构有如是不同者,实有取于当时的时代思潮。虞于三国属吴,王属魏,虞合于保守者,王合于创新者。迨晋之灭吴,吴地亦流行王说,而虞有取于同乡魏伯阳《参同契》之易说,已乏人阅读,而同时流传至蜀,于唐代再为之重兴。此为晋代改变汉魏大异的时代思潮,而形成魏晋相似的学风。合诸嘉庆之时观之,由今上推之风既成,势必更由东汉而西汉。以易学论,易学必须包括在经学之中,于是就产生了今古文的问题。而焦循的特色在不陷于今古文之争,转而考察虞、王的"现在"以论其得失。核实而言,易学的问题就在于对十翼的认识。王弼的易注所以不同于汉易,关键就在不准《系辞》、《说卦》等十翼之说,而焦循之读易,亦断章以取十翼中的文句,得"旁通"、"时行"、"相错"而以其自得的概念通贯全易。故其读易法与王弼同,然其自得的概念,则取于虞氏易中有关"爻变之正"之观象法,且加以简单化。焦氏具体的内容视二篇的文辞为"爻变之正"之代号,是犹继承王弼既扫二篇的象,又扫二篇的辞,创见独特。且焦氏自信甚坚,愿与虞氏一辨是非,如身后有知,亦将起虞氏而令其自知其非而知焦氏之是,此为有得于"现在"者之情。然焦循至今亦已一百七十余年,汉魏之辨、焦虞之争,似当以时空结合之情以观其变化时间向量的是非。或更以现在观之,则易学的时间向量亦不一定转机于汉魏。

五、清易的流弊

——或则拘束成经学易的迂腐，
或则陷于象数易的迷信

学术思潮的变化，其来有因。因有远近种种复杂的情况，殊难全部加以分析。要而言之，清易的分裂，其近因来源于明末否定王阳明的心学，由是于明末清初起形成考据的学风。这一学风决不可非，然仅知考据而不论其义理，考据之作用何在？然一心致力于考据者，竟可不论义理。反之，一心致力于义理者，又不惜混淆客观的时空而妄生议论。是皆研究学术文化的大忌，而清易的流弊莫此为甚。虽方苞早有名言，义理、考据、文章三者不可缺一，然在事实上综观清代的学术著作，仍在逐步加深分裂而殊难结合。以易学论，汉易、宋易的作品，开卷即可分辨，直至清末仍同，此为清易明显的流弊。易道一致，何可仅见汉宋之异而不见汉宋之同，然其不应有的影响迄今未已。

由《周易折中》与《周易述义》二书，可全部了解康熙与乾隆两个时期的学风，推而广之，就是陈梦雷与纪晓岚所编辑的《古今图书集成》与《四库全书》所反映的不同学术倾向。以考据论，由宋而推究及汉，这一工作必不可忽视，此为清代主汉学者的伟大贡献。然中国的历史文化决不是始于汉，以东汉方才完成的经学，强加在春秋末期的孔子身上，此何尝合乎考据原则。且由东汉上推至西汉的情况差别已多，此所以造成今古文之争，直至清亡而犹未结束。事实上新出的古文经未必全部是孔子的思想，而有据于秦博士的今文经亦未尝是孔子的思想。自孔子之卒(479)至秦始皇统一六国(221)，其间凡二百五十余年，弟子之相传早已变化多端，况六国地区各有其学风，对孔子的认识当有所不同。未能核实东周的具体史实而空执今古文的不同，其何以见孔子的本来面目。以易学论,由明推至宋,同在理学的范畴中,所谓"朱陆异同"很容易解决,由宋推至汉就有很多困难。《周易集解》所保存的资料,确可了解汉易的概貌,与王弼注本有极大的不同观点。当理解这一观点的不同后,更须了解《易经》与六艺的关系,此为班固所总结的思想,经学易亦由是而形成。然在清代严守尊孔的思想下,于文献方面坚执十三经的文字,于行动方面又坚执理学的道德标准,有此二方面的束缚,何能更上一层以认识易学及其价值。故清易的流弊,于经学易对伏羲卦象、文王二篇、孔子十翼的三圣三古的原则,决不可有丝毫的改变。然以史实论就完全不同,故虽以考据为主的经学易,仅能止于东汉。下以《四库全书》对易类书目的编次,可立见其迂腐。

经部一易类一《子夏易传》十一卷,内府藏本。

《提要》曰:"旧本题卜子夏撰,案说易之家,最古者莫若是书,其伪中生伪,至一至再而未已者,亦莫若是书。……然则今本又出伪托,不但非子夏书,亦并非张弧书矣。流传既久,姑存以备一家云尔。"

纪晓岚专主汉学,重考据,此其可贵处。然于易学则严守经学易的标准,以为十翼为孔子所作,何可不信。而世传有《子夏易传》,旧题卜子夏撰,亦信以为真。然究其内容,一览可知非孔子弟子卜子夏所作。纪氏重考据以编辑《四库全书》亦能知此,然明知此书非子夏书,亦并非唐张弧书,仍姑存以备一家。究其目的,欲以保存孔子传易于子夏的传说,尚信当时真有《子夏易传》,事实上不可能有其事。此内容丰富的《四库全书》本于经部,经部本于易类,易类的第一部书竟托始于伪中又伪的《子夏易传》,其迂腐为何如? 考据的作用何在?

继之为《周易郑康成注》一卷,通行本,宋王应麟编。新本《郑氏周易》三卷,江苏巡抚采进本,国朝惠栋编。《陆氏易解一卷》,浙江吴玉墀家藏本,明姚士粦辑。

在编成《四库》时,辑得的汉代易注,仅郑康成与陆绩二家。其后赖《周易集解》所引及的资料,汉易确可深入研究,辑得的资料可及数十家。然能成为较完整易学结构的文献,基本上仅有郑、荀、虞三家,故尽心竭力以理解的汉易,仍为东汉易。而清代经学易的迂腐,以《四库》的编次可证,必以东汉易视为孔子易,此为今日读易必须纠正的概念。故进而研究易学,有确证为西汉的易著,因未合经学易的范畴反而被排斥在外,可见西汉易学的具体面貌,已为东汉的经学易所蒙蔽。今当以经学易为基础,进而上推,宜理解传统所谓三古易的具体史实及其思想意识。以经学易的发展及其变化论,当知由三玄易、三教易而成为理学易,及清欲以理学易反诸汉之经学易,而比较固定的经学易在东汉时形成,故无法进一步上推至东汉以前。凡清代有关经学易的著作,莫不为十翼所限,须知今本的十翼,本属郑学之徒所数,具体的内容可能不同于《汉书·艺文志》所谓"《易经》十二篇"中的十篇。故以清代的方式研究汉易,仅能止于东汉。必以十翼为孔子作而不再加以考核,此清代的经学易所以迂腐。

另一方面,以象数易论,本属构成整体易学的组成部分。《易》若无卦爻象及卦爻数,亦何能为六经之原。然对象数的认识历代有所变化,认识《易》为六经之原的经学易,就是本于阴阳五行的象数。故西汉的易学名著中,尚保存完整的《京氏易传》、《易林》、《太玄经》三书,有其重要的价值。此三书与三圣三古的经学易有密切联系,尤其是孟京之说,于"六艺略"中亦收录《古五子》十八篇、《孟氏京房》十一篇(灾异)、《孟氏京房》六十六篇、《五鹿充宗略说》三篇、《京氏段嘉》十二篇等。而易学为东汉时形成的经学易所拘,限以十翼解二篇,必以阴阳、五行相分,此所以不能说明西汉的易学状况。或能正确理解易学象数的重要,且见其变化多端的具体内容,方可说明如何由象数易发展成经学易的变化过程。凡正确理解经学易者,决不应放弃象数,然清代所理解的易学象数必与经学易裂而为二,则经学易既不论五行,亦殊难理解《易》为六艺之原的基本原则。由是在虽重视经学易的清代,仍形成各经专治而乏人加以贯通的现象。于易学象数,乃视之为非治易者之本务。而究象数者则继卜筮之理,自京房起已形成一整套理论,其变化之几,实于易学适应于时代思潮有其自然呼应。奈自东汉起逐步分裂,象数易之发展乃日远于经学易,至清代到达极点。专治象数易者根本不理会经学易,然无经学易作为象数易的理论基础,则专谈不合于时代思潮的象数势必陷于迷信之中。对象数相应于三才之道的基本概念,及纳甲爻辰之律历变化毫无所知,则何能说明生克制化之理。由是空执一二千年前的认识论,其所认识的易学象数唯能以迷信视之,是犹坤卦卦辞中所谓"先迷",且愈陷愈深,终难自拔而必被淘汰,亦莫可奈何之事。

六、易学发展至清在三教合一的
理论中起了最基本的作用

东汉的经学易由魏晋南北朝的三玄易而达隋唐的三教易,从认识论的角度观之,易学确能自强不息步步上出,殊合乾元之象。李鼎祚提出的"权舆三教"之象,已达当时的最高层次,此不可不知有受唯识、华严、禅宗等思想境界的影响。且道教自葛巢甫塑成元始天尊之宝珠起,当待日月停轮以反身,经南北朝的酝酿直至隋唐不期而复兴虚室生白之象。且李鼎祚所处的时代,尚能亲见平息安史之乱,其上《周易集解》正盼复现贞观之治。然生产力的发展,兴衰的变化,唐代帝王的遗传因子等,各有其不可逆转的自然因素,故唐代的统治不得不日衰,而三教合一的易学理论,虽为继承陶弘景之说,而其内容更能深入,宜

仍得风气之先而日在发展。故自中唐起,不论五代的急变,宋元明的缓变,易象之内含始终渗入了三教的教义。其基本的易象就在陈抟所画的先天图之中,不知三教教义者,不足以见先天图之蕴。而先天象数的发展情况不期分成二途,于北方为邵康节所继承,后为朱熹所重视,一直盛传至康熙而为莱布尼茨所得。尚有南方一途为张伯端所继承,后为白玉蟾所重视,形成道教中的南宗,自张伯端至白玉蟾五代相传,是名南五祖。这一系统因久为儒家的理论所掩,学术界中甚少注意并加以研究,实则殊能从养生角度,从人参天地的人道入手以认识陈抟的先天图。张伯端所著结合三教的《悟真篇》,即为道家气功中划时代的作品。下示南宗的系统及其著作:

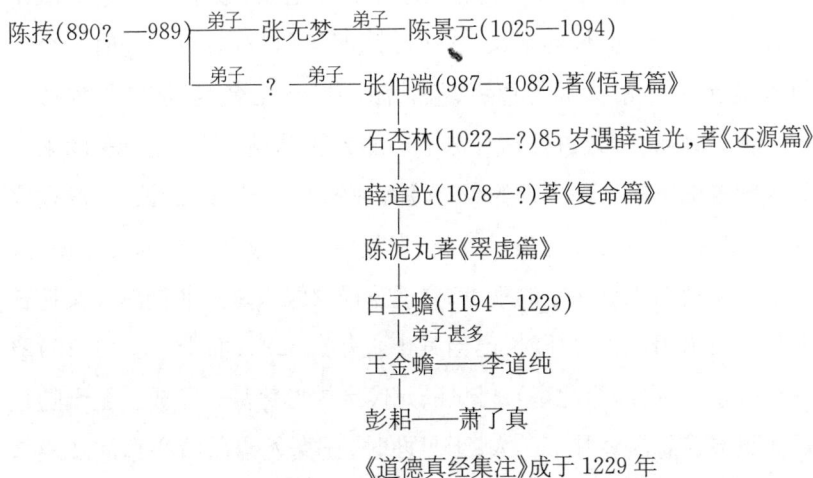

陈抟(890?—989)
弟子——张无梦——弟子——陈景元(1025—1094)
弟子——?——弟子——张伯端(987—1082)著《悟真篇》
石杏林(1022—?)85 岁遇薛道光,著《还源篇》
薛道光(1078—?)著《复命篇》
陈泥丸著《翠虚篇》
白玉蟾(1194—1229)
弟子甚多
王金蟾——李道纯
彭耜——萧了真
《道德真经集注》成于 1229 年

既见道教南宗的师承,又当了解南宋初在金邦统治下的北方,亦产生了三教合一的道教,是名全真教。创教人王重阳于思想中相应了钟离权、吕洞宾、刘海蟾三人,各以为祖师、师父与师叔,于时代亦能兼及,称钟为汉人,吕为唐人,刘为五代人,实则同为主张三教合一的唐末人,准此理论以创全真教。王重阳收了七位有名的弟子,是名北七真,其时代及其著作以下表示之:

孙不二(女)　——创清静派,著《元君法语》
(1119—1182)

马丹阳　——创昆仑派,著《洞玄金玉集》等
(1123—1183)

王重阳　谭长真　——著《水云集》
(1123—1185)

郝大通　——创华山派,著《太古集》
(1140—1212)

王玉阳　——著《云光集》
(1142—1217)

刘长生　——著《仙乐集》
(1147—1203)

丘长春　——创龙门派,著《磻溪集》
(1148—1227)

以易学论,郝大通《太古集》的大部分论易,成于金大定十八年(1178),而朱熹的《周易本义》成于淳熙四年(1177),可云同时。今人每多误解,认为郝大通是道者,且其派亦以华山名,当然继承陈抟之说。在具体研究《太古集》后,殊不知郝大通乃继承汉易之说,尚未受先天学说的影响。而朱熹的《本义》首载先天易图,以《启蒙》之次彻底纠正《易林》据《序卦》之失,反而在发扬主张三教合一的陈抟之说,故无形中支持白玉蟾南宗的观点,白玉蟾极钦佩朱熹决非偶然。又丘长春见蒙古太祖成吉思汗时,已当其十七年(1222),而于十年(1215)蒙古攻占金中都(即今北京),可见以元代金的形势基本已成。至于随丘真人见成吉思汗者凡十八人,于见面时,丘真人语以清心寡欲及戒杀之道而得赞扬,此与蒙古族的汉化有关。迨十九年(1224)三月还中都,自然得君民的拥护而全真教大兴,三教合一的理论亦由是而盛行于北方。及七真的弟子继承,及宋末元初起又渐与南宗结合。故三教合一的观点,合诸易学象数以说明反身修养之理,自宋元起及明清日在发展,与理学发展先天之说同时前进。且理学在上层建筑中流传,道学在民间流传,与医药、气功、武术等有密切联系。明初执政者有意宣传张三丰等道家人物,其后道书代表作如《性命圭旨》等莫不重视三

教合一之旨。及清乾隆时的刘一明著有《周易阐真》等，更能结合二篇十翼的文字以反身，略举二例以喻一斑：

解《蒙卦》卦辞"匪我求童蒙，童蒙求我"曰："匪我求童蒙者，非由勉强，不着于色也。童蒙求我者，出于自然，不落于空也。不着于色，不落于空，非色非空，既非求真，又不除假，常静常应，常应常静，不蒙而似蒙，蒙而实不蒙，外物不得而入，内念不得而生，不求真而真即在是，但此非色非空之道，有养蒙、发蒙二法不可不知。"

解《杂卦》姤夬曰："古真云：一毫阴气不尽不仙，正言此群阴之根也。群阴之根为何根，即人心识神是也。识神者，历劫轮回之种子，生生死死之根蒂，其权最大，其根最深。在姤为初生之一阴，在夬为决终之一阴，姤时他先发，夬时他后去，生人者是他，死人者是他，人多贪恋不肯果决除去，即欲去之，亦不易于去。去之之道，健而能和，刚以柔用，不即不离，勿忘勿助，待其党类已尽，势孤力单，一决即去，拔去历劫祸根，现出父母未生以前本相，圆陀陀、光灼灼、净倮倮、赤洒洒、不生不灭，为金刚不坏之物矣。"

按此类结合三教的易理亦时代产物，以注解文字论，与王弼之虚，程传之儒，不妨并存之而三。惜此类文献，尚未得广大学者进一步认识并加以研究。核其实，是在直接结合人体生理心理两方面以认识人与自然的关系，今后当有大作用，至少也是一种读易的方法。不兼通三教教义者，或坚信一家者，殊未可妄加评论。略早有明末僧人曰蕅益大师，著成《周易禅解》，时当顺治二年（1645），亦能兼通易与佛。蕅益大师对佛学的认识，见其所编的《阅藏知津》，贵能会通于天台宗。天台宗的教义，本与在中国所发展的佛教有关，宜其能通于易。其释伏羲六十四卦方位图曰："大不碍小，小不碍大，大亦只是六十四卦，小亦全具六十四卦，一时一刻亦有此六十四卦，亘古亘今亦只此六十四卦，若向此处悟得，便入华严事事无碍法界。"以今而言，本诸华严之象，已能理解宏观微观之辨，且有得于种种时空数量级，任意而用，何

碍之有。凡观陈抟之易图,本当有此识见。又释《说卦·广象章》曰:
"此广八卦一章,尤见易理之铺天币地,不问精粗,不分贵贱,不论有情
无情,禅门所谓青青翠竹竹,总是真如,郁郁黄花,无非般若。"又云:
"墙壁瓦砾,皆是如来清净法身。""成佛作祖犹带污名,戴角披毛推居
上位,皆是此意。"则不愧此书取《禅解》之名。或读易而尚不知易象之
重要者,则读易何为?此为"易者象也"的基本认识点,方外人反知,部
分自认是儒者的人尚不知,可证易学的内容实未能为后世之小人儒所
能理解。

更及清末有杨文会(1837—1911)出,庶可为当时杰出之士。生平
好读奇书,凡音韵、历算、天文、舆地以及黄老庄列靡不领会,二十七岁
(1864)时得《大乘起信论》而研究佛学,翌年起专心奉佛与刻经。于戊
寅年(1878)随曾惠敏奉使欧洲,于五十三岁(1889)应刘芝田召再往英
国,且于东瀛购得全部小字藏经,此后即闭门学佛,赖其国外关系,广
求中国失传在外之古本佛书凡二三百种,最重要部分就是玄奘所译出
的唯识法相等。于甲午年(1894)与英人李提摩太英译《大乘起信论》,
以为他日佛教西行之渐。又于丁未(1907)秋在刻经处开佛学学堂,名
祇洹精舍。虽时当清末,而其学风重见唐代之贞观。且杨之礼佛,理
兼儒道,观其全集中有《论》、《孟》及《阴符》、《道德》、《冲虚》、《南华》诸
经的"发隐"可知。其学问与易学似觉无关,而清代分裂的易学,必迫
有会归三教之理者,方可使之复合。宜杨之传人,似以欧阳竟无为主,
而李证刚学于杨亦属事实,后者能有悟于虞翻的易象,何可不重视之。
又欧阳竟无之传人,似以吕澂为主,而熊十力学于欧阳竟无亦属事实,
由之成《新唯识论》而归诸《乾坤衍》,其有得于易象,又何可忽其已破
本体论后的时空结构。故清代的易学既分汉宋后,决不能更从汉宋
合,合之而复见整体的易理,必有取于三教合一的原则。其间唯玄奘
亲得于印度之唯识法相,竟失传于中国本土,幸已复得而更形成深入
研究的兴趣,亦属提高对易象的认识。而儒道的变化基本尚有文献可

考,惜黄老易的史实久为经学易所邪曲。要而言之,能反身以体验三教合一之易学理论已极于清代,凡有志于研究易学者当筑基于此,而其发展当更有所创新。全人类全世界文化的交流,易学当起不亢不卑的应有作用。而对自古至清末的具体概貌,又何可不先加以认识。

附录一

易学史大纲

叙　论

　　《易》这一部书,流传的时间长,影响的地域广,历代加以发挥,加以注释的人又多,由是内容极为复杂。或任选数种不同时代、不同地域、不同作者的易学作品,其内容可能绝对不相同。如取西汉京房(前77—前37)《易传》、魏王弼(226—249)《周易注》、宋朱熹(1130—1200)《易学启蒙》、清张惠言(1761—1802)《周易虞氏义》并观,自然可感叹不同时代《易》的复杂性。更以邵雍(1011—1077)《皇极经世》与程颐(1033—1107)《易传》并观,二位作者虽同在北宋,同在洛阳,其内容亦截然不侔。即以一人言,如王船山(1619—1692)《周易外传》(约四十岁时成书)与《周易内传》(约六十七岁时成书),因成书时间不同,内容亦未可并论。何况易学的内容,应当重视其"近取诸身"与"远取诸物"的特色。从近取言,《易》与《内经》的关系尤不可忽视,它与历代的医书在象数方面有其内在的联系,且一大类有关修身养性的易学著作也须注意。要而言之,汉魏伯阳所体验两孔穴法的《周易参同契》(书行于167年),唐司马承祯(647—735)所想象生死乎《易》中的《天隐子》,唐李通玄(? —730)所感应华严易象的《华严合论》,唐洞山(807—869)所参悟离卦回互的《宝镜三昧》,宋张伯端所创立本诸陈抟以得其难遇易成的《悟真篇》,清刘一明所乐而玩其辞的《周易阐真》等等,如能兼收并蓄,庶可喻易学内容的丰富多彩。从远取言,举凡制器尚象的原则全出乎《易》,如天文、数学的原理,炼丹的火候,建筑、书画、雕刻的神韵,莫不有悟于善变之易象。易象因时空而变,永久无已,数千年来确在起作用,不愧为兼及天地人三才之道的易理。或坚执易学某派之说,某家之注,以为易学全在其中,似不可能,亦不必为其所囿。因《易》者象也,象以繁赜变动为贵,岂以局促孤陋为是。

观此繁赜变动的易学形象,就是人在四维时空连续区中的易学事件,是之谓易学史。因史地为限,以见一人在其有生之年,对易学有所认识,有所继承与发展的过程。惟易学有得于自然的本质与人类的共性,未可为某人所限,故继之者日盛,二三千年来代代有人继之,又代代有所增益,其内容日见繁赜。然则易学的原著为何时、何地、何人所创作? 易学的基本思想与其显出的基本形象是什么? 这是一个最先需要了解的问题。也就是这一问题,形成了历代种种不同内容的易注。今须说明这一问题,不妨先从经学易说起。因经学宜废,历史事实仍在,然考察史实,于东汉起的易学就包括在经学之中。从经学角度观之,所谓易学已分图象与文字二部分。以图象论,《易》有基本的八种符号即八卦,作者是伏羲,至于何人使八卦重爻成六十四卦,有各种传说,始终未能统一。以文字论,《易》又有"经"、"传"之分,"经"的作者认为是文王,"传"的作者认为是孔子。这一伏羲画卦,文王作经,孔子作传的观点,就是二千余年来形成经学易的基本观点。这一观点为历代经学家固执之,迄今仍有极大的影响,其实内在的矛盾极多,这就造成了近百年来主要讨论及研究《易》的作者等考据问题,然尚未有比较正确的答案。若未能解决经学易观点之是非,极难对易学有比较正确的认识。或仅能注意经学易观点的内在矛盾,就放弃研究易学本身,这是极大的错误。惜研究易学者大半执一于某派某学之说,极少能从史学角度认识易学并讨论经学易的形成问题,对孔子前文王后及文王前的情况,凡此必须正面对待的问题,皆成想当然之说,此所以造成对易学认识的混乱。且秦汉以来的易注,各有其读易的时代意识,或未能认识时代思潮及其变化的史实,殊难进一步恢复认识易学的整体。本书的观点,从史学角度着手以论述易学的内容,庶可概观史前史后及历代数千种易注的具体思想,重点在说明经学易的实质是什么及经学易以前以后的变化情况。

以经学易所认定的三位作者论,伏羲是一位传说人物,文王、孔子是历史上有大作用大影响的划时代人物。合诸已能证实的历史观之,殷墟出土的甲骨文已有大量的文字,其丰富的内容,可代表商代的历史文化,故至少在文王前中国早有可靠的有史文化。然经后代的转述难免失实,而其间仍当理解其确有所指,决非全部杜撰。故认为在神农氏前的伏羲氏始作八卦,当究其传说的来源及征诸考古的实物,既不可全信为真,亦何可全部否定。对伏羲氏等的时空情况,宜为之推敲,是否已有八卦?八卦的具体内容是什么?皆宜为之初步说明。故将文字前的伏羲氏,伏羲氏后之神农氏、黄帝尧舜氏及夏商一代作为本书的第一章。自伏羲氏起至文王前,易学以符号为主,与文字有联系尚少。继之以文字论,当从文王起至孔子。经学易对学易者贻误二千年的大错误,就是肯定了《周易》十二篇文字的作者,即卦爻辞四百五十节认为是文王所作,且已本《序卦》之次而分上下二篇,上篇三十卦,下篇三十四卦。未几马融等见及爻辞中如"箕子之明夷""王用亨于岐山"等文句是文王以后事,故又不得不改为卦辞文王作,爻辞周公作,其实仍难解决卦爻辞合诸卦爻象的内在矛盾。这一个问题今已可得到较为正确的认识,关键点在于最近一二十年内所认识的数字卦,内容详见第二章,此章叙述西周时易学发展的具体史实。第三章属孔子时对易学的认识,基本定为东周春秋时代易学发展的史实,然决非孔子一人的作用。十篇易传的问题,应先理解其具体内容,方可考证作者。且已可决定十篇非一时一地一人的作品,完成的时间有些早于卦爻辞,绝大部分在孔子后,故基本可否定传的作者为孔子。第四章特提出子贡、邹衍二位作者,他们对战国时所发展的易学曾起大作用,惜二千余年来为经学易所忽视。第五章必须说明秦皇汉武的干扰易理,而司马谈父子身历其变,最后编定十二篇当属于三家易。更核实十篇的内容,必须参考《太玄经》,故第五章所叙述的时间,从秦始皇至扬雄。以上五章的内容,或仍为经学易观点所束缚者,必将茫然。事实上毫不奇怪,二千余年来,易学经过经学家的宣传,早已积非成是。然上已提及,仅执考据者或轻视《易经十二篇》的文字,则又为绝大的错误。因此十二篇文字的结构有其整体性,准此以认识易学象数,方可了解象数之精义,始能不废卜筮而提高卜筮的价值。有文字的卜筮与无文字的卜筮,决不可并论。继之在第六章东汉时的经学易中,又有一大变化,就是十篇与十翼的问题,由十篇而十翼,所以造成象数与义理之间的分裂。这一较复杂的问题,仅能择其要点来加以解决。以今日学术界中通行的术语来比喻,易学的象数属自然科学,易学的义理属社会科学。其实必须合一,方能理解整体的易理,其象数有属社会科学,其义理亦具有自然科学的哲理。惜二千年前象数义理分裂后,迄今尚未能填平其鸿沟,此易学的发展之所以停顿,若能解决这一问题,易学将更有前途。以上概论经学易的得失。庄子曰"方生方死,方死方生","其分也成也,其成也毁也",可云精微。观此经学易的成毁,实在同时,郑玄与郑学之徒当之。观东汉的易学,从清代恢复的材料论,仅有郑玄、荀爽、虞翻三家而已,第六章详为介绍,以见汉易的一斑。

第七章述三玄易,三玄易实起于王韩易注。第八章述三教易,然孔疏视为经学易,乃见唐代的所谓经学与汉易大不相同。李鼎祚的《周易集解》约能恢复东汉易,事实上已见到由易老庄的三玄化成儒释道的三教,此为李鼎祚深通易学的卓见。惜由三玄成三教的唐易,虽史实俱在,迄今仍未为学者所重视。理学之理,莫不从三教中得其纲领以归诸孟子,然更继韩愈排佛老之旨,宜其有陷入虚伪之弊。第九章叙述宋代理学易,较为今人所知,要以陈抟为始,朱熹为集大成。第十章论元明理学易的变化,不应不知道道教南北宗的结合及王阳明有其神奇之才而当以王船山为终。

至于清人之治易可云坚韧,然而或汉或宋的分裂,愈陷愈深,直至清亡而仍不能解决,今日研易者仍有此执,是皆未能了解汉唐、唐宋、宋清的所谓经学,早已名同实异,而且清代所恢复的经学与汉代的经学未尝相同,何况易学之理,何能为经学易所限。今于第十一章概述清易的分裂。

历代易学变化万千,唯能深入近取远取者,庶有一之之道。今当进一步认识自身以及认识万物,且当同归于自然而见到生物之作用,始为人参天地的整体易理。作者特于第十二章中明示易学的展望,今就正于读者,并愿与读者共勉之。

提　要

《易学史》一书,旨在客观叙述中国历史发展中,包括史前史后及有文字以来数千种易学作品的具体内容。观易学象数的洁静,义理的精微,已包含着中国历代思想与思潮的脉络。举凡科学、哲学、宗教的发展,莫不与易学有关。在传统思想中,易学的地位也至为崇高。易学于汉武帝后尊为六经之原,魏晋起化成易老庄三玄之主,隋唐以来更有儒释道三教权舆之称,宋初陈抟的先天图非但合一三教,且其二进制与矩阵方法今已影响世界之自然科学。究其实,历代易学莫不体现了每一时代对天地人三才之道的认识,然由于种种原因,易学每为神秘的外衣所蒙,故亟须有史以考察之。易学史的考察,宜根据历代著者所处的时空条件,以见其易著所表达的实质性内容,并追溯其汉武帝前的源流,分辨其得失,还其本来面目。凡历代关键性的易著,均须深入其核心的思路及承前启后的作用。由于每一种易著,势必与历史状况和思想状况息息相关,所以易学史的发展线索,也反映了中国历史与中国思想史发展的主要轮廓。

全书凡分三卷。第一卷自古至西汉末,包括新莽,即自上古至公元 24 年。此一阶段的易学史,主要完成了易学的基本文献。第二卷自东汉初至唐末,包括五代,即公元 25—959 年。此一阶段的易学史,主要在发展经学易,由三玄、三教以加深对易学的认识。第三卷自北宋初至清末,即公元 960—1911 年。此一阶段的易学史,主要在深入对易学象数的认识,取其义理作为理学的基础。及清代恢复汉易,然文献不足,其结果仅止于东汉易。自清末发现甲骨文,尤其是中华人民共和国建立后,考古学有极大的收获,于易学方面主要是认识了殷周之际的数字卦及秦汉之际的帛书本《周易》,由是对易学的基本文献,所谓伏羲文王孔子三圣的经学易,可作全面的深入认识。凡数字卦如何形成? 箸龟卜筮的关系如何? 又数字卦如何发展阴阳符号卦? 如何形成二篇? 又如何逐步增加解释四百五十节卦爻辞的易传及取舍易传以成十翼? 当既成今本的《易经十二篇》,不可废二千年来的旧观点,因此观点已在客观历史上起了重大的作用,然又不可不以二千年前的史实加以澄清,以了解种种旧观点的形成及流传情况。于历代易著中对三圣的经学易本有种种不同的观点,今择其要者,亦逐一为之说明,故此三卷本《易学史》,每卷每章各有其合乎史实的重点所在,不同于二千年来的一般观点,斯为本书的特色。

本书第一卷约五十余万字,第二卷约四十余万字,第三卷约四十余万字。

全书共一百三四十万字,由于字数较多,出版略有困难,况有过分专业化的倾向,或非一般学易者所需要。故先摘要成《易学史大纲》,

约二十万字左右,仅叙述每一时代关键性的变化情况,可作为《易学史》的基础。

目　录

《易学史大纲》,自序,提要,叙论。一,上古易(5);二,中古易(8);三,下古易(7);四,东汉经学易(5);五,三玄易(5);六,三教易(7);七,理学易(8);八,清易(6);九,展望(4);跋。

简短的跋语

附录二

拟写《易学史》目录

附录三

论朱熹以易学为核心的思想结构

朱熹字元晦,亦字仲晦,号晦庵、晦翁、遯翁、云谷老人、沧洲病叟、空同道士邹䜣等。安徽徽州婺源人。生于南宋高宗建炎四年(1130),经孝宗(1163—1189 年在位)、光宗(1190—1194 年在位)而卒于宁宗庆元六年(1200)。凡朱子迄今约八百年,在此期间朱子的思想结构于中国文化的承前启后,产生了划时代的变化,所谓宋明理学实由朱子所形成,如无朱子的思想结构渗入其中,理学的面目当有所不同。故理学对中国民族性的影响,朱子占有大半作用。宋后学者除主朱者外,不论是之非之,如元吴澄、明胡广、王阳明、王船山,清毛奇龄、陈梦雷、李光地、纪昀等等,推究其思想根源莫不与朱子有关。宜八百年来,对朱子学术的整理、叙述、评论已相当完备。今日进一步再加研究,贵在能从各种角度深入认识朱子的思想结构,及讨论从何种角度宜加以批判,从何种角度宜加以继承并宜加以发扬。且应认识朱子思想结构的核心是什么? 这一核心是否应批判? 是否应继承? 以下论朱子以易学为核心的思想结构。

综观朱子一生七十一年的德业,可分三个阶段。划分阶段处,一当高宗、孝宗即位之际,一当孝宗、光宗即位之际。第一阶段自初生至三十四岁(1120—1163)。是年其师李延平卒,亦当孝宗即位而朱子上封事,以明格致治平之道。这一阶段中朱子曾出入佛老而定内圣外王的准则。此一准则从表面观之,就是朱子能继承北宋的道统而成为理学集大成者。传统认为,且朱子本人亦有所言,自见延平后,始能专承二程正统之理。其实并不如是,朱子始有扩大二程之识见,尤其是《易》。此于第一阶段见延平前的出入佛老中早有所认识,于后面二个阶段更在发展。第二阶段自三十五岁至六十岁(1164—1189),是年朱子作成《大学》《中庸》序,以明道统的传矕,且于孝宗末年曾上奏辅翼太子、选任大臣、振举纲纪、变化风俗、爱养民力、修明军政六事。这一阶段中朱子完成了主要的各种著作,于易学为《周易本义》《蓍卦考误》《易学启蒙》三部,这三部易著的内容,迄今仍对易学发展起极大作用。且认定伏羲自然之易后,始能深信"伏羲、神农、黄帝、尧、舜所以继天立极"(见《大学章句》序)的道统,实大大超越了二程之理。况以易学为核心的思想结构,一如道统的自然相传,视《易》为卜筮之书,更非一般读《程传》者所可理解。当时朱子与林栗有论《易》与《西铭》不合的事实发生。读林氏《周易经传集解》,如以《序卦》为卦变,体象为包卦等,固有其独特的体例,亦可备一说。然仅得易道的一端,何可与朱子已得整体的思想相比。不幸朱子所继承的道学,由是而始受林栗之毁,此亦时代使然,林栗之识见不可能理解朱子。林氏之书于淳熙十二年(1185年)上于朝,是年朱子五十六岁。于第三阶段的朱子,见愈高,身愈退,名愈大,谤愈增,孜孜于《楚辞集注》,其情可喻。奈终成"庆元之祸",故自庆元二年至六年卒的五年中,于学术方面不得不另辟蹊径而能更上一层。主要本诸《调息箴》而深究《参同契》一书,直至蔡元定(1135—1198)既卒,始了解以易理相通的策数反身,由此方法而探得其"孔穴"。故朱子于养生之道,实有所悟,然已年近七十。"朝闻道,夕死可矣",朱子或能默契于心。此为朱子由"远取诸物"而"近取诸身"的切身体验,亦为以《易》为核心的思想结构的关键处。然直至纪昀及近现代各家的认识朱子,莫不有碍于儒道之辨,基本尚未论及此一问题。其实理学本身虽曰本诸孟子,以史学发展角度观之,其理本属三教合一的产物。以下先从朱子的字号以说明之。

朱子名熹,义取灿烂的晨光,于易象为震(☳)为复(䷗)。然其光初耀未可忘晦,其中所含的元气尤宜韬晦,此所以字元晦,亦字仲晦,进而能安于晦而老于晦,此为朱子的基本思想。所以有此思想,实为时代所限不得不然。因南宋与金有不共戴天之仇,然而和既不可,战又无力,乃整个南宋时代的客观缺陷。处此条件下,略如明夷(䷣)之象,仅能用晦而明,以退为进,宜又自取遁翁、云谷老人诸号。若号沧洲病叟者,实为众生病,此有得于《维摩诘经》之蕴。最后注《阴符经》、《参同契》时,更题空同道士邹䜣的别号,义取于因空而同,由"绝四"、"丧我"而见邹之䜣。邹本邾国,䜣通熹,是即吾之本来面目,赖以传侜国熹光于无穷,何必戚戚然于"圣人之于天道""君子不谓之命"之"性"。此所以能安然而逝,则其身通三教,尽在不言中。唯有此见,方能集理学之大成。下分三个阶段深入以论朱子思想结构的精邃处。

朱子父名松,历官司勋吏部郎,以不附和议忤秦桧去国,寓于安徽尤溪城外毓秀峰下之郑氏草堂。当时南渡初定,松于国事家境可云感慨万千,在其情其景下以生熹。熹聪慧过人,甫能言,父指天示之曰天,熹即问天上何物。《语类》自记:"某自五六岁时心便烦恼,天体是如何?外面是何物?"此一事实当信其有,日后朱子之德业全部奠基于格致之学,于五六岁时已见其几。《行状》记"八岁就傅,援以《孝经》,一阅通之,题其上曰:'不若是,非人也。'尝从群儿戏沙上,独端坐,从指画沙视之,八卦也。"记录这二件事实,又可明确了解朱子一生奉行的道德总则在孝,而其思想结构的核心是《易》,且对《易》的认识基础建筑在格致上,亦就是须了解客观世界的究竟。

朱子不幸,其父于其十四岁亡。然其父一生的学术思想对朱子的成就起了指示性的作用,朱子能善继其父之志而广大之,方能进一步推究理学之源。故其父虽亡,曾受遗教,谓当从胡宪(籍溪)、刘子翚

（屏山）、刘勉之（白水）、李侗（延平）以师之。朱子尊孝道而不忘父训，一度从事佛老之学，最后于延平处归诸二程，此皆与其父之志有关。先以下表示朱子父子与北宋理学的传授关系（表见下页）。

　　由下表可见朱子学术之来源。自十四岁父亡后，唯四年屏山亦亡，其父与屏山皆通三教，此与朱子出入佛老有关，且曾专研禅机。然南宋之禅机，早已失去时代精神，决不能与唐末五代时相比，宜朱子未能有得。师白水后既以朱子为婿，惜屏山亡后二年亦亡，朱子仅二十岁。然朱子之易学，不可不知曾从白水处得天授一系之"史学易"。况久师籍溪胡氏，亦学《易》于天授。当二十四岁时，朱子徒步数百里问学于延平，方能继承二程洛学之正统。此虽朱子自言，然朱子之易学能较二程更得整体者，宜根于见延平前早有对易学的认识。名之曰"史学易"者，实本于陈抟、邵雍、司马光等之一系。且当朱子初见延平时尚徘徊于禅，相交十一年间，于三十一岁起始一心师事之而专心于二程之洛学，此见朱子治学之郑重。有视程朱理学为全同者，似未见朱子以易学为核心之思想结构。朱子确有以驾二程而上之，方能成为理学之集大成者。于三教之实质，更有精深的认识。从整个中国哲学史论，宋代之理学乃三教合一后的产物，屏山之识见未可谓非。由朱子师延平后一心圣学，以继承二程为主，故对屏山必须有所否定。

　　《朱子语类》有言："屏山以韩愈《原道》为孤圣道，绝后学，只要说释子道流皆得其传。如十论之作，他本是释学，但只是翻腾出来说许多话。"此言以二程为主，否定屏山，语极平常。然朱子最后的思想结构，仍有回复见延平前的思想，此为研究朱子思想者所忽视。且屏山喜佛，归而专研易学，涣然有得，以为学《易》莫先于复，而初九乃其工夫之要。朱子尝请益屏山，屏山曰："吾于《易》得入道之门焉。所谓'不远复'者，吾之三字符也，佩服周旋，罔敢失坠，汝尚勉哉。"此实为朱子认识易学的基本点。且今日研究理学，已不可全从《宋元学案》的观点，荆公新学既未可谓非，苏氏蜀学亦何可谓非。最关键人物司马

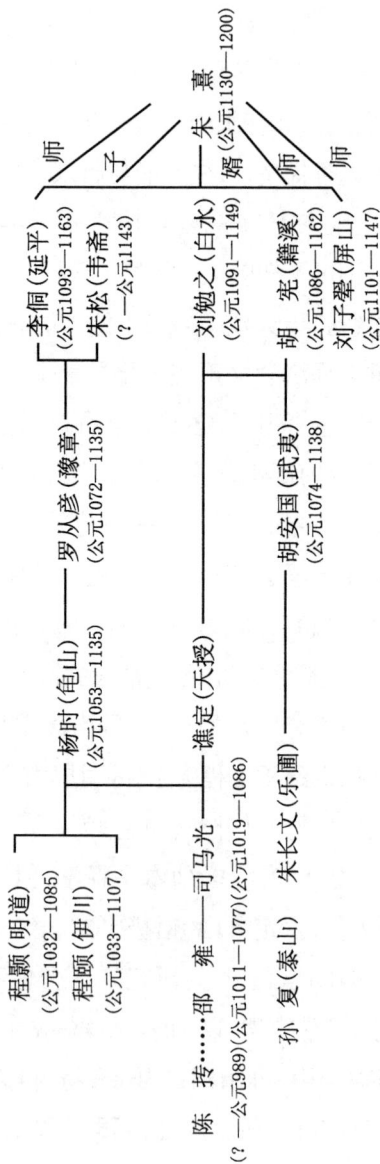

光虽未被排斥,然后世学者每取关洛濂闽之张载、邵雍、二程、周敦颐、朱子为六君子而不及司马光者,就在司马光不取孟子而重视对扬雄的认识。在史实上扬雄能深入认识时间,于重史学能著成《资治通鉴》之司马光,当然应重视之。然宋代理学仅知继承孟子、韩愈所谓道统,宜有"孤圣道、绝后学"之流弊。以客观的史实观之,宋起学案大兴的学风,究其源乃属佛教六祖起变化成一花五叶的传道方法。由方法而观其内容,识"当下"以显其"自觉觉他"之理,此与儒之"内圣外王"须得孟子尊孔子为"圣之时者也"之理,其差别的确精微。况佛教之禅机,事实上又得自老庄与孔孟,此非详考历代史实以究其相互渗透之关系,决难空论其是非得失。若朱子之所以能集理学之大成者,要在能识所谓伏羲之先天易而又以《易》为卜筮之书。唯有此思想,故朱子之理学虽大异于三苏之蜀学,其实质已属更深入一步的三教合一说。以下二阶段当进一步加以说明,而其基础于第一阶段,早有所不同一般出入佛老者之思想结构。

当朱子三十三岁时师籍溪卒,三十四岁时师延平又卒。至此,父遗命所从之师皆先后亡故,朱子亦完成以从师学习为主的第一阶段。视其所上封事,已自定其内圣外王之准则。故第二阶段自三十五岁至六十岁之情况,基本的治学精神在深入体验时圣孔子一身及其身后之影响。且重在交友之际,能相互切磋而是之非之,识见时时有所深入。凡研究朱子第二阶段的思想变化,可总结成以下四事:

其一,与张栻(1133—1180)之友谊。张栻较朱子小三岁,反能从胡五峰直承二程,故朱子当延平去世后,即与栻结下深厚友谊,共论经义。尝亲往栻于长沙主持之岳麓书院,论学三月,其情可见。或以二程之学风论,栻似明道,熹同伊川,经二人之切磋,同有超越二程而兼及北宋之各派理学。惜栻于四十八岁中年亡故,故学术成就未可与朱子并论。而朱子已能由伊川而明道,终能深辨二程之得失,由周敦颐而直继孔孟。朱子于第二阶段完成四子书,亦与张栻之衷诚切磋有关。

其二，与吕祖谦(1137—1181)及二陆之鹅湖之会。朱子与吕为籍溪处同门，吕少朱子七岁，于淳熙二年曾访朱子，合编成《近思录》，此书对后世之认识理学颇有影响。继之朱子送吕氏归，同游信州鹅湖寺。同年(1175)在今江西铅山县鄱阳湖滨，又与陆九龄(子寿)(1132—1180)、九渊(子静)(1139—1191)相见。因吕与陆氏兄弟有友情，与朱子尚属初见。惜首次学术交流未能相洽，故鹅湖之会可云是朱子思想结构之最重要最属关键性的一次大变化。较见延平后的变化尤大，且不可相比，其深刻的思想发展，在朱子一生中亦仅此一次。况由朱陆之异同，产生宋明理学中朱王的异同，故讨论朱陆、朱王异同者不一而足。此文纯从当时事实加以叙述，其思想根源可不必读王阳明之《朱子晚年定论》。因自鹅湖之会后，朱子与陆氏兄弟各自能深入并渗透在对方理论之核心中，而有以思其相合处。惟子静先卒九年，不得不使王阳明更有所疑。况朱子之变化，鹅湖之会后即已开始。在鹅湖之会前，朱子本有子静的思想，唯提法不同，故不必如王阳明所认为朱子于晚年始定。凡今日之研究理学，非但应见到朱子集大成之伟大，又当理解宋明之理学仍有其相同处，此方能有得于朱子以易学为核心的思想结构。先能了解此原则，不难说明朱陆之异同，最后应见到由异而归诸同。这一问题迄今仍有不同的见界，不妨各抒所见，今述归诸同的情况如下：

当鹅湖之会时，各有所执之原则，故确实不同。如仅以文字及口语对答，一字不漏加以分辨其同异并评论其得失，然仍为不能深入二位大学者各自所执之原则。此文观其同异处，从朱陆各自经历若干年已形成的原则加以考察。先以朱子论，约年五六岁已疑及天体及其外是何物，此所以一生重视格致之学，此及第二阶段末作成《大学》、《中庸》序，当然已补成《大学·格物章》。究此章之义，尚与象山不同，必及"庆元之祸"后，思想更有飞跃之变化，乃与象山之见可一可二，可同可异,尊德性与道问学,何可分裂为二(详下)。更以象山之思想论,决定于十三岁,据《象山年谱》:"十三岁因宇宙字义,笃志圣学。……因读古书至宇宙二字,解者曰:'四方上下曰宇,往古来今曰宙。'忽大省曰:'元来无穷,人与天地万物皆在无穷之中者也。'乃接笔书曰:'宇宙内事,乃己分内事;己分内事,乃宇宙内事。'又曰:'宇宙便是吾心,吾心即是宇宙。东海有圣人出焉,此心同也,此理同也;西海有圣人出焉,此心同也,此理同也;南海、北海有圣人出焉,此心同也,此理同也。千百世之上至千百世之下有圣人出焉,此心此理亦莫不同也。'故其启悟学者多及宇宙二字。如曰:'道塞宇宙,非有所隐遯。在天曰阴阳,在地曰刚柔,在人曰仁义。仁义者,人之本心也。'又曰:'是理充塞宇宙。天地顺此而动,故日月不过而四时之不忒。圣人顺此而动,故刑罚清而民服。'又曰:'此理塞宇宙,谁能逃之。顺之则吉,逆之则凶。'又曰:'宇宙不曾限隔人,人自限隔宇宙。'"此一大段《年谱》文字,记录象山对"宇宙"二字之深入认识。此二字主要在《庄子·庚桑楚》,对时空实有精邃的了解。至于象山所读之古书,乃本诸《淮南子》,唯认识此"宇宙"二字,始能有悟于"宇宙不曾限隔人,人自限隔宇宙"之天人合一之理。其理自然在宇宙中,且象山有得于孟子以"圣之时者也"赞孔子,故自十三岁起,经二十余年之反复深思,早已认定孔子所尊之德性即此宇宙。历代学者皆各自限隔,宜孟子后道统失传。至于道问学,即朱子之格致学,必以认识宇宙为本,此即朱陆之中心分辨处。或详究格致之理,亦未尝可忽视宇宙,尤其是朱子于"庆元之祸"后(详下)。唯朱子亦理解宇宙不曾限隔人,故于鹅湖之会后,尚不忘二陆之思想。既为子寿作墓志铭,又邀子静于白鹿书院讲学,因在当时二人之思想仍未全同,然早有心契之相似而尚未知如何可同。故子静之思想,实对启发朱子能集理学大成,起了最大的作用。这一作用,唯王阳明《朱子晚年定论》知之,惜尚有所限隔,以下当详论之。

其三,与永康、永嘉学派之争。前者以陈亮(1143—1194)为主,后者以陈傅良(1137—1203)、叶适(1150—1223)为主,合之乃与浙东学派之争。朱子与此派之争绝不费力,根本未及其思想体系的核心。因朱子之认识论,以今日之分科喻之,似以哲学为主。然中国之哲学思想有其整体观,若浙东学派之观点,于中国哲学之整体中,仅重视政治与经济,对整体时代思潮尚未能有整体的认识。故以某一部分之具体认识,未可全非浙东学派。然必谓朱子语大不当,仅须较深研究后,即知浙东派之识见太隘。略推广之以史学论,当知所处之时代。如司马光帝魏,朱子既当南宋偏安之环境,不得不帝蜀以见其志,此确为朱子深知司马光者,而浙东学派不能有此考虑。且不经本身思想之深入研究反有以否定朱子之四子书,然朱子实能认识传自伏羲之道统而浙东学派仅执孟子之"言必称尧舜",此在孔子未误而在孟子已非。故知朱子与浙东学派之异有认识层次之不同,未足以影响朱子早已形成的整体思想结构。如二陆斥朱子骛外,实未知朱子之本。而朱子斥浙东学派之驰骛于外,殊非空论。因在当时知史而未知经,实有失整体学术之弊。况浙东学派所认识之史,尚未见到古史之实质。

其四,有关易学的观点,实为朱子思想结构之核心。历代评论朱子者,每多忽视此核心。朱子有蔡元定(1135—1198)足成之,唯一的易著为《周易本义》。初成书于丁酉(1177),是年四十八岁,然未经修饰成书,已为人窃出印卖,故直至七十岁对此书不自满,而其特色及基本的核心思想已在其中。宜其虽不自满,并无另外作易注的计划。其所以不自满者,有《答孙季和书》曰:"示及《易》说,意甚精密,但近世言《易》者,直弃卜筮而虚误义理,致文义牵强无归宿,此弊久矣。要须先以卜筮占决之意求经文本义,而复以传释之,则其命辞之意,与其所自来之故,皆可渐次以见矣。旧读此书,尝有私见未定而为人传出摹印,近虽收毁而传布已多,不知曾见之否。其说虽未定,然大概可见,循此以求之,庶不为凿空妄说也。又尝作《启蒙》一书,亦已板行,不知曾见之否,今往一通,试看如何。"(别集辛亥)按此言已说于辛亥。(下阙)

后　记

　　潘雨廷先生关于易学史的主题论文已收入《易学史发微》中。然而潘先生一生从事易学研究，晚年尤其致思于易学史的写作，还存有相当数量的文稿，精彩至极，至今读来仍虎虎有生气。整理者试图搜集《发微》未收的文章，编成此《易学史丛论》，作为《发微》的补编，希望对读者有所助益。

　　《丛论》由不同来源的文稿组成，主要有以下三类：一、拟写《易学史》的部分原稿，如《三古的易学》、《卦爻辞的原始意义》、《易学和史学学》、《西汉的易学传承和内容》。这些都是骨干型的大文章，而未收入《发微》中。二、潘先生觉得《易学史》规模庞大，牵涉众多，一时难以仓猝完成，晚年准备提要钩玄，另写一种《易学史大纲》，并尽快面世以应急需。此书最后没有写成，但还是留下了一些相对完整的章节。《丛论》收入了这些章节，如《上古三代易简论》、《西周与东周的易学》等。三、潘先生所写的其他易学史文章。这类文章比较短小精悍，往往只有一二千字，但并不因此减少其重要性，可以作为前二类文章的补充。本书收入的此类文章有《〈周礼·春官〉簭人之九簭》、《〈管子〉"虙戏作造六峜以迎阴阳"》、《陆希声之易》、《王阳明之易》等。这三类文章是否要予以标别,整理者考虑了很久,最后决定不加标别,以保持一气呵成之感。《丛论》既已编成一书,彼此的关系宜渐渐融合,未能整齐划一之处,恰可当其间的节奏起伏。除了以上三类文章,本书还收入潘先生的一篇早年作品《宋易的授受及其著作》。原稿用毛笔写成,如果和晚年作品《西汉的易学传承和内容》比较,亦可见早晚心力之相形。

本书包括附录二。附录一是关于《易学史大纲》的两篇文章。其一《叙论》,其二《提要》,可以作为本书的提纲挈领,也可以参观作者的另一著作《读易提要》。附录二《论朱熹以易学为核心的思想结构》,是潘雨廷先生去世前仍在力疾书写的论文之一,与《发微》论邵雍、王船山、熊十力思想结构的文章同类。潘先生对朱熹有其独特的深刻认识,此文若写成,或可于当代朱子学研究开一生面。惜所存尚不足三分之一,今附录于此,为有兴趣进一步探讨者保留若干线索。

本书的时间跨度是从上古至清,如果和《发微》合观,已然勾勒出易学史的整体面貌。而且与《发微》不同,本书所收,多有不曾结篇的未成稿,然而编成此书皆已无碍。盖成亦不成,不成亦成,《易》终未济,是有所望于来者。

张文江

2004 年 1 月 30 日

修订本补记

　　《易学史丛论》由上海古籍出版社于 2007 年出版。此次校订,核对了部分引文,纠正了若干错失。此外,从《潘雨廷先生谈话录》中辑出《易学史大纲》目录,补入附录一;辑出拟写《易学史》目录,列为附录二。《发微》和《丛论》可以看成姐妹篇,得此二种附录的辅助,其整体轮廓愈加显出。原附录二调整为附录三。此文论述孔子以后最重要的儒者朱熹,虽然没有完成,仍宜倍加珍惜。

张文江

2012 年 5 月 25 日